NTERGARTEN
BERG.
JULIUS STADELMANN
THEATER-CAFÉ-RESTAURANT
NÜRNBERG
RENDEZVOUS der besten BILLARDSPIELER
GASTHOF
GOLDNER-PFAU
NÜRNBERG.
FISCHKÜCHE
BRAUEREI FREIHERRL.v.TUCHER'SCHE
NÜRNBERG
DERER
BIER
C. SCHMIDTNER jr. NBG.
Städtischer
Rathaus Keller
Nürnberg
M. Fischer, Weingroß-handlung
Rudi Paul
POSSEN-ENSEMBLE
A.PITTEROFF
RUDI PAUL
Tägl. Vorstellg.
Festwirt am Volksfest
NÜRNBERG. BAMBERGERHOFKELLER.
Bes.: Joh. Philipp Link.
FLASCHENWEINKELLEREI
CK
C.KUSCH
C. SCHMIDTNER JR. NBG.
E. STAHL
Tucher-Bräu
NÜRNBERG
Park Dutzendteich, Nürnberg
Bei günstiger Witterung täglich Konzerte

72 –

Grüße aus Nürnberg

Nürnberg in Ansichtskarten um 1900
»Nürnberger Wirtshausgrüße«

Abb. 1: Klappkarte aus dem „Goldenen Posthorn", dem wohl bekanntesten und ältesten der noch bestehenden Nürnberger Wirtshäuser. Nach 1905.

Helmut Beer

Grüße aus Nürnberg 4
Nürnberg in Ansichtskarten um 1900
»Nürnberger Wirtshausgrüße«

Nürnberg 1996

Abbildungen:

Sammlung Rainer Gantikow, Nürnberg:
Abb. 97, 190, 192, 195, 196, 205, 213, 214, 216, 222, 230, 245, 246, 258, 267, 286.

Sammlung Heinz Glaser, Nürnberg:
Abb: 37, 41, 46.

Sammlung Maximilian Rosner, Nürnberg:
Abb. 3–5, 141, 142, 144, 156, 191 sowie sämtliche auf dem Vorsatz abgebildeten Nürnberger Werbemarken.

Alle übrigen Abbildungen geben Ansichtskarten wider aus den Sammlungen des Stadtarchivs Nürnberg A 5 und A 34 (Sammlung Wilhelm Quast).

1. Auflage Juli 1996

Idee und Gestaltung:
Helmut Beer, Heinz Glaser

Umschlag und Layout:
Heinz Glaser (Stadtgraphik Nürnberg)

Lithografie:
Reprotechnik Staudacher GmbH, Nürnberg

Gesamtherstellung:
W. Tümmels Buchdruckerei und Verlag GmbH, Gundelfinger Straße 20, 90451 Nürnberg,
Telefon (09 11) 6 41 97-0, Telefax (09 11) 6 41 97-50

ISBN 3-921590-40-X

Inhaltsverzeichnis

Vorwort

„Nürnberger Wirtshausgrüße" – der Titel dieser kleinen „Wirtschafts"- und Kulturgeschichte korrespondiert mit den vorangegangenen „Grüßen aus Nürnberg", den Katalogbänden zu den Ausstellungen des Stadtarchivs in den zurückliegenden drei Jahren. Der damit gemachte Versuch, über historische Ansichtskarten der Jahrhundertwende den Blick auf Stadtbild, kulturelle und soziale Entwicklungen dieser Zeit zu lenken, erwies sich als recht erfolgreich, wirft man einen Blick auf die Besucherzahlen und die starke positive Resonanz, aber auch auf das anhaltende Interesse an den in Buchform vom Tümmels-Verlag herausgegebenen Katalogen.

Bei der Arbeit an den Ausstellungen kam auch die Idee, angesichts der Fülle und der Besonderheit der vielen „Wirtschafts"karten eventuell ein eigenes Buch über die Nürnberger Wirtshausszene zur Jahrhundertwende nur mit Ansichtskarten zu machen. Und da der Tümmels-Verlag in Gestalt seines für Nürnberg-Bücher besonders engagierten und begeisterungsfähigen Geschäftsführers Reiner Niebauer dieser zunächst eher vagen Idee nähertrat, begann eine inzwischen über einjährige, Freizeit und Urlaub fressende „Lokal"tour durch eine Vielzahl von Wirtshäusern, Kneipen und andere Etablissements – leider beschränkt auf Berge von alten Ansichtskarten, Stapel von Wirtshausbeschreibungen sowie dicke und dünnere Bücher. Auch wurde so manche Nacht durchgemacht, ganz ohne Sperrstunde, um sich mit der Bedienung anzufreunden. Aber auch hier handelte es sich nur um den neuen Computer, ohne den man heute in angemessener Zeit privat wohl kaum mehr ein Buch in die Welt setzen kann.

Allerdings hat sich das Projekt „Wirtshausgrüße" im Verlaufe seiner Realisierung zunehmend ausgeweitet, das ursprünglich geplante Wirtshausbuch mit der Absicht, möglichst viele Ansichtskarten und Wirtshäuser abzubilden, ist immer textlastiger geworden. Das liegt an den Entdeckungen, die ich im Verlaufe meiner „Lokal"tour machen konnte: Vielen interessanten Informationen und nicht wenigen schönen Texten zur Nürnberger Wirtshausvergangenheit.

Wenig bekannt, da auf wissenschaftliche Veröffentlichungen beschränkt, sind einige Arbeiten zur Geschichte der Nürnberger Wirtshäuser, vor allem die juristische Dissertation von Walter Gröner zum Gaststättenrecht im mittelalterlichen Nürnberg. Hier fand sich soviel an Stoff, daß es unmöglich erschien, auf einen Blick in die historische Entwicklung zu verzichten. Und was wären viele Wirtshäuser ohne ihre Namen, unabhängig davon, was diese Wirtshausbezeichnungen alles über ihre Zeit aussagen können? Auch dafür einige Seiten zu verschwenden, erschien mir angemessen, interessant und vor allem auch amüsant als Hintergrund für die Wirtshausbilder. Leider und erstaunlicherweise gibt es bis heute nur wenige kulturgeschichtliche und wissenschaftliche Untersuchungen zur Funktion und Bedeutung des Wirtshauses im Laufe der Zeiten. Das steht in einem völligen Mißverhältnis zur Rolle und Wichtigkeit, die die Wirtschaften in der Vergangenheit zweifellos im Alltagsleben der breiten Bevölkerung, aber auch für die herausgehobenen und besondereren Gelegenheiten etwa in der arbeitsfreien Zeit besaßen. Auch in der Nürnberger Lokalgeschichte fehlt die „Lokal"geschichte weitgehend, während doch in der geschichtlichen Erinnerung und im biographischen Erleben von Geschichte beim Einzelnen Wirtshäuser einen ganz zentralen Stellenwert einnahmen, der heute allerdings immer stärker verlorengeht.

Glücklicherweise gibt es für das 19. Jahrhundert und die Zeit unserer Ansichtskarten nicht wenige interessante Wirtshausbeschreibungen, Spaziergangs- und Lokalführer, die auf z. T. recht lebendige und liebevolle Weise den realen Stellenwert der Nürnberger Wirtschafts-, Kaffeehaus- und Ausflugslokallandschaft erschließen lassen. Die aus eigener Anschauung gewonnenen Beschreibungen etwa von Dr. Friedrich Mayer um 1850 erfassen noch die Wirtshauskultur der Biedermeierstadt, während etwa der Nachruf von Heinrich Heerwagen auf ein kleines Café die neu entstandene, inzwischen längst wieder verlorengegangene Nürnberger Kaffeehauskultur der Jahrhundertwendezeit erstehen läßt. Ganz anders und nicht gerade bescheiden, findet sich in den Erinnerungen des Nürnberger Hotelkönigs Johann Baptist Zetlmeier, dessen „Apollotheater" dieses Jahr 100 Jahre alt geworden wäre, durchaus etwas von der Dynamik der großstädtischen Entwicklung dieser Jahrzehnte einschließlich der darin mitschwimmenden parvenühaften Wünsche und Vorstellungen einer schnell reich gewordenen Bürgerschicht. Dabei handelt es sich um erstklassige und amüsant-humorvoll geschriebene Quellen, die ein Stück der heute so nicht mehr vorhandenen Nürnberger Wirtshausherrlichkeit wiedererstehen lassen. Da sie den wenigsten zugänglich sind, schienen sie es mir wert zu sein, ausführlich zitiert und ein wenig wiederbelebt zu werden – als lesenswerte Ergänzung dieser „kleinen Kulturgeschichte in Ansichtskarten".

So ist nun der Nachfolgeband der „Grüße aus Nürnberg" sogar dicker geworden als seine Vorgänger. Wem die Texte zu lang sein sollten, sei getröstet, die Zahl der Abbildungen wurde nicht weniger. Das verdanken wir allein Reiner Niebauers Nachsicht und Geduld mit dem Autor, wofür ich außerordentlich dankbar bin. Vor allem ihm und seinem Verlag wünsche ich einen guten Absatz für die „Wirtshausgrüße".

Dank geht auch an die Nürnberger Ansichtskartenexperten Rainer Gantikow und Maximilian Rosner, die den Band mit Ansichtskarten aus ihren Sammlungen bereichert, den Autor mit zahlreichen Hinweisen unterstützt haben. Für Informationen und Mithilfe danke ich ebenfalls den Herren Thomas Dütsch, Herbert Maas, Gottfried Baumann, einem der ganz großen Kenner der Nürnberger Wirtshausszene und ihrer Ansichtskarten, und Herrn Dr. Udo Winkel. Eine ganz besondere Dankesschuld besteht gegenüber Heinz Glaser, der in seiner Freizeit das Layout und den Umbruch besorgt hat, wie ich weiß, auch mit viel innerer Sympathie dem Thema gegenüber, besitzt er doch die größte Sammlung an Karten vom „Bratwurstglöcklein" mit mehr als 500 Exemplaren. Wer dieses löbliche Hobby weiter fördern will, möge ihm etwaig vorhandene unbekannte „Glöckleinkarten" anbieten. Großer Dank geht aber auch an meine Frau Eva, die viel Geduld für den Autor hinter seinem Computer nebst diversen Abstürzen aufbringen mußte und dennoch die langen Texte Korrektur gelesen hat.

Helmut Beer

Helmut Beer

Nürnberger Wirtshäuser um 1900 – in Ansichtskarten

„In Nürnberg sind ungleich mehr Wirtshäuser als anderswo“

„Zu den persönlichen Eigenthümlichkeiten des echten Nürnbergers gehört auch seine Vorliebe für kleine, engbegrenzte Wirthshausräume. Je niedriger und abgeschlossener dieselben sind, um so traulicher heimeln sie ihn an; eine große luftige Bierhalle nach Wiener, Berliner oder Hamburger Art würde in Nürnberg nur durch den Fremdenbesuch lebensfähig sein, obschon der einheimische Bierkonsum den anderer gleich bevölkerter Städte wohl noch übersteigt. So sehen wir denn in allen Stadttheilen besonders beliebte kleine Stammkneipen, und immerhin bieten dieselben auch für den Fremden viel Anheimelndes, vorausgesetzt, daß er dem Tabakrauch nicht allzu abhold ist.“[1]

Die kurze Charakterisierung des Nürnberger Wirtshauswesens stammt aus der „Gartenlaube“ des Jahrgangs 1878. Hervorgehoben wurde neben der spezifischen Kleinheit und Enge der Nürnberger Wirtshäuser[2] deren Vielzahl und Verteilung auf sämtliche Stadtteile, womit auch der angeblich im Vergleich zu anderen Städten höhere Bierkonsum begründet wurde.

Daß Nürnberg, zumindest was die Zahl der Wirtshäuser und Stammkneipen in der Stadt betraf, tatsächlich ein beachtliches Niveau aufzuweisen hatte, bestätigt ein Blick in die Gaststättenverzeichnisse dieser Zeit, die in den städtischen Adreßbüchern zu finden sind: Für das nämliche Jahr 1878 sind jedenfalls 647 Wirtshäuser aller Arten[3] verzeichnet, was bei einem Bevölkerungsstand von rund 97.000 immerhin dem Verhältnis von einem Gasthaus je 150 Einwohnern entsprach.

Tatsächlich war Nürnberg, was die Zahl der Wirtshäuser anbelangte, zumindest in der ersten Hälfte des 19. Jahrhunderts in Bayern führend und ließ München weit hinter sich: 1806 am Ende der Reichsstadtzeit und am vorläufigen Tiefpunkt der Stadtgeschichte, wurden bei nur noch 25.000 Einwohnern immerhin noch 171 Bierwirte und mehr als 100 andere Wirte in der Stadt gezählt[4], eine auch im Vergleich zu München immer noch imponierende Zahl. Dort gab es damals bei 80.000 Einwohnern gerade 60 Bierwirte und nur 173 Wirte insgesamt[5], d.h. auf je 92 Nürnberger kam ein Wirtshaus, während nur für jeweils 462 Bewohner der Hauptstadt des neuen Königreichs eine solche gastliche Stätte bereitstand. Vielleicht erklärt das den späteren Münchener Trend zu den großen Bierpalästen à la „Mathäser“ oder „Augustiner“, jedenfalls war die Zahl der zu Beginn des 19. Jahrhunderts je Einwohner zur Verfügung stehenden Wirtshäuser und Schänken in Nürnberg fünfmal so hoch wie in der späteren Bierhauptstadt München. Und auch die Vorgeher der Gastwirte hielten im Jahr 1811 gegenüber der bayerischen Polizeibehörde schriftlich fest, daß in Nürnberg *„ungleich mehr Wirtshäuser sind, als in manchen doppelt so stark bevölkerten Städten“*[6]. Folgt man den Angaben des „Neuen Taschenbuches von Nürnberg“ und seiner „statistisch-topographischen Beschreibung der Stadt“ aus dem Jahre 1819, einem der interessantesten und praktischsten Stadtführer der damaligen Zeit[7], wonach 26.569 Einwohnern (davon 1965 im Militärstand) neben 56 Gasthöfen erster und zweiter Klasse die „Zahl von etwa 400 kleiner Wirthshäuser, Wein- und Bierschenken, so wie Garküchen“, dazu nochmals 53 Weinschenken und zwei Kaffeehäuser gegenüber[8], dann ergibt sich sogar ein Verhältnis von einem Gasthaus je 52 Einwohner, die nicht trinkenden Bevölkerungs- und Altersgruppen miteingerechnet.

Allerdings ist, folgt man diesen recht interessanten Zahlenvergleichen der Wirtshäuser gegenüber den Einwohnern noch ein wenig weiter, der Trend eindeutig rückläufig. Zwar stiegen im Zuge der Industrialisierung, der immensen Bevölkerungsvermehrung und Stadtvergrößerung, auch die absoluten Zahlen der Wirtshäuser, Kneipen und sonstigen Lokale gegenüber früheren Jahrhunderten bis heute noch weiter an, doch mußte die wachsende Gaststättenzahl für immer mehr Nürnberger reichen: Das Verhältnis Einwohner pro Gaststätte ging ständig weiter nach oben, auch wenn es bis heute noch nicht den schwachen Wert Münchens zu Beginn des Königreichs erreicht hat. So weist das Adreßbuch von 1902 die beachtliche Zahl von 1567 Gasthäusern im weitesten Sinn (36 Gastwirte[9], 1447 Bierwirte, 32 Weinwirtschaften, 25 Hotels und 27 Cafés) aus, allerdings war inzwischen auch die Einwohnerzahl auf rund 270.000 gestiegen und es entfielen auf jedes Wirtshaus, die Hotels dazu gerechnet, schon 172 Stadtbewohner.

Der Vergleich zu heute zeigt – relativ gesehen – einen weiteren Rückgang der Wirtshäuser gegenüber der gewachsenen Bevölkerungszahl. Die Zahl der Schank- und Speisewirtschaften lag nach dem Stand vom 31. Dezember 1994[10] mit 1455 nur unwesentlich höher als zur Jahrhundertwende. Hinzuzurechnen sind 63 Trink- und Imbißstuben, 242 Cafés, 45 Eisdielen oder Eiscafés, 89 Bars, Nachtlokale, Diskotheken etc. sowie 34 Hotels[11], d.h. auf jedes Gasthaus im weiteren Sinne kommen inzwischen 254 Nürnberger.

Das sind natürlich nur rechnerisch erfaßbare Zahlen und wie bei jeder Statistik sind in den gezählten Köpfen auch die Kinder und Jugendlichen (und auch Frauen) enthalten, die um die Jahrhundertwende bei deutlich höherem Bevölkerungsanteil weniger zu den Wirtshausbesuchern zu rechnen waren als etwa heute.

Erkennbar wird hinter diesen Zahlen aber ebenfalls die rückläufige Bedeutung des Wirtshauses als Ort des täglichen Lebens, der Kommunikation und als sozialer Begegnungsstätte in der Form der oben in der „Gartenlaube“ zitierten „Stammkneipe“, wobei der stattfindende Funktionswandel sich bei den verschiedenen Bevölkerungsschichten und sozialen Gruppen durchaus unterschiedlich vollzog. Dem kann an dieser Stelle nicht nachgegangen werden, so interessant es im einzelnen auch wäre, den Veränderungen der Wirtshauskultur durch den gravierenden Einfluß des Fernsehens und der neuen Medien auf die Freizeit- und Konsumgewohnheiten seit den sechziger Jahren nachzuspüren.

Es gibt durchaus neue Formen und Gewohnheiten im Besuch von Wirtshäusern, man denke nur an die – zumindest was die Essensvorlieben betrifft – beim „Griechen“, in Pizzerien, Spaghetterias oder in anderen fremdländischen Lokalen mit großer Zustimmung praktizierte ‚multikulturelle‘ Gesellschaft oder an die diversen „Szenekneipen“ verschiedener gesellschaftlicher Gruppen. Allein der Vergleich der Kneipen-Annoncen im Stadtmagazin „Der Plärrer“ in den letzten fünfzehn Jahren zeigt interessante Trends und es ließen sich recht gute Bezüge zu unseren ‚Wirtschaftskarten‘ herstellen. Leider ist das Kapitel „Wirthauskultur“ in seiner Bedeutung für eine „Kulturgeschichte des Alltags“ und für die Sozialgeschichte bisher, eigentlich überraschend, nur sehr wenig in das historische Blickfeld geraten.

Abb. 2: Ein wenig frei in der Darstellung, aber mit reichlich Phantasie schildert diese Karte die mittelalterlichen Folgen für Sünder, die gegen die bestehenden Sperrstunden verstoßen oder durch unmäßigen Gasthausbesuch aufgefallen waren. Tatsächlich sahen die Ordnungen der Reichsstadt bei solchen Vergehen Geldstrafen vor. Die Lithographie aus der Zeit um 1905 gehörte zu einer recht beliebten Kartenserie zu Strafmethoden in Alt-Nürnberg.

Rückblick in die Reichsstadtvergangenheit

Auch historisch gesehen ist das Thema „Nürnberger Wirtshäuser" außerordentlich interessant und reizvoll. Es greift mitten ins volle Leben der ehemaligen freien Reichsstadt, die durch ihren wirtschaftlichen und politischen Aufstieg im Spätmittelalter und in der frühen Neuzeit bis zum Dreißigjährigen Krieg gerade für das Gastgewerbe den günstigsten Nährboden schuf. In Nürnberg als internationalem Handels- und Gewerbezentrum, als Ort der Reichstage und Schauplatz vieler Kaiser- und Königsbesuche und zu Beginn des 16. Jahrhunderts als eine der größten deutschen Städte entwickelten sich nicht nur sehr viele Wirtschaften und Gasthäuser zur Beherbergung und Versorgung der vielen Fremden – mehr als in anderen deutschen Städten –, sondern aufgrund der spezifischen politischen Situation in der Stadt, dem Alleinregiment des Rates und seiner sehr ambivalenten Verbots- und Förderungspolitik dem Gastgewerbe gegenüber entstand auch eine außerordentliche Vielfalt an Gaststätten aller Art. Dabei war diese Entwicklung, wie Walter Grönert in einer eingehenden Untersuchung des Nürnberger Gaststättenrechts bis zum 19. Jahrhundert feststellte, „gekennzeichnet durch eine weitgehende Spezialisierung der vorhandenen und die Einrichtung neuer Wirtschaftsarten. Diese Spezialisierung vollzog sich unter dem Einfluß der Stadtobrigkeit, welche durch Erlaß von Wirtschaftsordnungen die Befugnisse der verschiedenen Wirtschaftsarten gegenseitig abgrenzte oder neue ins Leben rief, wie z. B. die Branntweinständlein und Garküchen. Äußerst förderlich für diese Entwicklung wirkte sich der Umstand der stetigen Aufwärtsentwicklung der Stadt und somit das wachsende Bedürfnis gerade für den Gewerbezweig der Wirte aus"[12]. Ein im Jahr 1632 vom Rat der Stadt erstmals erstelltes Verzeichnis der Gasthöfe, Schenken und Wirtshäuser führt namentlich 227 bestehende Einrichtungen auf, dabei wurden die einfachen Bierschenken noch gar nicht erfaßt[13]. Eine andere Zusammenstellung aus dem Jahr 1642 nennt die verschiedenen Gasthausbezeichnungen je nach Art des Wirtschaftens und ihrer rechtlichen Form. Es ist die Rede von *„Zapfenschenkstatt, alter Zapfenschenkstatt, Pierhauß, altes Pierhauß, altes Jahrküchlein, Herren Küchen, gemaine Garkuch, Küchelein, alt berechtigtes Haus, Gemainer Gasthoff, Gasthoff, öffentlicher Gasthoff.“*[14] Walter Grönert, der in einer fundierten Untersuchung über das Gaststättenrecht in der freien Reichsstadt Nürnberg detailliert anhand der Quellen die rechtliche Entwicklung dargestellt hat, fügte dieser Aufstellung noch weitere, für die historische Herausbildung wesentliche Bezeichnungen und Formen des Gastgewerbes hinzu: „Die Haupt-Jahrküche, die Hochzeitswirte, die Metschenken, die Branntweinständlein, die Handwerksherbergen, die Pfragner, welche ein beschränktes Ausschankrecht für Branntwein hatten, ab 1696 das Kaffeehaus und ab Mitte des 18. Jahrhunderts die Schenken für fremdherrschaftliches Bier aus ‚Farrnbach‘(Burgfarrnbach)“[15].

Auch wenn unser Thema den Schwerpunkt auf die Wirtshauslandschaft in den Jahrzehnten vor und nach 1900 und ihre Ansichtskarten legt, ist ein kurzer Rückblick auf seine Grundlagen nicht unwichtig und durchaus von Reiz. Wann genau das erste Wirtshaus in „Norenberc“ seine Pforten öffnete, läßt sich genau wohl nicht mehr feststellen, aber es ist anzunehmen, daß dies nicht allzulange nach der ersten Ansiedlung auf und unterhalb des Burgfelsens gewesen ist. Immerhin erhielt der 1050 erstmals urkundlich erwähnte Ort zwischen 1039 und 1056 die Marktfreiheit sowie das Zoll- und Münzrecht. Diese Privilegien lassen jedenfalls gewisse Rückschlüsse auf das Bestehen einer stabilen Siedlung zu und auch auf die Herausbildung früher Formen von Bewirtung und Beherbergung, wenn auch bis ins 14. und in die erste Hälfte des 15. Jahrhunderts die

Abb. 3: Um die Jahrhundertwende, auf dem Höhepunkt der Ansichtskartenzeit, war Nürnberg der größte Hopfenumschlagplatz der Welt. Unter den zahlreich erschienenen Karten vom Nürnberger Hopfenmarkt zählt diese Lithographie vom großen Lagerhaus am Kornmarkt aus dem Jahr 1906 mit ihren heute noch frisch wirkendenden Blättern und Dolden sicher zu den attraktivsten. Die in die Pflanzenumrankung gesetzte Abbildung entstand nach einer aquarellierten Federzeichnung von Heinrich Luckmeyer.

aus dem germanischen Gastrecht stammende Sitte offenbar noch weit verbreitet war, Gäste unentgeltlich, später auch gegen Bezahlung ins Haus aufzunehmen[16]. Aber neben diesem schönen Brauch entwickelten sich die verschiedensten gewerblichen Wirthausarten und wuchsen die Übernachtungsmöglichkeiten, so daß schließlich etwa um 1450 Privatbeherbergungen vom Rat der Stadt verboten wurden.

Daß zumindest im 13. Jahrhundert bereits unterschiedliche Bewirtungs- und Beherbergungseinrichtungen bestanden, wird auch bestätigt durch die Regelungen und Vorschriften des Satzungsbuches der Stadt Nürnberg aus dem Jahre 1302[17]. Danach gab es nebeneinander zwei verschiedene Formen einer gewerblichen Bewirtung: Einmal die als „Zapfen- und Leitgeben" bezeichneten Weinschenken, zum anderen die mit dem Übernachtungs- und Beköstigungsrecht versehenen Gastherbergen, „Gastgeben" genannt. Die rechtlichen Bestimmungen des Satzungsbuches, einer Zusammenfassung der bestehenden stadtrechtlichen Vorschriften, teilweise auch älteren Datums, grenzten beide Wirtschaftsarten deutlich voneinander ab. Es war dies eine Nürnberger Besonderheit, sie weicht zumindest von der im altbayerischen Raum üblichen Entwicklung aus den Tavernen ab[18].

Nach den 1302 fixierten Bestimmungen durfte jeder Nürnberger Bürger eine Schenke oder eine Herberge eröffnen oder betreiben, hatte sich dabei aber an die festgelegten städtischen Ordnungen zu halten. Fremden oder Nichtbürgern war das verboten, ebenso wie Nürnbergern die Eröffnung von Schenken außerhalb der Stadtmauern nicht erlaubt war.

Weinschenken

Die Vorschriften für die Weinschenken fielen zumindest nach den vorliegenden Quellen deutlich schärfer aus als die Regelungen für die Gastherbergen. Die städtische Obrigkeit versuchte, durch einschlägige Verbote und Einschränkungen, den möglichen Folgen des damals nicht geringen Weinkonsums gegenzusteuern. So durfte grundsätzlich nur im Haus oder Keller ausgeschenkt werden, nicht aber auf der Straße. Die Stadt setzte alljährlich den Preis fest, zu dem der Wein verkauft werden mußte, egal zu welchem Geld er bezogen worden war. Verboten war den Schenken die Abgabe von Speisen ebenso wie der Ausschank durch Frauen, auch nicht durch die Frau des Wirtes (*„ez sol ovch kein weinschenk sein wirtein für den Zapfen setzen vnd soll ovch sie nit zu ihm in den keler setzen, da er schenkt, alle dieweil er den wein schenkt")*[19]. Was die Abgabe von Speisen betrifft, hielten sich die Weinwirte wie auch die verschiedenen anderen gastronomischen Zweige in der Praxis häufig nicht an solche Gebote und versorgten ihre Gästen auch mit Essen, schon um die schmale Gewinnmarge aus dem Weinverkauf aufzubessern. Das Gebot, kein Essen zu verkaufen, wurde im Laufe der Jahrzehnte mehr oder minder aufgeweicht und die Abgabe von kalten Speisen gestattet. Als mit der Zubereitung von warmen Mahlzeiten in den Weinschenken begonnen und sogar selbst geschlachtet wurde, erhob sich Widerstand von seiten der Gastwirte. Der Rat versuchte solche Entwicklungen zu unterbinden, genehmigte aber gleichzeitig den Verkauf kalter Speisen.

Für die Weinschenken wurde schon 1302 eine Sperrstunde festgeschrieben, nicht aber für die Gastherbergen, wonach ab dem Läuten der Feierglocke an niemanden mehr ausgeschenkt werden durfte. Interessanterweise war der Ausschank an die städtischen Wächter ausgenommen, während die übrigen Gäste die Schenke sofort zu verlassen hatten, ob der Becher leer war oder nicht. Erst 1542 wurde eine feste Uhrzeit für die Sperrstunde festgesetzt, nämlich *„das nach der zeit, so es nachmittag auf der kleinen uhr zehene geschlagen hat"*[20] nicht mehr ausgeschenkt werden dürfe.

Ebenfalls bereits im Satzungsbuch von 1302 wurde das Verbot der Bedienung oder Beherbergung von waffentragenden Gästen *(„verbotene wer“)* festgehalten. Diese Anordnung wurde in den kommenden Jahrhunderten weiter verschärft um *„todslegen, leme, verwundung und auffrur“* zu verhüten. Neben der Wegnahme der Waffen waren Geldbußen zu zahlen. Daß es offenbar in den Weinschenken und im Frauenhaus häufiger zu Verstößen und Waffenhändeln kam, läßt sich aus der Tatsache entnehmen, daß die Geldstrafen in diesen Einrichtungen doppelt so hoch festgesetzt wurden. Gebremst wurde auch die offenbar reichlich gepflegte Spielleidenschaft der Stadtbewohner: Nach der Feierglocke durfte niemand mehr *„luder oder Spil“* in seinem Hause gestatten, wie eine Verordnung aus dem Jahre 1290 festlegte. Dazu bestand eine Regelung, daß kein Nürnberger pro Tag mehr als 60 Heller verspielen durfte.

Natürlich war bei jedem Trunke die Stadt, zumindest nach den Vorschriften, wie heute mit dabei. So galt ein Gutteil der in den folgenden Jahrhunderten für Weinverkäufer und Weinschenken bestimmten Vorschriften der Sicherung der Einnahmen der Stadt: Beim Kauf des Weins, zugelassen war nur der Einkauf auf dem städtischen Weinmarkt, war ein sogenanntes Ungeld, eine Verbrauchstaxe, ähnlich der heutigen Getränkesteuer, zu entrichten. Ein eigenes Ungeldamt überwachte die Zahlungen: So durfte lange Zeit der Wein nur durch eigens bestellte geschworene „Einleger“ in den Keller verbracht werden und der Schenkwirt mußte mittels einer Weinstange oder eines Zeigers deutlich machen, daß in seinem Haus geschenkt wurde, zur Kontrolle, daß der Wein auch ‚verungeltet‘ war.

Kontrolliert wurde durch das Fünfergericht aber auch, daß ordentlich, d. h. mit geeichten Ausschenkmaßen ausgeschenkt wurde und der Wein nicht verfälscht war. Geahndet wurden derartige Verstöße mit Geldstrafen, aber auch durch zeitlich begrenzte Gewerbeverbote: Gegen Wirte, die dreimal nach falschem Maß oder schlechten Wein ausgeschenkt hatten, wurde ein einjähriges Schankverbot verhängt. Die Weinverfälschung und -streckung scheint eines der Hauptprobleme gewesen zu sein, das durch städtische Überwachung durch die sogenannten „Weinkieser“ verhindert werden sollte. Da das offenbar nicht ausreichte, die Streckung und Pantscherei zu verhindern, griff das Fünfergericht zu fiskalischen Mitteln: Unverfälschter, sogenannter ‘geweister Wein‘ (der Wein wurde nach Überprüfung je nach Qualität als Gütezeichen mit einem ‚Weisen‘ versehen, das der Wirt anzuzeigen hatte) wurde einer günstigeren Weintaxe unterlegt als der verschnittene. Diese Unterscheidung führte schließlich zur Einführung zweier Klassen von Weinschenken, solcher die „geweisten“ Wein schenkten und sich dafür bewerben und überprüfen lassen mußten, und die sogenannten „Höckenwirte“, die keine besondere Zulassung benötigten, allerdings auch streng überwacht wurden[21].

Selbst außerhalb der Mauern wurde der Rat der Stadt Nürnberg aktiv, um Weinverfälschungen und die Lieferung verwässerten Weins in die Stadt zu verhindern, was offenbar nicht selten der Fall war. So scheint es eine unter den Fuhrleuten verbreitete Unsitte gewesen zu sein, während des Transports die Fässer zu öffnen, sich für den eigenen Bedarf abzuzapfen und wieder mit Wasser aufzufüllen. Das führte schließlich dazu, daß der Rat der Stadt im Interesse seiner Bürger an sauberem Wein sogar gemeinsam mit dem Markgrafen von Brandenburg und den Bischöfen von Bamberg und Würzburg Verordnungen gegen Weinfälschungen erließ, die 1482 in die weinexportierenden Städte Straßburg und Heilbronn versandt wurden, um künftig den Bezug reinen Weines sicherzustellen[22].

Wer aus all diesen Bestimmungen schließt, bei den Weinwirten habe es sich um ein besonders schillerndes und zu überwachendes Gewerbe gehandelt, liegt nicht richtig. Im Gegenteil – die Weinschenken galten als ein besonders angesehenes und vornehmes Gewerbe, das bei den Betreibern durch die Vorschriften des Rates, immer eine Mindestmenge von zwei Fudern Wein einzulagern, eine entsprechende Finanzkraft zur Bezahlung, Versteuerung und Einlagerung dieses Vorrats voraussetzte.

Gastherbergen

Die im Satzungsbuch von 1302 angesprochenen „Gastgeben" oder Gastherbergen waren weit weniger Verboten unterworfen als die Zapfenwirtschaften oder Schenken. So gab es offenbar weder ein Verbot, eine öffentliche und gewerbliche Herberge außerhalb der Stadtmauern zu errichten, noch galt das Schankverbot nach dem Läuten der Feierglocke. Auch der Verkauf von kalten und warmen Speisen unterlag keiner Einschränkung. Die Eröffnung einer Herberge mit Wirtschaftsbetrieb stand jedem Nürnberger Bürger frei, Voraussetzung war allerdings das Vorhandensein der entsprechenden Räume zur Übernachtung von Fremden, das Vorhalten von Stallungen für die Pferde usw. Offenbar noch vor 1400 war die Eröffnung einer Herberge durch den Nachweis der materiellen Voraussetzungen von einer Erlaubnis der Stadt abhängig[23]. Diese wurde nach Ablegen eines Wirtseides erteilt.

Die Gast- und Herbergswirte waren neben der Beherbergung auch zur Bewirtung des Gastes verpflichtet, allerdings legte in den Schenken wie in den Herbergen die städtische Obrigkeit die Weinpreise fest. In den Gasthöfen wurden neben den Preisen für Speise und Trank auch die für Übernachtung und das Geld für das Pferdefutter vorgeschrieben. Dabei wurden nicht nur die Herbergen unterschiedlich taxiert, neben der normalen Preisordnung existierten auch eigene Ordnungen für die Zeiten eines Reichstags und eines Fürstentags in der Stadt[24]. Der Rat der Stadt nahm auch Einfluß auf die Zeiten und den Umfang des in den Gastherbergen verabreichten Essens: So durften Speisen nur zu den gewöhnlichen Tagesmahlzeiten aufgetragen werden, eine *„nachzech"* außerhalb dieser Zeiten durfte nur aus Brot, Käse und Obst bestehen. Das richtete sich auch gegen die Schlemmereien bei Festen. Gerade bei Hochzeiten durften nur Speisen aufgetragen werden, deren Preis vorher von der Obrigkeit genehmigt worden war. Das Recht, Hochzeiten ausrichten zu dürfen, war zudem ein besonderes Privileg, das nicht allen Gasthöfen, schon gar nicht Garküchen oder einfachen Schenken, gewährt wurde. Ehe der Rat die Konzession erteilte, die auch jederzeit wieder entzogen werden konnte, mußten bestimmte Voraussetzungen erfüllt werden, z. B. das Recht zum Weinausschank gegeben sein. Immerhin durfte bei Hochzeitsmahlen der Wein aus ungeeichten Gefäßen geschenkt werden. Unter den rund 30 zugelassenen Hochzeitswirten bildete sich im Laufe der Zeit eine Rangfolge heraus. Die Hochzeiter, einer strengen Hochzeitsordnung unterworfen, konnten ihr Gasthaus wählen, sofern sie es nicht vorzogen, das Fest zu Hause auszurichten. An der Spitze der zugelassenen Hochzeitsgasthäuser stand das im städtischen Eigentum befindliche Wirtshaus im Schießgraben[25].

Auch die Gastwirte waren verpflichtet, die Mindestmenge an Wein einzulagern und ihn zu den festgesetzten Preisen an Nürnberger Bürger zu verkaufen, doch war ihnen im Unterschied zu den Weinschenken gestattet, mehrere Sorten gleichzeitig anzubieten. Die Möglichkeit, Gästen aus anderen Städten Wein abweichend von dem für Nürnberger festgesetzten Preis verabreichen zu dürfen, führte zu der kuriosen Situation, daß ein Nürnberger, der mit einem fremden Besucher im Gasthaus zechte, einen anderen Preis für den gleichen Wein zu zahlen hatte als wenn er anderntags alleine das gleiche Gasthaus aufsuchte.

Die Gastwirte unterlagen auch der Vorschrift auf das „Weisen“, das ‚Ausweisen‘ des zum Ausschank kommenden Weins. Nach 1579 durften die Gasthöfe nur mehr „geweisten“ Wein ausschenken. Waren die Weinschenken verpflichtet, auf ihren Ausschank durch eine Weinstange aufmerksam zu machen, so wurde von den Gastwirten das Aufhängen eines Schildes gefordert, das ein Zeichen, häufig das des Hauses enthielt, woraus sich später die Gasthausnamen entwickelten.

Noch bis ins 14. Jahrhundert war es den Gastwirten untersagt, einen Gast abzuweisen. Später wurden dagegen Verbote verhängt, bestimmte Personengruppen, die der Stadt ferngehalten werden sollten, wie Bettler oder Landstreicher, länger als drei Tage aufzunehmen. Dirnen mußten beim *„gemainen frauenwirt“* unterkommen, den Herbergen war es untersagt, sie überhaupt aufzunehmen (*„einiche soeliche gemeine dirnen, die suentlicher leiplicher werk pflegen, weder tag noch nachts nicht herberigen noch in iren heusern oder wonungen essen oder trenken lassen“*)[26].

Garküchen

Die Bewirtung und Beherbergung einfacher Leute oblag den Garköchen, auch Ja(h)rköche genannt. Erstmals rechtlich in Quellen des 15. Jahrhunderts erfaßt, bestanden sie wahrscheinlich schon wesentlich länger, man denke nur an die dem „Bratwurstglöcklein“ als ersten Nachweis zugeschriebene Formulierung von den „köchen auf dem Sebalder Friedhof“ aus dem Jahre 1344. Am längsten existierten vermutlich die vier sogenannten „Hauptgarküchen“, die wohl als Einrichtung zur billigen Verpflegung von ärmeren Stadtbewohnern entstanden waren. Sie befanden sich am Weißen Turm (Abb. 69), am Laufer Schlagturm, am Milchmarkt (dem heutigen Albrecht-Dürer-Platz) und am Lorenzer Graben. Die Küchenwirtschaften waren in städtischen Gebäuden untergebracht und hatten einen jährlichen Pachtzins an das Zinsmeisteramt zu zahlen. Jährlich an Ostern mußten sie als besondere „Pflicht“ beschwören, die aufgenommenen Gäste um einen *„leidentlichen preiß“* zu verköstigen und zu beherbergen. So besaßen diese Hauptgarküchen auch das Beherbergungsrecht für Fremde geringen Standes, wobei genau festgelegt war, wer dazu zählte: Bauern mit Holz-, Kohlen- und Strohfuhren, nicht aber mit Getreidefuhren, alle Reisenden zu Fuß und „Refträger“, das waren Händler, die ihre Waren auf dem Rücken transportierten. Später erhielten die Köche das alleinige Recht zur Unterbringung von Bettlern und Landstreichern. Die Köche dieser Hauptküchen bemühten sich in Konkurrenz zueinander, die Limitierungen für ihre Einrichtungen zu erweitern und das Recht der Beherbergung für weitere Personengruppen zu bekommen. So gelang es dem Koch am Weißen Turm, die Genehmigung zu erhalten, die Ammergauer, Tiroler und Salzburger Händler beherbergen zu dürfen[27].

Nachdem die vier Hauptküchen bei der Zunahme der Stadtbevölkerung und der Vermehrung der einfachen Reisenden in Folge der großen wirtschaftlichen Entwicklung Nürnbergs den Andrang nicht mehr bewältigen konnten, erlaubte der Rat noch im 15. Jahrhundert, innerhalb der Mauern *„auf den gemainen gassen und Straßen, auch in Heusern allhie Jarküchen aufzurichten“*[28]. Deren Zahl wurde nicht begrenzt, was zu einer raschen Vermehrung führte. So erließ der Rat nach 1531 verschiedene Ordnungen für die Garküchen und machte die Eröffnung neuer Küchen genehmigungspflichtig. In der zweiten Garkochsordnung aus dem Jahr 1545 wurden als ihre Aufgaben noch einmal bestimmt, *„dem gemainen Mann alhie und dann den durchraisenden und wanderten leuten auf ir begern umb ihren pfening Suppen und ain stuck flaisch und darcue ein trunk pier mitzutailen und zuraichen“*[29].

Das Recht der Garküchen, selbst schlachten zu dürfen und gekochte Speisen servieren oder außer Haus verkaufen zu können, führte offenbar zu reichlichen Problemen in der Abgrenzung sowohl zu den Gastwirten wie zu den Metzgern, die der Rat durch seine Verordnungen zu entschärfen versuchte. So wurde den Köchen zunächst das Recht, selbst zu schlachten genommen, die Köche mußten auf die geschworenen Schweinestecher zurückgreifen. Ihr Fleisch durften sie nur an den Fleischbänken erstehen, Fische konnten nur mehr am öffentlichen Markt gekauft werden. In der zweiten Hälfte des 16. Jahrhunderts und den anschließenden Jahrzehnten folgten weitere Einschränkungen beim Fleischerwerb der Garküchen zugunsten der Metzger, etwa die Begrenzung des Einkaufs von höchstens zwei Schweinen und Kälbern bis zu der reichlich merkwürdig anmutenden Bestimmung, daß Garköche nur Schweine bis zu einem Höchstgewicht von 80 bis 90 Pfund erwerben durften. Ganz offenbar hielten sich viele der Garküchen nicht an die städtische Vorgabe, sich auf einfache und billige Speisen für eine ärmere Kundschaft zu beschränken, sondern boten teure Mahlzeiten an und wurden zunehmend zur Konkurrenz für die Gastwirte. Der Rat versuchte in einer zweiten Ordnung für die Garköche aus dem Jahr 1545 diese Praxis zu beenden. Die Küchen sollten allein *„den frembden durchraisenden leuten, ... gemainen Burgern und taglöhnern.. zu gepürender zeit umb iren pfening“*[30] Essen reichen. Teure und üppige Speisen wurden verboten und das Angebot eingeschränkt. Gekocht werden durften nur noch Suppen, Kraut, Würste, Schweine-, Kalbs- und Schützen(Hammel)braten, Karpfen, Rotaugen und weiße Bachfische. Obwohl es verboten wurde, alle anderen Fische und Geflügel anzubieten, könnte dieser eingeschränkte Speisenkatalog heutzutage so manches Gasthaus und etliche besonders moderne Restaurantketten erheblich aufwerten.

Geregelt wurde 1545 auch das Beherbergungsrecht. Nur denjenigen Küchen, die Wein einlagerten und schenkten und damit Ungeld entrichteten, stand das Recht der Fremdenbeherbergung zu, nicht aber den bierschenkenden Garküchen. Verboten war es, gleichzeitig Bier und Wein einzulagern. Wie es scheint, war auch die Stichgerechtigkeit, d. h. das Recht eigengeschlachtetes Fleisch zubereiten zu dürfen, an die Einlagerung von Wein gebunden[31]. Ein typisches Garküchengericht waren die Nürnberger Bratwürste, für die interessanterweise bei der Zubereitung innerhalb der Garküchen und Wirtshäuser eine geringeres Gewicht erlaubt war als sonst vorgeschrieben. In einer Ratsvorschrift heißt es: *„Es sollen alle pratwurste dermassen gemacht werden, das vier pratwurst am gewicht ungeverlich ein pfund halten; und sollen das pfund umb 4 pf. geben oder ein wurst umb 1 pf., so imands unter einem pfund kaufen wolt, und sollen auch sollichen kauf dermassen niemant versagen, was sie aber solicher pratwurst den kochen oder wirten machen, der sollen ungeferlich funf ein pfunt wegen, doch sollen sie derselben wurst ausserhalb der kochen und wirten weder unter den fleischpencken noch sunst iendert vail haben oder verkaufen.“*[32]

Sollte es sein, daß die Nürnberger Bratwurst ihre Miniaturisierung gegenüber der fränkischen Bratwurst einer den Garküchen und Wirten entgegenkommenden Politik verdankt? Die berühmteste Nürnberger Garküche aller Zeiten war wohl das „Bratwurstglöcklein“, das zumindest in seinen Ausmaßen auch nach der Verwandlung zum Fremden- und Traditionslokal noch eine Vorstellung von einer kleinen Garküche vermitteln konnte. Aber schon ein Blick auf den Hintergrund und das Publikum der Nürnberger Garküchen in der frühen Neuzeit macht es eher unwahrscheinlich, daß Albrecht Dürer und Hans Sachs, wie in der Werbung und in vielen Ansichtskarten dargestellt, hier verkehrten oder es gar zum Stammlokal erkoren hatten (Abb. 49).

Branntweinständlein

Eine eigene Gruppe bildeten die Branntweinschenken und speziell die Nürnberger Branntweinständlein auf den Straßen. Interessant ist, daß in Nürnberg bis ins 17. Jahrhundert weder in den Gasthöfen noch in den Wein- oder Bierschenken Branntwein ausgeschenkt wurde. Dieses Recht lag bis Mitte des 15. Jahrhunderts ausschließlich bei den Klein- und Großpfragnern, dem Klein- und Großhandel mit Lebensmitteln, Holz und kleinen Haushaltsbedarfsartikeln. Offenbar aus sozialen, aber wohl auch aus fiskalischen Gründen ließ der Rat in den letzten Jahrzehnten vor 1500 auf den öffentlichen Straßen und Plätzen die sogenannten Branntweinständlein einrichten. Als Schenken zugelassen wurden alte und kränkelnde Leute, die sonst keinen Beruf mehr ausüben konnten und bevorzugt Frauen. Die Inhaber der Ständlein, die anfangs nur aus einem Stuhl für den Branntweinschenken bestanden hatten, mußten an die Pfragner eine geringe jährliche Abgabe zum Ausgleich von deren Umsatzeinbußen zahlen, konnten ihren Schnapsbedarf aber unabhängig von den Pfragnern auf dem öffentlichen Markt decken. Höher waren die Abgaben für das jährliche Platzgeld an das Zinsmeisteramt, sie konnten mehrere Gulden betragen, je nach Größe der inzwischen zu Stehausschenken und kleinen Krämlein oder Lädchen gewachsenen Ständlein. War 1485 vom Rat noch festgelegt worden, daß der Branntwein nicht dort getrunken werden dürfe, wo er erworben wurde, folgte schon 1496 die Genehmigung, das Getränk in Mengen für höchstens einen Heller im Ständlein direkt trinken zu dürfen. Der Weg zum Stehausschank war frei und wurde offensichtlich reichlich genutzt. Am Ende des Dreißigjährigen Krieges bestanden über 100 dieser Branntweinständlein in der Stadt, ein frühes Beispiel für eine Alkoholpolitik, bei der das staatliche Interesse an den Steuereinnahmen die Entwicklung zur Erhöhung des Alkoholkonsums förderte. Immerhin entschloß sich die Obrigkeit im Jahre 1649, keine neuen Schankständlein mehr zuzulassen und die bestehenden mit dem Tod des Inhabers einzuziehen. Das war aber offenbar nicht zu realisieren. Schließlich wurden im Verlauf des 18. Jahrhunderts die gewachsenen Rechte der Ständlein zum Branntweinausschank von den inzwischen zahlreich in der Stadt bestehenden Bierschenken aufgekauft[33].

Bierschenken

Die später für Nürnberg so charakteristischen Bierschenken sucht man in mittelalterlichen Zeiten vergebens. Sie waren zu Beginn des 14. Jahrhunderts nicht erlaubt – ohnehin war der Wein in Süddeutschland bis zum Dreißigjährigen Krieg das bevorzugte Volksgetränk, wahrscheinlich erst durch die Zerstörung der meisten Weinberge in diesen schrecklichen Jahrzehnten begann der Aufstieg des Bieres –, lediglich die einheimischen Brauer durften ihr Produkt in Nürnberg zu den städtischerseits festgelegten Preisen an der Braustätte oder ihren Kellern zapfen oder faßweise verkaufen[34]. Die Biereinfuhr von außerhalb war ohnehin verboten. Diese Bestimmung galt wohl bis zum Ende des 15. Jahrhunderts, wurde aber zunehmend durch eine andere Praxis aufgeweicht, denn immerhin scheint bereits 1485 in einigen Gastherbergen Bier ausgeschenkt worden zu sein und der Begriff „Bierwirtshaus" taucht bereits im Jahre 1498 auf[35]. Erstmals belegt ist der Ausschank von Stadtbier, dem innerhalb der Stadt gebrauten Bier, durch eigene Bierschänken in einem Ratsverlaß, wonach kein roter Bierbrauer *„mit mehr denn zweyen rören uf ein mahl in allem schenken" solle*[36], d. h. daß der Brauer neben seiner eigenen Schankstätte nur eine weitere Schankstätte betreiben, aber auch an fremde Personen vergeben durfte. Den weißen Brauern[37], die unter Absatzsorgen litten, wurden 1570 vier „Röhren", 1590 sogar sechs „Röhren" erlaubt. Die Brauer übten diese Berechtigung zur Ver-

Abb. 4: Werbekarte der Lederer-Brauerei aus dem Jahr 1926. Die Brauerei, die ihre Geschichte bis 1468, das Jahr des Baus des städtischen Herrenbräuhauses zurückführen kann, kam 1814 durch Kauf der Brauerei Bauer in den Besitz der Familie Lederer. 1881 wurde der Betrieb in die neuerbaute Brauerei in der Bärenschanzstraße verlegt. Das Krokodil als Symboltier der Brauerei wurde vom Wirtshaus „Zum Krokodil" in der Weintraubengasse 2 übernommen und zur Schutzmarke. Den Entwurf dazu mit dem einen Holzkrug umschlängelnden Reptil, hier in einer schon moderneren Abwandlung, fertigte der Nürnberger Kunstprofessor Friedrich Wanderer im Jahre 1890. Bei dem auf der Karte unterzeichnenden Dr. Bräutigam handelt es sich um eines der Vorstandsmitglieder der Großbrauerei in den zwanziger Jahren. Lithographie.

gabe des Schankrechts entsprechend den ihnen zustehenden „Röhren" an andere Nürnberger Bürger durch die Weitergabe eines Täfeleins aus. Daraus hat sich die Bezeichnung „Täfeleinswirte" für die in der Regel im Nebenerwerb betriebenen Stadtbierschenken entwickelt[38]. Rechtlich von Bedeutung war, daß es für die jährliche Vergabe der Täfelein an die meist im Nebenerwerb tätigen Wirte keinerlei städtischer Genehmigung bedurfte, sondern der Brauer nur eine Liste seiner Täfeleinswirte vorlegen mußte.

Zu erwähnen wären noch die Met- und die Süßweinschenken. Die Metschenken stellten als Metsieder ihr Getränk selbst her, durften aber auch von auswärts zukaufen. Ursprünglich bestanden drei Metschänken in der Stadt[39], über ihre genauere Zahl und Entwicklung ist nichts bekannt.

Als Süßweine galten die ‚welschen' (italienischen) und spanischen Weine. Nach 1493 besaßen die drei Süßweinhändler der Stadt das Recht, gegen Zahlung des Ungelds auch ausschenken zu dürfen. Daneben bestand offenbar noch eine Zahl kleinerer Süßweinschenken. Nach dem Dreißigjährigen Krieg erhielten alle Weinschenken die Genehmigung, auch die südlichen Weine anzubieten[40].

Herrentrinkstube

Neben diesen gewerblichen und allgemein zugänglichen Wirtschaften und Gasthäusern bestand noch eine Reihe von Einrichtungen, die wohl als Gastwirtschaften oder als Herbergen anzusprechen sind, die aber nur nur einem begrenzten und geschlossenen Personenkreis zugänglich waren. Dazu zählten die Herrentrinkstube als Treffpunkt der ratsfähigen Personen und des Patriziats ebenso wie die Handwerkertrinkstuben und die Gesellenherbergen. Die Herrentrinkstube[41], 1497/98 im Waaggebäude in der Winklerstraße 22 eingerichtet,

Abb. 5: Lithographierte Werbekarte der Tucherbrauerei aus dem Jahr 1912, die nach dem Aufdruck auf der Rückseite im Tucherbräustübl in der Vorderen Ledergasse verkauft wurde. Der Negerkopf, das alte Tuchersche Wappen, wurde weltweit zum Symbol für Nürnberger Bier.

Abb. 6: Lithographierte Werbekarte der Brauerei Reif für ihr „Siechen"-Bier nach 1905. 1842 wurde das schon 1520 erwähnte Brauhaus in der Lorenzer Straße von Leonhard Reif erworben. Als eine der ersten Nürnberger Brauereien verkaufte die 1872 mit der Erlanger Brauerei Henninger vereinigte Firma ihr Bier auch in den norddeutschen Raum. Nach dem Namen eines Wirtes, Franz Siechen, durch den das Reif-Bier in Berlin nach 1870 besonders bekannt wurde, entschloß sich die Brauerei, die Bezeichnung „Siechen-Bier" ganz allgemein für ihre Export-Biere zu verwenden. Der in moderner Gestaltung auf die historische Tradition aufmerksam machende Landsknecht konnte das Siechen-Bier also kaum gekannt haben.

diente geselligen Zusammenkünften der patrizischen Mitglieder des Rates. Vorher wurde zu diesem Zweck wohl das Rathaus selbst benutzt. Erwähnt wurde ein eigener Hauswirt, der die Ratsherren mit Wein und Erfrischungen zu versorgen hatte und wahrscheinlich auch für die Ausrichtung von größeren Gastmählern im Rathaus zuständig war.[42]
Die Errichtung einer besonderen Trinkstube im neuen Gebäude der Stadtwaage wurde wohl aus Repräsentationsgründen bei der gestiegenen wirtschaftlichen Bedeutung der Stadt notwendig, die Stadtwaage war wegen dort gegebenen Präsenz der einheimischen und fremden Kaufleute die geeignete Örtlichkeit. Als Gäste wurden nur Angehörige der ratsfähigen und ehrbaren Geschlechter zugelassen einschließlich ihrer Verwandten sowie ihren Handelsgesellschaftern. Zutritt hatten aber auch adlige Söldner und die Hauptleute im Dienste der Stadt, dann einheimische Kaufleute von ehrbarem Stande und deren Handelspartner sowie fremde Kaufleute „von ehrlichem Namen und ehrbaren Herkommen." Ausdrücklich ausgeschlossen wurden alle Handwerker, Meister und Gesellen, die ihren Beruf mit der Hand ausübten mit Ausnahme der Genannten des größeren Rats[43]. Der Wirt der Trinkstube besaß das Weinschankrecht und durfte Speisen abgeben. Daß der Wirt dieses abgehobenen Ortes der Gastlichkeit ein angesehener Beruf war, belegt die Tatsache, daß im Jahr 1570 ein Peter Staib, Wirt in der Herrentrinkstube, zum „Genannten des größeren Rats" erhoben wurde[44].

Offenbar war das Verhalten der Gäste in der vornehmen Einrichtung doch nicht ganz so vornehm, denn der Rat sah sich gezwungen, 1561 eine eigene Ordnung für den Patriziertreffpunkt zu erlassen. Darin wurden zahlreiche Verbote ausgesprochen, deren Übertretung zu büßen waren, darunter Gotteslästerung, das Schwören, Spielen mit geliehenem Geld, aber vor allem auch das Ziehen der Waffen und jegliche Tätlichkeit. Nachdem das aber offenbar nicht fruchtete, sah sich der Rat gezwungen, im Jahr 1597 die Gebote und vor allem die Strafen zu verschärfen, um einen angenehmen Aufenthalt unter seinesgleichen in der Trinkstube zu gewährleisten. Neu aufgenommen wurde interessanterweise ein Verbot des Singens unzüchtiger Lieder.

Gesellenherbergen

Die seit dem Handwerkeraufstand von 1348 gegen alle zünftlerischen Zusammenschlüsse gerichtete patrizische Ratspolitik verbot eigene Zusammenkünfte der verschiedenen „Handwerke" ohne städtische Aufsicht durch das Rugamt. Aber bereits im Satzungsbuch von 1302 ist ein gegen die Handwerker gerichtetes Verbot der „Einung" enthalten.[45] Das ist auch der Grund, warum in Nürnberg im Unterschied zu anderen Städten keine eigenen Amtshäuser der einzelnen Handwerke entstanden und verhältnismäßig spät, erst gegen Ende des 15. Jahrhunderts, eigene Trinkstuben zugelassen wurden. Noch in einem Ratserlaß des Jahres 1506 wurden Pfänder und das Rugamt aufgefordert, ein Augenmerk auf die neu aufgerichteten Trinkstuben zu richten. Das Vorgehen der Handwerke solle gerügt und abgestellt werden[46].

Die Nürnberger Trinkstuben, die auch mit Herbergen verbunden waren, waren relativ einfache Gasthäuser oder in einem schon bestehenden Gasthaus untergebracht. Die Trinkgelage, die sich an die Beratungen der einzelnen Handwerke regelmäßig anschlossen, reichten für die eingesetzten Wirte offenbar aus, die Handwerkerstuben als regelrechten Wirthausbetrieb zu führen, zu dem Außenstehende keinerlei Zutritt besaßen.

Die Tuchmacher besaßen ihre Trinkstube und Herberge im Tuchmacherzwinger in der Färberstraße, die Messerer waren um 1600 im „Silbernen Fisch" in der Breiten Gasse und die

Metzger hatte eine Herberge gegenüber der Klarakirche[47].

Die Gesellen hatten eigene Herbergen, allerdings nutzten verschiedene Handwerke auch bestehende Gasthäuser als Gesellenherberge. In den Gesellenschenkordnungen, die vom Rat genehmigt werden mußten, wurde von den einzelnen Handwerken das Herbergswesen und das Verhalten der Gesellen in diesen Einrichtungen geregelt. In der Stadt eintreffende Gesellen waren in der Regel gezwungen, dort zu übernachten und zu essen. Dort fanden auch ‚gesellige' Zusammenkünfte statt, natürlich unter städtischer Aufsicht. In den Herbergen erhielten die fremden, auf Wanderschaft befindlichen Gesellen durch die Zuschickgesellen ihre Arbeitsstelle zugewiesen. Die Metzgergesellen hatten 1614 ihre Herberge ebenfalls im „Silbernen Fisch in der Breiten Gasse, die Schuhmachergesellen im Jahr 1615 in der Nähe des Weißen Turms[48]. Nach einer Zählung im Jahre 1710 bestanden in Nürnberg zu diesem Zeitpunkt 20 Gesellenherbergen[49].

Die Entwicklung und Vermehrung der Wirtshäuser in Nürnberg war eng verknüpft mit dem wirtschaftlichen und politischen Aufstieg der Stadt seit dem 13. und 14. Jahrhundert. Ihre Zahl und die Ausweitung der Rechte des Gastgewerbes wurde durch das bis zum Ende des 16. Jahrhunderts anhaltende Wachstum und die Prosperität von Handel und Gewerbe begünstigt, was eine große Zahl von Fremden in die Stadt führte, die verköstigt und beherbergt werden wollten. Wie die gesonderten Preislisten der Gasthöfe für Kaiserbesuche und Fürstentage ausweisen, war der Bedarf bei solchen Anlässen offenbar so groß, daß besondere Preise verlangt werden konnten. Eine stabile Grundlage für die Existenz der vielen Schenken und Wirtshäuser bildete aber auch die hohe Einwohnerzahl, die seit der 2. Hälfte des 16. Jahrhunderts bis in den Dreißigjährigen Krieg ihren wohl gleichbleibend höchsten Stand erreicht hatte: Nach einer Zählung des

Abb. 7: Auch hier warb der Tuchermohr, inzwischen zu einer modernen Werbefigur aufgestiegen, mit der Burgsilhouette, dem alten Weizenbräuhaus und dem Tucherwappen für seine Biermarke. Die Karte diente als Hinweis auf eine Schankstelle für das Nürnberger Bier und wurde 1912 als Gruß aus dem Tucherbier-Ausschank in Stuttgart am Alten Postplatz verschickt. Lichtdruck.

Rats im Jahre 1627 lag sie beinahe exakt bei 40.000[50]. Ihr standen nach der bereits angeführten ersten Zählung des Rates im Jahr 1632 227 Wirtshäuser und Schenken gegenüber. Die hohe Zahl spiegelt den Entwicklungsstand unmittelbar am Ende der wirtschaftlichen Blüte der Reichsstadt im Spätmittelalter und der frühen Neuzeit.

Nach dem Dreißigjährigen Krieg

1632 – das Jahr dieser Bestandsaufnahme bezeichnet relativ exakt den Wendepunkt der Stadtgeschichte in den Niedergang, der geradezu abrupt mit einer demographischen Katastrophe eingeleitet wurde. In diesem Jahr belagerten sich die Heere Gustav Adolfs und Wallensteins von Juli bis September vor den Toren der Stadt. Das schwedische Heer mußte unterhalten werden und die kaiserlichen Truppen verwüsteten das Umland. Auch nach dem Abzug der beiden Heerhaufen verhinderte der weiter stattfindende Kleinkrieg die Bestellung der Felder mit der Folge, daß die Getreidepreise bis zum Jahr 1635 explosionsartig in die Höhe ging. Der Rat führte 1632 gleichzeitig eine Verbrauchssteuer auf Brotgetreide ein, um die geforderten Kriegskontributionen bezahlen zu können, was die Situation vor allem für die unteren Bevölkerungsschichten noch verschärfte. Walter Bauernfeind, der in einer neuen, breitangelegten Untersuchung des Nürnberger Getreidemarktes zwischen 1339 und 1670 die ‚große Zeit' der Stadtgeschichte nach ihren materiellen Grundstrukturen befragt hat, charakterisierte die Situation wie folgt: „Wenn die Stadt nicht die Kriegskontributionen leisten konnte, zu deren Finanzierung sie der Steuer bedurfte, drohte sie ihre Selbständigkeit bzw. ihren politischen Einfluß zu verlieren, wer in der Stadt nicht genug Geld hatte sich das teure Brot zu kaufen, starb."[51] Annähernd zwei Drittel der Stadtbevölkerung sind in den folgenden Jahren gestorben. Allein für die Jahre 1632 bis 1634, der Zeit der Verwüstung und Unterbindung der Nahrungsmittelzufuhr und nie gekannten Brotpreisen, wurden mehr als 25.000 Tote im Stadtgebiet registriert, gestorben an Pest und anderen Epidemien oder einfach durch Hunger entkräftet[52]. Im Jahr 1636 sank der Brotpreis wieder. Erst mehr als zweihundert Jahre später, nach dem langen Siechtum des Gemeinwesens und dank der beginnenden Industrialisierung, sollte Nürnberg diesen Bevölkerungsverlust wieder ausgleichen können.

In diesen Katastrophenjahren, die in den gängigen Stadtgeschichten kaum in ihrem wahren Ausmaß dargestellt sind, scheinen die bestehenden Ordnungen für das Gastgewerbe ziemlich zusammengebrochen zu sein. Nicht nur die zwischen den verschiedenen Wirtshausgattungen festgelegten Abgrenzungen wurden nicht mehr eingehalten, sondern auch wegen der sich bietenden Verdienstmöglichkeiten durch die in Stadtnähe lagernden Heere scheint eine große Zahl an Schenken und Wirtshäusern neu entstanden zu sein, denn wie das Ungeldamt festhielt, hat sich *„bald jedermann auf das Schenckwerkh wegen der großen meng Volckhs"*[53] gelegt. Und in der Vorrede des Branntweinbuches von 1655 heißt es *„... wie deme im ermelten Jahro [1632] beede der Röm. Kayserlichen auch Königliche Maytt. [Majestät] zu Schweden Armmeen, vor dießer unßerer Statt und Landtschafft etliche Monath lang gegeneinander gelegen, dardurch nicht allein das land ganz ruinirt, sondern auch in der Statt alle gute policey und Ordnungen, in confusion gerathen, und fast ein ieder seines gefallens Handtierung und Nahrungs Gewerb, seinem nägsten und Mit Christen, zum Schaden und nachtheil eigenwillig angefangen und getrieben ..."*[54].

Gegen Ende des Dreißigjährigen Krieges stand also der drastisch verminderten Einwohnerschaft und dem geschwächten Handel und Gewerbe eine viel zu große Zahl von Wirtshäusern gegenüber bei offenbar wenig erfreulichen Entwicklungen und Zuständen im Gastgewerbe selbst, die zu den verschiedensten Klagen führten. Der Rat bemühte sich noch während des Krieges und in den folgenden Jahrzehnten, dem Gewerbe eine neue Ordnung zu geben und gleichzeitig die hohe Zahl der bestehenden Wein- und Bierschenken zu verringern.

Bereits 1640 wurde eine vom Ungeldamt erarbeitete Ordnung erlassen, die die bestehenden Wirtshäuser, die Stadtbierschenken und Täfeleinswirte ausgenommen, in drei Klassen einteilte, nämlich alle offenen Gasthöfe und Herbergen in der ersten, in der zweiten Schenken mit Speisenabgaben, aber ohne Beherbergung und in der dritten Kategorie Garküchen und Fremdbierwirte. Die zugelassenen Wirtschaften in jeder Klasse sollten begrenzt, neue Wirtshäuser aber nicht mehr genehmigt werden. Tatsächlich stieg auch nach dieser Ordnung die Zahl der Wirtshäuser in der Stadt bis zum Ende des Dreißigjährigen Krieges weiter an, weil manche während der Katastrophenjahre stillgelegten oder verwaisten Betriebe wieder neu eröffnet wurden.

Dem Rat gelang es in den Folgezeiten tatsächlich, trotz verschiedener neuer Ordnungen und Zulassungserschwernisse, die Zahl der Schankwirtschaften, die sich auf ihre althergebrachten Rechte beriefen, zu begrenzen oder gar zu verringern. Bei den Gasthöfen wurde eine gegenteilige Politik verfolgt. Obwohl nach dem Dreißigjährigen Krieg die Zahl der Besucher der Stadt und der Beherbergungen drastisch zurückgegangen war, sollten die Gasthöfe trotz des häufig nicht mehr rentablen Geschäfts möglichst erhalten werden. Das führte nicht nur zur Einschränkung und 1795 zum Verbot der Beherbergung Fremder durch Nichtwirte, sondern zu teilweise absonderlichen Regelungen: Etwa die 1711 erlassene Bestimmung, daß jeder Fuhrmann, der Güter in die Stadt brachte, sich vor seiner Weiterfahrt mindestens zwei ganze Tage mit seinem Gespann in einem Wirtshaus der Stadt aufhalten müsse. Eine Ausnahmeregelung von 1725 für Fuhrleute aus der Umgebung reduzierte den Mindestaufenthalt auf 24 Stunden. Und im Jahr 1787 wurde diese Regelung ausgedehnt auf alle mit der Post in der Stadt ankommenden Reisenden, die nun ebenfalls mindestens zwei Tage in der Stadt zu verweilen hatten. Gleichzeitig wurden strenge Meldevorschriften erlassen, wonach ein Fremder nur beherbergt werden durfte, wenn er im Besitz eines vom Torschreiber für das jeweilige Gasthaus ausgestellten Meldezettels war, der noch am gleichen Tag beim Bürgermeisteramt abzugeben war. Dazu wurde die Beherbergungsdauer begrenzt. Fremde Gäste, die als Privatpersonen zu betrachten waren, durften nicht länger als zwei Wochen aufgenommen werden, danach wurden sie aufgefordert um „Stadtschutz“ nachzusuchen, wie es eine Regelung aus dem Jahre 1702 vorsah[55]. Die Einteilung der verschiedenen Wirtschaftsarten in unterschiedliche Klassen je nach ihren Rechten wurde bis zum Ende der Reichsstadtzeit 1806 beibehalten. In der letzten gültigen Ordnung aus dem Jahr 1745 bestanden die folgenden vier Klassen:

1) Gasthöfe, welche fahrende Passagiers, Fuhrleute etc beherbergen, Hochzeiten und andere Gastungen verlegen, Herbergen der Handwerker halten dürfen;
2) Weinschenken, von welchen einige Hochzeiten verlegen, über die Gasse kochen dürfen, und zum Theil fremde Fußgänger logiren, einige bloß Wein schenken;
3) Bloße Weinschenken, welche des Kochens nicht befugt sind;
4) Wirthshäuser und Garküchen, welche Stadtbiere ausschenken, auch zum Theil begünstigt sind, fremde Biere zu schenken, Schweine zu schlachten und das Fleisch zu verkochen, Bratwürste zu braten, und auch zum Theil fremde Fußgänger zu logiren.[56]

Wirtshausnamen – Erster Teil

Nürnberg gilt als „eine wahre Fundgrube origineller und verzwickter Gasthausschilder[57]“ und Gasthausnamen und in den einschlägigen Kompendien zur Geschichte von Gasthäusern ist die Stadt mit Beispielen für besonders originelle Nürnberger Wirtshausnamen vor allem aus der Reichsstadtzeit zahlreich vertreten. Zwar gab es bereits in römischer Zeit die Sitte, Gasthäuser mit einem Namen zu belegen, in der Mehrzahl der alten Gasthausnamen in Nürnberg lebt jedoch die mittelalterliche oder frühneuzeitliche Hausbezeichnung durch ein symbolisches Hauszeichen, eine Figur oder ein Hausschild weiter, die dem Gebäude und damit auch dem Gasthaus dann den Namen verlieh. Notwendig war das zur topographischen und rechtlichen Orientierung, denn Straßenbezeichnungen und Häusernumerierungen in unserem heutigen Sinne gab es noch nicht.

In Nürnberg wurden die Häuser erstmals nach der Besetzung und auf Anordnung durch die französische Revolutionsarmee nach dem 9. August 1796 mit Nummern versehen, die durch den vorangestellten Buchstaben S oder L gleichzeitig die Lage auf der Sebalder oder der Lorenzer Stadtseite bezeichneten[58]. Bis dahin war lediglich die Angabe der Stadthälfte, des Stadtviertels und gegebenenfalls einer Gassen- oder Ortsbezeichnung üblich, wobei Straßen- oder Gassennamen sich nicht selten aus dem Namen eines dort befindlichen markanten Hauses oder auch Wirtshauses ableiteten. Bekannteste Beispiele für die noch heute gültige Straßenbezeichnung nach einem Wirtshaus sind etwa die Glöckleinsgasse nach dem „Bratwurstglöcklein“ oder die Vordere und Hintere Sterngasse nach dem längst untergegangenen „Blauen Stern“, die Lammsgasse nach dem Fuhrmannsgasthof „Zum Weißen Lamm“ oder die Adlerstraße nach dem Gasthaus „Goldener Adler“ [59].

Aber auch rechtliche Gründe waren maßgebend für die Beibehaltung und Weiterführung von Hausnamen oder Hausbezeichnungen etwa bei Besitzerwechsel durch Vererbung oder Verkauf. Bei Gasthöfen mit Beherbergungsrechten spielte das auf dem Haus und der dazu notwendigen Einrichtung liegende und vererb- oder veräußerbare Realrecht eine entscheidende Rolle und entwickelte sich zu einer Gasthofs- und Wirtsgerechtigkeit, die ab dem 19. Jahrhundert auch einfache Bierschenken einschloß[60]. Eine so entstandene „Schildgerechtigkeit“[61], die auf dem Gasthaus ruhte und es von einer Konzessionserteilung unabhängig machte, ist einer der wichtigsten Gründe für den fast ausschließlichen Erhalt der alten Hausbezeichnungen in den Namen der fortgeführten Gasthäuser auch in den Zeiten neuer Adreß- und Ortsangaben.

Das dank einer Neuherausgabe heute wieder am leichtesten zugängliche Verzeichnis der alten Nürnberger Wirtshäuser und ihrer Namen am Ende der Reichsstadtzeit ist die von Christian Conrad Nopitsch 1801 herausgegebene „Topographische Beschreibung der Reichsstadt Nürnberg.“ Das hochinteressante, zur Identifizierung alter Nürnberger Örtlichkeiten und Straßennamen sehr hilfreiche Büchlein listet in einer Beilage neben den zu Beginn des 19. Jahrhunderts noch bestehenden auch eine ganze Reihe längst abgegangener Wirtshäuser auf und gibt Hinweise auf wechselnde Namen. Nopitschs Vorzug liegt in der Vollständigkeit, aber auch in der genauen Lokalisierung der Wirtschaften.

Weitaus aufwendiger, da in gereimter Form, teilweise in Hexametern und mit mehr oder minder gelehrten Fußnoten verfaßt ist ein Büchlein, das im Jahr 1853 als Lobpreis und ‚poetische Schilderung‘ der Nürnberger Wirtshauswelt erschien und „Nürnbergs edlen Bewohnern gewidmet" war. Sein Verfasser C. R. v. Renauld formulierte mit dem Titel gleich ein Programm, das zu absolvieren wohl nur mit einer gut konditionierten Leber möglich war: „Rundschau in Nürnbergs sozialer Welt oder der Besuch der verschiedenen Hotels, Gast- und sämmtlichen Bierwirtschaften, Wein-, Kaffee-Lokalitäten, geselligen Vereine, nebst Conditoreien und Spirituosen, Gärten und Anlagen der Stadt, dann entfernterer Umgebung nach historischer und humoristischer Richtung."

Tiernamen

Von den 257 am Ende der Reichsstadtzeit in Nürnberg bestehenden und durch einen Namen ausgewiesenen Wirtshäusern, Gasthöfen und Schenken[62] waren mehr als hundert nach einem Tier benannt. Auf die „Adler", vertreten durch je einen „goldenen", einen „schwarzen", einen „weißen" und einen „preußischen", folgten die „Bären": zwei „goldene" und ein „schwarzer", dazu der „Bärleinhuter", der ja einen behuteten Zottelbär als Wirtshausschild führte. Neben einem „Schwarzen Bock" und einem „Eichhörnlein" bestanden zweimal ein „Goldenes" und ein „Weißes Einhorn", daneben zwei Gasthäuser „Zum goldenen" und eines „Zum weißen Elephant".

Zur Kategorie der Wappentiere oder der als Gasthausnamenstiere geschätzten Adler, Bären, Einhörnern oder Elephanten, gehörten auch die insgesamt acht „Hirsche", je ein „blauer", „brauner", „weißer" und ein „rauher", dann drei „goldene Hirsche" sowie ein Gasthaus „Zu den zwei braunen Hirschen" in der Karolinenstraße. Dagegen bestand nur ein „Goldenes Reh", am Maxplatz 7 gelegen, das auch unter der Bezeichnung „Rehlein" bekannt war.

Stärker vertreten unter den Gasthausnamen waren wiederum die „Lämmer", die „Löwen",

Abb. 8: Die Adlerstraße, bis dahin der Roßmarkt, erhielt 1810 ihren Namen nach dem alten Gasthof „Zum goldenen Adler", Adlerstraße 15/17, der sich auf dieser Lichtdruckkarte nach 1905 als gerade erst modern umgebautes Hotel präsentiert. Der Gasthof wurde erstmals im Jahr 1604 als „Schwarzer Bär" am damaligen Roßmarkt erwähnt und führte als Gasthof I. Klasse nach 1746 den Namen „Zum Reichsadler" oder auch „Zum goldenen Reichsadler" (siehe auch Abb. 151).

Abb. 9: In der Königstraße 48 stand bis zu seiner Zerstörung im 2. Weltkrieg der alte Gasthof „Zum weißen Hahn", durch das Wollengäßchen von der Konkurrenz im „Roten Hahn" getrennt. 1599 als „weißer Hahn" bei St. Lorenzen erstmals aufgeführt, wurde der Gasthof zur Jahrhundertwende angesichts der aus dem Boden sprießenden Hotelneubauten in der Königstraße ebenfalls modernisiert und erweitert, behielt aber den Charakter eines Alt-Nürnberger Gasthofs weitgehend bei, auch wenn auf den späteren Karten die neuen großstädtischen Errungenschaften aus Werbegründen in den Vordergrund gerückt wurden (siehe auch Abb. 153).

Abb. 10: Ebenfalls an der Wende zum 17. Jahrhundert (1599) bestand schon der Gasthof „Weißer Löwe" in der Königstraße 30. Die Namen der Löwen-Wirte seither sind nahezu vollständig überliefert. Das heute noch bestehende Gasthaus wurde nach einem Umbau des nach dem Kriege neuerrichteten Hauses in die erste Etage verlegt und ist seither trotz seiner zentralen Lage gegenüber der Lorenzkirche nicht mehr so richtig im Blickfeld der durch die Pfannenschmiedsgasse eilenden Passanten. Der Lichtdruck von vor 1905 zeigt das mächtige Gasthaus und die alte Hausfront der Pfannenschmiedsgasse bis zur Mauthalle.

Abb. 11: 1606 als „Wirt auf dem Brücklein beim Frauentor“ erstmals erwähnt, tauchte das alte Nürnberger Wirtshaus in der Königstraße 85, 1746 dann als „Gulden Beer“ in der Reihe der Nürnberger Bären-Gasthäuser auf. Ähnlich alte Wirtshäuser mit dem Namen „Goldener Bär“ bestanden daneben noch in der Ludwigstraße und in der Hans-Sachs-Gasse (Mehlgäßlein) im Haus, in dem Hans Sachs gewohnt hatte. Auf dem Bild posiert wohl Fritz Ruder, der Eigner des Gasthofs um die Jahrhundertwende, mit einigen Gästen. Daß er sie beinahe um Haupteslänge überragt, lag wohl an der Optik des Fotografen.

Abb. 12: Das Wirtshaus „Zum Kranich“ in der Karolinenstraße 15 am Eck zum Heldengäßchen (heute Schuhgeschäft) gehörte zur Jahrhundertwende zu den beliebtesten Speisewirtschaften der Nürnberger, dessen Besuch auch Fremden nachdrücklich empfohlen wurde. Lichtdruck nach 1905, gelaufen 1922.

die „Ochsen“ und die „Rösser“: Je ein „Goldenes Lamm“ fanden sich in der Breiten Gasse und in der Oberen Schmiedgasse, ein „Weißes Lamm“ fand sich auf der Sebalder Seite in der Lammsgasse 14[63] und auf der Lorenzer Stadtseite in der Katharinengasse 14. Dazu kam noch das „Weiße Lämmlein“ in der Winklerstraße 6. Zwei Wirtshäusern „Zum goldenen Löwen“ auf der Lorenzer Seite (Königstraße 40 und Karolinenstraße 8) standen in der Sebalder Stadt ebenfalls zwei Gasthäuser gleichen Namens in der Bergstraße 9 und in der Schildgasse 26[64] gegenüber. Dazu gab es noch einen „roten“, einen „silbernen“ und einen „Weißen Löwen“, der nach der Kriegszerstörung im modernen Gebäude Königstraße 30 wieder in Betrieb ist.

Mit vier „roten“, zwei „weißen“ und je einem „goldenen“ und „schwarzen“ bildeten die Wirtshäuser „Zum Ochsen“ eine starke Gruppe, nicht zu vergessen das Haus „Zum Goldenen Rindfuß“ in der Königstraße 63, dessen Name bereits 1609 genannt wurde. Allerdings wurde sie noch von den „Rössern“ übertroffen. Neben den berühmten „Roten Roß“ am Weinmarkt bestand am Theresienplatz 9 ein „Weißes Roß“, nicht zu verwechseln mit den in allen Farben vertretenen „Rößlein“ (je ein „goldenes“, „rotes“, „blaues“, „schwarzes“ sowie zwei „Weiße Rößlein“). Hierher gehörte auch das Wirtshaus „Zum Räpplein“ am Webersplatz 16. Zweimal gab es einen „Grauen Wolf“, daneben eine „Gemse“, einen „Lindwurm“ neben zwei „Lindwurmkellern“ in der Adlerstraße und in der Königstraße 18. Einzigartig war dagegen die „Goldene Laus“ am Hübnersplatz 12.

Eine eigene Namensgruppe bildeten die Vögel, zu denen natürlich auch die bereits angeführten Adler zählen. Beginnend mit der „Goldenen Ente“ am Oberen Bergauerplatz, einer „Eule“ sowie einem „Falken“, gefolgt von dem bis heute am Geiersberg die traditionelle Nürnberger Wirtshausenge vorführenden „Goldenen Geier“. Hierher gehört auch das „Greiflein“, das sich in der Tetzelgasse 55 befand. Der verzehrbaren Vogelwelt entstammen die Namen der berühmten „Goldenen Gans“ in der Winklerstraße, die mehrfach als der beste Nürnberger Gasthof bezeichnet wurde, der drei „Roten Hähne“ und eines „Weißen Hahns“, letzterer in der Königstraße neben dem „Roten Hahn“ gelegen, in dem Goethe bei seinem Nürnberg-Besuch im Jahre 1786 logierte[65] (Abb. 152). Der „Goldene Hahn“ in der Oberen Wörthstraße firmierte zeitweise auch unter dem Namen „Das Göckerlein“ (Abb. 95). Den Hähnen hinzuzuzählen ist natürlich auch ein Gasthaus „Zum Hahnenkamm“.

Der edleren Vogelwelt entlehnt waren der „goldene“ und ein einfacher „Kranich“ (Abb. 12). Am Paniersplatz gab es dazu einen „Pelikan“, gefolgt von einem „Blauen Pfau“ in der Neuen Gasse und einem weiter nicht bezeichneten „Pfau“ in der Judengasse 22. Nicht fehlen durften natürlich die „Schwäne“, die mit zwei „goldenen“, drei „weißen“, einem farblich nicht besonders hervorgehobenen sowie zwei „Weißen Schwänlein“ in der Schlotfegergasse und in der Bergstraße 30 vertreten waren. Ein „Schwarzer Star“ war in der Unteren Wörthstraße 4 zu finden, ein „Weißer Storch“ in der Inneren Laufergasse 26, in der heutigen Schmausengasse 9 gab es den „Goldenen Schnepf“. Den Abschluß der befiederten Wirtshausnamen bildeten je eine „goldene“ und eine „Weiße Taube“ sowie ein „Täublein“ in der Schlotfegergasse.

Nicht ganz so zahlreich waren die Wasserbewohner: Aufgeführt wurden lediglich drei „silberne Fische“, deren einer später den Namen „Zur Rose“ annahm, ein „Goldener Fisch“, sowie der in den zwanziger Jahren unseres Jahrhunderts durch seinen Wirt noch so berühmte „Walfisch“ in der Ludwigstraße 22[66] und der am Fünferplatz gelegene „Grüne Frosch“. Das bereits 1632 erwähnte Wirtshaus

Abb. 13: Auch der „Goldene Elefant" in der Inneren Cramer-Klett-Straße 31 gehört zu den alten Wirtshäusern in der Stadt. 1641 und 1642 wurde der „gulden Elephant" als Wirtshaus II. Klasse beim Wöhrder Türlein erstmals aufgeführt als „alte Schenkstatt, dem Endres Dorsch gehörig". Das Wirtshaus ist nach der Kriegszerstörung in der völlig veränderten Cramer-Klett-Straße (der früheren Wöhrder Straße) neu entstanden und beherbergt heute ein griechisches Spezialitätenrestaurant. „Phototint"-Karte um 1920.

„Zur Schleie" in der Königstraße 34, wurde 1801 zur „Reichskrone" umbenannt.

Pflanzen und Heilige

Häufiger im ländlichen Bereich finden sich die nach Bäumen benannten Gasthäuser, aber auch Nürnberg hatte zumindest fünf Wirtschaften mit dem Namen „Grüner Baum" zu bieten. Der offenbar älteste lag am heutigen Hefnersplatz 1 und wurde 1597 erstmals genannt. Nicht viel jünger war der „Goldene Baum" in der Lammsgasse. Am Jakobsplatz gab es eine „Goldene Linde", nicht weit davon in der heutigen Ottostraße 19 eine „Buche". Dazu kam der „Tannenbaum", der bis zum Ende der Reichsstadtzeit „Pommeranzenbaum" geheißen hatte, in der Lorenzerstraße und der „Grüne Tannenbaum" in der Dörrersgasse. Nicht die Bäume, sondern die Früchte gaben die Namen für die beiden Gasthäuser „Die drei goldenen Eicheln" und „Die vier Eicheln" und in der Lorenzer Straße 10 bestand seit 1632 die alte Schänke „Zur Schlehenstaude", die fast 300 Jahre bis zu ihrem Abriß in den dreißiger Jahren bewirtschaftet wurde[67]. Letztmalig erwähnt wurde 1798 der „Maulbeerbaum" in der Unteren Söldnersgasse 1, der schon um 1500 bestand[68].

Der Pflanzenwelt waren weiter entlehnt die Gasthausnamen der „Weißen Lilie", der drei „Goldenen" und zwei „Roten Rosen", nicht zu vergessen die „Weiße Rose" in der Katharinengasse 14. Aus naheliegenden Gründen gehäuft war das Weingewächs als Namensgeber, so zweimal für einen „Rebenstock", zwei „Weinstöcklein", eine „Weinrebe". Daneben bestanden zwei Schenken mit der Bezeich-

Abb. 14: Das „Weiße Lamm" in der nach diesem Haus (Nummer 13) benannten Lammsgasse taucht in den Wirtshausverzeichnissen der Stadt nach 1601 häufiger auf, nachdem das Anwesen bereits im 14. Jahrhundert erwähnt wurde. 1601 war erstmals die Rede vom „Lemble" auf der hinteren Füll. Die öffentliche Gastherberge wurde von der Wirtsfamilie Meeler offenbar über mehrere Generationen hinweg betrieben und war wie der in der Nähe gelegene „Graue Wolf" vornehmlich von den durch das Neutor ziehenden Fuhrleuten besucht. Das alte Haus wurde im Krieg zerstört. Heute erinnern ein von den Altstadtfreunden am gelungenen modernen Gebäude angebrachtes Hausschild und das alte Hauszeichen an die Vergangenheit der alten Fuhrmannsunterkunft.

nung „Weintraube" und in der Jakobstraße 48 war das „Weinträublein" zu finden. Die „Gelbe Rübe" in der Oberen Schmiedgasse 58 firmierte auch über längere Zeit unter dem Namen „Blauer Stern". Zu den schönsten Namen zählte sicherlich das „Myrthenstöcklein" in der Unteren Grasersgasse 10.

Die Natur im weitesten Sinn war auch Namensgeber für Wirtshäuser wie die „Drei goldenen Berge" in der Ludwigstraße, das Gasthaus „Zum Gärtlein" in der Katharinengasse 12 oder die beiden „Goldenen Sonnen" in der Bergstraße 10 und in der Königstraße 18. Drei „Blaue Sterne", zwei „Goldene", darunter der 1597 erstmals erwähnte und für romantische Ansichten Nürnbergs besonders beliebte „Sternhof" in der Neutorstraße 13, ein „Grüner" und ein „Silberner Stern" fanden ihr Pendant in der Wirtschaft „Beim Mondschein" in der Schlotfegergasse 7/9.

Überraschend wenige der um 1806 noch geläufigen Wirtshausnamen entstammten dem religiösen Umfeld: Da gab es die „Himmelsleiter" in der Karolinenstraße, das Wirtshaus „Zum Gläsernen Himmel"[69], dessen schöne Hausmadonna von Veit Stoß heute im Germanischen Nationalmuseum zu besichtigen ist, und das „Predigtstühlein" in der Münzgasse 43. Die „Hölle", bereits 1634 unter diesem Namen aufgeführt, befand sich zwischen den Fleischbänken 16. Ein Gasthof der 1. Kategorie in der Bergstraße 15 hieß „St. Sebald", einen „Jakobsbruder" konnte man am Hallplatz, einen „Bischof" in der Unteren Talgasse 12 finden. Der Name des Gasthauses "Jammertal" in der Schildgasse 4 bezog sich allerdings nicht auf unser Erdendasein, sondern gab den Namen eines Wirtes wieder[70]. Nicht unbedingt religiösen Ursprungs müssen auch die Wirtshausnamen mit einem „Kreuz" sein, auch wenn im Einzelfall eine solche Herkunft wahrscheinlich sein kann. Bestes Nürnberger Beispiel wäre die alte Pilgerherberge „Zum Heiligen Kreuz" in der Johannisstraße (Abb. 238).

Zu Nopitschs Zeiten fanden sich als weitere „Kreuz"-Gaststätten in der Innenstadt zweimal ein „Goldenes Kreuz" in der Ludwigstraße 79 und in der Kaiserstraße 6, das „Rote Kreuz" in der Königstraße 61, gleich daneben unter der heutigen Nummer 73 der Königstraße das „Weiße Kreuz" und das „Schwarze Kreuz" in der Irrerstraße 17.

Eher deftig scheint es im „Nackenden Bauch" zugegangen zu sein, nimmt man den von 1761 bis 1791 gebräuchlichen Namen. Das Wirtshaus am Fünferplatz 4 taucht nach 1787 unter häufigem Besitzerwechsel[71] unter dem Namen „Wilder Mann", nach 1794 unter dem noch seriöseren Namen „König von England" auf (Abb. 89). Einen „Wilden Mann" als Poststation gab es auch am Josephsplatz bzw. in der Hinteren Ledergasse 19, einen „Starken Mann" in der Rosengasse 19. „Zum geharnischten Männlein" hieß ein Wirtshaus in der Tetzelgasse 9. Der menschlichen Anatomie entlehnt waren die Gasthausnamen „Das Auge", der „Goldene Arm" ebenso wie die „Blaue Hand" oder die verschiedenen „Herzen", so das „Herz" in der Herzgasse 11, je ein Gasthaus „Zum Goldenen Herz" in der Äußeren Laufergasse 1 und im Rosental 15 sowie ein „Silbernes Herz" ebenfalls in der Äußeren Laufergasse 5.

Zur Einkehr luden die Wirtshäuser mit den Namen „Zu den grünen Kindern", „Zu den zwei Zwergen" oder „Zu den drei Mohren" ebenso wie der „Türke" in der Kappengasse 24. Dazu gab es das „Goldene Schühlein" in der Rotschmiedsgasse 19, den „Schwarzen Strumpf" in der Mostgasse 12, der auch unter der Bezeichnung „Strumpf von Lauterbach", nach dem seit 1820 beliebten Lied, auftauchte.

Eher zu den typischen Wirtshausnamen zählten die „Kronen", darunter die „Weiße", die auch unter der Bezeichnung „Die drei goldenen Kronen" auftauchte, die „Schwarze" und eine „Goldene Krone" am heutigen Dötschmanns-

Abb. 15: Das kleine Wirtshaus mit der schönen Bezeichnung „Zur Schlehenstaude" bestand über 300 Jahre in der Lorenzer Straße 10, ehe das Haus in den dreißiger Jahren abgerissen wurde. 1640 hatte ein gewisser Uz Melchior, von Beruf Malzmesser, das Recht erworben, „fremdes Bier auszuzäpfen". Auf der Rückseite unserer Karte formulierte ein gewisser Onkel Reinhold Grüße an die „damischen Schnapspreußen". Lichtdruck um 1920.

platz 25. Eine „Reichskrone" gab es in der Königstraße 34, ein Gasthaus „Zum Reif" in der Manggasse 5. Neben zwei „Silbernen Kannen" gab es zweimal eine „Blaue Kugel", einen „Goldenen Kranz", zweimal eine „Goldene Krause", eine „Rote" und eine „Blaue Glocke", die „Zwei blauen" und den „Goldenen Schlüssel", dazu einen „Silbernen" und einen „Goldenen Helm" sowie „Die polnische Haube", die auch unter den Namen „Böhmische Haube" oder „Türkischer Bund" in der Ottostraße 33 geführt wurde und bis heute besteht. Neben dem schon angeführten „König von England" bestand auch ein „Römischer Kaiser". Nach benachbarten Örtlichkeiten hießen die Wirtshäuser „Zur Waage" am Hallplatz oder die bis heute am Tiergärtnertorplatz beliebte „Schranke". Auf kulinarische Zusammenhänge weisen die Namen des „Schmalzkübels", des „Essigbrätleins" (Abb. 59), das bereits 1648 so genannt wurde, und das „Waizenstüblein" in der Rathausgasse 4. Bis heute besteht das „Ofenloch" in der Johannesgasse 22, während die „Eisgrube" längst eingegangen ist. Nach ihrem hauptsächlichen Publikum benannt waren die „Herrentrinkstube", der „Herrenkeller", der „Stadtknechtskeller, der „Schleiferskeller", aber auch Wirtshäuser mit den Namen „Schneiderei" oder „Tuchmacherherberge".

Daß aber nicht alle Wirtschaften einen eigenen Namen trugen, zeigt der von Nopitsch gelieferte „Nachtrag von Bierschenken ohne Schild, Zeichen und Namen."[72] Für die Sebalder Seite sind weitere 43, für die Lorenzer Stadt nochmals 30 Bierschenken aufgezählt mit Lagebezeichnungen etwa in der Art: *„Am Spitzenberg im Eckelein, und gegen über noch eines"*[73] oder *„in der neuen Gasse und am Spitalkirchhof sind drei"*[74].

Vergleicht man die bei Nopitsch überlieferten Wirtshäuser mit den „modernen" Wirthausverzeichnissen in den Adreßbüchern der Jahrhundertwende, dann erstaunt die große Zahl der noch unter den alten Namen fortbestehenden Wirtschaften. Viele Bezeichnungen tauchten durch die Eingemeindungen der Vororte mit häufig den gleichen Benennungen mehrfach auf. Das bestätigt die Vorlieben für ganz bestimmte Gasthausnamenstiere und -Symbole, die sich im Laufe der Zeit von ihrer ursprünglichen Bedeutung als Hauszeichen verselbständigt hatten und in späteren Zeiten oft weiter zur Neubenennung von Gaststätten gewählt wurden.

Die Nürnberger Wirtshauslandschaft um 1850

Eine der ausführlichsten und interessantesten Beschreibungen der Nürnberger Wirtshauslandschaft im 19. Jahrhundert findet sich in Friedrich Mayers Fremdenführer aus dem Jahre 1843 „Nürnberg im neunzehnten Jahrhundert mit stetem Rückblick auf seine Vorzeit." Im Verlag von Johann Adam Stein erschienen, bietet sich das 400 Seiten starke Büchlein an als „Ausführlicher Wegweiser für alle, welche Nürnberg und seine Umgebungen kennen lernen wollen und ein Gedenkbuch für die Einbiederen Bewohnern Nürnbergs gewidmet"[75], gelang es dem Verfasser, in dem auch heute noch gut lesbaren Werk ein recht detailliertes Bild der künstlerischen und historischen, aber vor allem auch der wirtschaftlichen und sozialen Situation Nürnbergs am Ende des Biedermeiers und zum Zeitpunkt der gerade einsetzenden Industrialisierung zu zeichnen. Das Buch richtete sich gleichermaßen an fremde Besucher der Stadt wie an die Nürnberger.

Friedrich Mayer, 1804 in Gunzenhausen geboren, lebte nach einem eher unsteten Studium bis etwa 1839 als Journalist in Erlangen, zog dann bis 1841 nach München und war seit 1842 als Redakteur des „Nürnberger Friedens- und Kriegskuriers", ab 1843 als Herausgeber der vom Tümmels-Verlag verlegten „Nürnberger Zeitung" tätig[76]. Bereits 1841 hatte er einen offenbar positiv aufgenommenen Führer von München verfaßt, der als Vorlage und Muster für sein „Nürnberg im 19. Jahrhundert" diente und 1843 im Verlag von Johann Adam Stein erschien. Mayer veröffentlichte in der Folge weitere Nürnberg-Beschreibungen, die aber deutlich knapper ausfielen und sich in Stil und Beschreibung stärker in Richtung Fremdenführer bewegten[77]. Insbesondere die Beschreibung der Wirtshausszene ist in den späteren Führern wesentlich kürzer und allgemeiner. Die in der ersten Beschreibung aus dem Jahr 1843 noch enthaltenen und viel detaillierteren Schilderungen der Nürnberger Gaststätten und Vergnügungsorte, aus denen deutlich seine Sympathie und sein persönliches Engagement sprechen, sind später nicht mehr in dieser ausführlichen Form zu finden.

Mayer, der „Nürnberg einmal die Hauptstadt [s]eines Herzens genannt"[78] hatte, war wohl, das lassen seine Schilderungen, aber auch andere Umstände seines Lebens erkennen, selbst ein fleißiger Besucher und Nutzer der Wirtshäuser und Lokale in der Stadt. Das macht seine Beschreibung der verschiedenen Bereiche der damaligen Wirtshauslandschaft nicht nur interessant, sondern auch amüsant und kurzweilig. Er entwirft ein Bild der Nürnberger Gasthäuser und vielen kleinen Bier- und Weinwirtschaften um die Mitte des letzten Jahrhunderts, das fünfzig Jahre später zur Ansichtskartenzeit in der Altstadt nur noch in Teilen vorhanden war, aber als Legende oder als Ruf der besonderen Nürnberger Gastlichkeit weiterlebte und in den besonders von Touristen besuchten Gasthäusern wie dem „Bratwurstglöcklein" oder dem „Goldenen Posthorn" auch vermarktet wurde. Mayers Beschreibung aus dem Jahr 1843 ist sicherlich die umfassendste Schilderung der Gasthausszene des 19. Jahrhunderts und bietet eine gute Grundlage für die folgende Darstellung der Situation um die Jahrhundertwende[79].

Mayer begann mit der Darstellung der Gasthöfe mit Übernachtungsmöglichkeiten für den betuchteren Reisenden und bemühte sich, wie es scheint, den Ruf der zumindest für Reisende mit höheren Ansprüchen eher bescheidenen Fremdenherbergen in der Stadt ein wenig aufzumöbeln. Zieht man die Äußerungen des späteren Nürnberger Hotelkönigs Zetlmeier über den Zustand des Nürnberger Hotel- und Beherbergungswesens kurz vor der Jahrhundertwende trotz dessen Übertreibungen heran (siehe S. 137), dann lassen sich hinter Mayers Umschreibungen, daß jedenfalls die „Reinlichkeit und Freundlichkeit“ in den ersten Gasthäusern lobend anerkannt werden müsse, schon Rückschlüsse auf deren geringen Standard ziehen. Interessant ist allerdings der für Nürnberg positive Vergleich mit der Residenzstadt München:

„Einrichtungen, welche den Fremden in jeder Stadt besonders interessiren sind die Gasthöfe, Kaffeehäuser, Weinschenken, u. s. w. Die beiden ersten Gasthöfe, bayrischer Hof und rothes Roß, sind weder ihrer Lage, noch ihres äußeren Ansehens wegen als solche zu erkennen, auch dürften für Reisende aus fürstlichen Häusern die Gemächer etwas geräumiger seyn, indeß ist dies nur ein Mangel, welcher bei festlichen Empfangsfeierlichkeiten fühlbar werden mag, der indeß Reisende, die sich um derlei Etikettefragen nichts zu kümmern haben, auch nicht berühren kann; den Tisch und die Bedienung, die Reinlichkeit und die Freundlichkeit wird man jedenfalls in diesen Gasthäusern lobend anerkennen müssen. Von den anderen Gasthöfen dürfte sich wohl der Strauß in der Karolinenstraße des meisten Besuches zu erfreuen haben und das mit vollem Rechte, denn Billigkeit und gute Bedienung hat sich der Besitzer dieses äußerst schön gelegenen Gasthofes zur ersten Aufgabe gestellt. In einer Kategorie mit dem Strauß stehen die blaue Glocke (wo die meisten Retourchaisen anhalten), und der Wittelsbacher Hof (zugleich Poststallmeisterei), zwei Gasthäuser welche Reisende sicherlich zufrieden stellen werden. Noch andere Gasthöfe, welche in den Fremdenlisten als besucht erscheinen, sind: der rothe Hahn, der Wallfisch, der Wiener Hof, der Berliner Hof, der Bamberger Hof, die blauen Schlüssel, die goldnen Schlüssel, St. Sebald. In den Vorstädten zählt man in Gostenhof: den Mondschein und den Kronprinzen; in Wöhrd: den Schwan und die Krone; und an der Erlanger Straße: die Stadt Erlangen (ehemals Müllers Garten), zu den Wirtschaften wo Fremde gut logieren. Über das Nürnberger Gasthofswesen im Allgemeinen darf man sagen, daß in den besseren Einrichtungen der Art das Streben unverkennbar ist, den Gasthöfen am Rhein und in der Schweiz nachzukommen, daß man jedenfalls besser daran und darin ist, als in den altbayerischen Gasthäusern, die Haupstadt nicht ausgenommen. Auch das gesammte Korps von Lohnbedienten wird man zu dem Bedarfe weit besser unterrichtet finden ...“[80]

Mayers Schilderung wendete sich als nächstes den Kaffeehäusern zu, dann den Weinschänken:

„Weinschenken giebt es trotzdem, daß in allen Gasthäusern Wein geschenkt wird, dennoch nicht wenige und jede darf mit ihrer Einkehr zufrieden seyn, wenigstens wird man in jeder eine eigene Schoppengesellschaft treffen, die so zu sagen, habituell geworden ist und in deren Eigenheiten man eingeweiht seyn muß, um sich in jeder Beziehung auszukennen. Gute reine Weine erhält man übrigens so ziemlich in jeder, wenn gleich manche aus mehrerlei Rücksichten bevorzugt sind, von denen die Anforderungen der Feinschmecker öfter den Ausschlag geben.... “[81]

Es folgte eine Aufzählung von zwölf Weinhäusern, eine mehr als in der fast zehn Jahre später erschienenen und eher systematischen Aufzählung in Friedrich Mayers Monographie über „Nürnbergs Handel und Industrie mit besonderer Berücksichtigung der Gegenwart“. Im Unterschied zu dieser ordnete er in seiner Beschreibung von 1843 die Weinschenken in einer Art Rangfolge. Dieser Empfehlung nach galt als bestes der „Weiße Schwan“ in der Ludwigstraße, gefolgt vom „Goldenen Posthorn“ im „Herrmannsgäßchen“ und von der Reichskrone in der Karolinenstraße, „allgemein bekannt als Punschbayer“[82]. In der folgenden Betrachtung der Speisehäuser, die die nach wie vor vorhandene Klasseneinteilung der

Wirtshäuser 1. und 2. Klasse und Garköche und Bierwirte vernachlässigte, gab Mayer interessante Hinweise auf die Preisrelationen, wobei 1 Kreuzer etwa dem heutigen Wert von drei Pfennigen entsprach[83].

„Als Speisehäuser dürfen wieder alle Gasthäuser gelten und in den meisten bestehen auch Mittagstische auf Abonnement, wo man zu 36 kr., 24 kr., 18 kr. per Couvert, ohne Wein oder Bier, recht gut diniert. Ein besuchtes und viel gelobtes Speisehaus ist das von Philipp Raw zwischen den Stegen auf der kleinen Schüttinsel S. 1691 und 1692; auch in der Wirthschaft zum Pfau in der neuen Gasse, im Essigbrätlein am Weinmarkt, im König von Bayern am Obstmarkt, im goldenen Elephanten am Theater, im goldnen Hahn hinter dem Rathhaus, im Museum u. a. O. ißt man billig und gut zu Mittag. Mehrere Wirthschaften, wie das Schwänlein am neuen Thor, geben einen Mittagstisch für 9 kr., andere sollen sogar für 6 kr. Mittagessen abgeben, was im Verhältnis zum Preis allerdings sehr wohlfeil genannt werden darf. Einige Suppenanstalten sind auch im Laufe der Zeit entstanden, allein es wird keine rechte Notiz von ihnen genommen und im Vergleich zu den Suppenanstalten z. B. in München (Kraftsuppenanstalten) sind sie auch kaum des Namens werth. Schlimmer als mit dem Mittagessen ist man mit dem Abendessen daran, weil man da wenig Auswahl hat, entweder man muß einen Gasthof aufsuchen, oder man muß sich damit begnügen, was einem anderswo vorgesetzt wird. In den Bierhäusern, wohin man doch in Nürnberg gewöhnlich des Abends geht, bekommt man in der Regel nur kalte Speisen, unter denen die sogenannten Knackwürste (übrigens eine schmackhafte Speise), einen Vorzug verdienen. Als ein besonderes Lokalgericht, das indeß nicht Jedermanns Geschmack seyn mag, verdienen mit etwas fettem Rindfleisch gekochte Petersilie und Griesklöse genannt zu werden (in der Nürnberger Mundart mit „Bäiterla und Schwemmknidla" bezeichnet). Ein anderes beliebtes Essen besteht in guten Bratwürstchen und Sauerkraut, wodurch das an die Morizkapelle angebaute blaue Glöcklein (Bratwurstglöcklein) sich einen Namen gemacht hat, den es nicht mehr so leicht verlieren wird. Wenn man die kleine Baracke betrachtet und erfährt den Preis, um den sie der jetzige Besitzer[84] erstanden hat, so vermag man einermaßen zu berechnen, wie einträglich dieses Geschäft seyn muß, das noch von einigen Wirthen, aber nicht mit solchem Erfolge, getrieben wird"[85].

Ganz offenbar war der finanzielle Erfolg des „Bratwurstglöckleins" ein Gesprächsthema in Nürnberg, zumindest unter Wirten. Zu der von Mayer angeführten Spezialität „Bäiterla und Schwämmkniedla" erschien einige Jahrzehnte später auch eine schöne Ansichtskarte zur visuellen Erläuterung des „Peterlesbuben", wie die Nürnberger ja ab und zu immer noch geheißen werden (siehe Abb. 18).

Mayers Interesse auch an sozialen Fragestellungen, in den Reiseführern der Zeit eher ungewöhnlich, drückte sich auch im folgenden Abschnitt aus:

„Ein bedeutender Nahrungszweig sind in Nürnberg, wie in Bayern überhaupt, die Bierbrauereien, von denen einige, wie die Kurzische, große Lieferungen nach Norddeutschland besorgen. In der Regel ist das in Nürnberg gebräute Bier gutschmeckend, nahrhaft und ziemlich stark, wenn auch, weil es mehr Hopfen enthält, weniger mild, als z. B. das Münchener. In den Brauereien selbst wird in kleinen Quantitäten kein Bier abgegeben, mit diesem Verschleuße geben sich die Bierwirthe ab, deren es in Nürnberg eine solche Menge giebt, daß man es fast unbegreiflich finden sollte, wie alle bestehen können. Die Mehrzahl bringt sich freilich gerade so recht und schlecht durch, während Einzelne es besser verstehen und ihre Nettoeinnahme, nicht zu Viel gesagt, auf 3000 – 4000 Gulden und darüber zu forcieren wissen. ..."[86]

Abb. 16: Der „Gläserne Himmel“ in der Bindergasse 1 am Eck zum Fünferplatz gehörte zu den während des 19. Jahrhunderts als besonders typisch hervorgehobenen Alt-Nürnberger Kleinwirtschaften. Bereits im 15. Jahrhundert oder noch früher stand an seiner Stelle ein älteres Wirtshaus „Zur roten Glocke“, das 1503 abgerissen wurde. Den 1504 entstandenen Neubau, während des dreißigjährigen Krieges mehrfach unter dem alten Namen erwähnt, zierte eine schöne Muttergottes von Adam Kraft, die sich heute im Germanischen Museum befindet. Nach dem Namen des letzten Wirtes Tobias Buckelmüller vor einem neuerlichen Abbruch des alten Wirtshäusleins im Jahr 1853 war das Wirtshaus auch als „Buckelmüllerei“ bekannt und erhielt erst mit dem neuerrichteten Gebäude den Namen „Zum gläsernen Himmel“. Lichtdruck 1908.

Ein Gulden entsprach etwa 1,71 Mark. Nach dem Hinweis, daß inzwischen einige Wirte ihre Gasthäuser, „um die Anhänglichkeit an das Andenken großer Männer Nürnbergs zu beweisen“[87] nach Albrecht Dürer, Hans Sachs, Johann Grübel („Zum Grübel“) und nach Peter Vischer benannt hätten, gab Mayer – ein wenig ironisch – eine Beschreibung der Alt-Nürnberger Bierschenken, deren Besonderheit die immer wieder angeführte Winzigkeit war. Die folgende Aufzählung stellte natürlich nur eine kleine Auswahl der vorhandenen kleinen Wirtshäuser dar. In seiner systematischer Auflistung von 1853 nannte Mayer namentlich 150 Garköche und Bierwirte und daneben 112 „Wirthschaften welche mehrentheils Pfemferei [Kleinhandel, weiter unten spezifiert zu Handel mit Essiggurken H.B.] betreiben“[88], Zahlen, die die aufgeworfene Frage nach der Existenzmöglichkeit verdeutlichen.

„Es ist nicht über zwanzig Jahre her, daß man in Nürnberg noch überall jene Bierkneipen, von denen jetzt noch einige bestehen, fand, welchen die Studenten das Prädikat „gemüthlich“ beigelegt haben. Es waren dieß jene traulichen Stübchen, in denen nur eine mäßig große Gesellschaft Platz hatte, und deren Plafond nicht viel höher war, als nöthig, um nicht anzustoßen, auch wenn man seine sieben Schuhe gemessen[89]. Die alten Reichstädter Bürger Nürnbergs hatten es so im Brauche, nach des Tages Mühen in kleinen Zirkeln zusammenzusitzen und ein Paar Stunden wegzuplaudern und für dieses exklusive Wirthshausleben waren jene Stübchen geräumig genug, im Gegentheil, es hätte genirt, wären sie größer gewesen, weil sie da nicht mehr so gut unter sich hätten seyn können. Von diesen Kneipchen, welche meist den Essiggurkenhandel trieben und noch treiben, sind noch mehrere vorhanden wie z. B. die Bockelmüllerei (mit

dem Scherznamen: gläserner Himmel); die Meixnerische Wirthschaft zum Herzchen hinter der Frauenkirche; die Bierwirthschaft dem goldnen Adler gegenüber (scherzweise die Baumwolle genannt); die Engelhard'sche Bierwirthschaft in der Kaiserstraße und andere, von denen man der Vorstellung wegen eine oder die andere gewiß besuchen wird. Viele dieser Kneipen sind indeß in der modernen Zeit verschwunden und dafür große Wirthszimmer eingerichtet worden, die nichts destoweniger Morgens und Abends mit gemischten Gesellschaften angefüllt sind. Einige dieser Wirthschaften haben auch mit Bäumen bepflanzte Hofräume oder Gärtchen mit Kegelbahnen, in welchen man sich bei schönem Wetter um so lieber aufhalten mag. Die besuchtesten dieser Wirthschaften, in deren einzelnen man den ganzen Tag über Leute treffen kann, sind: die Himmelsleiter in der Karolinenstraße, die Hinkel'sche Wirthschaft in der Königsstraße, die Reichel'sche Wirthschaft zum Hirschen in der Petervischergasse, die Fleischmann'sche Wirthschaft in der neuen Gasse, die Wirthschaft zum Jammerthal in der Schildgasse, die Huberische Wirthschaft in derselben Gasse, die Wirthschaft zum Jakobssaal und die Meisenbach'sche Wirthschaft in der breiten Gasse, die Horn'sche und die Wust'sche Wirthschaft in der Lorenzergasse, die Paulus'sche Wirthschaft im Krämergäßchen, die Raw'sche Wirthschaft zwischen den Stegen, die Wirthschaft zum geharnischten Mann (scherzweise Laus genannt), die Wirthschaft zum Albrecht Dürer und der Schwarzbauernhof in der Bergstraße, die Wirthschaft zu den Schranken am neuen Thor, die Krauserei ohnweit der Kaserne, die Duklashöhle im Lanzingerhöfchen (vorzüglich Samstag Abends besucht), die Neumüller'sche Wirthschaft am Laufer Schlagthurm, die Wirthschaft zur Stadt Wien in der Brunnengasse (sie besitzt eine ganz niedlich eingerichtete Gasbeleuchtung) und noch viele andere.
Kellerwirthschaften, wie sie in Berlin z. B. bestehen, sind in Nürnberg nur zwei, einer in der

Abb. 17: In Friedrich Mayers Nürnberg-Beschreibung aus dem Jahr 1843 wird die „Baumwolle" in der Adlerstraße 18 als eine der typischen alten und winzigen Nürnberger Bierwirtschaften hervorgehoben. Tatsächlich scheint die Einrichtung einer Wirtschaft in dem älteren Fachwerkhaus aber jüngeren Datums zu sein: Erstmals erwähnt wurde das schöne Lokal erst im Jahr 1797 und es firmierte noch in Nopitschs Stadtbeschreibung unter den „Bierschenken ohne Schild, Zeichen und Namen" als „auf dem Roßmarkt, dem Reichsadler gegen über" gelegen. Heute gehört die „Baumwolle" wirklich zu den letzten Lokalen, die noch einen Eindruck von der alten Wirtshauskultur der Altstadt vermitteln können. Lichtdruck nach 1905.

Abb. 18: Wie in verschiedenen Reiseführern und Lokalbeschreibungen des 19. Jahrhunderts aufgeführt, zählten Schwemm[Gries-]klöße und Perstersilienkraut zu den Nürnberger Lokalspezialitäten, wovon sich auch der Nürnberger Neckname „Bäiderlesbou" (Schreibweise nach Herbert Maas) ableitet. Die Lithokarte aus dem Jahre 1902 nahm dieses Thema auf und setzte so einen schönen Kontrapunkt neben die viel häufiger verbreiteten Karten mit Bratwürsten, auf die die Nürnberger Eßkultur gemeinhin reduziert wird.

Königsstraße, der andere (scherzweise Auerbachs Keller genannt) in der Gasse die von der Rathhausgasse zum Obstmarkt führt.
Von den Wirthschaften in den Vorstädten und den Gärten, die noch zum Burgfrieden gehören, in welchen man an schönen Sonntagen oft Tanz- und Harmoniemusik, Sänger, Guitarrespieler usw. trifft, möchten zu nennen sein: die Wirthschaft zum Mondschein und jene zum Kronprinzen in Gostenhof, der Müllersgarten (Stadt Erlangen), Rupprechtsgarten, Schalkhäusergarten, Rohlederersgarten, St. Peter, Kontumazgarten, Johanniskreuz, der goldene Hirsch an der Lauferstraße, der Schwan in Wöhrd, Biedermannsgarten in Gostenhof, u. a.; vor allen aber die Rosenau..."[90]

Friedrich Mayer scheint ein großer Liebhaber der Rosenau gewesen zu sein, denn die folgende ebenso reizende wie schwärmerische Schilderung dieses Vergnügungsortes ist beinahe ebenso lang wie seine Beschreibung sämtlicher Bierwirtschaften der Stadt zusammen. Mayers Text aus der Mitte des 19. Jahrhunderts zu diesem ersten Vergnügungspark vor den Stadtmauern gibt einen Eindruck von den Belustigungen und der Freude der Nürnberger über lange Jahrzehnte, so bescheiden diese angesicht der multimedialen Zerstreuungen unserer Zeit anmuten mögen, ganz sicher wurden sie weitaus intensiver genossen.

Die Rosenau gehörte nach Mayer zum „Savoir vivre" jedes Nürnbergers, aber auch für viele Fremde. Das galt mehr als 100 Jahre, ihr Ende kam erst in den Bombennächten des 2. Weltkriegs. In der ersten Ansichtskarten-Ausstellung des Stadtarchivs „Grüße aus Nürnberg" forderten Einwohner im Besucherbuch die Wiederherstellung der Rosenau. Daß sie ganz offenbar in der älteren Generation unvergessen ist, aber auch heute noch trotz großer Verluste ihren Reiz besitzt, zeigten das große Interesse vieler Nürnberger besonders an den Karten der Rosenau (Abb. 252–254). Das mag den ungekürzten Abdruck der von Mayer besonders liebevoll geschriebenen Rosenau-Beschreibung rechtfertigen:

„...vor allen aber die Rosenau, welche aus der ehemaligen Wirthschaft zum Bleicher und aus dem Bock'schen Garten entstanden, dem Kaufmann Wiß gehört, der einen Theil davon in Pacht gegeben. Die in Nürnberg und dessen Burgfrieden Wohnenden können die Rosenau nur gegen einen jährlichen Abonnementsbeitrag besuchen, Fremde dagegen jederzeit eingeführt werden. Es gehört zum Savoir vivre, die Rosenau zu besuchen, und wer sich in einem lauten Menschengetriebe, in den Bewegungen der Freude, an der J e d e r für ein mäßiges Abonnement Theil zu nehmen berechtigt ist, gefällt, der wähle getrost den lustigen Ort, an welchem mehreremale in der Woche Harmoniemusik, ausserdem zuweilen Feuerwerk, Beleuchtung, Ballonsteigen u. dgl. Lockungen für die Menge statt finden. Wahr bleibt es, daß in dieser Anlage die Kunst der Natur auf eine recht erfreuliche Weise beigesprungen ist. Ein niedliches Wirtschaftsgebäude (auch als Winterlokal für die Abonnenten zu gebrauchen), davor ein geräumiger Platz mit einem großen Pavillon für Tanz und Spiel, eine Menge Lauben und versteckte Plätzchen im schattigen Grün, das Ganze von einem Weiher) umgeben, in welchem ein kleines Inselchen mit einem Schwanenhäuschen, und über welchen eine hochgewölbte hölzerne Brücke zu einem Salon, in dessen Nähe ein guter Felsenkeller[91] seine eigenen Unterhaltungen bietet, führt, rein gekarstete Wege, die sich am Ufer des Weihers hinschlängeln und in trauliche Boskete verlieren, das sind die sinnigen Zusammenstellungen, welche die Rosenau mit Recht zum Lieblingsplatz der Nürnberger geschaffen haben."*[92]

In einer eigenen Fußnote gab der Autor noch zusätzliche Informationen zu den Vergnügungen auf dem Weiher selbst. Sie soll dem Leser nicht vorenthalten werden:

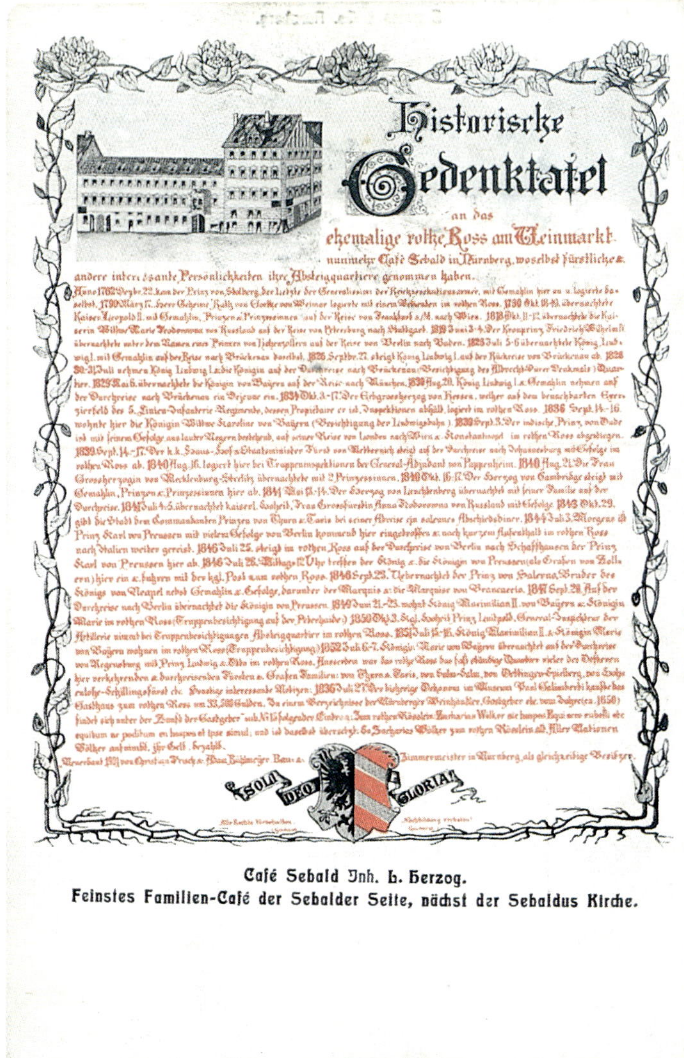

Abb. 19: Mit dieser Werbekarte erinnerte das 1902 neu eröffnete „Café Sebald" im modern errichteten Gebäude des ehemaligen Gasthofes „Rotes Roß" an die große Wirtshausvergangenheit dieses Ortes. Der 1599 schon erwähnte Gasthof am Weinmarkt 14 beherbergte neben Goethe eine ganze Anzahl anderer berühmter Persönlichkeiten. Jahrhundertelang als eines der besten Übernachtungshäuser der Stadt geführt, verlor das Hotel nach dem Bau des Bahnhofs vor dem Frauentor seine frühere Bedeutung und mußte 1887 geschlossen werden. In dem Gebäude befindet sich heute, nach dem Ende des „Gunzenhausener", wieder ein „Café Sebald", wenn auch mit wenig Anklängen an die Vergangenheit des Hauses.

Abb. 20: Nur noch wenige Gemeinsamkeiten mit dem alten, im orientalischen Stil erbauten Gebäude der Rosenau besaß der kurz vor der Jahrhundertwende errichtete Restaurationsbetrieb in der um 1900 bei den Nürnbergern besonders beliebten Freizeitoase (siehe auch Abb. 252–254). Der Lichtdruck aus dem Jahre 1899 zeigt – die fast abgefallene Belaubung läßt darauf schließen – offenbar die letzten Gäste der Freiluftsaison im sonst meist besser besetzten Wirtsgarten dieses stadtnahen Ausflugsortes.

*„*Dieser Weiher dient während der schönen Jahreszeit zu Wasserfahrten, und mit den kleinen Kähnen wurden schon recht artige Mannövers aufgeführt, Miniaturbilder von Seeschlachten u. dgl.; im Winter bietet er Schlittschuhläufern eine angenehme Eisfläche, die stets als Bahn im Stand gehalten wird.“*[93]

Friedrich Mayer ist hier aber noch lange nicht am Ende seiner Schwärmerei für die Rosenau und fährt fort:

„Ein anderer Theil, mehr gegen die Fürther Landstraße hin gelegen, ist an die geschlossene Gesellschaft „Colleg“[94] *vermiethet, den dritten Teil aber, wenn man ihn so nennen darf, nimmt die Herrlichkeit des Orients ein. Nach einem Plane Heideloff's wurde nämlich dort ein türkisches Landhaus mit Kuppeln und entsprechenden Minarets gebaut, dessen Vergoldungen und reiches Farbenspiel und dessen pompöse innere Einrichtung von dem hohen Wohlstande des Eigenthümers zeugen. In einem scharfen Contraste steht das orientalische Gebäude, vor ihm Blumenflor und springende Fontänen und ein Kiosk auf künstlichen Felstrümmern, durch die man auf grüne Wiesenmatten sieht, mit dem mittelalterlichen Nürnberg und mit einem Schweizerhäuschen, das gar zu bescheiden neben dem üppigen Serai[l] steht. Wenn man in schweigsamer Mondscheinnacht die Straße von Fürth heraufzieht, ein einsamer Wanderer, und sieht das bläuliche Licht traumhaft sich in den vergoldeten Kuppeln spiegeln und die ganze Umgebung in abgestuften Schatten ruhen, so wird man glauben, in ein Märchen von Tausend und eine Nacht einzutreten. Doch alle Illusion bei Seite, der Idee des Besitzers, sich ein Landhaus im orientalischen Style erbauen zu lassen, weil er mit der Levante in bedeutender*

Abb. 21: Zu den Besonderheiten der Nürnberger Wirtshauslandschaften zählten seit Beginn des 19. Jahrhunderts die zunächst nur in der Sommersaison bewirtschafteten Zwinger. Als einer der beliebtesten galt der auch bei Friedrich Mayer hervorgehobene Hornzwinger, auch als Kißkaltszwinger bekannt, nach den Namen der damaligen Wirte. Wie die Karte aus dem Jahre 1901 erkennen läßt, handelte es sich um unseren heutigen Marientorzwinger. Abgebildet sind der Zwingergarten und das Wirtschaftsgebäude vom Marientor her gesehen, und eine den noch vorhandenen Stadtgraben gerade überquerende Straßenbahn (siehe auch Abb. 116).

Geschäftsverbindung steht[95]*, ist gerne das Wort zu reden, ob aber ein orientalisch gebildeter Architekt Nichts an dem Entwurf und der Ausführung des Baues auszusetzen hätte, das ist eine Frage, die wenigstens solche unbeantwortet lassen müssen, welche nur den gothischen, byzantinischen und den italienisch modernen Styl, oder den altgriechischen in seiner Ausführung kennen gelernt haben.“*[96]

Ein schöner Schluß, der Mayers Sympathie für die nachempfundene orientalische Architektur erkennen läßt, aber dennoch die offenbar nicht unbeträchtliche Kritik in der Stadt an dem Bauwerk anspricht.

Noch eine weitere Nürnberger Besonderheit taucht auf in Mayers Rundgang durch die Wirtschaftslandschaft der Stadt, die heute mit Ausnahme des „Marientorzwingers“ und des „Tucherbräus“ am Kartäusertor vollständig verschwunden ist. Auch diesmal lassen die Formulierungen durchaus eine Schwäche und Vorliebe für diese Art der Bewirtschaftung und der Nutzung erkennen:

„Als äusserst zahlreich frequentierte Wirthschaftsorte sind noch die Zwinger anzuführen, von denen leider mehrere abonniert wurden. Diese Zwinger sind die oben schon genannten Räume zwischen der eigentlichen Stadtmauer und der inneren Stadtgrabenmauer, von denen viele zu Schenkwirthschaften auf das Annehmlichste mit Lauben, Gartenhäuschen, Pavillons, Zelten, Kegelbahnen u. s. f. eingerichtet sind. Harmoniemusiken, Beleuchtungen, Feuerwerke, Luftballons u. dgl. Erhöhen auch hier die Fröhlichkeit; vor Allem aber gewähren einige derselben die lieblichsten Fernsichten, welche allein schon den Besuch des einen oder andern dieser Zwinger rechtfertigen. Die Nürnberger haben indeß hierin zweien einen

entschiedenen Vorzug gegeben, dem Schloßzwinger und dem Hornszwinger[97]*; ersterer schon seit Jahren ein Liebling des Publikums, bietet eine weite Rundsicht, in großem Bogen die wohlthuendste Abwechslung; am meisten besucht ist er Samstags und Sonntags. Vor einiger Zeit wurde eine kleine Rutschbahn darauf angelegt, die sich aber nicht statthaft gezeigt, daher wieder abgebrochen wurde. Der Hornszwinger giebt das Bild einer schönen Landschaft in engerem bestimmten Rahmen, aber ein Bild voll idyllischer Lieblichkeit. Ein treffliches Perspektiv, gewährt viele Unterhaltung)*[98]*. Hauptgesellschaftstage bleiben auch hier der Sonnabend, an welchem ein geringes Enttrée bezahlt wird, und der Sonntag. Andere Zwinger sind der ehemalige Hahnebergische (von dem Singverein und literarischen Verein gemiethet), der Zwinger der Harmonie, der Neuethorzwinger, der Frauenthorzwinger u. a.“*[99]

Friedrich Mayers Überblick über die Nürnberger Gasthäuser und Schenken in seinem ersten Nürnberg-Führer zählt (wie überhaupt das ganze, immerhin 430 Seiten umfassende Büchlein) zu den interessantesten Schilderungen der Situation in der Stadt am Beginn der Industrialisierung und der wenige Jahrzehnte später mit beschleunigt einsetzenden Großstadtentwicklung. Mayer, als kritischer Geist bekannt, stand den neuen Entwicklungen aufgeschlossen gegenüber, wie das recht ausführliche Kapitel über Nürnbergs Handel und Industrie im gleichen Buch belegt. Sein Wirtshauskapitel aber entwirft noch einmal eine Skizze der Nürnberger Wirtshauslandschaft am Ende des Biedermeiers, als die Stadt sich bereits wieder aus dem Koma des Jahrzehnts um 1806 erholt hatte und schon als des „deutschen Reiches Schatzkästlein“ entdeckt war, aber noch ohne die nationalistischen Töne, die sich gegen Ende des 19. Jahrhunderts mit in dieses Bild drängten.

Die späteren von Friedrich Mayer verfaßten kürzeren Nürnberg-Führer enthalten wesentlich knappere Gasthausinformationen wie der „Wegweiser für Fremde“ mit dem Titel „Nürnberg und seine Merkwürdigkeiten“ aus dem Jahre 1849. Mayer richtete darin sein Augenmerk intensiver auf die neuesten Entwicklungen in der Stadt mit genauen Beschreibungen des neuen Bahnhofs oder des an der Stelle des heutigen Opernhauses gerade entstandenen neuen Krankenhauses. Den Abschnitten zur Sebalder und zur Lorenzer Stadtseite fügte er, für Fremdenführer eher ungewöhnlich, jeweils eine detaillierte Liste der dort befindlichen Fabriken bei.

Friedrich Mayer hat die großen Veränderungen der folgenden Jahrzehnte nicht mehr erlebt. Er starb am 30. 6. 1857 in Nürnberg. Seine letzten Lebensjahre – er war 1849 aus seiner Stellung als Redakteur der Nürnberger Zeitung im Tümmels Verlag ausgeschieden und hatte keine neue Stelle mehr gefunden – waren wohl eher traurig. In der Nürnberger Stadtchronik steht zu seinem Tod: „Ein Schriftsteller nicht ohne Talent, der aber durch zu große Liebe zum Branntwein die Kräfte des Körpers und Geistes zerstörte.“[100] Vielleicht hatte sich der schwärmerische Schilderer der Nürnberger Gastlichkeit zu viel und zu tief in ihrem Inneren aufgehalten.

Zur Geschichte und Funktion der Ansichtskarte

Die Jahrzehnte der Großstadtwerdung Nürnbergs waren für den Zeitraum von 1890 bis zum Beginn des 1. Weltkriegs auch die große Zeit der Ansichtskarte, die bei der Freude der Zeitgenossen an allen neuen Formen von Bildern rasch zu einem Mode- und damit auch zu einem Leitmedium der Zeit aufstieg.
Postgeschichtlich entwickelte sich die Ansichtskarte aus der erst relativ spät, am 1. Juli 1870 eingeführten Postkarte, die als neue Form knapper und offener Mitteilungen der gestiegenen Mobilität des Zeitalters entsprach[101]. Im Krieg von 1870/71 als kostenfreies Mitteilungsmittel erstmals in großem Maßstab verwendet, führte das schnelle, gut ausgebaute Postwesen und das verbilligte Porto – eine Postkarte kostete ab 1. Juli 1872 nur die Hälfte der Briefgebühr – zur raschen Verbreitung der Postkarten als einem der alltäglichsten Nachrichtenmittel.

Unter Ansichtskartensammlern und -gelehrten ist es ein Dauerthema seit 1890, wer wann und wo das erste Bild auf eine Postkarte gebracht und damit die Ansichtskarte erfunden hat: Nach dem letzten Stand der „philokartistischen“ Forschungen kommt einem Oldenburger Buchhändler Schwartz diese Ehre zu, der angeblich erstmals im Juli 1870 eine Korrespondenzkarte, wie die Postkarten damals noch hießen, mit einem Stempelbildchen bedruckte und verschickte, bezeichnenderweise mit der Abbildung eines Kanoniers. Die lange Zeit in der einschlägigen Literatur verbreitete Behauptung, die Ansichtskarte sei in Nürnberg durch den Kupferstecher Franz Rorich erfunden wurden, ließ sich, wie Maximilian Rosner nachgewiesen hat[102], nicht halten. Wesentlich ist jedenfalls, unabhängig von der Frage nach dem Erfinder, daß sich in erstaunlich kurzer Zeit bis etwa 1880 aus der Postkarte die neue Gattung Ansichts- oder Bildpostkarte entwickelte, die bereits vor der Jahrhundertwende in Millionenzahlen gekauft und verbreitet wurde: Im Jahr 1899, noch zu Beginn des über ganz Europa und die USA hereinbrechenden „Postkartenfiebers“, sollen in Deutschland 88 Millionen Ansichtskarten produziert worden sein. 1913 wurden im Deutschen Reich rund 2 Milliarden Bildpostkarten befördert – die Ansichtskarte war zum ersten großen visuellen Massenmedium in diesem Jahrhundert geworden. Dieser Erfolg ist mit mehreren Gründen zu erklären:

Durch das gut organisierte Postwesen war die Ansichtskarte ein ausgesprochen schnelles Informationsmittel. In Städten wie Nürnberg und München wurden um 1890 werktags zwölfmal täglich die Briefkästen geleert, sortiert und viermal bis abends 19 Uhr die Post zugestellt, selbst am Sonntag wurde bis zum Nachmittag ausgetragen und siebenmal geleert.

Die Ansichtskarte war durch das reduzierte Porto nicht nur billig in der Beförderung, sondern auch eine der preiswertesten Möglichkeiten Bilder, vor allem auch fotografierte Bilder, zu erstehen. Die Verbreitung und der Aufstieg der Ansichtskarte wurde ermöglicht durch die neuen lithographischen Techniken. Aber erst mit den raschen Verbesserungen der Druckverfahren vor der Jahrhundertwende, die durch Rasterung oder den um 1900 besonders in Blüte stehenden Lichtdruck qualitativ hochwertige Reproduktionen von Fotografien in großen Auflagen erlaubten, wurde die Bildpostkarte zum Massenbildträger. Ein großer Teil der damaligen Ansichtskarten wurde gar nicht auf dem Postweg verschickt, sondern zur privaten Erinnerung und Ansicht aufbewahrt.

Neben der ursprünglich touristischen Aufgabe, Grüße vom Reiseort zu versenden und den Nachweis zu liefern, dagewesen zu sein und die auf der Postkarte verschickten Schönheiten gesehen zu haben, übernahm der Bildträger Ansichtskarte auch andere Funktionen als Werbemittel für Firmen, Veranstaltungen und Vereinigungen. Sie lieferte Bilder von aktuellen und sensationellen Ereignissen oder diente als Propaganda- und Gesinnungsträger wie in den politischen Karten des wilhelminischen Kaiserreichs, den Bildpostkarten der Arbeiterbewegung und den militaristischen und nationalistischen Karten des 1. Weltkriegs. Als wichtigstes visuelles Massenmedium der Jahrhundertwendezeit – die Ansichtskarte wurde erst nach dem 1. Weltkrieg von Illustrierten, dem Film und anderen Bildmedien verdrängt – spiegelt sie den Zeitgeist, die Moden und Vorlieben der Zeit vor 1914.

Als industriell hergestelltes Produkt, das möglichst gut verkauft werden sollte, orientierten sich die Bildpostkarten weitgehend am Massengeschmack, an den Vorlieben, Wünschen und Vorstellungen der potentiellen Käufer. Dies bestimmte bereits Themen- und Motivauswahl sowie deren Gestaltung. Aufgegriffen und angeboten wurden die Bilder, die der durchaus unterschiedliche Käuferkreis wünschte und erwartete: Die Karten von Alt-Nürnberg mit Burg und Bratwurstglöcklein für den Touristen, die neuesten Bauwerke und verkehrlichen Attraktionen der Großstadt für die Nürnberger, Ansichten der neuen Wohnstraße, Schule oder Kirche in der Vorstadt für die neu in die Stadt Zugewanderten oder auch nur in eine neue Wohnung Gezogenen. Die Stadtsicht wurde jeweils für den entsprechenden Käufergeschmack gewählt und gestaltet. Sie änderte sich entsprechend der Zielgruppe: Verkehr und Dynamik, Industrie und Moderne für die Einheimischen, Idylle und Romantik für den Nürnberg-Besucher mit einem historisierenden Bild der Stadt, als sei die Zeit seit Jahrhunderten stehengeblieben.

Ansichtskarten von Nürnberg spiegeln das Doppelgesicht der Stadt um die Jahrhundertwende als „des Reiches Schatzkästlein“ und als nationales Symbol ebenso wie das der expandierenden Groß- und Industriestadt mit einer weit überwiegenden Arbeiterbevölkerung, deren Bedeutung als wichtiger Ort der Arbeiterbewegung ebenfalls in eigenen Ansichtskarten herausgestellt wurde.

Die Bandbreite der damaligen Motive in der noch jungen Großstadt Nürnberg reicht von topographischen Ansichten mit teilweise gerade erst entstandenen Vorstadtstraßen und -einrichtungen, über die repräsentativ eingestuften Ereignisse, vom Kaiserbesuch bis zur Hochwasserkatastrophe. Auf Ansichtskarten festgehalten wurden alle wichtigen Veranstaltungen. Mittels dazu herausgegebenen Festpostkarten wurde dafür geworben, ihr Ablauf dann in Erinnerungskarten festgehalten. Zu den jährlich wiederkehrenden Festen wie dem damals für die Stadt noch bedeutungsvolleren Volksfest erschienen Kartenserien ebenso wie zu den großen nationalen Festen und Massenveranstaltungen in der Stadt etwa dem Deutschen Bundesschießen 1897, dem Deutschen Turnfest 1903 oder dem Bundessängerfest 1912. Daneben existierten Ansichtskarten der verschiedensten Vereine. Mit Ansichtskarten als attraktivem Medium wurde Reklame gemacht, von Autofirmen ebenso wie vom kleinen Zigarren- und Zigarettenladen um die Ecke. Auch die Arbeiterbewegung gab ihre Ansichtskarten heraus – zur Propaganda für den 1. Mai und den Acht-Stundentag und zur Dokumentation der eigenen, der bürgerlichen Gesellschaft entgegengestellten Geschichte[103].

Für viele der damaligen Nürnberger bot sich über Ansichtskarten als billigem Fotoersatz erstmals die Möglichkeit, Bilder des privaten Alltags (Wo wohne, wo arbeite ich, wie verbringe ich meine arbeitsfreie Zeit, was ist an meinem Wohnort besonders interessant und wichtig etc.) zu sammeln und zur privaten Erinnerung aufzuheben. Ein großer Teil der damaligen Wirtshauskarten verdankt seine Entstehung und Überlieferung gerade dieser Funktion und wurde nicht auf dem Postwege versandt.

Der weitaus überwiegende Teil der schätzungsweise 25.000 bis 30.000 mit Nürnberger Motiven oder Bezügen zur Stadt erschienenen Ansichtskarten kam bereits vor 1914, der großen Zeit des Mediums, auf den Markt.

Wirtshausnamen – Zweiter Teil

Der Fortschritt über der Wirtshaustür

Trugen die Wirtshäuser zu Beginn des 19. Jahrhunderts ihre oft schon jahrhundertealten Hausnamen, die in den Wirtshausschildern und -zeichen sichtbar, noch recht eng dem menschlichen oder religiösen Umfeld entlehnt waren oder, wie dargestellt, Bezeichnungen aus der Tier- und Pflanzenwelt aufnahmen, änderte sich das im Verlauf des 19. Jahrhunderts: Neue Wirtshäuser entstanden in großer Zahl in den neu eingemeindeten und bebauten Wohngebieten und Straßen. Durch geregelte Straßenbezeichnungen und Hausnumerierungen entfiel die Notwendigkeit besonderer Hausnamen und Hauszeichen. Dennoch erhielten die Gasthäuser weiterhin besondere Namen, zur Unterscheidung, als mögliches Gütezeichen oder zur Werbung.

Am einfachsten und gar nicht so selten war die Namensgebung schlicht und einfach nach dem Namen des Wirts oder Wirtin. Allerdings wurde der Nachname verwendet, im Unterschied etwa zu dem heute beliebten Rückgriff auf den Vornamen à la Rosies Pilsstübchen oder Mandys Bierbar und ähnlichen anheimelnden Namensgebungen, die einen Verlust an Intimität ausdrücken, auch wenn sie eher das Gegenteil signalisieren sollen. Es gab einfach das Gasthaus „Blank" in der Wiesenstraße oder „Kühnlein" in der Gostenhofer Hauptstraße ähnlich wie das heute noch auf dem Lande meist in kleineren Ortschaften üblich ist.

Aber seit 1850 und zur Jahrhundertwende zunehmend, drang die aktuelle Gegenwart in die Gasthausnamen ein: Ein Blick in das 1874 Benennungen umfassende Wirtshausverzeichnis des Jahres 1912 – erst seit 1909 wurden die Gasthäuser nach ihren Bezeichnungen und nicht nach dem Namen des Besitzers oder Pächters aufgelistet – gibt Aufschlüsse über die Vorlieben der Wirte, zum Teil wohl auch der Gäste und erlaubt interessante Rückschlüsse auf den Zeitgeist. Von der Betrachtung ausgenommen sind natürlich die vielen der in der Regel weiterhin unter dem alten Namen firmierenden schon älteren und historischen Gasthäuser. Allerdings führte die Eingemeindung von so wirtshausreichen ehemaligen Vororten wie Schweinau, Gibitzenhof oder Mögeldorf auch zur Häufung bestimmter Namen: „Schwarze Adler" z. B gab es in der Schweinauer Hauptstraße, in der Rohledererstraße, in der Eberhardshofstraße und in der Mögeldorfer Hauptstraße, wo sie ja heute noch teilweise bestehen, „Schwarze Bären" bestanden ebenfalls in der Schweinauer Hauptstraße, in der Bärenschanzstraße – heute ein empfehlenswerter „Grieche" – und am Hummelsteiner Weg. Siebenmal gab es eine „Goldene Krone" und am häufigsten vertreten waren die „Zum Goldenen Stern" benannten Wirtshäuser, deren acht über das ganze neue Stadtgebiet abzuklappern, selbst für geübte „Sternsucher" (auch ein Wirtshausname der Zeit) eine Aufgabe war, die sich kaum in zwei Tagen ordentlich erledigen ließ.

Zur „neuen Großstadt"

Neben der Belegung der in der ab zweiten Hälfte des 19. Jahrhunderts neu entstandenen Gasthäuser mit modernen und zeitbezogenen Namen war ganz offenbar auch der Rückgriff auf eher klassische Wirtshausnamenskategorien üblich. Allerdings wurden diese meist aktuell spezifiziert oder mit einem neuen Attribut oder einer neuen Farbe versehen. Statt eines Wirtshauses „Zum Stern" wurde nun eines „Zum Glücksstern" oder „Zum Fixstern" eröffnet, aus dem Gasthaus „Zum Mond" wurde eines „Zum goldenen Halbmond" usw. Bei den Tiernamen ließ sich so der zoologische

Fortschritt erkennen etwa in den Gasthausnamen „Zum Königstiger“ (Schweinauer Straße) oder „Zum Seeadler“ (Katzwanger Straße). Die der Pflanzenwelt entlehnten Bezeichnungen lauteten nun „Zur Epheuranke“, die noch bis vor einigen Jahren in der Glockenhofstraße unter diesem Namen bestand, „Zum Palmbaum“ in der Wattstraße oder gar „Zum Palmengarten“, in der Unteren Kanalstraße gelegen. Und selbst religiöse Namensgebungen spielten noch eine Rolle wie etwa bei den Wirtshäusern „Zum Vater Abraham“ in der Landgrabenstraße oder „Zum Vatikan“ in der Wölckernstraße, wobei dahingestellt sein mag, was den Wirt zu dieser Bezeichnung bewog und wie fromm es dort wohl zuging.

Auch die seit Beginn des 19. Jahrhunderts gebräuchlicher werdende Benennung nach einer Stadt, etwa „Zur Stadt Wien“ – eine recht umfangreiche Gruppe von Gasthausnamen – wurde internationaler: Neben Gaststätten wie „Zur Stadt Spalt“, „Zur Stadt Lauf“ oder „Zur Stadt Berlin“ usw. konnte man auch in Häusern „Zur Stadt Paris“, „Stadt Florenz“, „Stadt Turin“ oder „Zur Stadt Petersburg“ einkehren. Wer aber noch weitere Ziele bei seiner Einkehr zumindest nach dem Wirtshausnamen wünschte, konnte es in den Gaststätten „Zum Nordpol“ oder „Zum Südpol“ versuchen: Ersterer lag in der Kantstraße, letzterer in der Gugelstraße. Und zur ganzen „Weltkugel“ ging es in der Bogenstraße.

Gebräuchlich, weil naheliegend im doppelten Sinne, blieb auch weiterhin die Namensgebung nach der Nähe zu einer besonderen Örtlichkeit oder einem Bauwerk, etwa zu den neu entstandenen Bahnhöfen wie z. B. „Zum Bahnhof Doos“ in der Fürther Straße, „Zum Nordostbahnhof“, „Zum Ostbahnhof“ oder „Zum Nordwestbahnhof“ in der Schnieglinger Straße oder schlicht „Zur Eisenbahn“ (Mathilden- und Walzwerkstraße), sofern es sich nicht ohnehin um die in den Bahnhöfen selbst untergebrachten Bahnhofswirtschaften handelte, was damals üblich wurde. Auch der Name der Bahn konnte Pate sein: So bestanden nach dem Wirtshausverzeichnis des Jahres 1912 im Stadtgebiet drei Gasthäuser mit den Namen „Zur Ostbahn“ (Abb. 35) und eines „Zur Ringbahn“. Nach dem neuen Rangierbahnhof wurde das Gasthaus „Zum Ausfahrtsbahnhof“ von Georg Förtsch (Abb. 251) benannt. Der Wirt, offenbar ein besonderer Ansichtskartenfreund, hat sein Lokal auf mehreren kurz hintereinander folgenden Karten verewigt.

Einige Wirtshäuser wurden in ihrer an topographischen Bezügen orientierten Namensgebung von der großstädtischen Entwicklung überrollt und der Gasthausname hielt die Erinnerung an inzwischen überholte stadtgeographische Markierungen fest. Beispiele sind die „Leyher Waldspitze“ (Abb. 267) oder das Wirtshaus im Rabus „Zur Waldspitze“, eine der typischen Arbeiter- und Einwandererkneipen im Süden in der Sperberstraße 16, das ähnlich wie die „Waldruhe“ in der Allersberger Straße 203 an den noch vor dem Bau des neuen MAN-Werkes bis hierhin reichenden Reichswald erinnerte oder das heute noch bestehende Gasthaus „Zur Stadtgrenze“ am Eck der Wilhelm-Späth-Straße zur Schweiggerstraße, das die bis zur großen Eingemeindungswelle von 1899 hier entlang der Linie Wölckern- und Schweiggerstraße verlaufende Grenze der Stadt bewahrt. Hierher gehören ebenfalls Gasthausbezeichnungen, die alte Örtlichkeiten und Einrichtungen in den ehemaligen Dörfern vor der Stadt festhalten, wie sie ja auch in vielen Straßennamen fortleben.

Die wohl größte Gruppe sind die mit den Namen alter Gärten, aus denen sich ja teilweise auch die Wirtshäuser entwickelten, etwa „Zum Eyssersgarten“ in der Friedrichstraße, „Zum Ottsgarten“ in der Angerstraße, „Zum Süßengarten“ in der Bauvereinstraße, „Zum Leitzmannsgarten“ in der Muggenhofer Straße, aber auch der schlichte „Kirschgarten“ in der Krugstraße. Davon zu unterscheiden sind al-

Abb. 22: Ein wenig Glanz vom neuerbauten Hauptbahnhof schwingt mit im Namen dieser Restauration in der Comeniusstraße 2, einem modernen Eckhaus im Nürnberger Stil zum Celtisplatz. Stolz blicken Wirt (aus dem Wirtschaftsfenster) und Wirtin mit der aufgereihten Kinderschar, vermutlich die Familie Polster, in die Kamera. Die Lichtdruckkarte wurde in Dresden, damals ein Zentrum dieses Druckverfahrens, hergestellt. Nach 1905.

Abb. 23: Die Lichtdruckkarte aus dem Jahre 1911 zeigt eines der drei nach der Ostbahn benannten Gasthäuser in der Freiligrathstraße 19 in Mögeldorf. Als geschätztes Ausflugslokal und ein möglicher Haltepunkt auf dem Weg zum Schmausenbuck verfügte es auch über einen groß dimensionierten Wirtsgarten.

lerdings die neueren Namensgebungen für Gasthäuser mit einem Wirtsgarten oder auch nur Vorgärtlein, die davon ihren Namen ableiteten und meist auf die Straßenbezeichnung oder den Wirtsnamen zurückgriffen etwa das „Bullmannsgärtla“ oder der „Rollnersgarten“ usw. Die Erinnerung an einen inzwischen längst zugeschütteten Weiher in der Südstadt hielt sich im Gasthausnamen „Zum Blachersweiher“ in der Schweiggerstraße. Wirtshausnamen wie „Zum Fischbach“ in der Enderleinstraße bezogen sich auf den damals noch durch die Südstadt fließenden Fischbach und ein besonders schönes Beispiel für eine längst von der Großstadt zugedeckte Weidefläche findet sich im Gasthausnamen „Zur Betzenwiese“ in der Wirthstraße 44.

Sehr beliebt, wohl weil sich der Abglanz der großstädtischen Modernität von der jeweiligen Örtlichkeit auf das Wirtshaus legte, waren die mit dem Attribut „Neu“ belegten Namensgebungen nach den gerade entstandenen oder erst noch entstehenden Großbauten und Einrichtungen: So existierten die Gasthäuser „Zum neuen Justizpalast“ in der Muggenhofer Straße und „Zum neuen Schwurgericht“ bereits 1912, als für das 1916 fertiggebaute Patengebäude kaum der erste Spatenstich getan war. Ähnlich das Wirtshaus „Zum Burgtunnel“, nur mit dem Unterschied, daß die Untertunnelung des Burgbergs, über Jahrzehnte ein Phantomprojekt der Stadtverwaltung, bis heute nicht realisiert wurde, ganz ohne Zutun der „Altstadtfreunde“. Andere Beispiele der Anlehnung an die neuen großstädtischen Errungenschaften waren Wirtshäuser wie „Zum neuen Eiswerk“ in der Knauerstraße bei der Firma Linde, „Zum neuen Exerzierplatz“ gleich zweimal in der Rothenburger Straße und am Neumühlweg, „Zum neuen Gaswerk“, „Zur neuen Güterhalle“ (Kohlenhofstraße), „Zum neuen Hauptbahnhof“, „Zum neuen Kanalhafen“ (Dianastraße), „Zum neuen Krankenhaus“, „Zum neuen Schlachthof“ und das Gasthaus „Zum neuen Stadtpark“ in der Wilhelminenstraße, das sich wohl auf den zur Jubiläumslandesausstellung von 1906 fertiggestellten Luitpoldhain als dem neuen Stadtpark für die Südstadt bezog.

Andere Wirtshausnamen nahe bei neuentstandenen Einrichtungen oder Gebäuden mochten auf das „Neu“ verzichten oder sie stellten so etwas Neues dar, daß sich die Hervorhebung erübrigte, da es kein Vorgängergebäude gab, z. B. bei den Gasthäusern „Zum Brausebad“ in der Wiesenstraße, „Zum Straßenbahndepot“ in der Schloßstraße oder „Zur Straßenbahnzentrale“ in der Fürther Straße 152.

Betriebe und Technik

Zu dieser Kategorie gehörten auch die Wirtshäuser – damals in der Regel Restaurationen genannt, selbst wenn es sich nur um kleine Bierwirtschaften handelte – in der Nähe von Fabriken oder anderen wichtigen Arbeitsstätten: Das Gasthaus „Zu der Centralwerkstätte“ in der Austraße bezog sich auf die nahegelegenen Ausbesserungswerkstätten der Königlich-Bayerischen Eisenbahnbetriebsdirektion. Klar erkennbar sind die Namensgeber für die Gasthäuser „Zum Cramer-Klett“ in der Nähe der neuen MAN in der Katzwanger Straße, von dem auch eine schöne Fotokarte existiert (siehe Abb. 219) oder „Zur Viktoria“ in der Ludwig-Feuerbach-Straße bzw. „Zur Viktoriahalle“ in der Fenitzerstraße nach der in der Ludwig-Feuerbach-Straße gelegenen Zweirad-Fabrik, während eine Wirtschaft „Zur Viktoria“ in der Tafelfeldstraße wohl bei der Benennung die echte Siegesgöttin im Sinn hatte.

Dafür gab es in der Nähe dieses Lokals eine Häufung von Wirtshäusern, die die Arbeitgeber Schuckert bzw. Siemens oder bestimmte Produkte oder Teile von deren Fabriken mit der Aufnahme in den Namen ihrer Gaststätte ehrten. Im Umfeld der Elektrofabrik fanden sich die Wirtshäuser „Zum Schuckertsheim“

Abb. 24: Heute geschlossen, war der 1891 eröffnete städische Schlacht- und Viehhof um die Jahrhundertwende eine der modernsten Einrichtungen dieser Art in Europa. Damals wurden als Ausdruck des Stolzes zahlreiche Ansichtskarten mit den Betriebsgebäuden oder darauf abgebildetem Schlachtvieh gedruckt. Dagegen warb diese Reklamekarte aus den frühen dreißiger Jahren für den Besuch der „Städtischen Schlacht- und Viehhofrestauration". Das mit Übernachtungsmöglichkeiten für Händler und Metzger versehene Wirtshaus blieb bis ins letzte Jahrzehnt nicht nur eine gute Adresse bei Hunger und Durst, sondern war durch seinen großen Saal auch ein geschätzter Ort für Versammlungen.

(Seuffertstraße), das schon erwähnte „Zum Vater Schuckert" in der Heynestraße 7, „Zur Wechselstromhalle" in der Humboldtstraße, „Zum Siemensgarten" und „Zur Siemensklause" in der Siemensstraße, während das Gasthaus „Zur Siemensstraße" um die Ecke in der Voltastraße lag.

Nachdem das ganze Viertel, nach der geballten Häufung von hier wohnenden „Schuckertern" in den meist von der Schuckert-Baugenossenschaft errichteten Häusern, auch „Schuckerts-Wastl" genannt, schon in den Straßenbenennungen alle wesentlichen Elektro-Erfinder zugewiesen erhalten hatte, die „Schuckerter" sich also ohnehin fast ausschließlich in einem stark geladenen elektrischen Umfeld bewegten, mochte der Tagesablauf eines echten „Schuckerters" vielleicht so aussehen: Morgens von der Wohnung in der Schuckertstraße durch die Röntgen- und Voltastraße zur Arbeit zum „Schuckert" in die Wechselstromhalle, anschließend zum Abendessen vielleicht ins „Schuckertheim", zu einer letzten Halben „Zum Vater Schuckert", um dann in die Schuckertstraße wieder heimzukehren und vom „Schuckert" zu träumen. Variationen für den Sonntag in Richtung Siemens waren dabei immer noch drin[104].

Ebenfalls ihren Namen von den nahegelegenen Fabriken erhielten der „Glafeysgarten" in der Sandrartstraße von der damals recht bekannten Produktionsstätte „Firma Glafey für Nachtlichter und anderes Beleuchtungsmaterial" in der Johannisstraße 8 und das Gasthaus „Zur Fränkischen Schuhfabrik" in der Eschenstraße 20 nach der in der gleichen Straße gegenüberliegenden Filiale der „Vereinigten Fränkischen Schuhfabriken", die damals ihren Hauptsitz noch am Aufseßplatz an der Stelle des späteren Kaufhauses Schocken (heute „Horten") hatte. Und in der Austraße 34 wurde das frühere Wirtshaus mit dem schönen Namen „Zur Freiheit“ seltsamerweise nach der in der Luitpoldstraße residierenden „Zur Wach- Schließ-Gesellschaft“ umbenannt, welch profaner Tribut an die Moderne in Gestalt eines Sicherheitsdienstes.

Auch die Begeisterung der Zeit für Technik und wichtige Erfindungen schlug sich in Wirtshausnamen nieder, wobei einzelne Bezeichnungen wie z. B. „Zum Dynamo“ in der Landgrabenstraße, „Zum Elektro“ in der Schwabenstraße oder „Zum Transformator“ in der Wiesenstraße natürlich auch auf das Konto „Schuckert“ bei der Namensgebung gebucht werden könnten, jedenfalls war die Begeisterung für Elektrotechnik und den nahegelegenen Produzenten in diesem Viertel kolossal. Auch die Gasthäuser „ Zur elektrischen Bahn“ in der Gugelstraße, „Zur elektrischen Centrale“ in der Seuffertstraße oder „Zum Accumulator“ in der Jahnstraße wurden bei ihrer Namenswahl sicher vom nahen Schuckert bestimmt, der schon vor dem Bezug des neuen Riesenwerkes an der Landgraben- und Tafelfeldstraße im Jahr 1890 bereits in der Schloßäckerstraße eine Fabrik betrieben hatte. In die Sammlung der Techniknamen zählten in unserem Verzeichnis auch Wirtshäuser wie „Zum Aeroplan“, „Zur Luftflotte“, „Zum Zeppelin“, „Zum Grafen Zeppelin“, hierher gehörte auch das Café „Zum deutschen Luftschiff“ in der Schustergasse, die Gasthäuser „Zum Phonograph“ oder „Zum Veloziped“ in der Mathildenstraße. Die Nürnberger Fahrradbegeisterung drückte sich auch in Namen wie „Zum Radfahrer“, „Zum Radfahrerheim“ und „Radfahrer All Heil“ und natürlich auch im „Herkules-Velodrom“, einem der größten Nürnberger Saalbauten, aus, der schon frühzeitig von einer Fahrrad-Trainingsstätte zu einem gastronomischen Betrieb umfunktioniert worden war. Kaum mehr verständlich ist der Name eines Wirtshauses in der Fahrradstraße, das sich „Zum Helikal“[105] nannte. In den Bereich der modernen Technik im weitesten Sinn gehörte auch das Wirtshaus „Zum Erzgießer“ in der Schnieglinger Straße, das seinen Namen vielleicht von der nahen Gießerei Brückner in der Centralfriedhofstraße entlehnt hatte. An der Grenze der Zuordnung zum Technikbereich oder vielleicht besser zu stimmungsvollen Wirtshausnamen liegen die Bezeichnungen „Zum Sterngucker“ und „Zum Sternwart“, eventuell auch das Wirtshaus „Zum Luftballon“ in der Allersberger Straße, aber wahrscheinlich waren bei diesem Namen die am nicht weit entfernten Volksfest am Ludwigsfeld erhältlichen Ballons gemeint.

Eher enttäuschend gestaltet sich die Suche nach eventuellen Bezügen zu den Herkunftsbezirken und -orten der aus dem fränkischen Raum und der Oberpfalz eingewanderten Neu-Nürnberger: Hinweise darauf könnten in den Namen des „Bayreuther Hofes“ am Harsdörffer Platz und des „Amberger Hofs“ (Kurfürstenstraße) ebenso stecken wie in den beiden Gaststätten mit dem Namen „Zum Frankenwald“. Auch hinter Gasthausnamen wie „Zur Stadt Berneck“, „Zur Stadt Gräfenberg“ oder „Zur Stadt Neumarkt“ etc. wäre eine Verbindung zu den Auswanderungsgebieten denkbar. Möglicherweise geben die Namen aber auch nur den Herkunftsort des Wirtes an oder eine spezielle Vorliebe oder Beziehung zu der gewählten Stadt. Wahrscheinlicher ist der Wanderungsbezug bei der „Amberger“ und der „Oberpfälzer Bierhalle“, beide in Arbeiterwohngegenden gelegen.

Wobei die Erhebung der verschiedensten Eck- und Vorstadtkneipen zu „Bierhallen“ – der Name sagt wenig aus über die reale Größe – nach der Jahrhundertwende ganz besonders in Mode war: Mehr als 30 Bierhallen, verstreut über das ganze Stadtgebiet und vornehmlich in den Fabrikbezirken situiert, führt das Verzeichnis von 1912 an. Die Namen reichten von der „Allersberger“ über die „Gibitzenhofer“, die „Neugroßreuther“, die „Dallinger“ oder die „Schlüsselfelder“ bis zur „Steinbühler Bierhalle“ und nahmen meist das Viertel oder den

Abb. 25: Als die Volkstrachten kaum mehr getragen wurden, erblühte in den Städten der Trachten- und Heimatkult, der auch in Nürnberg, dem Münchener Vorbild nacheifernd, zu reichlich alpenländisch-exotischen Wirtshausnamen, Vereinsgründungen für Trachtler, Schuhplattler und Bierzeltkapellen führte. Hier die Reklamekarte einer Oberlandler-Kapelle mit Sitz in Gostenhof. Lichtdruck um 1905.

Straßennamen ihrer Lage auf. Einzurechnen sind hier auch die „Stehkosthallen", die wie der Name schon sagt, auf schnelle Versorgung angelegt waren, an erster Stelle wohl mit Bier und härteren Sachen, wie es die bis heute gegenüber dem MAN-Areal geöffnete „Stehkosthalle Frankenstein" in der Frankenstraße diesbezüglich als noch aktive Geschichts- und Getränkequelle belegt.

Die Alpen in der Vorstadt

Nach der Häufigkeit noch vor den Bierhallen rangierten Wirtshäuser und Kneipen der Kategorie „Bayrisch/Alpenländisch/Bayerisch-Königlich" in ihrer Namensgebung, mit insgesamt mehr als 60 Beispielen: Diese beginnen mit der schönen, vierfach vorhandenen „Alpenrose", die in der Glockenhofer oder der Wilhelmstraße wohl ganz besondere Berggefühle wecken mochten. Gegenüber der „Alpenhütte" in der Fürther Straße (Abb. 192) war das Gasthaus „Zur Alm" am Paniersplatz zumindest nach Lage und Höhe besser gewählt. Es schlossen sich an zwei „Edelweiß", das „Isartal", einige Gasthäuser die nach dem Tegernsee oder diversen anderen Voralpensee benannt waren, schließlich die Wirtshäuser „Zum Wendlstoa" und „Zum Wöhrdersee", womit natürlich das Gewässer in Österreich und nicht unser heutiger Pegnitzsee gemeint war. Selbstverständlich durfte in Nürnberg auch ein „Weißes Rößl", wenn auch nur in der Tafelfeldstraße, nicht fehlen. Angeführt werden müssen auch das „Schuhplattlerheim" in der Breiten Gasse und etliche, auf die Schweiz spezialisierte Gasthausnamen wie „Zum Schweizerhaus" in der Sterngasse, „Zum Schweizerland" und natürlich ein „Schweizer Hof". Franken und die Fränkische Schweiz sind gegenüber diesem alpenländisch-bayerischen Komplex weitaus schwächer vertreten („Zur Fränkischen Schweiz“, „Zum Fränkischen Jura“, „Zur Binghöhle“ „Zum Frankenwald“). Eine eigene Linie in dieser Bajuwaren-Gruppe bildeten die mit der Kennzeichnung „Bayerisch“ oder „Münchner“ hervorgehobenen Stätten der Gastlichkeit: Sie reichte von der „Bayerischen Bierhalle“ über das „Bayerische Oberland“, den „Bayerischen Löwen“ und „Jäger“ einschließend bis zum Wirtshaus „Zur Bayernschanze“ und von der „Münchener Bierhalle“ in der Fürther Straße über zwei „Münchner Kindl“ bis zum sicher liebevoll gemeinten Wirtshaus „Münchner Seppl“ in der Werderstraße.

Eine andere Linie bildeten die Benennungen nach den Wittelsbachern und bayerischen Königen des 19. Jahrhunderts einschließlich des amtierenden Prinzregenten: Wir finden neben dem „Wittelsbacher Haus“ und einem „Wittelsbacher Hof“ zweimal einen „König von Bayern“, den bis heute beliebten „König Otto“ in der Winklerstraße, drei Wirtshäuser „Zum König Ludwig“, nur eines (!) mit dem Namen „Zum König Ludwig II.“. Der beliebte (wenn auch vornehmlich bei den Altbayern), unglückliche Herrscher war dann allerdings mehrfach indirekt durch Gasthausbezeichnungen nach seinen Schlössern „Zum Herrenchiemsee“, „Zum Hohenschwangau“ und „Zum Linderhof“, vielleicht auch noch in der Bezeichnung „Zum Starnberger See“ präsent. Der Prinzregent gab seinen Namen für diverse „Luitpold“-Verbindungen, die sich primär aus der Nähe der betreffenden Gaststätten zum nahen Luitpoldhain („Zum Luitpoldhain“, „Zum Luitpoldpark“, „Zur Luitpoldklause“) oder zur Luitpoldstraße herleiteten, wie beim „Luitpold-Automaten“ am Eck zur Königstraße. Direkter Namensgeber war er eigentlich nur für die Restauration „Zum Prinzregent“ in der Martin-Richter-Straße, wiederum indirekt für die Gasthäuser „Zum Prinzregentenufer“ in der Theodorstraße und „Zum Prinz Luitpolddenkmal“, das allerdings von dem angesprochenen 1902 errichteten Denkmal vor dem Hauptbahnhof ein wenig entfernt an den Rampen 37 zu finden war.

Bei dieser in Gasthausnamen sich ausdrückenden Vorliebe für oberbayerische Landschaft und Folklore wie für das Wittelsbacher Königtum könnte man annehmen, die Nürnberger seien zu begeisterten Bayern und Royalisten konvertiert. Vermutlich war es der um die Jahrhundertwende sich ebenfalls in zahlreichen Vereinsgründungen zur Pflege von oberbayerischen Trachten und alpenländischem Brauchtum ausdrückende Hang zur Folklore und zum „Exotischen“, der hinter diesen Namensgebungen steckt. Eine Rolle spielten sicherlich auch die erhöhte Reiseerfahrung mit der Entdeckung der oberbayerischen Landschaft und die Nachahmung des geheimen Vorbilds München mit der dort inzwischen entfalteten Bierkultur sowie die Beliebtheit oberbayerischer oder auf oberbayerisch kostümierter Blaskapellen, die ja auch auf dem Volksfest und in den Gartenwirtschaften tonangebend geworden waren. Vermutlich galt auch für Nürnberg das urbane Phänomen, daß „am Ende des 19. Jahrhunderts, als die Volkstrachten kaum mehr getragen wurden, ... in den Städten ein folkloristischer Trachten- und Heimatkult auf[blühte]. Er holte, wenn etwa an einem Münchner Vergnügungsort ein romantisch verklärtes Almleben inszeniert wurde, ländliche Vergangenheit pittoresk in eine urbane Lebenswelt hinein“[106].

Politik und Zeitgeist

Aber noch in anderer Hinsicht spiegeln die um die Jahrhundertwende offensichtlich als zugkräftig gewählten Gasthausnamen Vorlieben und Moden der damaligen Wirte und ihrer Kunden und lassen Rückschlüsse auf den Zeitgeist zu. Als wichtige Namens- und Themenbereiche zeichnen sich weiter ab das Militär, das Preußentum und vor allem alle Arten von

Abb. 26: Neumühle mit dem neuen Exerzierplatz gehörte zu Gebersdorf und bestand bei der Herausgabe dieser Lichtdruckkarte im Jahre gerade mal aus vier Häusern zuzüglich des „königlichen Militärars“ bestehend aus Badeanstalts- und Abortgebäude. In einem der beiden größeren Häuser führte der Bäckermeister Johann Rotter sein Etablissement „Zum neuen Exerzierplatz“, das sich schon durch das Prädikat „neu“ und den militärischen Bezug als auf der Höhe der Zeit stehend auswies. Nach 1910.

Verknüpfungen mit „Deutsch“, „Altdeutsch“ oder gar den alten Germanen. In die Nähe zu dieser Gruppe gehörte auch ein Teil der Wirtshausbenennungen nach preußisch-nationalen Persönlichkeiten. Zu beachten ist dabei, daß gerade bei den nach Personen benannten Gasthäusern häufig die Bezeichnung der Straße, in der das Lokal lag, die Namensgebung bestimmte. So kann der Name des Wirtshauses „Zum Moltke“ in der Hochstraße am Eck zur Moltkestraße wohl weniger für die politischen und sonstigen Vorlieben des Wirtshausbesitzers in Anspruch genommen werden – wohl für die der straßenbenennenden Stadtverwaltung – eher beim Gasthaus „Zum Grafen Moltke“ in der Wölckernstraße 44.

Die Straßennamen stecken wohl auch hinter den Kneipenbenennungen wie „Zum Pestalozzi“, „Zum Galvani“, „Zum Solger“ (dem Nürnberger Stadtbaumeister des 19. Jahrhunderts) oder „Zum Stabius“ usw. nach den jeweiligen Straßen, in denen sich die Wirtshäuser bei der Eröffnung befanden. Ob nun den überwiegenden Besuchern des „Stabius“ klargewesen ist, daß es sich bei dem Namensgeber um einen kaiserlichen Hofmathematiker des frühen 16. Jahrhunderts handelte, der die Sonnenuhr an der Lorenzkirche entwarf, ist wohl zu bezweifeln, aber es klang jedenfalls gut, zuhause zu sagen: „Ich geh‘ jetzt zum Stabius“ oder „Ich war für ein paar Stunden beim Pestalozzi“.

Die Benennung eines Vorstadtwirtshauses nach „Mozart“ in der Siglindenstraße oder nach dem „Grafen Zeppelin“ in der Fahrradstraße läßt schon eher auf ausgeprägte Vorlieben schließen, und ein Wirtshausname „Zum Grafen Waldersee“ in Ziegelstein oder „Zum Generalfeldmarschall Waldersee“ in der Felseckerstraße, nach Alfred von Waldersee, dem 1904 gestorbenen Nachfolger von Moltke als Chef des preußischen Generalstabes, erklärten

Bismarckgegners und Verantwortlichen für den 1900/1901 grausam niedergeschlagenen Boxeraufstand in China, läßt die Annahme einer bewußten Aussage oder gar eines Bekenntnisses des Wirtshausbesitzers über seine Vorlieben und Idole zu, was gleichzeitig ein gewisses Vertrauen in die Werbewirksamkeit seiner Namensgebung voraussetzte. Jedenfalls muß der Feldmarschall von Waldersee – wer kennt ihn heute noch? – ein populärer Mann gewesen sein, wenn er in Nürnberg gleich zweimal zum Namensgeber und Werbeträger für Vorstadtgasthäuser erhoben wurde.

Die wichtige Rolle des Militärs in der wilhelmischen Kaiserzeit zeigte sich neben den eben genannten Beispielen auch in der nicht geringen Zahl von anderen Benennungen wie bei den Wirtshäusern „Zum Admiral", „Zum großen Feldmarschall", „Zum Kreuzer Nürnberg" (Amalienstraße), „Zum Eisernen Kreuz" und vor allem bei den in unmittelbarer Nähe zu den Kasernen liegenden Kneipen, die teilweise die vorhandenen militärischen Einrichtungen selbst in den Namen aufnahmen.

Ein Gang durch die Bärenschanzstraße zeigt die dort vorhandene Wirtshäuserkonzentration um die Jahrhundertwende. Auf dem Weg stieß man neben den alten Gasthausbezeichnungen „Zum schwarzen Bären" (Nr. 5) und „Zum gelben Löwen" (Nr. 27) auf die Kneipennamen „Zum Kaiser Alexander von Rußland" (Nr. 51), benannt nach den Paten und „Inhabern" des Nürnberger Chevaulegerregiments (in Nürnberg „Schwolleschee" gesprochen)[107], „Zur Bärenschanze" (Nr. 65), „Zum Feldlager" (Nr. 69), „Zum alten Fritz" (Nr. 75 – einen „Alten Fritz" gab es außerdem in der Reichstraße 75), „Zur Militärbäckerei" (Nr. 83), „Zur Militärschmiede" (Nr. 89), „Zu den drei lustigen Kameraden" (Nr. 107), „Zum Kurfürsten" (Nr. 119), „Zur Sielstraße" (Nr. 121) und „Zur fröhlichen Klause" unter der Hausnummer 133. In der näheren Umgebung der Chevaulegers ließen eine „Pickelhaube" und ein Wirtshaus „Zum Lager Lechfeld" im Namen entsprechende Bezüge erkennen.

Auch in der Nähe der neu erbauten Kasernen in der Fürther Straße und in Großreuth nahmen verschiedene Wirtshäuser auf die Nähe des Militärs hinweisende Namen an. Beispiele waren das Gasthaus „Zum Pionier" in der Schumannstraße wie das „Zur Patrone" in der Gustav-Adolf-Straße und in Konkurrenz zueinander standen wohl die sich gegenüberliegenden Lokale „Zum Kriegerheim" und „Zum Soldatenheim" in der Kreutzerstraße 36 und 37. Die beiden Wirtshäuser „Zur Kanone" in der Heyne- bzw. der Allersberger Straße lagen dagegen ein wenig abseits von den damaligen Nürnberger Kasernentoren.

Den Zeitumständen entsprechend waren Gasthausnamen mit kaiserlichem, königlichem oder sonstwie adligem Personal mit historischen, aber auch mit zeitgenössischen Namensgebern recht verbreitet. Die Wittelsbacher wurden ja schon angesprochen, aber auch das preußische Herrscherhaus fand sich über diversen Wirtshaustüren wieder, wenn auch nicht in der Dichte wie die bayerischen Könige. Auffällig ist das Fehlen der Wilhelme, die der Epoche den Namen gaben, dafür fanden sich historische Reminiszenzen wie beim „Kronprinzen von Preußen", dem „Großen Kurfürsten" oder dem „Alten Fritz". Den Bezug zur „Hohenzollernburg" stellte das gleichnamige Gasthaus in der Espanstraße her, aber auch in Verbindungen zu Brandenburg wie „Zur Brandenburg" oder „Zum Brandenburger Haus" fanden sich Verbindungen zu Preußen und seiner Hohenzollern. Ein Wirtshaus in der Prechtelsgasse bezog sich auf die Nachbarschaft zum neuen Denkmal für Wilhelm I, den Kartätschenprinz der 1848er Revolution, am Egidienplatz und nannte sich schlicht „Zum Kaiserdenkmal".

Unter den nach Kaisern benannten Wirtshäusern führten mit „Zum Kaiser Franz" und

Abb. 27: Unter den Wirtshausnamen der Kaiserzeit waren Verknüpfungen mit den Hohenzollern, Brandenburg und Preußen recht beliebt. Diese schöne lithographierte Karte aus dem Restaurant „Brandenburg“ in der Bayreuther Straße 15 ging im Jahr 1900 an einen Herrn mit eigener Postadresse im „Café Auer“ in der Hinteren Beckschlagergasse 24. Der Schreiber lud zu einem Treff in den „Löbleinsgarten“ in der Bayreuther Straße 36. So dienten Ansichtskarten aus einer Wirtschaft adressiert an ein anderes Lokal auch als schnelle Einladung in die nächste Kneipe. Es handelt sich aber um eine vorgedruckte Karte ohne spezifische Abbildung eines speziellen Lokals, die verschiedene Wirtshäuser verwenden konnten.

„Zum Kaiser Leopold“, letzteres Lokal in der Leopoldstraße gelegen, die Habsburger vor einem „Kaiser Friedrich“, und einem „Kaiser Heinrich“, welcher auch immer damit gemeint gewesen sein mag. Die Könige waren mit Ausnahme des eher sagenhaften „König Gunther“ in der gleichnamigen Straße ausschließlich an die Bayern vergeben, während die Liste der nach Prinzen und Grafen benannten Wirtschaften gemischt und weniger aussagekräftig sich darstellte: Neben einem „Prinz Alfons“ in der Fürther Straße reichte die Liste über die nur schwer bestimmbaren Prinzen Heinrich, Ferdinand und Leopold zu einem „Prinzen von Augustenburg“ als Name eines Lokals in der Vorderen Beckschlagergasse. Neben den erwähnten Grafen Waldersee, Moltke und Zeppelin führt das Wirtshausverzeichnis als weitere Namen die „Grafen Eberhardt“, „Platen“ und den „Grafen Siegfried“ an, die beiden letzten wohl als Ausfluß der entsprechenden Straßennamen. Fehlen noch die „Ritter“: Hier war der Spitzenplatz mit dreifacher Namensvergabe an den Nürnberger Hausraubritter Eppelein vergeben, gefolgt vom heiligen „Ritter Georg“ und einem Gasthaus „Zum Georgsritter“ sowie einem Wirtshaus „Zum Ritter von Schmauß“. Weiter bestanden die Gasthäuser „Zur Rittersburg“ in der Nibelungenstraße, „Zum Rittersaal“, „Zum Rittersgarten (Krelingstraße) und „Zum Ritterplatz“ nach der Lage in der Fischbachstraße 7 (heute Strauchstraße).

Einen gewissen Schwerpunkt auf dem Weg zu der großen Gruppe der sich im Namen als „deutsch“ und national kennzeichnenden Wirtshäuser bildete der Reichsgründer und Reichskanzler von Bismarck mit den Gasthäusern „Zur Bismarcksäule“, einer „Bismarckhalle“ in der Adamstraße und sogar einer „Bismarckhöhle“ in der Welserstraße. Auch die Restauration „Zum alten Reichskanzler“ mag sich auf den Preußen bezogen haben. Der

Name weist auf zwei weitere interessante Namensverknüpfungen, die nicht ganz selten waren: Die mit „Reich" beginnenden Namen bei den Wirtshäusern „Zum Reichsadler" über den „Reichsapfel", das „Reichspanier", „Zum Reichsland", „Zur Reichskrone" bis zur „Reichspost" sowie die Gasthäuser einer noch größeren Gruppe, deren Name durch das vorangestellte Attribut „Alt" in ihrem Wert besonders hervorgehoben wurde. Hier begegnen wir schlichten topographischen Zuordnungen wie bei den Gasthäusern „Zum alten Pulvermagazin", „Zum alten Exerzierplatz" (Erlenstraße) oder „Zum alten Turnplatz" (Peterstraße) usw., die Hinweise auf eine frühere, inzwischen veränderte oder verschwundene Funktion gaben.

Daneben standen die Verbindungen mit Personen wie „Zum alten Max" (Maxplatz), dem „Alten Fritz" oder dem „Alten Leibniz". In der Färberstraße 31 bestand ein Lokal „Zur alten Schrenz'n", das die mundartliche Bezeichnung für einen flachen Tragekorb, in dem wohl gewöhnlich Mist transportiert wurde, in den Namen aufnahm (Abb. 121). Bezeichnungen wie „Alt-Schoppershof" transportierten dann eindeutig eine gewisse Verklärung der Vergangenheit, die sich in Namen wie „Alt-Heidelberg" (Osianderstraße) durch die damit assoziierte romantische Stimmung kommerziell nutzen ließ. Besonders geschätzt waren Verbindungen mit „Altdeutsch". Die entsprechenden Lokale wie die „Altdeutsche Bierhalle", das „Altdeutsche Haus", der „Altdeutsche Hof", „Zum altdeutschen Michel" oder „Zu den alten Deutschen" lagen ausschließlich in der Vorstadt und versuchten über den Namen nicht nur an das Ambiente der Altstadt anzuknüpfen, sondern spiegelten ganz allgemein die Begeisterung der Zeit für das „Altdeutsche" und den aktuellen Nationalismus.

Die deutsch-nationale Begeisterung fand dann über die Beifügung „Deutsch" ihren Ausdruck auf der Wirtshausnamensebene. Der deutsche Michel, heute eine eher verblaßte Gestalt selbst bei Karikaturisten, die damit in den fünfziger und sechziger Jahren noch einen Teil ihres Brotes verdienten, führte die Rangliste der mit deutschen Symbolen, Werten und nationalen Projekten wie der Flottenpolitik werbenden Wirtshausnamen an: 1912 bestanden allein vier Lokalitäten namens „Zum deutschen Michel", gefolgt von dreimal „Zum deutschen Haus", zwei „Deutschen Kaisern" und zwei „Deutschen Eichen". Zur Einkehr luden weiter die Wirtshäuser „Zur deutschen Flagge", „Zur deutschen Flotte", „Zur deutschen Heimat", „Zum deutschen Rhein", „Zur deutschen Marine", „Zum deutschen Mann" und der in der Zufuhrstraße situierten „Deutschen Waffenbrüderhalle". Gegenüber diesen deutlich Flagge zeigenden Namensgebungen mochten Bezeichnungen wie „Zur deutschen Krone", „Zum deutschen Herold", „Zum deutschen Jäger" und „Zum deutschen Reich" beinahe zivil wirken. Ein Weinhaus in der Schustergasse nannte sich „Zum deutschen Luftschiff", im Inneren gab es dann wohl „deutschen Wein und deutschen Sang" ganz im Sinne der Strophe von Hoffmann von Fallersleben. Dementsprechend spielte sich das Leben der großen nationalen Bewegungen der Sänger, Schützen und Turner ja auch zum erheblichen Teil in Gasthäusern und deren Nebenzimmern ab, was sich auch in den Wirtshausnamen niederschlug. Beispiele finden sich reichlich neben den „Zum deutschen Schützen" oder „Zum deutschen Sänger" ausgewiesenen Lokalen in diversen „Sängerheimen", dem „Sängerhof", einer „Sängerlust" usw., allein fünf „Schützenheimen", einer „Schützenklause" und dem „Schützenbruder". Nicht zu vergessen sind auch die sich als „Turnerheime", als Turnvereins- oder Turnerlokale oder als Gaststätte einer Turnhalle im Namen ausweisenden Lokale (Steinbühl und Tafelhof). In der oberen Turnstraße wiesen neben der Straßenbezeichnung auch die Gasthäuser „Zur Turnhalle" und „Zum Vater Jahn" auf den hier befindlichen ältesten bayerischen Turnverein von 1846 hin.

Die angeführten, schon in ihren Namen mit deutschem Klang versehenen Wirtshäuser, lagen bis auf zwei Ausnahmen in den Vorstadtbereichen. Ohne diese Häufungen überinterpretieren zu wollen, spiegeln sie doch einen Teil der zeittypischen deutschnationalen Grundstimmungen wieder. Ganz unmittelbare politische Bezüge bei der Namensgebung in diesem Umfeld zeigen Gasthausnamen, die die nationale Sympathie für den Burenkrieg (1899 – 1902) in Südafrika in den Wirtshausnamen zum Ausdruck brachten, wie in der „Burenhütte" in der Deutschherrnstraße, einem Gasthaus „Zum tapferen Buren" in der Schillerstraße und einem Johanniser Lokal mit dem typisch Nürnberger Namen „Zum Transvaal".

Weitaus weniger erfolgreich ist die Suche nach vielleicht spezifischen Namensgebungen aus dem sozialistischen Lager. Außer einer „Arbeiterklause" in der Grenzstraße 21 in Gleishammer, dem Wirtshaus des Metallarbeiterverbandes in der Kartäusergasse, das keinen eigenen Namen trug, und einer Gaststätte „Zum Grillenberger"[108] in der Johannisstraße lassen sich keine Gasthausnamen entdecken, die darauf hinweisen, daß es sich hier vielleicht um ein besonderes Wirtshaus der Arbeiterbewegung handeln könnte oder daß vielleicht der Wirt mit dieser Richtung sympathisierte. Gerade deswegen ist es besonders erstaunlich, am Kirchenweg 19 auf ein Wirtshaus zu stoßen, das sich „Zum Kapitän Dreyfus" nannte, wohl nach dem unschuldig wegen Spionage verurteilten französisch-jüdischen Offizier. Die „Dreyfus-Affäre" führte in Frankreich zum Zusammenschluß und zur politischen Machtübernahme der Linken, aber die Benennung eines Lokals nach dem unglücklichen Hauptmann Dreyfus in Nürnberg erscheint doch reichlich merkwürdig.

Erstaunlich ist auch die geringe Zahl der nach Nürnberger historischen Zusammenhängen benannten oder sich an „Alt-Nürnberg-Romantik" anlehnenden Gasthäuser. Da gab es

Abb. 28: Heute kaum mehr bekannt, um die Jahrhundertwende aber als volkstümlicher Poet noch recht populär war der auch von Goethe geschätzte Mundartdichter und Flaschnermeister Konrad Grübel. Nach ihm waren immerhin drei Wirtshäuser in der Stadt benannt, mehr als nach Albrecht Dürer. Hier eine Lichtdruckkarte aus den zwanziger Jahren von der Wirtschaft „Grübels Einkehr" in der Grübelstraße 10.

das Hotel „Nürnberger Hof" in der Königstraße und in den Vorstädten die Wirtschaften „Zur Noris" (Forsthofstraße), ein „Norisgärtlein" (Maxfeldstraße) und ein „Nürnberger Sängerheim" am Hummelsteiner Weg, aber darüber hinaus ist die Suche nicht sehr erfolgreich. Ein Wirt in der Holzschuherstraße hatte sein Lokal nach dem mittelalterlichen Lobpreis auf die Stadt und seinen Dichter „Zum Rosenplüt" genannt, eine Wirtschaft am Keßlerplatz wählte „Zum Hirsvogel", am Weinmarkt bestand das „Café Sebald" und natürlich gehört auch die „Sebaldusklause" im Schulgäßchen hierher. Besonders populär war der „Ritter Eppelein", der nun ja kein Nürnberger war, der es auf drei Lokale brachte, – ein Zeichen, wie sehr er immer noch im kollektiven Gedächtnis der Stadt fortlebte, stärker sogar als mancher berühmte Nürnberger Meister, geht man von der Zahl der Gasthausnamen aus. Denn nach Albrecht Dürer waren gerade zwei Wirtshäuser benannt, „Zum Albrecht Dürer" am gleichnamigen Platz und eine „Dürerklause" in der Äußeren Sulzbacher Straße.

Hans Sachs zog mit drei Benennungen, darunter das historische Sachs-Haus, wenigstens mit dem Raubritter gleich, Peter Vischer gab seinen Namen für ein Lokal in der Kernstraße und direkt in der Peter-Vischer-Straße. „Zum Veit-Stoß" lud der Name einer Wirtschaft in einem heute nicht mehr vorhandenen Haus am Egidienplatz. Der Name des Holzschnitzers im Wirtshaus „Zur Veit-Stoß-Anlage" darf wohl nicht in die unmittelbare Verehrung des Meisters gerechnet werden – bei einem anderen Namen des Platzes in Gostenhof hätte wohl auch die Kneipe die entsprechende Bezeichnung übernommen und auch das Wirtshaus „Zum Peter Henlein" bezog sich erst einmal auf den Straßennamen seines Standorts.

Gegenüber heute noch bekannter war damals der Nürnberger Volksdichter Johann Grübel. Unter seinem Namen warben die in der Grübelstraße dicht nebeneinanderliegenden Gasthäuser „Zur Grübelsklause" und „Zum Grübel" um Gäste, zu denen sich einige Jahre später auch noch das Wirtshaus „Grübels Einkehr" gesellte (Abb. 28). Die Mehrzahl der übrigen auf Nürnberger Persönlichkeiten bezogenen Gasthausnamen nahm ihre Anregungen in der Regel aus der gegebenen Straßenbenennung wie beispielsweise die Lokale „Zum Sandrart" oder „Zum Holzschuher" und andere mehr.

Kurioses

Neben den neuen Wirtshausbenennungen, die den aufgeführten Themenbereichen und Moden, aber auch den politischen Strömungen zugeordnet werden können, gab es natürlich noch eine Menge von mehr oder minder lustigen oder volkstümlichen Namen, ohne die die damalige Wirtshauslandschaft nur höchst unvollkommen beschrieben wäre. Dazu gehörten die verschiedenen, spezifische Gasthauserlebnisse versprechenden Bezeichnungen ebenso wie eher kurios klingende oder besonders humorvoll gemeinte. Zur ersten Kategorie zählten Namen wie „Zum Paradies", das durch drei Lokale versprochen wurde. Überlebt hat das „Paradies" in der Bogenstraße und ist durch sein spezielles Angebot ganz im Sinne seines Namens auch heute noch weit über die Stadtgrenzen hinaus bekannt. Auch „Zur Fröhlichkeit" wurde zweimal geladen, eher zurückhaltend warben drei Lokale „Zur Einkehr". Deutlicher wurde das Gasthaus „Zum ewigen Durst" in der Peter-Henlein-Straße und wohl eher zögernd trat der Gast in der Bauerngasse in die Kneipe „Zum blauen Aug'", aber vielleicht waren auch nur die Augen der Wirtin gemeint, im Jahre 1912 eine gewissen Babette Schuster. Vielversprechend klang auch „Zum letzten Heller" in der Grünstraße 5, während in der Äußeren Sulzbacher Straße im „Letzten Hieb" bis zu seinem Abriß Ende der siebziger Jahre der Verfasser, ursprünglich vom Namen angelockt, sich so manchen Abend völlig unbeschadet vom Studium erholte. Das „Schafskopfheim“ in der Imhoffstraße bezog sich, ein wenig zweideutig, wohl nicht auf seine Gäste, sondern mehr auf deren Zeitvertreib, und die „Bratröhre“ in der Zirkelschmiedsgasse soll ihre Benennung nicht nach ihrem Herd, sondern von ihrer Enge bezogen haben.

Recht gebräuchlich war die Bezeichnung „Zum Eck“ in diversen Gasthausnamen. Sie nahmen wohl die Lage oder bauliche Eigenheiten der Wirtshäuser auf, vielleicht auch die Tatsache, daß sich nach manchem Besuch die Zahl oder die Ausrichtung der Ecken verändert hatten: So fanden sich zwei Lokale „Zum schiefen Eck“ und je eines „Zum scharfen Eck“ und „Zum Schrägen Eck“ sowie in der Tucherstraße das Gasthaus „Zu den sieben Ecken“. Am Dötschmannsplatz ging es mundartsprachlich ins „Eckala“. Auf den etwas eigenwilligen Nürnberger Humor verwiesen Bezeichnungen wie die der Restauration „Zum Holzwurm“ in der Peter-Vischer-Straße, ein schon älteres Wirtshaus aus dem frühen 19. Jahrhundert (Abb. 102), die Gaststätte „Zum Raupenheim“ in der Austraße, die „Käskiste“ in der Beckschlagergasse und das in der Bucher Straße auf dem Weg zum Anbaugebiet gelegene Wirtshaus „Zur Knoblauchbahn“.

Die Welle der Wirtshausgründungen im Zusammenhang mit der Großstadtwerdung und Ausdehnung Nürnbergs läßt sich so in den gegenüber den alten Namen doch recht zeitspezifischen Benennungen nachvollziehen. Die Beschäftigung damit wird zu einem ernsthaften Stückchen Kulturgeschiche. Vielleicht kann eine solche Betrachtung zur Beobachtung der heute, wie mir scheint, viel weniger kreativen Trends in der Vergabe neuer Wirtshausnamen anregen. Bezeichnungen à la „Sissis Kuhstall“, „Udos Bierquelle“, „Country“ etc. liegen stark im Trend und zeigen – wenn auch nicht besonders originell – die modernen Vorlieben. Die Wirtshaushistoriker künftiger Zeiten werden die hohe Zahl italienischer Städte

Abb. 29: Häufig entstanden Wirtshausbezeichnungen nach der Lage des Lokals oder griffen besondere Eigenheiten des Gebäudes auf. Besonders beliebt waren Namen wie „scharfes“ oder „schiefes“ Eck. Es gab aber auch ein „Eckala“ am Dötschmannsplatz. Auf diesem Lichtdruck um 1905 war das Eck der Klaragasse zum Hallplatz der Namensgeber für die einfache Wirtschaft mit dem wohl am scharfen Eck posierenden Wirt Georg Maul.

Abb. 30: Das eigentliche Motiv für diese im Jahr 1914 versandte Fotokarte bildete wohl der neue Lastwagen der Kolonial- und Schreibwarengroßhandlung Angermann und Kobras. Mit auf das Bild gekommen ist dabei eines der beiden Wirtshäuser mit dem Namen „Zum schiefen Eck", die es damals in Nürnberg gab. Vermutlich handelt es sich um die in der Laufamholzstraße 67 gelegene Wirtschaft. Vielleicht hatten Fahrer und Begleiter kurz vorher in dem Gasthaus eine Pause gemacht oder eine Lieferung beendet? Oder hatten sie nur einen Stop eingelegt, um sich fotografieren zu lassen? Wir werden es nicht mehr erfahren. Der Schreiber, vielleicht einer der beiden abgebildeten Männer, teilte jedenfalls einem Kantor in Absberg b. Langlau mit, daß er eine neue Adresse habe.

und Namen (manchmal in der genauen Übersetzung der ursprünglichen Wirtshausbezeichnung) und griechischer Inseln und Götter hoffentlich nicht als neue Vorliebe unserer Zeit für die Antike zu deuten wissen. Ob das Vorhandensein der vielen südlichen Namen auch für die Annahme einer multikulturellen, sich europäisch verstehenden Stadtbevölkerung genommen werden kann, bleibt nur zu hoffen. Die letzte produktive Phase in den siebziger Jahren führte bei der Benennung der sogenannten Szenekneipen, meist auch alte Vorstadtwirtschaften, zu schönen Beispielen wie „Ballazo Brozzi", „Café Backwahn", zum „Treibhaus" oder zum „Café Ruhestörung". Und als Nachtrag: Die „High-Life-Bar" stammt nicht aus unseren Tagen, sondern lud im Jahre 1912 in der Königstraße zur Einkehr.

Wirtshäuser und Ansichtskarten

„Wirtschaftskarten", gemeint sind damit Ansichtskarten, die von oder zu Gasthäusern, Hotels, Ausflugs- und Vergnügungslokalen, zu Cafés oder ähnlichen Betrieben als Gruß- oder Reklamekarten herausgegeben wurden, bilden innerhalb der reich gegliederten Themen- und Motivgruppen der Bildpostkarten der Jahrhundertwende eine besondere Sparte. Sie zählen, was die Zahl der Motive angeht, aber auch nach dem damaligen Verbreitungsgrad zu den verbreitetsten und wohl auch zu den von unseren Urgroßmüttern und -vätern besonders häufig verschickten Ansichtskarten.

Ansichten von Wirtshäusern, Ausflugslokalen, Hotels, Cafés und sonstigen gastronomischen Zielen auf Postkarten sind auch heute noch recht beliebt und werden gar nicht so selten auch noch verkauft und versandt – nicht nur als Werbemittel von Landgasthöfen, in denen die Zeit stehen geblieben zu sein scheint, oder mit den Abbildungen mehr oder minder reizender Zimmer von kleineren Pensionen mit Frühstücksraum und Vollpension, sondern auch zur Reklame für modernste Hotels. Das liegt vor allem daran, daß Karten von Wirts- und Übernachtungshäusern, ähnlich wie die weiterhin in Massenauflagen verbreiteten Karten von Urlaubszielen, von den wichtigsten Sehenswürdigkeiten am Reiseort oder sonstigen Motiven über Aufenthalte an fernen Orten die ursprüngliche Funktion von Bildpostkarten weiterhin gut erfüllen, nämlich Grüße und visuelle Informationen über einen entfernten Aufenthalt, seine Reize und das eigene Wohlergehen zu übermitteln. Anders als noch zur Jahrhundertwende liefern die modernen Ansichtskarten wohl nicht mehr die wesentlichen und einzigen Informationen und Erinnerungen, wie es am Reiseziel so aussieht und was man alles gesehen hat, das besorgen heute Unmassen selbstgeschossener Fotos, sofern nicht ohnehin die Videokamera das einfache Erinnerungsbild verdrängt hat. Für die die Ansichtskarten herausgebenden Betriebe bilden sie nach wie vor ein recht wirkungsvolles, vor allem billiges und nicht selten auch das einzige Werbemittel.

Ansichtskarten von Wirtshäusern, Ausflugslokalen und auch von Hotels zählen auch zu den am frühesten entstandenen Bildpostkarten (vergleiche die Abb. 31–34). Sie entwickelten sich aus den beiden wichtigsten Vorläuferlinien der bebilderten Postkarten: Einmal der Andenkengraphik mit den vornehmlich für Fremde hergestellten Abbildungen der wichtigsten Sehenswürdigkeiten am Fremdenverkehrsort und aus den in der Firmenreklame auf Briefköpfen, Rechnungen und auf speziellen Werbekarten in Mode gekommenen graphischen und topographischen Ansichten[109].

Für Nürnberg lassen sich diese Entwicklungslinien an einzelnen Beispielen ganz gut verfolgen. In den einschlägigen Sammlungen finden sich sowohl sehr frühe Werbepostkarten für Hotels und Gasthäuser als auch für die eigentliche Ansichtskartenzeit zwischen 1895 und 1914 eine Fülle von Karten, die die ganze Bandbreite der um die Jahrhundertwende in und um die Stadt existierenden Lokale, Hotels und sonstigen gastronomischen Betriebe wiedergibt.

Für die Entwicklungsgeschichte dieser „Wirtschaftskarten" und natürlich auch für die Stadtgeschichte besonders interessant sind einmal mehr die Ansichtskarten vom „Bratwurstglöcklein", das als Wirtshaus selbst eine der wichtigsten Sehenswürdigkeiten der Stadt darstellte. Parallel zu ihrem Aufstieg zur Fremdenattraktion wurde die kleine Wurstbraterei – äußerst pittoresk und idyllisch gelegen – zu einem der häufigsten Motive auf den graphischen Erinnerungsblättern schon vor der Ansichtskartenzeit, das dann auf den frühesten

Abb. 31: Schon unter den frühen Ansichtskarten – unter Sammlern als „Vorläuferkarten“ besonders gesucht – findet sich eine ganze Reihe von „Wirtschafts“karten. Die frühesten stammen natürlich vom „Bratwurstglöcklein“. Hier eine Karte der Lithographischen Anstalt Julius Schmidt, Nürnberg, gelaufen am 14. 10. 1883.

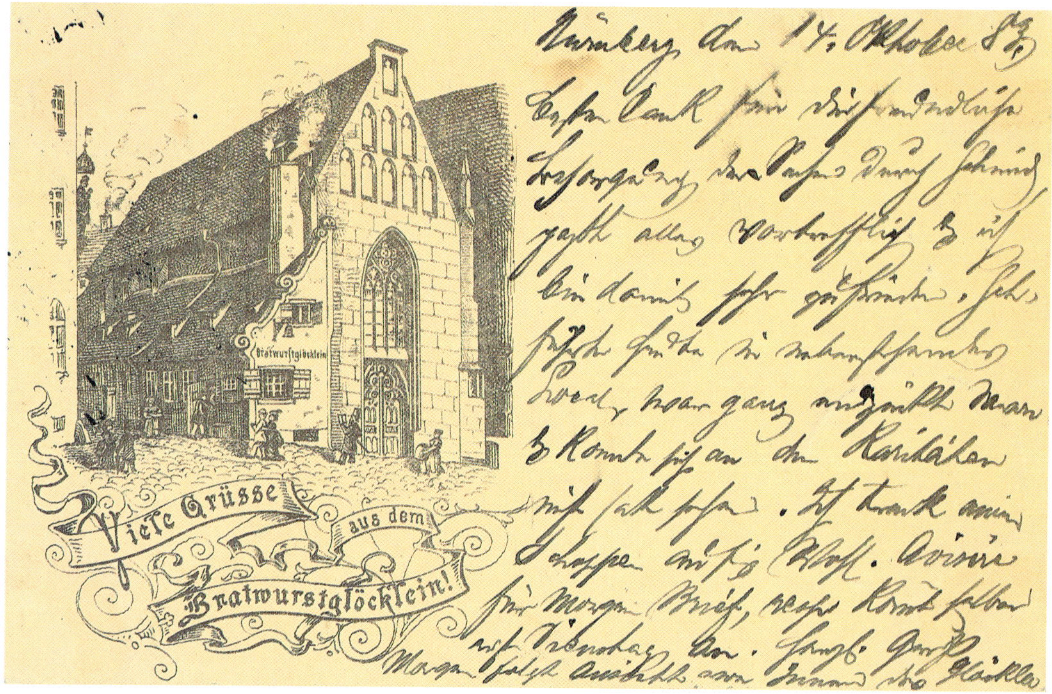

Abb. 32: Eine der zart colorierten Lithographien der Kunstanstalt Amersdorfer, deren Betrieb sich in der Unteren Wörthstraße 2–4 direkt an der Pegnitz befand. Die etwa um 1890 entstandene, federgezeichnete Lithograpie zeigt den so reizvollen Blick über den Albrecht-Dürer-Platz auf St. Sebald, den Pfarrhof und die Moritzkapelle mit dem „Glöcklein“, das offenbar gerade heftig angeheizt wurde. Ähnliche Darstellungen fanden sich bereits in der Andenkengraphik der ersten Hälfte des 19. Jahrhunderts.

Abb. 33: 1889 wurde dieser lithographierte Gruß vom heute noch gern besuchten Gasthof Pillhofer in der Königstraße 78 versandt – auch dies ein Beispiel dafür, daß bereits in der frühen Phase der Ansichtskartenzeit mittels Bildpostkarten eifrig Werbung betrieben wurde. Mit der Darstellung von möglichst vielen Verkehrsmitteln – Postwagen, Lastwagen und die im Waffenhof verschwindende Pferdebahn – sollte vor allem gezeigt werden, um welch stark frequentiertes und in bester Verkehrslage befindliches Haus es sich handelt.

Abb. 34: Auch die Ausflugswirtschaften setzten in ihrer Reklame frühzeitig auf den neuen Bildträger, der ja nicht nur bei den Empfängern der Karte für das Lokal warb, sondern der Kartenverkauf an die Ausflügler brachte noch zusätzlich Geld in die Kasse. Auch auf dieser wunderschönen Karte von der „Waldlust“ an der Regensburger Straße nahe dem Dutzendteich finden sich alle zur damaligen Zeit aktuellen Verkehrsmittel, die auf einer späteren Version dieser Lithographie um 1897 sich schon wieder verändert hatten.

Karten der verschiedensten Verlage sogleich übernommen wurde und auch auf den chromolithographischen „Gruß aus ...“-Karten mit mehreren abgebildeten Sehenswürdigkeiten fast immer gezeigt wurde. Gleichzeitig wurde das berühmt gewordene „Glöcklein“ auch von tüchtigen Wirten betrieben, die die ohnehin reichliche Reklame durch eine noch üppigere und von dem Wirtshäuslein selbst initiierte Ansichtskartenproduktion weiter steigerten.

Das „Bratwurstglöcklein“ stellte somit wohl den Idealfall für die möglichen Funktionen und Anwendungen von Ansichtskarten dar: Der Käufer und Versender konnte mit ihr den Beweis antreten, eine der wichtigsten Nürnberger Anlaufstellen für Fremde gesehen, möglicherweise sogar besucht zu haben, womit er gleichzeitig die Bedeutung dieser Sehenswürdigkeit noch weiter verbreitete und kostenlose Reklame für die Nürnberger Bratwurst im allgemeinen sowie für die Wurstbraterei selbst machte.

Einen solchen Bonus als ganz besondere Nürnberger Sehenswürdigkeit besaßen andere Lokale in weitaus geringerem Maße, vielleicht noch das „Goldene Posthorn“ als älteste datierbare Weinstube Deutschlands. Andere Altstadtlokale insbesondere auf der touristisch interessanten Sebalder Seite versuchten auf ihren Karten mit ihrer Lage oder ihrem „Alt-Nürnberg“-Ambiente ihre Werbung aufzubauen und vom berühmten Bild der Stadt und ihrer Geschichte zu profitieren. Einen besonderen Ruf, wenn auch stärker regional bezogen, besaßen außerhalb der Altstadt etwa das moderne Stadtparkrestaurant im Zusammenhang mit den in ihrer Außenwirkung recht wichtigen Landesgewerbeausstellungen oder als angestammter Nürnberger Vergnügungsort vielleicht noch die Rosenau. Nicht den großen Tourismus als Abnehmer im Auge, sondern vor allem für die Nürnberger produziert waren die Karten von den Nürnberger Ausflugslokalen und Ausflugszielen, was ja auch häufig identisch war. Die Karten vom Schmausenbuck („Luftkurort“), vom Dutzendteich oder vom „Kalbsgarten“ in Erlenstegen waren so etwas wie die „Urlaubskarten des kleinen Mannes“, berichten von schön verlebten Sonntagen und den ‚Freizeitaktivitäten‘, die man sich so leisten konnte. Die Funktionen der Karte für den Erwerber zum Gruß oder zur persönlichen Erinnerung und der Nutzen für die Gasthäuser zum eigenen Verdienst oder zur Werbung sind schwer auseinanderzudividieren.

Die Ansichtskarten der vielen neuentstandenen Hotels mochten zunächst primär zur Reklame entstanden sein und sich an fremde Besucher richten. Für den Erwerber oder Besitzer dieser Reklamekarten konnten sie aber über die persönlichen Erinnerung hinaus auch zur Präsentation des eigenen Status eingesetzt werden: „Seht in diesem supermodernen Hotel ‚Wittelsbach‘ habe ich gewohnt, im weit über Nürnberg hinaus bekannten ‚Apollotheater‘ habe ich einen tollen Abend verbracht.“

Aus der Sicht der gegenüber heute sehr viel stärker an den Fortschritt und die Moderne glaubenden Zeitgenossen bildeten die Ansichten der modernsten Hotels mit der umgewandelten Königstraße auch einen Beleg für die neue großstädtische Entwicklung und Verwandlung der Stadt, den sich entwickelnden Luxus und sichtbaren wirtschaftlichen Aufstieg. Gerade die neu entstandenen modernen Hotels setzten diese Komponente ganz bewußt zur Werbung ein. Nicht selten existierten bereits Ansichtskarten, lange bevor der Neubau fertiggestellt war. Gerade unter diesen Aspekten wurden auch viele Nürnberger zum Kauf und zum Sammeln solcher Karten bewegt.

Überraschend groß ist neben den Karten von bekannteren Gasthäusern und den um Fremde werbenden Hotels und Cafés, die Vielzahl von Ansichtskarten von Wirtschaften und Kneipen in der Vorstadt, in die sich wohl nur selten ein

Tourist verlor, kaum daß sie bei den Nürnbergern über das jeweilige Viertel hinaus bekannt waren. Natürlich wurden auch diese Karten von den Wirten zur Geschäftsreklame produziert. Ansichtskarten waren in großer Mode, wurden eifrig gesammelt und weitergereicht und boten sich auch von den relativ geringen Herstellungskosten her als billiges Werbemittel an. Ein Wirtshaus, das auf sich hielt und dem Trend der Zeit folgen wollte, mußte auch eine Ansichtskarte produzieren, die ja zumindest von den Stammgästen abgenommen wurde. Das kann erklären, warum selbst von so entlegenen und kaum als Touristen- oder Ausflugszielen genutzten Lokalen wie etwa vom Gasthaus Förtsch am Rangierbahnhof zur gleichen Zeit drei oder noch mehr Karten in Umlauf waren (Abb. 251). Andere Wirtschaften präsentierten sich gleich mit dem vor oder innerhalb des Lokals aufgebauten Stammtisch und lichteten Wirt, Wirtin und Bedienungspersonal gleich mit ab. So boten diese Karten ihrem Erwerber – private Fotografien waren ja noch äußerst selten – eine gute Möglichkeit, Bekannten und Freunden recht anschaulich vorzuführen, wo man einen wichtigen Teil seiner Freizeit verbrachte und in welcher Umgebung man lebte.

Zu den interessantesten Karten auch aus heutiger Sicht zählen natürlich Werbekarten für die damals noch vorhandenen Nürnberger Wirtshäuser, die sich durch besondere Originalität und Witzigkeit ihres Wirtes, ihre Einrichtung oder ihr Konzept auszeichneten wie etwa der „Walfisch“ in der Jakobstraße oder Rösels „Centralsäle“ in der Johannesgasse (Abb. 65). Die dort gebotene Gaudi oder die Spezialitäten des Hauses finden sich auch auf den Ansichtskarten wieder und erinnern ganz gegenwärtig an ein vergangenes Kapitel Nürnberger Wirtshauskultur, mit der natürlich tüchtig geworben wurde.

So bieten „Wirtschaftskarten“ dem historisch Interessierten einen guten Einstieg in ein wichtiges Kapitel der Nürnberger Alltagsgeschichte um 1900: Erkennbar werden der gegenüber heute deutlich höhere Stellenwert der Wirtshausgeselligkeit in den arbeitsfreien Stunden des Tages und die Beliebtheit der Spaziergangs- und Ausflugsziele an den Sonntagen. Aber gerade auch die Selbstdarstellung Nürnbergs als Touristenziel in der Sebalder Altstadt wie die Modernisierung der gegenüberliegenden Lorenzer Seite zeigen sich in Motivauswahl und Präsentation der mittels Ansichtskarten werbenden Gasthäuser und Hotels. In nicht wenigen Fällen sind die erhaltenen Ansichtskarten von Wirtshausstuben, Wirten und Gästen die einzige anschauliche Überlieferung, die sich von der dort vergangenen Zeit mit ihren Menschen erhalten hat.

Vom „Bratwurstglöcklein“ und „Goldenen Posthorn“

„In jeder Naturgeschichte des homo Norimbergensis kann man von seiner Herzensneigung zu allerkleinsten Wirtsstuben lesen. Die Wände müssen beileibe nahe zusammentreten und die Decke soll, womöglich mit den Händen greifbar, in gemütlicher (alias: ungemütlicher) Nähe sein. Wärme darf ja nicht verloren gehen. Das schafft das rechte, dem Innern eines Tabakpfeifenkopfes zunächst vergleichbare Stammlokal, die rechte ‚Käferschachtel‘. Heute noch wie ehedem sind quetschende Enge und äußerstes Behagen keinenfalls sich ausschließende Begriffe.“[110]

Auch in dieser Charakterisierung von Heinrich Heerwagen erscheint die Enge und Winzigkeit der Wirtshausstuben als die Besonderheit des Alt-Nürnberger Gasthauswesens. „Käferschachtel“, „Pfeifenkopf“ sind schöne Bilder für die einstmals geschätzte Überschaubarkeit und sich mehr oder weniger zwangsläufig ergebende Intimität unter den Gästen[111], damals offenbar noch ein Grundbedürfnis der Nürnberger. Daß diese Enge und komprimierte Atmosphäre nicht jedermanns Sache war, drückt sich wohl aus in Jacob Burckhards recht abfälliger Ausdrucksweise von „Nürnberger Bierlöchern“ anläßlich eines Besuches im Jahr 1877 in der Stadt. Und Wirtshausnamen, wie der der „Bratröhre“, weisen zumindest im Scherz auf die Tatsache hin, daß es in den Gastzimmerchen mitunter recht heiß und duftig werden konnte.

Was seine Winzigkeit anbelangt, aber vor allem durch sein Alter und die schöne Lage besonders als Musterbeispiel prädestiniert, wurde das „Bratwurstglöcklein“ zum herausgehobenen Touristenziel und fast zum Synonym für Alt-Nürnberg und eine damit verknüpfte spezifisch fränkische Gemütlichkeit:

„Unter den Schenken und Wirtshäusern in Deutschland wird neben dem Auerbachs-Keller in Leipzig wohl keine Stätte so bekannt sein, wie das Bratwurstglöcklein Nürnberg, in einem kleinen Anbau an die Moritzkapelle bestehend, am ehemaligen Milchmarkt, jetzt Albrecht-Dürer-Platz gelegen. An seinen kulinarischen Gaben erquickten sich, ohne daß für die Wahrheit geradezu Garantie geleistet wird, Albrecht Dürer, Willibald Pirkheimer, Peter Vischer, Adam Krafft, Hans Sachs und alle Sterne der Wissenschaft, Kunst und Literatur, die je am Himmel Nürnbergs prangten. Und wahrlich, heute noch gilt für manchen Besucher der alten Reichsstadt das Bratwurstglöcklein als Hauptziel und hat er es erreicht, dann fliegt die Postkarte heim und meldet das fröhliche Ereignis, daß er nunmehr im Begriffe sei, Nürnberg von seiner einnehmendsten Seite kennen zu lernen.“[112]

Auch den Kollegen und Konkurrenten des Deutschen Gastwirtstages im Juni 1904 in Nürnberg wurde mit diesem Text in einer schönen, historisch aufgemachten Festzeitung das „Bratwurstglöcklein“ als „das“ Alt-Nürnberger Lokal offeriert. Von der Vielzahl der daneben bestehenden Lokale wurden gerade noch das „Goldene Posthorn“, der „Gläserne Himmel“ als die ehemalige „Buckelmüllerei“ und die „Sebaldusklause“ vorgestellt. Was die in dem Text angesprochenen Ansichtskarten angeht, dürfte das „Glöcklein“ „Auerbachs-Keller“ in Leipzig sicher noch weit übertroffen haben. Die Funktion der Ansichtskarte, den Beweis dafür zu liefern, daß der Besucher tatsächlich an Ort und Stelle gewesen ist und das Wichtigste gesehen hat, läßt sich an der Vielzahl der Variationen über mehr als ein halbes Jahrhundert gut studieren. Ohnehin ist das „Glöcklein“ nach der Zahl der mit seinem Motiv erschienenen Ansichtskarten absoluter Rekordhalter unter den Nürnberger Bildpostkarten, sieht man einmal von den ansonsten am häufigsten verbreiteten Ansichten von der Burg ab. Das zeigt sowohl die mit Nürnberg

Abb. 35: Im Jahr 1896 wurde diese Chromolithokarte im Potpourristil aus dem „Bratwurstglöcklein" verschickt. Dem an sich schon faulen Ansichtskartenschreiber wurde durch den Vordruck die Arbeit nach dem Schema noch leichter gemacht und die Antworten waren meist schon vorgegeben. Wer mochte etwa schreiben, daß sein Durst gering sei? Die Ansichten der Bratwurstküche von außen und innen und das Bildchen mit der Köchin und ihrem Produkt werden durch das von Ritterhelmen eingerahmte Stadtwappen noch historisierend unterstrichen. Dem Besucher fielen dann gerade an dieser Stelle auch noch die Lebkuchen ein, der Blick des Touristen auf Nürnberg war bereits fast perfekt standardisiert.

Abb. 36: Eines der am häufigsten verbreiteten Glöcklein-Motive war der Blick in den kleinen Wirtsgarten, hier in einem farbigen Lichtdruck. Zumindest aus dieser Perspektive dürften wohl alle touristischen Nürnberg-Besucher, auch die sich den Weg ins Innere nicht leisten konnten oder wollten, sich diese wichtige Sehenswürdigkeit angeeignet haben.

verknüpften Wunschvorstellungen der Besucher als auch die Rührigkeit der Produzenten bei deren Vermarktung. Ein Spezialsammler in Nürnberg hat es nach gut fünfjähriger Sammeltätigkeit inzwischen auf 520 verschiedene Ansichtskarten allein von der berühmten Bratwurstküche gebracht. Der übrigens auch für das Layout dieses Buches zuständige Kollege ist nicht zu Unrecht guter Hoffnung, die Zahl noch weiter erhöhen zu können.

Der Grund, warum das „Bratwurstglöcklein" zu einem der wichtigsten Fremdenziele in der Stadt werden konnte, lag wohl in der gelungenen Kombination aus seinem hohen Alter und der schönen und stimmungsvollen Lage des kleinen Anbaus an die Moritzkapelle in Sichtweite zu St. Sebald. Dazu kam natürlich die gastronomische Verpflichtung, die Nürnberger Bratwürste zumindest probiert zu haben, deren Genuß, glaubt man den auf den Ansichtskarten ausgedruckten Legenden, schon einen Albrecht Dürer und Hans Sachs zu großen Leistungen angeregt hatten. Man bewegte sich im „Bratwurstglöcklein" sozusagen essend und trinkend auf höchstem kulturgeschichtlichem Niveau, eine bis heute hochgeschätzte Komponente ernsthaften Bildungsreisens.

Zwar ist das wirkliche Alter der alten Garküche auf dem Sebalder Friedhof bis heute nicht zu klären, doch ließ sich ihr Vorhandensein bereits für das 14. Jahrhundert mit einigem Recht behaupten und damit der Nimbus des ältesten Wirtshauses der Stadt aufbauen. Als Eckdatum aller Spekulationen kann der Neuaufbau der Moritzkapelle[113] im Jahre 1313 auf dem Sebalder Friedhof durch die Familie Mendel genommen werden. Denn ohne Moritzkapelle kein Bratwurstglöcklein, das ja an die Nordseite der kleinen Kirche angebaut war und die beide gemeinsam nach Paul Rée so etwas wie die „Dualität des geistlichen und weltlichen Lebens" verkörperten. Geweiht wurde die aus dem Judenviertel auf den Friedhof verlegte Kapelle im Oktober 1314. In zwei Hausverkäufen der Jahre 1344 und 1359 wurden erstmals zur Lokalisierung die „Köche auf dem Sebalder Friedhof" genannt und für die zweite Hälfte des 15. Jahrhunderts läßt sich die Existenz des „Bratwurstglöckleins" mit großer Wahrscheinlichkeit annehmen, als nur noch von einem „Koch bei St. Sebald" die Rede ist[114]. Auf der ältesten Darstellung der kleinen Garküche[115] im Braunschen Prospekt aus dem Jahre 1608 ist das Gasthaus noch bedeutend kleiner als nach dem Umbau von 1655, als es einen vor die Portalfront der Moritzkapelle gezogenen Anbau und seine schönen barocken Schnecken erhielt.

Aus dem 17. Jahrhundert stammen auch die ersten detaillierten Verkaufsurkunden für das Wirtshäuslein. So erwarb ein Georg Rochus Weber im Jahr 1699 die Immobilie einschließlich der dort lagernden 4000 Bratwurstdärme. 1729 tauchte anläßlich eines Verkaufs dann erstmals eine namentliche Bezeichnung auf, als der besagte Wirt von den Vorgängern *„ihre bishero besessene eigentümliche, in St. Sebalder Pfarr an der Moritzkapelle angebaute Wirtsbehausung und Garküche, zum blauen Glöcklein genannt, neben der darauf haftenden Gerechtigkeit des Metzelns oder sogen. Schweinstechens und Bierschenkens, für 2900 Gulden Kauf- und 50 Gulden Leikaufsumme"*[116] erwarb.

Wie angeführt, waren bei den Verkäufen des kleinen Wirtshauses auch die Einrichtungsgegenstände und Gerätschaften mit eingeschlossen und wurden in den Verträgen jeweils aufgeführt. So wechselten im Jahre 1804 zum Preis von 4000 Gulden nicht nur das Gasthaus, sondern auch 25 000 Bratwurstdärme den Besitzer. Die Verkäufe der Bratwurstküche spiegeln im übrigen auch die Wertsteigerung, die das „Glöcklein" durch den mit der „romantischen Entdeckung" Nürnbergs seit Beginn des 19. Jahrhunderts einsetzenden Fremdenverkehr erfuhr: Waren 1804 noch die angeführten 4000 Gulden bezahlt worden, erhöhte sich nach einem raschen Wirtswechsel im Jahr 1810 der Kaufpreis schon auf 4250 Gulden. Im Jahr 1836 mußten dann bereits 10 254 Gulden aufgebracht werden[117]. Selbst der „Gartenlaube“ schien in ihrem das „Bratwurstglöcklein“ umschwärmenden Artikel aus dem Jahr 1878 (siehe S. 8) die enorme Wertsteigerung des Gasthäusleins in Relation zu ihrem baulichen Wert einen interessanten Nebensatz wert:

„... Mehr als die Güte des von Küche und Keller Gebotenen hat der Ruf der kleinen Kneipe dieselbe zu einer Geldquelle gemacht; die ganze Baulichkeit ist nur wenige hundert Gulden werth, aber ihr Preis ist schon vierundzwanzigtausend Gulden geschätzt worden. Auch das gehört zur Curiosität dieser lustigen Sehenswürdigkeit der alten lieben Frankenstadt.“[118]

Die kleine Bratwurstküche avancierte mit der Erhebung der Stadt und ihrer großen Söhne zu besonderer nationaler Bedeutung während des 19. Jahrhunderts zu einer der touristischen Hauptsehenswürdigkeiten der Stadt, entsprach es doch den gängigen Vorstellungen von Alt-Nürnberger Gemütlichkeit. Vorteilhafterweise lag es nicht weit von dem zur Kultstätte erhobenen Dürerhaus und beinahe unmittelbar neben dem seit 1840 das zeitgenössische Dürerbild prägenden Denkmal des Meisters. Eine sich daraus historisch zwar höchst unwahrscheinliche, aber auf den Bratwurst- und Bierumsatz recht vorteilhaft auswirkende Ernennung des Wirtshäusleins zur „Stammkneipe“ von Albrecht Dürer, Hans Sachs und der anderen Nürnberger Meister, bot sich geradezu an. So ließen sich – durchaus augenzwinkernd – Nürnberg-Idealisierung und Gastronomie auf ideale Weise verknüpfen und der eilige Stadtbesucher durfte bei seinem Rundgang vielleicht die eine oder andere Kirche auslassen, ein Besuch oder zumindest ein Blick in das „Bratwurstglöcklein“ aber war obligatorisch, wollte man behaupten, in Nürnberg gewesen zu sein.

Abb. 37: Nach Neuenmarkt-Wirsberg an Fräulein Käthchen Senfft ging dieser Lichtdruck im Jahr 1904. Die Karte zeigt, daß die Küche des Traditionslokals ebenfalls als Sehenswürdigkeit gehandelt wurde, obwohl in den Bauernhäusern in der Umgebung der Heimat von Fräulein Senfft sicher ältere Kücheneinrichtungen noch in Betrieb waren.

Abb. 38: Nürnberg-Kitsch pur: Das Bratwurstglöcklein wörtlich genommen, dazu Hans Sachs, das Stadtwappen, ein Maßkrug und als Höhepunkt der den Wurstklöppel schwingende Engel. Die echt goldene Glocke war ebenso wie der Adler im Stadtwappen – in unserer Abbildung leider nicht nachvollziehbar – sogar halbplastisch ausgeprägt. Den absoluten Gipfel der erschienen Glöckleinskarten bildete jedoch ein Exemplar mit kleinen Pappmachéwürstchen an Holzwollesauerkraut – vollplastisch. Prägedruck 1900.

Abb. 39: Die Karte ist Teil einer lithographierten Ansichtskartenserie vor der Jahrhundertwende mit Nürnberger Originalen und Typen. Gelaufen ist sie im Jahr 1896. Als echt Nürnberger Typ galt offenbar auch der „Bierführer" mit seinem Vierspänner, dargestellt vor Nürnbergs bekanntestem Wirtshaus. Bierfuhrwerke gehörten noch bis in die fünfziger Jahre zum Alltagsbild der Stadt.

Abb. 40: Eine Grußkarte vom „Bratwurstglöcklein" eignete sich für jeden möglichen Anlaß wie hier als Neujahrswunsch, der zur Jahrhundertwende am 31. 12. 1899 nach Fürth versandt wurde. So konnten auch die Fürther sehen, wie schön sich das Wirtshäuslein zur Winterszeit ausmachte. Lithographie.

Abb. 41: Aber es gab auch das „Glöcklein" unter dem Christbaum. Dieses Prachtstück aus der Sammlung von Heinz Glaser enthält sogar echte Glasperlen als eingelegte Christbaumkugeln, die mehrere Jahrzehnte und den Postversand überstanden haben, denn die zur Kriegsweihnacht 1944 verschickte Lithokarte entstand wohl vierzig Jahre früher.

Wohl kaum ein Reiseführer verzichtete auf mehr oder minder phantasievolle Hinweise und die Andenkengraphik des 19. Jahrhunderts trug dem entsprechend Rechnung. Ob mit oder ohne abgebildeten Bratwürsten wurde mit den Ansichtskarten und anderen Erinnerungsstücken die bis heute wirksame Verknüpfung des „Bratwurstglöcklein“ mit dem Nürnberg-Bild millionenfach in die Welt geschickt und verbreitet. Ganz in ähnlicher Weise geschah das in unseren Jahrzehnten mit dem Christkindlesmarkt, der vor seiner Umgestaltung und Romantisierung im 3. Reich bei weitem nicht die heutige, das Nürnberger Image bestimmende, Außenwirkung besaß. Das belegen u. a. auch die erst nach 1933 ansteigenden Ansichtskartenzahlen für den Weihnachtsmarkt. Tatsächlich war das „Glöcklein“ in erster Linie ein Ort für die Fremden, von den Nürnbergern wurde es eher weniger besucht, was natürlich auch mit der Größe zusammenhängt. Das bedeutet aber keineswegs, daß nicht auch die Einheimischen „ihr Glöcklein“ liebten, auch wenn sie ihre Bratwürste woanders verzehrten. Jedenfalls verschickten auch die Nürnberger reichlich Karten vom „Bratwurstglöcklein“ in die Fremde, und wenn es nur nach Fürth war.

Nicht nur das pittoreske Äußere lockte die Touristen in Scharen, auch das Innere galt als sehenswert. Folgt man den Beschreibungen, aber auch den Ansichtskartenmotiven, war das Lokal um die Jahrhundertwende ein Musterbeispiel für ein geschickt zusammengestelltes „Romantiklokal“, wie wir das heute nennen würden, mit dem Unterschied, daß das meiste am Interieur noch echt war: An den Wänden hingen neben altem Zinn- und Kupfergeschirr die beliebten Alt-Nürnberger Motive oder was man sich darunter vorstellen sollte. Neben historischen Ansichten fanden sich Bildnisse des Raubritters Eppelein und der Ermordung Kaspar Hausers. Werbewirksam plaziert informierten an den Wänden aber auch Erinnerungstafeln an prominente, damals meist fürstliche Besucher der jüngsten Vergangenheit, in welch prominenter Umgebung man sich befand. Am originellsten war wohl ein aufgehängtes Gedichtlein der Königin Elisabeth von Rumänien, das sie bei ihrem Besuch im Jahr 1883 unter Anspielung auf die angeblich im „Bratwurstglöcklein“ verkehrenden Nürnberger Meister verfaßt hatte:

„Ich las, was allhier geschrieben stund,
Und weil ich die Herrn nit finden kunnt,
So hab' ich auf ihrem Platze gesessen,
In ihrem Geiste mich satt gegessen.“[119]

Dem weniger reimfähigen Besucher bot der Wirt im hauseigenen Almanach eine breite Auswahl an „Postkartenversen und Sinnsprüchen“ an, etwa von der Art:

„Denn wißt, wo einst Hans Sachs gesessen,
Hab' eben Würstlein ich gegessen.“

Alternativ und vielleicht persönlicher auf eine dem Touristen nahestehende Bekanntschaft zugeschnitten:

„Die Würsteln sind braun und klein,
Und sind von Geschmack sehr fein,

Das Kraut, das ist höchst pikant,
Die Feder nehm' ich zur Hand,
Der Kleinen, Feinen, Braunen, Pikanten
Schick' ich einen Gruß nach fernen
Landen.“[120]

Ganz offensichtlich vermochte ein Bratwurstessen nicht nur in Form „blauer Zipfel“ auch Männerphantasien in Gang zu setzen. Allerdings stammten die schönen, zeittypischen Postkartensprüche von Helene von Forster, einer nicht ganz unbedeutenden Vertreterin der damaligen Frauenbewegung.

Sicherlich war das „Bratwurstglöcklein“ zur Jahrhundertwende ein Musterbeispiel für perfektes touristisches Marketing und es ist eigentlich erstaunlich, daß gerade dieses um-

Abb. 42: Die beiden „echten Photographie"-Karten aus den dreißiger Jahren zeigen die Gasträume des „Bratwurstglöcklein" im Zustand vor der Zerstörung. Abgebildet ist der eigentliche Gastraum, dessen holzverkleidete Wände und Decke mit historischen Bildern und Nürnberg-Erinnerungsstücken bedeckt waren und so die Anwesenden bei dem Gefühl unterstützten, hier an einer besonderen historischen Stelle zu weilen.

Abb. 43: Blick in das sogenannte „altdeutsche Zimmer" mit weiteren Erinnerungsstücken und Dekorationen im Stile der im Kaiserreich besonders geschätzten „altdeutschen Gemütlichkeit", die sich fast immer in wanddeckender Dekorierung darstellte.

Abb. 44: *Jubiläumskarte zum (frei angenommenen) 500. Geburtstag des „Bratwurstglöcklein". Auf der Lichtdruckkarte aus dem Jahr 1901 des Nürnberger Verlages Hermann Martin, der zeitenweise mehr als 500 verschiedene Nürnberg-Ansichtskarten im Repertoire hatte, zeigt das fahnengeschmückte Wirtshäuslein mitsamt dem zur Aufnahme herausgetretenen Personal nebst einem ins Bild getretenem Hündlein.*

Abb. 45: *Daß zu früheren Zeiten heftig am heute beklagten „Bratwurstimage" Nürnbergs gebaut wurde, zeigt diese Abbildung eines freistehenden Nachbaus des „Glöcklein" auf der Weltausstellung in Lüttich im Jahre 1905. Auch ohne Moritzkapelle und die gewohnte historische Umgebung fühlen sich die Gäste vor den Butzenscheiben offensichtlich recht wohl. Lichtdruck 1905.*

Abb. 46: Als „Glöckle“-Kopie wohl weniger stilecht als bei der vorigen Karte, dafür aber mit Moritzkapelle und romantisch-historischer Umgebung aus Holz- und Gipsattrappen auf einer Pan Amerika-Ausstellung in den USA im Jahre 1901. Die erstmalige Abbildung dieses besonderen Schatzes aus der „Bratwurstglöcklein“-Ansichtskartensammlung von Heinz Glaser an dieser Stelle ist aber keineswegs als Anregung für den alljährlichen Nachbau des „Glöckleins“ in Disneyland-Manier auf dem Parkplatz neben der Sebalduskirche etwa anläßlich des Nürnberger Altstadtfestes gedacht. Lithograpie 1901.

Abb. 47: Im Unterschied zum „Bratwurstglöcklein“ läßt sich für das „Goldene Posthorn“ durch die Erwähnung in einem Stück von Hans Sachs wenigstens nachweisen, daß der Meister das Wirtshaus gekannt hat. Die Reklamekarte des „Posthorns“, zitiert eine der Stellen aus dem Sachs-Schwank vom „Krämerskorb“ und führt vor Augen, wie das „seltsame Rumor'n vor dem „güld'nen Horn“ etwa ausgesehen haben könnte. Auf der nach 1905 entstandenen Lithokarte heißt es dazu werbewirksam-vornehm: „Goldenes Posthorn. Älteste deutsche Weinstube ... von Hans Sachs besungen“.

satzträchtige Gasthaus nach dem Krieg nicht wiederaufgebaut worden ist. Wahrscheinlich war der Verzicht auf eine insgesamt wohl zweifelhafte Rekonstruktion des kleinen Gebäudes die beste Lösung, denn das „Glöcklein“ besaß seinen Ruhm und Wert zu allererst und ausschließlich als „Original“, das nicht wiederherstellbar war. Zudem hätte jeder Neubau auch die Rekonstruktion und Wiederaufrichtung der Moritzkapelle nach ihrer Vernichtung beim Luftangriff am 3. Oktober 1944 vorausgesetzt. Denn der ganz besondere Reiz des „Bratwurstglöckleins“ lag eben im engen baulichen Zusammenhang mit der gotischen Kapelle oder wie Paul Rée schrieb: *„Unmöglich ist es, sich das Bratwurstglöcklein ohne die Moritzkapelle und umgekehrt diese ohne das Bratwurstglöcklein zu denken“*[121] und *„.... hier das materiellem Wohle dienende Bratwurstglöcklein, das uns mit seinem traulichen Wuchs, den kleinen Fenstern und Türen, den gemütlichen Fensterläden und dem aus dem niedrigen Dache aufsteigenden hohen Schornstein wie ein Märchen aus alten Zeiten anmutet, dort das zur Stillung des geistigen Hungers errichtete Kirchlein, das unsere Gedanken aus dem Naturleben heraus ins Zeitlose leitet.“*[122] Der Kunsthistoriker Rée hat – vielleicht für heutige Begriffe ein wenig abgehoben – genau in diesem Zusammenhang zwischen beiden Gebäuden das Geheimnis und wohl auch den Kern der touristischen Anziehungskraft des „Glöckleins“ entdeckt und angesprochen.

Wohl nicht ganz so alt, dafür schon frühzeitig unter seinem heutigen Namen genannt, ist das in der gleichen Gasse gelegene „Goldene Posthorn“, das 1498 in einer Verkaufsurkunde erstmals als das *„guldin horn“* auftauchte. Zum Preis von 400 Gulden wurde es in diesem Jahr von seinen Besitzern Konrad und Kunigunde Mettelbach, die die Weinschenke ihrerseits von einem Lienhard Staubhorn übernommen hatten, an einen neuen Besitzer mit Namen Konrad Reinhard und seine Frau Helene verkauft[123], was bei mindestens zwei bekannten vorherigen Eigentümern ja auf ein entsprechend höheres Alter schließen läßt. Damit ist das „Goldene Posthorn“ wenn nicht die älteste deutsche Weinwirtschaft, so doch zumindest die mit der ältesten Verkaufsurkunde.

Im Unterschied zum „Bratwurstglöcklein“ konnte das „Posthorn“ seine auf die verflossenen Beziehungen zu den Nürnberger Meistern gegründete Werbung zumindest für Hans Sachs auch belegen: In einem der bekanntesten Schwänke des Nürnberger Schuhmachers, dem „Krämerskorb“ aus dem Jahr 1554 (Abb. 47), wurde das *„gulden Horn“* gleich dreimal namentlich genannt und bildet den Hintergrund des Stückes:

„Ei, als vorhin ich holte Wein,
Da kam es bei dem gulden Horn
Zu einem seltsamen Rumorn.“[124]

Folgt man dem Schwank von Hans Sachs mit dem angeführten „Rumorn“ um das *„gulden horn“*, so scheint es sich nicht gerade um das solideste Gasthaus gehandelt zu haben, ehe es im 19. Jahrhundert zu einer der besten Nürnberger Weinstuben für das gehobene und touristische Publikum aufstieg. Der Bezug zu Hans Sachs bot natürlich eine gute Voraussetzung, das Wirtshaus in den Kult um die Nürnberger Meister einzubinden. Eine Betrachtung aus dem Jahre 1905 kann einen guten Eindruck von der schwärmerischen Verehrung von Nürnbergs großen Meistern zur Jahrhundertwende vermitteln, die dann auch gleich samt und sonders zu den Hausgästen des „Posthorns“ erhoben wurden:

„Es ist wohl nicht zu glauben, daß unser wackerer ‚Schuhmacher und Poet dazu', der Mann des reichen Humors und der echten Gemütlichkeit, das ‚gulden Horn‘ nur vom Hörensagen gekannt und besungen habe. Und wie oft mag von seinem nahen Wohnhaus der Mann mit dem prachtvollen Künstlerkopf und dem großen Künstleringenium, unser Albrecht

Dürer, wie oft mögen die anderen Großen von Nürnberg, Peter Vischer, Adam Krafft, die beiden Künstler der so unmittelbar benachbarten Sebalduskirche, dann Veit Stoß, Labenwolf, Jamnitzer durch das gastliche enge Türlein geschritten sein, bei Staubhorn, Mettelbach, Reinhart, Hans und Barbara Heuß (seit 1508), Hans und Dorothea Rauh (seit 1526) an Bacchus Feuergeist sich zu neuen Taten gestärkt haben! Und Willibald Pirkheimer, der als Staatsmann, Gelehrter und Gourmand gleich bedeutende Zeitgenosse und Freund Dürers, dessen Haus noch heute am nachbarlichen Markt steht und dessen Küche und Keller unter den mitlebenden und mitstrebenden, mitessenden und mittrinkenden Humanisten sich verdienter Berühmtheit erfreute, – ob an dem Zipperlein, über welches er so beweglich und geistreich klagt, das „Gülden Horn" so ganz unschuldig war?"[125]

Auf den zur gleichen Zeit herausgegebenen Ansichtskarten sitzen dann die Herren Albrecht Dürer und Hans Sachs werbewirksam, wenn auch ein wenig vereinzelt, in der Gaststube (Abb. 49) – ganz offenbar genossen sie exklusiven Zutritt und die übrigen Nürnberger mußten bei Anwesenheit ihrer Künstler auf den gewohnten Trunk verzichten.

Den Ruf des „Goldenen Posthorns" zur Jahrhundertwende nicht nur als die älteste deutsche Weinstube, sondern auch als besonders originelles und stilvolles Lokal und Nürnbergs erste Adresse für prominente Besucher zu gelten, verdankte es dem Wirtsehepaar Georg und Nanette Döring, die seit 1865 als Inhaber vor allem die Innenausstattung der Weinstube mit Gegenständen aus der Geschichte des Hauses selbst wie zur Nürnberger Geschichte zu einer besonderen Sehenswürdigkeit im Stile „altdeutscher Gemütlichkeit" machten. Dörings Abbild, der als Wirt nach Beurteilung seiner Zeitgenossen selbst zu einem „stilvollen Möbel" seines Lokals geworden war, und das seiner Frau wurden bei der Restaurierung der Se-

Abb. 48: Das Ansichtskartenrepertoire des „Goldenen Posthorns" war vor dem ersten Weltkrieg recht reichhaltig und bot für die verschiedensten Geschmäcker unterschiedlich gestaltete Motive an. Hier eine Ansicht des bereits vor 1498 entstandenen Hauses als Lichtdruck nach 1905.

Abb. 49: Auf dieser Vierfarbdruckkarte der Nürnberger Druckanstalt Nister nach 1905 entdecken wir in der Gaststube im Interieur der Jahrhundertwende den ein wenig vereinsamt wirkenden Albrecht Dürer. Er blättert gerade im Gästebuch und stellt wohl mit Interesse fest, daß sich darin höchste Herrschaften des 19. Jahrhunderts verewigt haben. Vermutlich merkt der Malerfürst auch gar nicht, daß er gerade als Werbeträger für die Weinstube im Einsatz ist. Nach 1905.

Abb. 50: Ein weiteres Kartenexemplar aus der Zeit, als Hans Näpflein als Wirt im „Posthorn“ auch in Ansichtskarten vom eigenen Lokal investierte. Auch diesmal bildet die gerühmte Innenausstattung das Motiv, die durch die „Klampfe“ mit einem Hauch von Jugendbewegung recht ansprechend präsentiert wird. Lithographie nach 1905.

Abb. 51: Zu den ansprechendsten Karten des „Goldenen Posthorns" gehört diese von einem englischen Verlag herausgegebene Ansicht im vierfarbigen Rasterdruck. Sie erhält ihren Reiz durch die schöne Lichtführung in dem zugrundeliegenden Aquarell und die durch den Chor der Moritzkapelle ins Bild gesetzte Perspektive und räumliche Tiefe.

Abb. 52: Dem Biedermeier verpflichtet ist diese Karte in ihrer graphischen Umsetzung des Wirtshausnamens. Verschickt wurde sie im Jahr 1926, sie fände aber sicherlich auch heute noch genügend Käufer und Liebhaber.

Abb. 53: Georg Döring, der Wirt des „Posthorn“ in der zweiten Hälfte des 19. Jahrhunderts war so bekannt und wohl auch beliebt bei seinen Gästen, unter denen sich auch die Baumeister und Handwerker für die Restaurierung von St. Sebald zur Jahrhundertwende befanden, daß ihm als Wasserspeierfigur an der Kirche ein Denkmal gesetzt wurde. Der davon produzierte Lichtdruck (nach 1905) dürfte weltweit die einzige Ansichtskarte der Welt sein, die einen wasserspeienden Wirt ins Bild gesetzt hat.

balduskirche um die Jahrhundertwende als Wasserspeierfigur am Dachumlauf der Kirche „verewigt“, was sogleich auch als Motiv einer Ansichtskarte verwertet wurde (Abb. 53).

Das nach den Zerstörungen des 2. Weltkriegs schon in den fünfziger Jahren wiedereröffnete Weinhaus hatte sicherlich in den Jahrzehnten vor dem 1. Weltkrieg seine größte Zeit und machte, so ein zeitgenössischer Chronist *„wie ein wohlbestelltes, durch nunmehr fast ein halbes Jahrtausend erprobtes Weinhaus es soll, einen in seiner altväterlichen Anmut ungemein heiteren und einladenden Eindruck, daß es einem, auch wenn man kein Bacchusknecht, sondern nur ein halbwegs ‚weinehrlicher‘ Mensch ist, wohl schwer fällt, durch das liebenswürdig uns anblickende Pförtlein nicht einzutreten. Es haben denn auch wie in alten, so in neuen Zeiten bis heute, nach Ausweis des künstlerisch und literarisch hochinteressanten Fremdenbuches, einer hervorragenden Sehenswürdigkeit, viele illustre Persönlichkeiten hier zu Leib, Herz und Geist stärkendem Tropfen vorgesprochen.“*[126]

Es folgte eine Aufzählung von damals berühmten Größen, die inzwischen längst im Dämmer der Geschichte verschwunden sind, wie der Fürst Herbert von Bismarck, der älteste Sohn des „Eisernen Kanzlers“ und Staatssekretär im kaiserlichen Außenministerium, Staatssekretär und Flottenaufrüster Graf Tirpitz, der Erbauer der Hamburger Freihafenbauten Oberingenieur Meyer, die Dichter Emanuel Geibel, Conrad, O. E. Hartleben und *„vor allem* [der] *Generalpostmeister Stephan, der sich im „Posthorn“ ganz besonders heimisch fühlte und immer wieder hierher zurückkehrte, aus einer Seelenverwandtschaft, die teils auf Beruf, teils auf Durst gegründet war.“*[127]

Gasthäuser und Wirtsgärten in der Altstadt

Wer um die Jahrhundertwende als Fremder die Nürnberger Altstadt durchwanderte, um des „deutschen Reiches Schatzkästlein" zu entdecken, benötigte nach den Anweisungen seines Reiseführers etwa zwei Tage, um alle wesentlichen Sehenswürdigkeiten und Bauwerke anzusehen, einen ersten Besuch im Germanischen Nationalmuseum eingeschlossen. Ein paar Tage mehr waren nötig, diese Eindrücke zu vertiefen und dabei die historischen Straßen, Gäßchen und Höfe zu durchstreifen. Vor allem die auf der Sebalder Seite noch beinahe vollständig erhaltene, in mehr als einem halben Jahrtausend zu dem berühmten, einheitlich erscheinenden Bild zusammengewachsene Bürgerstadt bildete den eigentlichen Schatz des Schatzkästleins, in dem damals noch Arbeiten, Wohnen und Freizeit in gewachsenem, lebendigen Zusammenhang standen. Was als über Jahrhunderte gleichbleibende altfränkische Bauauffassung erscheinen mochte, war durch die beinahe vierhundert Jahre unverändert gültigen baurechtlichen Bestimmungen des Gemeinwesens erzwungen worden: Die reichsstädtische Bauordnung aus dem Jahre 1564 blieb bis 1864 unverändert in Kraft und unterwarf den Geschmackswandel von Zeiten und Bauherren einheitlichen Normierungen, so daß deren Spuren nur in den Details der Häuser zu studieren waren.

Weitaus mehr Zeit hätte mitbringen müssen, wer versuchen wollte, die Wirtshauslandschaft der Altstadt zu durchforschen oder nur sich durch die verschiedenen Weinstuben der Innenstadt hindurchzuprobieren. Je nach Gründlichkeit und Kondition hätte auch ein einjähriger Aufenthalt nicht gereicht, einem Studienpensum von einer neuen Kneipe pro Tag nachzukommen. Denn folgt man etwa dem städtischen Adreßbuch des Jahres 1905, so bestanden damals innerhalb der Stadtmauern, inklusive der darauf befindlichen Zwingerwirtschaften, mindestens 340 Wirtshäuser. Dazu kamen weitere 50 Weinwirtschaften. Dazugezählt werden mußten 23 der insgesamt 33 Nürnberger Kaffeehäuser sowie die 21 in der Altstadt gelegenen Hotels von 24 für die ganze Stadt ausgewiesenen Übernachtungshäusern dieser Kategorie.

Rein rechnerisch entfiel auf 125 Altstadtbewohner ein Gasthaus. Das bestätigt wohl statistisch die weitaus höhere Wirtshausdichte in der Innenstadt gegenüber den Vorstädten, sagt aber wenig aus über den Nutzungsgrad, denn natürlich waren viele Altstadtlokale auch Ziel von Besuchern aus der Vorstadt oder von Touristen. Umgerechnet auf die zur Jahrhundertwende rund 3300–3500[128] in der Altstadt vorhandenen Wohn- und Geschäftsgebäude, ergibt sich ein erstaunliches Verhältnis von 1:8. Das bedeutet: Jedes achte Haus der Altstadt war damals ein Gasthaus. Das war natürlich nicht buchstäblich zu verstehen, je nach Straße wurde das Verhältnis durchaus unter- oder überschritten und die Wirtshäuser auf der Lorenzer Seite unterschieden sich nach Art und Größe auch von denen im Sebalder Stadtteil. Insgesamt glich sich jedoch das Verhältnis wieder aus und lag eindeutig über den heutigen Verhältnissen. Leider gibt es für heute keine exakten Zahlen. Jedenfalls sind nicht nur die Wohngebäude in der Altstadt zurückgegangen und noch deutlicher die Bewohnerzahlen, mindestens ebenso stark gesunken ist die Anzahl der Wirtschaften. Ohne das hier weiter zu vertiefen – deutlich werden jedenfalls die Veränderungen der Innenstadt vom Wohn-, Geschäfts- und Gewerbekern der Jahrhundertwende zum am Abend weitgehend entvölkerten Geschäftszentrum unserer Tage und der Funktionswandel der Wirtshäuser. So sind durch die Kriegszerstörung, den Bevölkerungsverlust und den Strukturwandel der Nachkriegsinnenstadt, aber auch durch ein verändertes Freizeit- und Nachbarschaftsverhalten vor allem die vielen kleinen Nachbar-

Abb. 54: Zu den um die Jahrhundertwende besonders beliebten Lokalen zählte das „Leistlein" in der Karlstraße 14 am Eck zur Schustergasse. Von diesem Berufsstand dürfte sich auch der schöne Name des auch in den zeitgenössischen Fremdenführern hervorgehobenen Wirtshauses herleiten. Das „Leistlein" mit seinem schönen Biergarten bestand schon zu Beginn des 19. Jahrhunderts und führte seinen Betrieb trotz der starken Beschädigungen noch in der Nachkriegszeit fort, ehe es einem häßlichen Parkhaus weichen mußte. Lichtdruck nach 1905.

Abb. 55: Noch zu den frühen Ansichtkarten gehört diese kleine Lithographie vom Gasthaus „Zur Heuwaage" auf der Insel Schütt neben dem Fraueneisen, die wohl um 1890 entstanden sein dürfte. Der Wirtshausname weist hin auf die dort befindliche Heuwaage. Links im Hintergrund am anderen Ufer des Pegnitzarms ist die Synagoge erkennbar.

Abb. 56: Die St. Sebaldusklause im Schulgäßchen gehörte um die Jahrhundertwende zu den beliebtesten und sicherlich auch zu den originellsten Altstadtlokalen überhaupt – nicht nur bei den Nürnbergern, aber vor allem auch bei diesen, was auch durch den verbreiteten Decknamen „Gifthütte“ belegt wird. Eine Besonderheit späterer Jahrzehnte wird bei genauer Betrachtung des Wirtshausschildes erkennbar: Wirt der „Sebaldusklause“ bis zur Zerstörung war Heiner Stuhlfauth, dessen Autogramm unsere Karte zu einer Besonderheit werden läßt.

Abb. 57: Im Rathauserweiterungsbau am Fünferplatz, der 1899 nach dem Entwurf von Georg Pylipp fertiggestellt wurde, entstand im Tiefgeschoß mit dem städtischen „Rathauskeller“ ein neues, repräsentatives Lokal. Auch der „Rathauskeller“ bot altdeutsches Ambiente in neuzeitlicher Ausführung und machte mit einer ganzen Serie von Werbekarten auf sich aufmerksam, hier mit der allegorischen Figur der „Noris“ im Gewand einer Kellnerin. Sie öffnet gerade die „Ratsherrenfrühstückstube“ während ein Putto schon die Weinflasche heranbringt. Während damals angeblich die Ratsherren ihr Frühstück unter einem Nürnberger Kauffahrteischiff einzunehmen pflegten, holen sich heute die städtischen Beschäftigten in den zur Kantine umgebauten Räumlichkeiten ihr Essen selber ab. Lithograhie nach 1905.

schaftswirtschaften verschwunden, in denen sich die in den Sträßchen und Gassen ansässigen und arbeitenden Handwerker trafen. Weitgehend untergegangen ist das Verständnis von Feierabend und nachbarlichem Umgang, wie es etwa Helene von Forster noch zur Jahrhundertwende, aber wohl ebenfalls schon angesichts seines Schwindens in ihren „Stimmungsbildern aus Nürnberg" geschildert hat. Das kleine Büchlein dieser erstaunlichen Frau darf im übrigen als eines der schönsten Beispiele für die liebevolle Nürnberg-Schwärmerei ihrer Zeit gelten, geschrieben mit Sentiment, aber ohne die Grenze zur allzu häufigen, oft nur schwer erträglichen Alt-Nürnberg-Tümelei zu überschreiten:

„Wie ein ausgeschnittenes Stück Vergangenheit mitten im Getriebe der großen Industriestadt voll moderner Einrichtungen wirken sie, die alten Höfe mit den wunderlichen Namen, der Lichterziehershof, der Hanseehof, der Rittershof, der Entenhof. Der Korbmachershof und wie sie alle heißen. Jeder hat seinen besonderen Stil und nahezu jeder sein Wirtshaus für sich, in dem die Handwerker Stammgäste sind, die den Hof bewohnen. ....“[129] [Aus: Im alten Hof]

„Die Näherin zündet die Lampe an, die Kinder werden in die Häuser geholt, der Sattler, mit dem noch vorgebundenen Lederschurz, geht langsam und bedächtig nach dem kleinen Wirtsgarten, der zwischen die hohen, alten, schmalen Häuser eingeschoben ist. Er besteht nur aus drei Bäumen. Dort sammeln sich um den Stammtisch die Handwerker der Gasse, der Sattler, der Kammacher, der Glockengießer. ...

Auf den runden Tisch im Wirtshausgärtlein, um den die Handwerker versammelt sitzen, wird ein Windlicht gestellt. Überall in den hohen, schmalen Häusern blitzen Lichter auf. Eine wohltuende Behaglichkeit senkt sich auf alle die Leute, die noch vor den Häusern sitzen auf den alten ausgetretenen Steinstufen. Eine echte Feierabendstimmung! Diese lieben kleinen, uralten Gassen, an denen die Wogen der Großstadt branden. Wenn die Nürnberger fortziehen und sie bekommen Heimweh nach ihrer alten Stadt, dann denken sie wohl an diese winkeligen, kleinen Gassen mit ihren hohen schmalen Häusern, ihren ausgetretenen Steinstufen, ihrem Kinderlärm und ihrer Feierabendstimmung. Die lieben uralten, kleinen Gassen!“ [Aus: Sommerabend][130]

Die „anbrandendenden Wogen der Großstadt" hatten, als diese Zeilen erschienen, zumindest die Lorenzer Stadtseite schon entscheidend verändert und mit ihr bereits auch einen wichtigen Teil des dort ansässigen Gastgewerbes. Neue Hotels und Gaststätten waren entstanden, wobei gerade die rasche, moderne Entwicklung auf diesem Sektor auch als Motor für den Umbau der südlichen Stadthälfte zur neuen „City" fungierte. So wird in den oben angeführten Zahlen nicht nur die starke Konzentration der Hotels und neu entstandenen Cafés auf die Innenstadt deutlich, sondern bei einer genaueren Betrachtung auch die höchst unterschiedliche Gewichtung bei der Verteilung auf die beiden Stadthälften innerhalb des Mauerrings: Alle 21 Hotels in der Altstadt befanden sich im Lorenzer Teil, 13 davon waren – für den Reisenden höchst bequem – allein in der Königstraße gelegen, sofern die Besucher es nicht vorzogen, in einem der drei übrigen Hotelbetriebe um den Bahnhof abzusteigen, dann allerdings auch auf das historisch bereichernde Gefühl verzichten mußten, innerhalb des alten reichsstädtischen Mauerschutzes einzuschlafen.

Auch bei den Cafés und Weinhäusern dominierte die neue „City" um Königs- und Karolinenstraße mit immerhin 19 der 23 Kaffeehäuser und 41 von insgesamt 51 Weinlokalen[131] der Altstadt eindeutig vor der ehemals vornehmeren Sebalder Seite, während die Verteilung der Gasthöfe mit 15 zu 14 annähernd ausgegli-

Abb. 58: 1632 wurde das Wirtshaus „Zur Schranke" in der Bergstraße 31 erstmals als Wirtschaft beim Tiergärtnertor mit dem Weinschenk Hans Eberlein als Besitzer genannt. 1642 tauchte dann der heutige Name unter dem gleichen Wirt auf, aber im Verlauf der Jahrhunderte war immer wieder auch die Bezeichnung „goldenes Rößlein" gebräuchlich. Während sich heute unter den Nürnbergern durch den Rauchbierausschank in Anlehnung an die Bamberger Schwesterwirtschaft der Name „Schlenkerla" durchgesetzt hat. Das „Schlenkerla" hat die Zerstörungen des 2. Weltkriegs gut weggesteckt und seinen alten Wirtshausstil beibehalten und repräsentiert so ein Stück alter Nürnberger Wirtshausnormalität. Lichtdruck nach 1905.

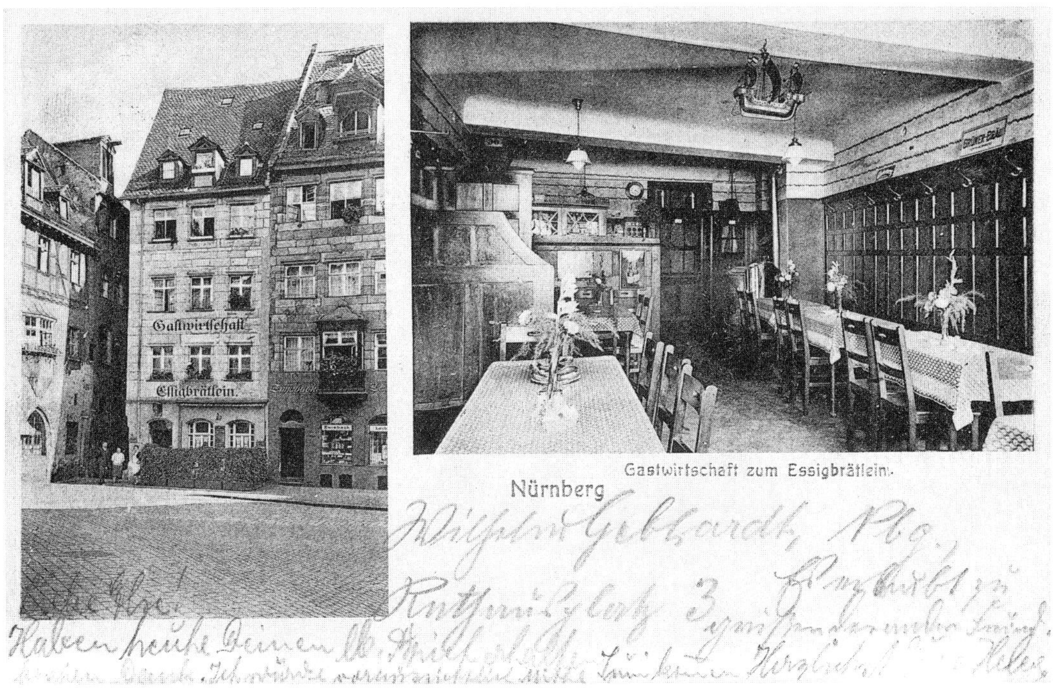

Abb. 59: Ehe das „Essigbrätlein" am Weinmarkt 3 am Eck zum Schmalzgäßchen erstmals 1648 unter seinem heutigen Namen auftauchte, wurde es „Goldenes Fäßlein" (1596) oder „Hofmann auf dem Weinmarkt" (nach 1644) genannt. Um die Jahrhundertwende – unsere Lichtdruckkarte von etwa 1910 zeigt auch die Gaststube – gehörte das „Essigbrätlein" bereits zu den auch Fremden empfohlenen Weinstuben, in denen man der Nürnberger Wirtshausvergangenheit nachspüren konnte. Daran änderten auch die schweren Kriegsschäden nichts und das Wirtshäuslein galt als gemütlicher Treffpunkt für einen netten Abend. Was die Gastronomie anbetrifft – und die Preise – hat das „Essigbrätlein" heute sicher sein höchstes Niveau erreicht.

chen war. Dagegen lag die Mehrzahl der kleinen Bierwirtschaften (mit 157 der insgesamt 289 für das Jahr 1904 ausgewiesenen) auf der Sebalder Seite, die ja auch zur Jahrhundertwende die Lorenzer Stadt schon deutlich an Einwohnern übertraf. Wer also die typischen Alt-Nürnberger Wirtshäuser suchte, mußte sich bevorzugt auf die Sebalder Seite begeben. Dort lagen denn auch die von den Touristen, zumindest während des Tages, favorisierten Lokale.

So wurden die Fremden in den von Nürnberger Autoren verantworteten Stadtführern unter der Kategorie „Originelle Altnürnberger Kneipen" wie in einem von Heinrich Heerwagen verfaßten, in mehreren Auflagen herausgekommenen und in seinen praktischen Tips recht interessanten Wegweiser neben den obligatorischen „Bratwurstglöcklein" und „Goldenes Posthorn" fast ausschließlich auf im Sebalder Viertel befindliche Lokale aufmerksam gemacht, darunter die „vielbesuchte ‚Sebaldus-Klause', Schulgäßchen 1 (unweit der St. Sebalduskirche)", das Wirtshaus „Zum Weichselbaum (‚Bämla')" in der Inneren Laufergasse 14 oder den „Käferstein" am Spitzenberg 14[132] u.a. mit einem Hinweis auf den Ochsenmaulsalat als besonderer Nürnberger Spezialität. Der in der Nürnberger Gastronomie recht kundige Heerwagen[133] empfahl übrigens als einziges originelles Nicht-Sebalder Altstadtlokal das „Kreuzle" in der St. Johannisstraße (Abb. 203).

Das „Weichselbäumchen" war bereits der „Gartenlaube" bei der in der Einleitung zu diesem Buch zitierten Vorstellung des „Bratwurstglöckleins" aus dem Jahre 1881 aufgefallen ebenso das „Hopfenstöckle", in dem offenbar damals bevorzugt die Gelehrten des Germanischen Museums verkehrten. Den „Testbesuchern" des Familienblattes galten aber auch der „Bärleinhuter", die „Baumwolle" und die „Himmelsleiter" als geeignete Lokalitäten, um einen Einblick in die Alt-Nürnberger Wirtshausszene zu gewinnen[134]. Während die „Baumwolle" (Abb. 17) noch heute, der „Bärleinhuter" immerhin noch bis vor kurzem und hoffentlich bald wieder einen Eindruck von der dort gepflegten Geselligkeit zu vermitteln vermögen, ist der „Gläserne Himmel" (Abb. 16) in der Bindergasse 1 am Eck zum Rathausplatz untergegangen. Er zählte zu den Wirtshäusern, die am häufigsten als besonders typisches Alt-Nürnberger Wirtshaus herausgestellt wurden, wohl auch aufgrund seiner engen Gaststube und der Beliebtheit unter den Einwohnern . Wohl bereits im 15. Jahrhundert oder noch früher stand an seiner Stelle ein älteres Wirtshaus „Zur roten Glocke", das 1503 abgerissen wurde. Den 1504 entstandenen Neubau, während des Dreißigjährigen Krieges mehrfach unter dem alten Namen erwähnt, zierte eine schöne Muttergottes von Adam Kraft, die sich heute im Germanischen Museum befindet. Nach dem Namen des letzten Wirts Tobias Buckelmüller vor einem neuerlichen Abbruch des alten Wirtshäusleins im Jahr 1853 war das Wirtshaus auch als „Buckelmüllerei" bekannt und erhielt erst danach den ebenso schönen Namen „Zum gläsernen Himmel".

Auch an das „Leistlein" in der Karlstraße (Abb. 54), das nach der teilweisen Kriegszerstörung nach 1945 noch fortgeführt wurde, ehe es einem ebenso überflüssigen wie architektonisch-häßlichen Parkhaus weichen mußte, können sich noch viele Nürnberger erinnern. Zu den noch übriggebliebenen und heute bekannteren Alt-Nürnberger Wirtshäusern zählt ganz sicher das „Essigbrätlein" am Weinmarkt (Abb. 59), nicht zuletzt aufgrund seines gepflegten gastronomischen Niveaus mit leider heute stark gestiegenen Preisen. Das reizende Haus wurde im Jahr 1596 unter dem Namen „Vässla" erstmals erwähnt und tauchte 1648 unter seinem neuen Namen auf, wobei auch unsere moderne Namensübersetzung „Sauerbrätlein" gar nicht schlecht klingen könnte.

Abb. 60: Ein Blick auf diese Karte aus der Zeit vor dem ersten Weltkrieg macht deutlich, was Nürnberg in den Bombennächten am Ende des dritten Reiches alles verloren hat. Das Wirtshaus „Zum Maulbeerbaum“ am Eck Untere Söldnergasse 1 und Burgstraße 30 hatte die Lage, das Aussehen und seinen schönen Namen wie aus dem Bilderbuch. Bereits um 1500 war das Gasthaus unter dieser Bezeichnung bekannt, während das Haus selbst noch älter war.

Abb. 61: In der Bergstraße 19 betrieb der Gastwirt Joseph Bauer um die Jahrhundertwende den „Schwarzbauernhof“. Wie auf dem Lichtdruck von vor 1905 unschwer zu erkennen, erinnerte die Gaststube des einfachen Wirtshauses stark an die weidmännische Trophäensammlung in einem Forsthaus. Nach Friedrich Mayer zählte der „Schwarzbauernhof“ um 1850 zu den beliebtesten Bierwirtschaften der Sebalder Stadt. Ehe er 1907 geschlossen wurde, kehrten hier vor allem die durchs Tiergärtnertor zum Markt ziehenden Händler ein.

Einen guten Eindruck von der in Nürnberg einst hochgeschätzten engen Gemütlichkeit vermittelt auch immer noch das Wirtshaus „Zum Goldenen Geier“, Geiersberg 11, das erstmals 1632 in den Jahren Gustav Adolfs unter dem Weinschenk Hans Müllner in den Quellen auftauchte und wenig später liebevoll das „Geyerlein auf dem Geiersberg“ genannt wurde. Zwar nicht zu den edelsten Lokalen der Lorenzer Altstadt zählt die „Blaue Glocke“ in der Hinteren Ledergasse, die schon seit 1607 ihren Dienst an durstigen Nürnberger Kehlen versieht, und sich so, wie man den Eindruck haben kann, durch einen nach wie vor stabilen Bierumsatz als ein echtes Traditionslokal ausweist, wenn auch nicht gerade durch ein besonders touristisches Ambiente. Nicht allzuweit davon entfernt, in der Ottostraße, früher Lottergassen genannt, kann auch die „Böhmische Haube“, 1601 als Bierschenke erwähnt, auf eine wohl mehr als vierhundertjährige Dienstleistungstradition zurückblicken. Der Teil der Stadt- und Menschengeschichte, der hier abgelaufen ist, würde zweifellos den Rahmen dieses Buches sprengen, auch wenn das Thema historisch, aber auch über das Reklamemittel Ansichtskarte (Abb. 117) mit Wirts- und Weinhäusern eng verknüpft ist. Ebensowenig kann die Vielzahl der um die Jahrhundertwende noch in Betrieb befindlichen historischen Wirtschaften hier vollzählig vorgestellt werden. Die knappen Hinweise zeigen aber bereits das Spektrum heute noch fortbestehender historischer Wirtschaften in der Altstadt. Informationen zu einzelnen Lokalen finden sich in den Abbildungstexten, sofern die Wirtshäuser auch auf Ansichtskarten abgebildet wurden.

Interessanter in unserem Zusammenhang ist dagegen, welche Rolle diese Lokale um die Jahrhundertwende innerhalb der Wirtshauslandschaft der Altstadt spielten. Während die meisten der kleineren Wirtschaften weiterhin vornehmlich von den Stammgästen der unmittelbaren Nachbarschaft lebten, entwickelten sich andere aufgrund besonderer Originalität der Wirtin oder des Wirts, der Ausstattung oder spezieller humoristischer Einlagen und Darbietungen zu besonderen Adressen in der Altstadt.

Ein vielleicht typisches Beispiel dafür war die oben bereits angeführte „St. Sebaldusklause“ im Schulgäßchen 1, bei den Zeitgenossen um 1900 auch unter dem Namen „Die Gifthütte“ bekannt. Das angeblich aus dem 14. Jahrhundert stammende Gasthaus, „allwo“ – nach eigener Werbung – „während Nürnbergs Blütezeit berühmte Meister und Herren vom hohen Rat Einkehr hielten“[135], wurde vom Wirt Hans Helbig „ und seinem Ehegesponst Adelgunde, deren Voreltern seit mehreren Jahrhunderten das Schankgewerbe darauf ausübten, in stilvoller Weise restauriert“[136], d. h. sie wurden absolut wandflächendeckend mit einem prachtvollen Sammelsurium der verschiedensten Altertümer wie Graphiken, Reliquien einschließlich ausgedienter Waffen zu einem Alt-Nürnberger Künstler- und Fremdenlokal dekoriert. Als besondere Attraktion neben dem offenbar häufig in größerer Menge fließenden „Labetrunk“ aus Hopfen und Malz (daher der Name „Gifthütte“) galt, daß hier *„die frommen Brüder des Ordens der Ritter vom hl. Sebaldus ihre Kapitelsitzungen und humorvollen Gelage in altritterlicher Weise abhalten. Wer jemals einen fröhlichen Ritterabend daselbst verlebte, einen Ritterschlag etc. etc. beigewohnt oder gesehen hat, mit welch‘ komischen Ernst der Großmeister Kunibert der Entartete das Schwert der Gewalt führt, dem wird dies, sowie die ganze Klaus, gewiss stets in freudiger Erinnerung bleiben.“*[137]

In Erinnerung der Nürnberger blieb das beliebte Lokal bis zu seiner Zerstörung im Krieg aber vor allem auch durch seinen letzten Wirt, den unvergessenen Heiner Stuhlfauth, der in den zwanziger und dreißiger Jahren nicht nur der Welt bester Fußballtorwart war, sondern wohl auch der Keeper mit den größten Hän-

Abb. 62: Ans internationale Publikum richtete sich diese Karte mit deutschem und englischem Text auch auf der Rückseite, wo der Leser die Legende von den wilden Stieren erfährt, die den Leichnam des Lokalheiligen an die Stelle zogen, wo später die Sebalduskirche und natürlich auch das Wirtshaus „St.Sebaldusklause“ errichtet wurden. Von dieser Legende rührt wohl auch die Datierung der Wirtshausgründung auf der Karte ins Jahr 1160, wonach die Sebaldusklause die älteste Wirtschaft Nürnbergs gewesen sein soll. Tiefdruck nach 1912.

Abb. 63: Ein Blick in die von der Wirtsfamilie Helbig zur Jahrhundertwende zum Künstlerlokal dekorierten „Sebaldusklause“. Lichtdruck um 1900.

den. Extra für unsere Leser hat er auch eine Ansichtskarte zum Abdruck mit seinem Autogramm versehen (Abb. 56, 62, 63).

Gleich neben der „Sebaldusklause" im Schulgäßchen 3 wurde in den „Rheinpfälzer Weinstuben" (Abb. 64) unter dem „Weinrestaurateur Kaspar Brunner" ein anderes Mittelalter-Spektakel geboten: Der Wirt, so erzählt es wenigstens Peter Luginsland, „präsentierte sich in mittelalterlicher Kleidung und rauchte aus riesigen Tierknochen." [138]

Ein so oder im Ritterulk der „Sebaldusklause" sich andeutender spezifischer Nürnberger Wirtshaushumor scheint um die Jahrhundertwende, aber auch in den folgenden Jahrzehnten noch in Blüte gestanden zu sein, ehe er sang- und klanglos ausstarb. Ein schönes Beispiel dafür waren die „nicht ganz mit Recht" so genannten „Rösel'schen Centralsäle", ein winziges Wirtshaus in der Johannesgasse 29, das als „Internationales Bierlokal" auch auf seinen Ansichtskarten mit seinem „Palmengarten" und seinen berühmten „Wasserfällen" warb. Dahinter verbargen sich eine Tapete mit dekorativem Palmenmuster und die rauschende Klospülung. Daneben sorgten außer dem gitarrespielenden Wirt Georg Rösel vor allem auch die urige Enge der Kneipe für Stimmung (Abb. 65, 110).

In der Johannesgasse 4 und 5 lag auch die berühmte „Wolfsschlucht" (Abb. 66, 108), über Jahrzehnte als eines der besten und am meisten besuchten Nürnberger Bierlokale bekannt und trotz der Niedrigkeit der Räume auch Ort für allerlei Spektakel in Form kleiner Theatervorstellungen und derb-deftiger Kabaretts. Die große Zeit des Gasthauses „Zur Wolfsschlucht" war zwischen 1860 und 1895. Im Sommer erfüllte der Lärm des auf die Straße verlegten, aus vielen Stühlen bestehenden Biergartens der „Wolfsschlucht" die ganze Johannesgasse. Jacob Burckhard schrieb anläßlich eines Besuchs 1877 in der Stadt ein wenig ungnädig über das im Winkel in die Gasse hineinragende Gasthaus und die Nürnberger Kneipenszene insgesamt: *„Dass ich aber abends in der Weinkneipe sass und und nicht in den von G. in verjährtem Enthusiasmus angepriesenen Bierlöchern, das versteht sich von selbst. Ich hatte noch in der Abenddämmerung in das ‚Wurstglöckle' hineingeschaut und mich viel zu alt gefunden, um dort noch eventuelle Fidelitäten anderer Leute mitanzusehen. Vollends in die ‚Wolfsschlucht' hätten mich keine vier Pferde hineingebracht; es sass dort alles dick bis weit auf die Gasse, weil daselbst das einzige anständige Bier verzapft werden soll, während sonst in Nürnberg (laut Schimpfes in den Zeitungen) das Bierelend allgemein sein soll."* [139]

Im Dezember 1900 eröffnete Emil Meßthaler in den Räumen der „Wolfsschlucht" das „Intime Theater", das immerhin 400 Leuten Platz bot (wenn auch mit viel Not, was einmal mehr Peter Luginsland zu einer reizenden Geschichte bewog). Als Aufführungsstätte des modernen Theaters sogar mit der Uraufführung eines Wedekind-Stückes besaß es einen weit über die Stadt hinausreichenden hervorragenden Ruf und wurde sogar zu Gastspielen nach Berlin eingeladen. Die Besucher des „Intimen Theater" erlebten eine ganze Reihe der damals bekanntesten deutschen Schauspieler und 1902 ein einmaliges Gastspiel von Karl Valentin, der seine Eindrücke von diesem Aufenthalt in einem über die Verhältnisse am „Intimen" recht aufschlußreichen Brief an seine Eltern zusammenfaßte[140]. 1933 wurde das Privattheater von den Nationalsozialisten geschlossen.

Zu den unter den Nürnberger Künstlern und Journalisten besonders beliebten Lokalen zählte lange Zeit der „Walfisch" in der Jakobstraße 19 (Abb. 67, 126), nicht zu verwechseln mit einem ehemals in der Ludwigstraße gelegenen gleichnamigen Gasthaus. Das Wirtshaus war bereits 1634 unter dem Namen „Zur

Abb. 64: Im Schulgäßchen 3 neben der „Sebaldusklause“ befand sich auch die „Historische Weinstube“ des „Weinonkels Kaspar Brunner“, wie der Wirt sich auf der Rückseite der Karte selbst bezeichnete. Brunner zählte wohl ebenfalls zu den Originalen seines Standes in der Stadt zu dieser Zeit und schwenkt auf der Abbildung gerade rechts im Hintergrund den Bierkrug. Das Lokal bot nach dem umseitigen Werbetext „Platz für 4000 Mann (nach und nach), Vorträge alle Stunden“, dazu „wertvolle Altertümer“, den Wirt als „Ritterschläger“ und „Streich-Kapellmeister“ und befand sich als „einzig dastehend in Bayern“. Einen Eindruck von dem allabendlichen Stimmungsprogramm vermittelt auch unsere Lichtdruckkarte von etwa 1910.

Abb. 65: Zu den besonders originellen Nürnberger Kneipen um 1900 gehörten mit Sicherheit auch „Rösels Centralsäle“ in der Johannesgasse 29. Über die Größe der „Säle“ gibt ein handgeschriebenes Gedichtchen auf der Rückseite unserer nach 1905 entstandenen Lichtdruckkarte Aufschluß: „Alles ist en miniatüre“ Und weiter: „Denn der Tische find’st Du hier, nicht ganz große, ganze vier! Doch der Stoff, Gesellschaft, Wirt, sind als prima avisiert!“

Abb. 66: In der Abknickung der Johannesgasse (Nr. 4 und 5) zur Theatergasse lag die „Wolfsschlucht", ein Wirtshaus, Hotel und Amüsierlokal, das in der 2. Hälfte des 19. Jahrhunderts seine große Zeit hatte und auch als Varieté und kleines Theater von den Nürnbergern viel besucht wurde. In den Räumen der eingegangenen „Wolfsschlucht" bestand dann zwischen 1900 und 1933 das von Emil Meßthaler eröffnete „Intime Theater", das Nürnberg über Jahrzehnte erstklassiges modernes Theater und Kabarett bot und auch ein Café mit Weinstube betrieb (Abb. 108 und 111). Die seltene Karte mit einem der zeittypischen Werbedialoge entstand wohl zu Beginn der 1890er Jahre.

goldenen Rose" erstmals erwähnt worden und wurde als Wirtshaus I. Klasse geführt. Nach der Angabe auf einer der Ansichtskarten vom „Walfisch" bestand das aus einer Gastherberge entstandene Lokal aber angeblich bereits seit 1609. Auch hier sorgte der Besitzer Ludwig Heß als Unterhaltungsgenie und „eines der profilitiersten Originale der Nürnberger Lokalgeschichte" (Peter Luginsland) für ein Abend für Abend volles Lokal:

„Und nun machte Heß aus dem „Walfisch" binnen kürzester Frist ein Lokal, das sich mit jeder Künstlerklause in Europa messen konnte. Heß hätte ebensogut in Paris, Wien, München oder Berlin Furore gemacht, aber in Nürnberg stand er auf seiner Heimaterde, deren Sprache er besonders gut verstand und deren Mentalität ihm wohlvertraut war ... Rechts neben der Türe stand ein gutes Klavier und vor dem Klavier hatte der Ludwig einen goldenen Bilderrahmen aufgehängt, der mit einem Vorhang anstatt des Bildes ausgestattet war. Neben allerlei Juxbildern und sonstigen Raritäten wie den ‚elektrischen Stuhl' oder das ‚Große Fragezeichen' oder den bewußten Riesenschlüssel für die Damen ging es dem Walfischwirt aber hauptsächlich um eine gute, kabarettistische Unterhaltung seiner Gäste, die jeden Abend in rauhen Mengen herbeiströmten, denn man mußte wenigstens einmal im Monat bei Heß gewesen sein, wie die Berliner bei Carow."[141]

Was es mit dem „Elektrischen Stuhl", dem Vorhang oder dem „Großen Fragezeichen auf sich hatte, soll an dieser Stelle nicht verraten werden. Man kann das bei Peter Luginsland selbst nachlesen, wie ja eigentlich die ganzen Büchlein des Journalisten Hanns Schödel, auch die bereits in den zwanziger Jahren erschienenen und die Nürnberger eher volkstümlich-kabarettistisch aufs Korn nehmenden Stückchen, ein außerordentlich anschauliches und stimmiges Bild des Nürnberger Kultur- und Wirtshauslebens in den ersten Jahrzehnten unseres Jahrhunderts entwerfen. Die Schilderung der eigentlichen Darbietungen des „Walfischwirts“ darf hier nicht fehlen, schon als Hintergrund für unsere nebenstehende Ansichtskarte (Abb. 67):

„Ludwig Heß hatte einen schönen, samtenen Bariton und einen ausgezeichneten Vortrag. All die amerikanischen Lieder, wie den ‚Old man River‘ und andere musikalische Delikatessen, die wir erst nach dem zweiten Weltkrieg serviert bekamen, sang uns Heß schon vor fünfzig Jahren vor. Heß hatte einige Paradestücke wie ‚Sonst nichts?‘ von Suppé oder ‚Dein Parfüm‘ oder ‚Piskacek du kleine Mann, was gehen dich Mohammedane an?‘. Diese Lieder sang er meistens hinter dem goldenen Bilderrahmen und sein gutmütiges Gesicht mit dem Lederkäppchen sah dann bei ganz besonderer Beleuchtung wie ein Bild von Leibl aus. Der abendliche Höhepunkt war dann immer die Moritat vom Walfischwirt, der mit Bier bibiert ist und auch sonst allerhand erleben muß. Eine große Moritatentafel wurde entfaltet und Heß oder sein Adjutant Born deuteten dann wie einst die alten Moritatensänger auf den Märkten jedes Ereignis im Leben des Walfischwirtes auf der Tafel an und die Gäste sangen begeistert den Refrain zehnmal mit.“[142]

Als Ludwig Heß im Februar 1932 zu Grabe getragen wurde, gaben die vielen hundert Trauergäste nicht nur ihm, sondern einer ganzen Epoche origineller und kabarettistisch begabter Wirte das Geleit.

Daß man in der Altstadt um 1900 auch eine größere Zahl renommierter und alter Speiselokale finden konnte und die Fremden keineswegs auf die Restaurants der Hotels und die größeren Gasthöfe angewiesen waren, belegen die zahlreichen Hinweise und Empfehlungen in den Fremdenführern. Auch hier vertrauen wir wieder Heinrich Heerwagen, dessen Angaben sich auch mit anderen Beschreibungen und späteren Erinnerungen von Nürnbergern

Abb. 67: Ludwig Hess, der Wirt des „Walfischs“ in der Jakobstraße 10 in einer seiner Rollen. Durch seine kabarettistischen Aufritte – Hess war ein perfekter Unterhaltungskünstler und als Wirt eine stadtbekannte Persönlichkeit – und das zu den Späßen entsprechend hergerichtete Interieur wurde der Walfisch zu einem Anziehungspunkt, „das sich mit jeder Künstlerklause in Europa messen konnte.“ (Peter Luginsland). Lichtdruck, gelaufen 1927.

decken. Für die Lorenzer Seite wurden besonders empfohlen das Wirtshaus „Kranich“ in der Karolinenstraße 15, lange Zeit eines der beliebtesten Speiselokale der Nürnberger, der „Mohrenkeller“ in der Königstraße 34 bei der Mohrenapotheke und das „Restaurant Fuchs“ am Josephsplatz. Überhaupt reihte sich damals entlang der Linie Lorenzkirche, Karolinen- und Ludwigstraße eine ganze Anzahl kleinerer, aber bei den Nürnbergern recht beliebter Lokale aneinander, die auch besonders an den Sonntagabenden nach einem Spaziergang um oder durch die Altstadt gut gefüllt waren. Dazu gehörte in jedem Fall die „Goldene Eichel“ (die spätere Weinstube „Alt-Nürnberg“) in der Karolinenstraße 35 am Eck zum Krebsgäßchen, die im Jahr 1900 in einer Annonce sich als „neu errichtetes Restaurationslokal in Verkehrsreichster Lage“ anpries und neben den Reifschen Bieren Mittagstische zu 50 und 70 Pfennig sowie eine reichhaltige Abendkarte offerierte. Für die kurze einfache Einkehr sehr beliebt bei den Einheimischen war die Bratwurstküche „Zum Weißen Turm“, direkt an denselben angebaut, in der Ludwigstraße 30 (Abb. 112). In der Ludwigstraße fanden sich auch zwei Wirtshäuser mit so schönen Namen wie „Zu den blauen Schlüsseln“ (Nr. 26) und „Zu den 5 goldenen Türmen“ (Nr. 59), das bereits 1584 unter dieser Bezeichnung „in der Schmiedsgassen“ in den Nürnberger Malefizbüchern auftauchte. Von Peter Luginsland mehrfach als eines der besonders beliebten Altstadtgasthäuser hervorgehoben wurde die „Walhalla“, Hefnersplatz 7. Das der Fürther Humbser-Brauerei gehörende Lokal besaß als besonderen Anziehungspunkt eine Kegelbahn. Für solche Dinge an so exponierter Stelle wie dem Hefnersplatz gab es in den zwanziger Jahren keinen Platz mehr und das Gasthaus mußte zum Plärrer umziehen.

Zur Wirtshausmeile entlang der Karolinen- und Ludwigstraße zählten aber auch etwas anders geartete Etablissements wie die „American Bar“ des Weinhauses Setterl und Ginderlein in der Ludwigstraße 4 und die Weinstehkosthalle am Hefnersplatz 1, von der uns eine Ansichtskarte ein wenig Weinduft über die inzwischen vergangenen neun Jahrzehnte hinübergerettet hat (Abb. 132). Nicht vergessen werden darf natürlich das Hotel „Himmelsleiter“ in der Karolinenstraße 53 mit der dazugehörigen kleinen Varietébühne, aus der sich dann mit dem „Noris-Theater“ das erste Nürnberger Kino entwickelt hat.

Der ganz große Anziehungspunkt gleich in der Nähe für die Nürnberger Wirtshausgänger, aber auch für auswärtige Besucher der Stadt, war das erst 1903 neuerbaute Brauereigasthaus der Tucher-Brauerei am Eck der Vorderen zur Hinteren Ledergasse (Abb. 93). Winters wie vor allem auch sommers wegen des großen staubfreien Biergartens hinter dem Haus, werktags ebenso wie am Sonntag mit täglicher Metzelsuppe als beliebter Zielpunkt des noch üblichen geschlossenen Familienspaziergangs zog das gemütliche Renommierlokal der Nürnberger Brauerei die Durstigen und die Hungrigen an. Gleich neben dem alten 1671 erbauten städtischen Waizenbräuhaus gelegen, mit dessen Kauf 1855 der Aufstieg der neugegründeten Brauerei zu Weltruf begonnen hatte, stellte das „Tucher-Bräustübl“ einen Typus von gemütlich-gepflegtem Gasthaus dar, der heute in der Innenstadt beinahe vollkommen fehlt. Um bei den empfohlenen Speiselokalen auf der Lorenzer Seite zu bleiben, zu denen mit einem natürlich anderen Ambiente auch das „Theater-Café-Restaurant“ am Lorenzer Platz und das sehr geschätzte und mit reichlich Ansichtskarten seine gepflegte Atmosphäre herausstreichende „Café-Restaurant Kusch“ neben dem Nassauerhaus zählten, ließe sich die Liste mit der „Blauen Traube“ in der Pfannenschmiedsgasse neben dem Hotel „Wittelsbach“, dem „Gasthof Pillhofer“, „Böhm's Herrenkeller“ und etlichen anderen mehr fortsetzen. Die einheimischen Spezialitäten der Speisekarte nach den Wochentagen offerierte der schon erwähnte „Mohrenkeller“

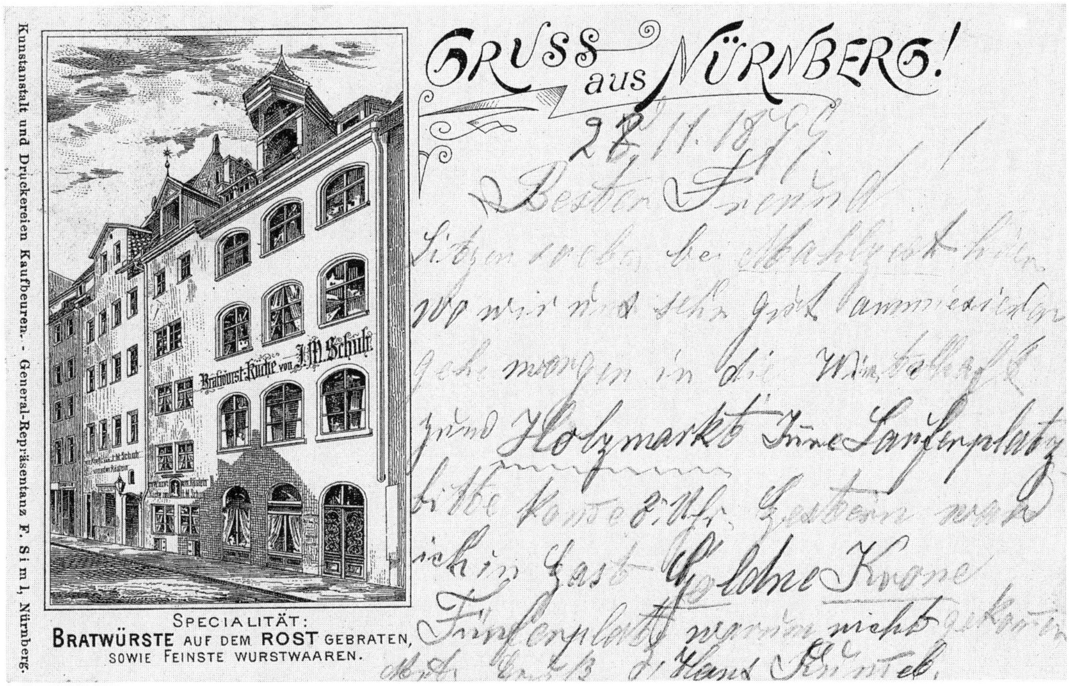

Abb. 68: Aus dem seit Beginn des 19. Jahrhunderts bekannten Gasthaus „Zu den drei goldenen Röslein" in der Obstgasse 3/5 wurde das „Bratwurströslein", eine der von den Nürnbergern und durch seine ideale Lage von den Markthändlern und -besuchern viel genutzte Gaststätte. Die abgebildete Lithokarte aus dem Jahr 1899 diente – liest man den Text – auch als Kommunikationsmittel zwischen diversen Kneipenbesuchen und als Einladung zum nächsten Kneipentreff.

Abb. 69. Ebenfalls eine der von den Einheimischen zur Jahrhundertwende stark frequentierten alten Nürnberger Bratwurstküchen war die „Zum weißen Turm" in der Ludwigstraße 30. Schon im 14. Jahrhundert befand sich in unmittelbarer Nähe zu dem alten Stadtmauerturm eine der vier wichtigen Hauptgarküchen der Stadt, auf die das Lokal zurückgeht. In einer Erwähnung im Jahr 1620 war noch die Rede vom „Kücheleinswirt unter dem weißen Turm" und 1648 vom „Hauptküchelein unterm Turm". In dieser Tradition war das Lokal auch noch bei der Ausgabe dieses Lichtdrucks etwa um 1895 vor allem bei einfachen Leuten für eine schnelle Mahlzeit zwischen der Arbeit sehr geschätzt.

in gereimter Form auf einer Ansichtskarte (Abb. 114), darunter etliche heute kaum mehr bekannte Gerichte wie die Hausspezialitäten Papierfleisch und die „Saueren Rempen".

Wem die bisher aufgezählten Häuser zu teuer waren, der konnte die als besonders billig gerühmte Kneipe des Metallarbeiterhauses in der Kartäusergasse 12 (Abb. 191) aufsuchen oder gleich in den „Saukeller" in der Königstraße 12 an der Ecke zur Adlerstraße einkehren, ohne auf die andere Pegnitzseite wechseln zu müssen. Im „Saukeller" war es deftig und billig. Neben dem gut frequentierten Bierausschank gab es nur kleinere Speisen, die man sich selbst holen mußte. Besonders von den Marktbesuchern und eiligen Einkäufern in der Altstadt als schneller Vesperort geschätzt, war der „Saukeller" ein Vorläufer unserer heutigen Selbstbedienungsrestaurants in der Innenstadt wie sie etwa in den Kaufhäusern bestanden, ehe die Champagner- und Edelhäppchenkultur als Teil der neuen „Erlebniswelt Kaufen" in den Supermärkten Einzug hielt.

Selbstbedienung war ohnehin gerade die große Mode um die Jahrhundertwende und zwar bediente man sich noch fortschrittlicher als heute vollautomatisch in den neuen Automatenrestaurants, die in der König- und Karolinenstraße neu eröffneten. Die großen Renner waren damals der Luitpold-Automat am Eck zur Luitpoldstraße unter Nr. 70 im heutigen Café Bergner (Abb. 135), schräg gegenüber das Automaten-Restaurant von Adami unter Nr. 51 (Abb. 123) und die „Automatenhalle" in der Karolinenstraße 9. „Zwanglos", „rasch und gut" und „electrisch-automatisch", so jedenfalls die Werbung auf der Ansichtskarte von Adami, konnte dort im Stil der neuen Zeit gegessen und getrunken und dabei noch das Trinkgeld gespart werden. Zur Erinnerung konnte sich der Gast auch gleich im Lokal nach dem Verzehr mittels „Boscos" photographischem Automat ablichten lassen – moderne Zeiten.

Aber auch für den Vegetarier und Reformesser war gesorgt: Das vegetarische Restaurant „Thalisia" in der Theatergasse 14 wurde im Jahre 1903, das noch bis in unser Jahrzehnt fortbestehende „Ceres" in der Sterngasse noch im Jahre 1916 eröffnet. Kurz bestanden ein „Pomona" und ein „Elysium".

Fischliebhaber mußten sich natürlich hinunter zur Pegnitz begeben. Wegen seiner gebackenen Karpfen war lange der „Luftsprung" am Unteren Bergauerplatz das bekannteste Fischhaus auf der Lorenzer Seite; als gute Adressen für frischen Fisch galten aber auch, glaubt man den schönen Ansichtskarten, das „Erste Nürnberger Fischhaus" am Sand gelegen und natürlich auch die Fischküche Rackl in der Ludwigstraße. Fische aller Arten, vor allem aber Karpfen waren aber ebenfalls häufig im Angebot der vielen anderen kleinen Speisewirtschaften entlang der Pegnitz zu finden.

Der Nürnberger Hausfluß, um 1900 noch ein wichtiger Energielieferant für das Gewerbe in der Altstadt, konnte damals noch mit einem eigenen Wirtshausangebot auf den Inseln aufwarten: Als gutes Speiselokal galt das auf der kleinen Insel Schütt gelegene Gasthaus „Zum Theodor Körner", nach seinem schönen Garten und Wirt auch „Schaffts Gärtlein" genannt (Abb. 79). Auf der großen Insel, deren hinterer Teil noch dicht bebaut war, lagen die Wirtshäuser „Zum Storch", „Zur Insel Schütt" und „Zur Heuwaage", auf der Trödelmarktinsel das Gasthaus „Zum Schifflein". Wer wollte, konnte sein Bier auch mitten im Fluß trinken: Das Gasthaus „Zur Pegnitz" am Wespennest 3 war in den Fluß hineingebaut und nur über einen Steg zu erreichen. Diese exponierte Lage wäre dem Wirt und seinen Gästen bei der großen Überschwemmung im Februar 1909 beinahe zum Verhängnis geworden, denn 15 Personen mußten von der Feuerwehr über das Dach aus den wilden Fluten befreit werden, wovon ebenfalls eine dramatisch gestaltete Ansichtskarte Zeugnis ablegt (Abb. 71).

Abb. 70: Die Douglashöhle war ein kleiner Hofplatz innerhalb des Häusergevierts zwischen Hauptmarkt und Pegnitz und der Museums- und Fleischbrücke mit der im 19. Jahrhundert entstandenen eigenen Straßenbezeichnung (vorher Lanzinger Hof als Teil der früheren Königstraße auf der Sebalder Seite). Dort gab es auch ein eigenes Wein- und Bierlokal, das sich für heutige Begriffe etwas geheimnisvoll ebenfalls „Douglashöhle" nannte. Vermutlich erhielt der Lanzingerhof nach dem Wirtshaus seinen neuen Namen. Die Rückseite des Lokals ging zur Pegnitz und ist am Werbeschild gut zu erkennen. Der im Original grün eingefärbte Lichtdruck überliefert das im Krieg untergegangene Haus neben dem Plobenhof rechts mit seinen schönen und für die früheren Pegnitzhäuser typischen langen hölzernen Balkonfronten.

Abb. 71: Eine einmalige Lage besaß das Gasthaus „Zur Pegnitz": Es war zwischen Wespennest und der Insel Schütt – wie auf der Fotografie in Richtung Schuldturm und Heubrücke gut erkennbar – direkt ins Pegnitzbett hineingebaut und war nur über zwei Stege mit dem Festland verbunden. Das Gasthaus bot Zimmer an für romantische Übernachtungen in amphibischer Umgebung (weniger romantisch war dann die Hochwassernacht im Februar 1909, als die Feuerwehr 15 Personen aus dem Haus retten mußte), und war auch Sitz der Berufsvertretung der Kellner und Tafeldecker. Lichtdruck nach 1905.

Als Eßwirtschaften besonders empfohlen wurden für die Sebalder Seite immer wieder das „Krokodil“ in der Weintraubengasse 2, die Gasthäuser „Zum Martin Behaim“ in der Theresienstraße 23, „Zum Lauferschlagturm“ unter der Familie Aures in der Judengasse 38 und der „Graue Kater“ am Äußeren Laufer Platz 9/11, aber auch das bereits erwähnte „Leistlein“ und das Restaurant und Café „Losunger“ am Laufer Schlagturm 6.

Nach der ausführlichen Schilderung des „Bratwurstglöckleins“ ist es endlich auch an der Zeit, die Bratwurstlokale aufzuführen, die von den Nürnbergern bevorzugt wurden. Neben der bereits angeführten Bratwurstküche „Zum Weißen Turm“ auf der Lorenzer Stadtseite stand an erster Stelle das „Bratwurstherzle“ in der Herzgasse 9 – 11, das 1634 unter dem Wirt und Weinhändler Nickolaus Schneider und dem schönen Namen „Zum gulden Herz“ erstmals genannt wurde. Bei Nopitsch tauchte das kleine Lokal, am Gassennamen eindeutig zu identifizieren, unter der nur für kurze Zeit angenommenen Bezeichnung „Das goldene Einhorn“, vorher „das Herz“, im Herzwirtsgäßlein auf. Zur Jahrhundertwende jedenfalls war der alte Name, nun zum „Bratwurstherzle“ verwandelt, wieder gebräuchlich. Heinrich Heerwagen formulierte in seinem Reiseführer bei der Behandlung des touristischen Bratwurstmekkas „Glöcklein“ ausdrücklich, *„dass der eingeborene Nürnberger das „Bratwurstherzla“ (Herzgässchen südlich vom Obstmarkt) vorzieht, mag immerhin verraten werden.“*[143] Leider wurde dieses auch von außen reizende Gasthaus 1945 ebenfalls ein Opfer des Krieges und das „Herzle“ entstand neu im Brunnengäßchen auf der Lorenzer Seite, nun allerdings abgeschnitten von einem Teil der früheren Kundschaft vom Marktgeschehen auf dem Haupt- und Obstmarkt. Direkt am Obstmarkt lag das „Bratwurst-Röslein“ oder „Zu den drei goldenen Röslein“, wie das in unseren Tagen leider eingegangene Wirtshaus mit Bratwurst-Großmetzgerei eigentlich hieß. Bei Nopitsch 1801 noch als einfache Bierwirtschaft aufgeführt, warb das „Bratwurst-Röslein“ in der Obstgasse um die Jahrhundertwende als „das größte Geschäft dieser Branche in Bayern, mit Elektromotoren-Betrieb“ und als die größte Nürnberger Bratwurstküche sogar mit dem Versand von frischen Bratwürsten, zumindest für die Zeit von Oktober bis April; sowie übers ganze Jahr in gebratener oder geräucherter Form. Der Wirt der Jahrhundertwende, Paul Zettel, war ein Freund der Werbung, so daß wir durch eine ganze Reihe von schönen Reklamekarten für sein Lokal auch über etliche reizvolle Ansichten des Obstmarkts verfügen. Dessen Händler und Händlerinnen gehörten natürlich ebenso wie das Marktpublikum zu den Stammkunden im „Röslein“ (Abb. 68, 74). Mit der Schließung des nach dem Krieg in größeren Dimensionen wiederaufgebauten „Bratwurst-Röslein“ vor wenigen Monaten ist eine weitere Nürnberger Wirtshausinstitution verschwunden, eines der wenigen in Hauptmarktnähe noch verbliebenen größeren Volkslokale, in dem man jeden Tag, wenn man wollte, seine Bratwürste oder seinen Schweinebraten bekommen konnte, am Tisch fast immer in Gesellschaft mit älteren Nürnbergern oder ein paar Touristen der einfacheren Art.

Eine ganze Anzahl der kleineren Wirtshäuser in der Sebalder Altstadt hat überlebt, teilweise unzerstört, und wird in der alten Form weitergeführt. Man denke nur an das Gasthaus „Zur Schranke“ am Albrecht-Dürer-Platz, unser „Schlenkerla“, das gegenüberliegende „Schwänlein“ oder an die „Albrecht-Dürer-Stuben“ in der gleichnamigen Straße. Manche der wiederaufgebauten Wirtshäuser wie der „König Otto“ oder das Wirtshäuschen „Zum Kettensteg“ mit seinem im Sommer fast immer vollbesetzten Garten führen die Tradition ihrer Vorbesitzer fort ohne große Zugeständnisse an Tourismus und Butzenscheiben-Schnickschnack. Etliche der kleinen ehemaligen „Bierlöcher“, wie etwa die entlang der Weißgerbergasse, haben sich als Pilsstübchen den neuen Feierabendgewohnheiten angepaßt und auf diese Weise sicher nicht schlecht überlebt. Die Kneipenszene zwischen Weinmarkt und Hallertor vermag zumindest noch einen Eindruck davon zu vermitteln, wie engmaschig noch vor wenigen Jahrzehnten das Wirtshausnetz auf der Sebalder Seite gewebt war.

Aber noch eine Besonderheit der Nürnberger Wirtshauslandschaft in der Altstadt steht aus, die Zwingerwirtschaften, auf die schon Friedrich Mayer als besonders charakteristisch für Nürnberg und als bei den Einwohnern besonders beliebte Freizeitstätten hingewiesen hatte. Ihre Zahl hatte sich zwar um die Jahrhundertwende auf drei, den Ludwigstor-, den Hallertor- und den Marientorzwinger, reduziert, sie zählten aber zu den beliebtesten Gartenwirtschaften im engeren Stadtbereich und ihre Besucher waren keineswegs nur die Bewohner der Altstadt.

Das geht auch aus der Betrachtung von Peter Luginsland alias Hanns Schödel hervor, der dem Ludwigstorzwinger unter dem Titel „Sie kamen mit Kind und Kegel" einen eigenen Abschnitt in seinem Rückblick auf das Nürnberg der Jahrhundertwende widmete[144] und den Gartenbetrieb als ein Eldorado für sich mit „Mitgebrachtem" selbst versorgende Großfamilien, aber auch für Schachspieler und Kegler schilderte.

Ludwigstor- und Marientorzwinger waren auch nachdrücklich empfohlene Ziele in einem um die Jahrhundertwende recht beliebten Führer, der unter dem Titel „Nürnberg's Spaziergänge" die schönsten Erholungsplätze, Ausflugsorte und „empfehlenswerthen Restaurants" vorstellte[145]. Danach bot der „Spittlerthorzwinger" *„im Volksmunde allgemein bekannt unter dem Namen ‚Köchertszwinger', ... namentlich im Hochsommer, wenn große Schwüle und die brennende Sonne das Spazierengehen auf größere Entfernungen lästig machen, den angenehmsten Aufenthalts-*

Abb. 72: „...daß der eingeborene Nürnberger das „Bratwurstherzla" [dem „Bratwurstglöcklein"] vorzieht", verriet bereits ein Reiseführer der Jahrhundertwende. Hier eine der wenigen Ansichtskarten von dem reizenden Lokal in der Herzgasse aus den dreißiger Jahren. Die Zahl der Abbildungen ist auch deshalb so gering, weil das Gäßlein einfach zu eng zum Fotografieren war.

ort. Dieser Zwinger ist Eigenthum des Staates und der Frhr. v. Tucher'schen Familie in Erbpacht überlassen worden [1897 Eigentum der Stadt Nürnberg, wie in der späteren Auflage hervorgehoben]. *Bis in die letzte Zeit war er fast ausschließlich von exclusiven Kreisen der Bevölkerung besucht worden und bildeten diese eine abonnirte Gesellschaft, die jeden unwillkommenen Eindringling von sich fern zu halten wußte. Mit Schaffung des ,Stadtparkes' hat sich diese Gesellschaft naturgemäß mehr dorthin gezogen und seit 1886 ist der ,Köchertszwinger' dem allgemeinen Besuche zugänglich. Er bietet einen herrlichen Ausblick über den naheliegenden Plerrer und der Promenade entlang zur kgl. Burg. Die sogenannte Bastion, ein imposantes Bauwerk, an seinen alten von der Zeit geschwärzten Steinen mit wildem Epheu umrankt, hat eine runde weite Plattform, die den Kindern als Spielplatz dient. Und wie ein Erholungsplatz ohne leibliche Genüsse ebenso undenkbar ist, als ein junger Rechtspraktikant ohne Nasenklemmer, so sei hiemit noch konstatiert, daß in dieser Beziehung von Seiten des trefflichen Restaurateurs Alles geschieht, was in puncto Magenfrage nur wünschenswert ist."*[146]

Den auf der entgegengesetzten Stadtseite Wohnenden wurde der Marientorzwinger (Abb. 21, 116), auch „Schellmannszwinger"[147] genannt, wie folgt empfohlen:

„Er ist in den Sommermonaten stets geöffnet und sind die daselbst verabreichten Schweinsknöcheln, Kalbshaxen und anderen Speisen, die das Herz erquicken, zu bekannt, als daß es an dieser Stelle eines Lobliedes über dieselben bedürfte. Die allwöchentlichen Concerte der Infanterie-Regiments-Musik, die auf diesem Zwinger stattfinden, sind darum vielleicht auch die Besuchtesten. .... Die hohe, freie Lage des Zwingers bedingt eine reine Luft [!] *und den Blick über die Promenade. Ein aus alter Vorzeit stammender Thurm dient dem Restaurateur als Küche und ein geräumiger Saal bietet bei eintretender schlechter Witterung angenehmen Schutz gegen dessen Unbilden. Für Liebhaber des Kegelspiels ist eine Kegelbahn vorhanden, in der, wenn nicht gerade Concert stattfindet, stets fleißig die Kugel geschoben wird."*[148]

Die „reine Luft" des Marientorzwingers ist ja glücklicherweise noch heute zu genießen, leider inzwischen vermischt mit den Abgasen der täglich zu Zehntausenden auf der ehemaligen Promenade vorbeirauschenden Autos. Zum gesundheitlichen Ausgleich fallen dafür ab und an einige Blüten der auf der Stadtmauerfläche schön gewachsenen Linden ins Bierglas.

Nicht nur bei Peter Luginsland, sondern von vielen älteren Nürnbergern wird bedauert, daß der Ludwigstorzwinger nach seiner Zerstörung im Krieg nicht als Gastbetrieb wiederhergestellt worden ist. „In jeder anderen Stadt hätte man schon vor Jahren von irgendeiner Interessentengruppe aus die Initiative ergriffen, um hier inmitten des brodelnden Verkehrs eine Gastwirtschaft mit Kellerbetrieb zu installieren,"[149] endete der Schödelsche Rückblick aus dem Jahr 1967 – bisher leider vergeblich. Immerhin, so wenigstens meine Meinung, handelt es sich bei den Zwingerwirtschaften um eine der schönsten Möglichkeiten für die Bürgerschaft, die Stadtgeschichte in Besitz zu nehmen und mit neuem Leben zu erfüllen. Die Nürnberger Stadtmauer, das sicher eindrucksvollste Denkmal des Bürgerstolzes und -fleißes der alten Stadt (alle Stadtbürger hatten beim Bau mitzuarbeiten oder zumindest ihren Anteil finanziell abzugelten), wurde und wird nach Wegfall der über lange Jahrhunderte so wichtigen militärischen Schutzfunktion zivil neu genutzt, für Wirtsgärten mit Kinderspielplätzen, für lauschige Sommerabende unter Lindenblüten und bunten Lampions, erhöht über dem unten wegbrausenden Verkehr – eine schöne Vorstellung von lebendigem Denkmalschutz und Leben mit der Stadtvergangenheit.

Abb. 73: Am Ende der Hallerwiese unter der Adresse St. Johannis Mühlgasse 25 lag der Ende des 19. Jahrhunderts als gemütliche Erholungsstätte geschätzte „Cafégarten". Unsere 1899 nach Jena verschickte, aber wohl schon einige Jahre früher entstandene Lithographie bildet das Pendant zu der nebenstehenden reizenden Schilderung des Endes eines Begräbnisses.

Es gibt noch zu wenig von diesen historischen Verortungen.

Auch wenn die Hallerwiese strenggenommen nicht mehr unter den Bereich der Altstadt fällt, sei aus historischen Gründen und zum Amüsement noch ein anderes in unserem Spaziergangsbüchlein heiß empfohlenes Ziel an dieser Stelle vorgestellt. Eigentlich nur, weil die Schilderung ganz reizend erscheint – vielleicht aber auch als Anregung, nachdem ja in diesen Tagen ein neues Konzept zur Gestaltung der Hallerwiese vorgestellt wurde:
„Willst du, lieber Leser, ohne weite Wege zurück zu legen, fern vom Geräusch der Fabrik- und Handelsstadt, des Sonntags aber fern vom Fiedeln, Schreien und Kegelschieben ein Stündchen in beschaulicher Ruhe verbringen, so begib Dich in den Café-Garten. Seine Lage ist eine äußerst schöne, einem Theile der Hallerwiese entlang und sein Kaffee von vorzüglicher Qualität. Der Schach-Club hat hier sein Heim aufgeschlagen und finden Freunde des Schachspiels in Folge dessen im Café-Garten stets Partner. – Betrübte finden hier Trauernde und Wehklagende finden Leidtragende. Ist es doch ein alter Usus: hat man einem lieben Freund oder sonst Jemandem das letzte Geleit gegeben, so hält man im Café-Garten den „Leichentrunk". Freilich kommt es hie und da vor, daß so ein Leichentrunk ungeahnte Dimensionen annimmt und daß die Leidtragenden außer tiefem Leid auch noch ein Räusch'chen zu tragen haben. War ich doch selbst schon in eine derartige Situation gerathen: Wir begruben Vormittags 11 Uhr einen alten Freund, hierauf ging es in den Café-Garten zu ‚einem Glas Bier', – um 1 Uhr waren wir längst beim Wein angelangt und gegen 3 Uhr schieden wir von einander, nachdem Champagner die alte Freundschaft wieder aufgefrischt hatte, um zu Tische zu gehen."[150]

Abb. 74: Auf dieser Werbekarte des „Bratwurströslein" vom Anfang der zwanziger Jahre sind neben der Bratwurstküche auch andere, den damaligen Nürnbergern wohlbekannte Lokale zu erkennen: So neben dem „Röslein" im Eckhaus rechts im ersten Stock das bei Peter Luginsland beschriebene Café „Nestor". Bis ins 19. Jahrhundert befand sich in diesem Haus auch das Wirtshaus „Zu den grünen Kindern".

Abb. 75: Nach dem damals noch auf dem Obstmarkt gleich in der Nähe stehenden Gänsemännchenbrunnen trug das kleine Garküchenwirtshaus „Zum Gänsemännchen" am Obstmarkt 10 seinen Namen. Die Lizenz zum Betrieb einer Garküche wurde erst 1868 vom „Goldenen Engel" in Gostenhof auf dieses Lokal übertragen. Die Winzigkeit des Häuschens war auf dieser Karte ein geschickt eingesetztes Werbeelement, das den Wunschvorstellungen vom romantischen Nürnberg entgegenkam. Lithographie vor 1900.

Abb. 76: Blick in das gemütliche Innere des „Bratwurströsleins“ auf einer Lichtdruckkarte von 1899.

Abb. 77: Nach den Angaben auf dieser Lichtdruckkarte der Druckerei Biede in Nürnberg, einem der großen Ansichtskartenproduzenten in der Stadt, bestand das „Waizenstüblein“ bereits seit 1734 und gehörte während des ganzen 19. Jahrhunderts zu den bekannteren bürgerlichen Lokalen. Wohl aus Gründen der Werbung wurde im Lokalnamen der frühere Besitzer Georg Döring weitergeführt, der inzwischen das „Goldene Posthorn“ übernommen hatte. Der Name bürgte für Wirtschaftsqualität. Lichtdruck nach 1905.

Abb. 78: Um die Jahrhundertwende besaß Nürnberg ebenfalls einen Löwenbräu, wenn auch von bedeutend geringerer Größe als das Münchener Unternehmen. Die Brauerei entstand 1869 im alten Gasthof „Zum gelben Löwen" in der Schildgasse 26. Bereits 1596 tauchte es unter diesem Namen erstmals auf, am „Bonnersberg" gelegen, wie die Ortsbezeichnung lautete. 1909, als die abgebildete Ansicht des Gasthofs gedruckt wurde, gehörte das „Löwenbräustübl" bereits der Brauerei Held, die den Nürnberger Löwenbräu 1905 übernommen hatte, und den Braubetrieb in der Schildgasse bald darauf einstellte. Beinahe bekannter noch als das Braureilokal in der Altstadt war der Sommerkeller der Brauerei in der Bucherstraße (Abb. 256).

Abb. 79: Auf der heute verschwundenen kleinen Insel Schütt befand sich das als Speise- und Gartenlokal schon in den Jahrzehnten vor der Jahrhundertwende immer wieder empfohlene Wirtshaus „Zum Theodor Körner". Daß es sich um eine gehobenere Lokalität handelte, wird aus der Ansicht des „Restaurations-Lokals" erkennbar. Auf der schönen Chromolithokarte (gelaufen 1908) mit dem Nürnberger „Klein-Venedig" erscheint neben dem Gasthaus direkt am Fischersteg zur Sebalder Stadtseite auch die Wurstfabrik von Emil Schafft, der gleichzeitig der Besitzer des Lokals war. Heute befindet sich in diesem Bereich die Universitätsmensa.

Abb. 80: Zwischen den Fleischbänken 16 war der Eingang zur „Hölle", in der auf Fegefeuer gekocht wurde und von wo selbst Teufel ihren „Affen" heimtrugen. Die recht modern gestaltete Karte läßt nicht unbedingt vermuten, daß die Wirtschaft schon ziemlich lange bestand: Denn bereits 1642 tauchte der Name für eine Bierschenkstatt „in der Höll" unter einem Wirt Jakob Weibel erstmals auf. Farbdruck 1917.

Abb. 81: Gegenüber dem Gasthaus „Theodor Körner" am Sebalder Ufer eines in der Nachkriegszeit zugeschütteten Pegnitzarms, der vom Fischersteg zur kleinen Insel Schütt überbrückt wurde, lag das „Erste Nürnberger Fischhaus" (Am Sand 14). Das Haus galt als eine der guten Adressen für Fischliebhaber in Nürnberg, was mit dieser schönen Lithokarte von 1905 ganz gut herübergebracht wurde.

Abb. 82: Auf der Nordseite des Paniersplatzes unter Nr. 19 stand das Restaurant „Hirschkopf". Der Namensgeber schaute von der Hauswand herab auf das kleine Straßengärtlein, das die Hausfront fast ein wenig pariserisch auflockert. Personal und Gäste sahen für die Aufnahme zur Herstellung dieser Lichtdruckkarte etwa um 1905 aufmerksam in die Kamera.

Abb. 83: Am Webersplatz 6 befand sich bis zur Kriegszerstörung 1945 das Gasthaus „Zur Goldenen Rose", das über einen schönen Garten und einen 600 Personen fassenden Saalbau verfügte. Bei der „Goldenen Rose auf dem Schwabenberg", die 1790 erstmals auftauchte, handelte es sich offenbar um die Verlagerung eines gleichnamigen Wirtshauses aus der Inneren Laufergasse, das bereits 1641 bestand. Das etwas unscheinbar wirkende Haus auf dem Lichtdruck von etwa 1905 wurde später renoviert und wirkte durch das dabei freigelegte Fachwerk bedeutend imposanter.

Abb. 84: Im ehemaligen Imhoffschen Haus in der Tucherstraße 20 mit einem der schönsten Nürnberger Höfe, wurde 1897 ein Gasthaus eingerichtet, das seinen Namen von eben diesem Arkadenhof herleitete, der in seiner Ausgestaltung zumindest teilweise Adam Kraft zugeschrieben wurde. Nach 1906 wurde das Gebäude zusätzlich von den Gewerkschaften für Versammlungen und als Herberge genutzt, wie dem Aufdruck auf der Lichtdruckkarte aus diesen Jahren zu entnehmen ist. Auch dieses schöne Gebäude ging 1945 unter.

Abb. 85: Der „Graue Kater“ am Äußeren Laufer Platz 9 war, wie auch auf der Karte von 1906 am Edelweiß-Symbol zu erkennen, das Stammlokal der deutsch-österreichischen Sektion des Alpenvereins in Nürnberg, der im gleichen Haus auch sein Büro unterhielt. Das Wirtshaus bestand noch in der Nachkriegszeit.

Abb. 86: Wohl wegen seiner Lage in der Äußeren Laufergasse 1 als Eckhaus zur Landauergasse hieß das alte Wirtshaus bei seiner ersten Erwähnung 1604 zunächst „Zum scharfen Eck" und war eine einfache Weinschenke. Erst 1746, inzwischen zu einem Gasthaus I. Klasse aufgestiegen, tauchte der spätere Name als „gulden Herz" erstmals auf. Die Fotokarte aus dem Jahr 1941 zeigt das äußerlich seit diesen Zeiten kaum veränderte Wirtshaus, das nur wenig später mit seiner ganzen Geschichte vernichtet wurde.

Abb. 87: Die Äußere Laufergasse besaß als wichtige Ausfallstraße nicht wenige Wirtshäuser, darunter auch die „Rote Glocke" unter Nr. 17, die 1641 als „beständige Gastherberge" genannt wurde. Es handelte sich also um einen der größeren Gasthöfe. Die großen Zeiten des Wirtshauses waren in den dreißiger Jahren aber wohl vorbei, als sich der Wirt zentralperspektivisch unter seinem Baldachin und dem von den Lederer-Krokodilen eingerahmten Hitlerbild für die Fotokarte ablichten ließ.

Abb. 88: Der Name des Speise- und Bierlokals „Zum Krokodil" in der Weintraubengasse 2 im Besitz der Lederer-Brauerei inspirierte 1890 Friedrich Wanderer zum Firmenzeichen für die Brauerei. Das Wirtshaus selbst war erst wenige Jahre vorher entstanden, erwarb sich aber in kurzer Zeit einen guten Ruf als Speiselokal. Die künstliche Belebung der Straße auf dem Lichtdruck von etwa 1905 sollte natürlich zum modernen Ambiente des Hauses beitragen.

Abb. 89: Welchen Wandlungen Wirtshäuser unterworfen sein können, demonstriert diese Karte nach 1920 mit der Werbung für die alkoholfreie und und von den Abstinenzlerinnen überwachte „[Bayerische] Krone" am Fünferplatz 4. Die Namen des Gasthauses, 1761 – 1791 „Zum nackenden Bauch", danach „Zum wilden Mann", lassen auf eine ganz andere Vergangenheit schließen, was auch quellenmäßig bestätigt wird. Im 19. Jahrhundert wandelte sich das Wirtshaus zum vornehmeren „König von England".

Abb. 90: Etwas von der gutbürgerlichen Gemütlichkeit des Weinlokals „Mausloch" in der Adlerstraße 38 hinab ins Kannengäßchen vermittelt diese gerasterte Vierfarbkarte von nach 1905. Wie es scheint, gehört der kleine Weinkeller zu den wenigen Lokalen der Stadt, die sich kaum gewandelt haben. Vielleicht liegt das auch an dem, modischen Veränderungen wenig unterworfenen und bis heute gleichbleibenden Bedürfnis mancher Zeitgenossen nach solchen „Mauslöchern", das damals übrigens auch am Vormittag als „Frühstückstube" geöffnet hielt.

Abb. 91: Die Wirte der Familie Steichele und vielleicht auch die dort kredenzten Weine bewirkten, daß das „Batzenhäusl" in der Knorrstraße 2 in wenigen Jahrzehnten einen Ruf als besonders typisches Alt-Nürnberger Wirtshaus erhielt. Dabei wurde die heutige Weinstube Steichele erst 1897, wenige Jahre vor Erscheinen dieser Karte eröffnet. Die 1905 versandte lithographierte Ansichtskarte entspricht auch heute noch dem Stil und der Ausstrahlung dieses „Gasthauses" im Sinne des Wortes.

Abb. 92: In der Jakobstraße 2, „nahe dem Hopfenmarkt“ lag das Restaurant „Zur Stadt Barcelona“ von Antonio Jorba, das mit einem Weingroßhandel und einer Weinkosthalle verknüpft war. Das Lokal, aber auch diese Karte brachten ein wenig Mittelmeer und spanische Exotik in die Altstadt. „Mir genga a weng zum Jorba“ hat Peter Luginsland ein Kapitel zur Beliebtheit des Wirtshauses überschrieben. Wer hätte damals angenommen, daß Jahrzehnte später die ausländischen Wirte in der Stadt, fast ausschließlich aus Ländern um das Mittelmeer stammend, für viele Nürnberger Wirtschaften das Überleben sicherten und heute eher die Regel sind.

Abb. 93: Als Neubau entstand an der Verzweigung der Vorderen und der Hinteren Ledergasse 1903 das „Tucherbräustübl“. Es zählte auch aufgrund seiner günstigen Preise – täglich wurde Metzelsuppe offeriert – rasch zu den volkstümlichsten und beliebtesten Wirtshäusern in der Innenstadt und besaß auch einen gut dimensionierten Biergarten hinter dem Haus. Lichtdruck vor 1905.

Abb. 94: Die Kartenaufschrift ist ein wenig irreführend. Die Kaiserstraße wurde wohl nur aus Werbegründen aufgeführt, denn das abgebildete „Wiener Restaurant" im Besitz von Thomas Kraft befand sich im Eckhaus Hintere Ledergasse 2. Zwischen 1881 und 1887 trug das am Treppenaufgang von der Oberen Wörthstraße gelegene Lokal den Namen „Zum Jäger". Die Lithographie von etwa 1900 entstand wohl, als das Lokal nach 1897 in den Besitz von Leopold Haslinger kam. Ein Anton Haslinger hatte bereits von 1880 – 1897 in der Königstraße 60 ein recht bekanntes Nürnberger „Wiener Restaurant" betrieben.

Abb. 95: Nur der Gasthausname hat gewechselt: Aus dem „Göckerla" auf unserer Lichtdruckkarte von 1905 wurde heute das „Karlsbrückla", immer noch eine ehrliche Wirtschaft ohne Allüren. 1634 war erstmals die Rede von einer „Göckerlas Wirtin in Oberwöhrd Stigelmeierin", später auch von einem „gulden Gocker", 1648 sogar „Zum guldenen Hahnen", bei Nopitsch wieder schlicht „Göckerlein" wie auf unserer Karte. Das alte Wirtshaus wurde um 1900 abgerissen, aber der damalige Neubau mit seinem „Eckturm" hat den Krieg überlebt.

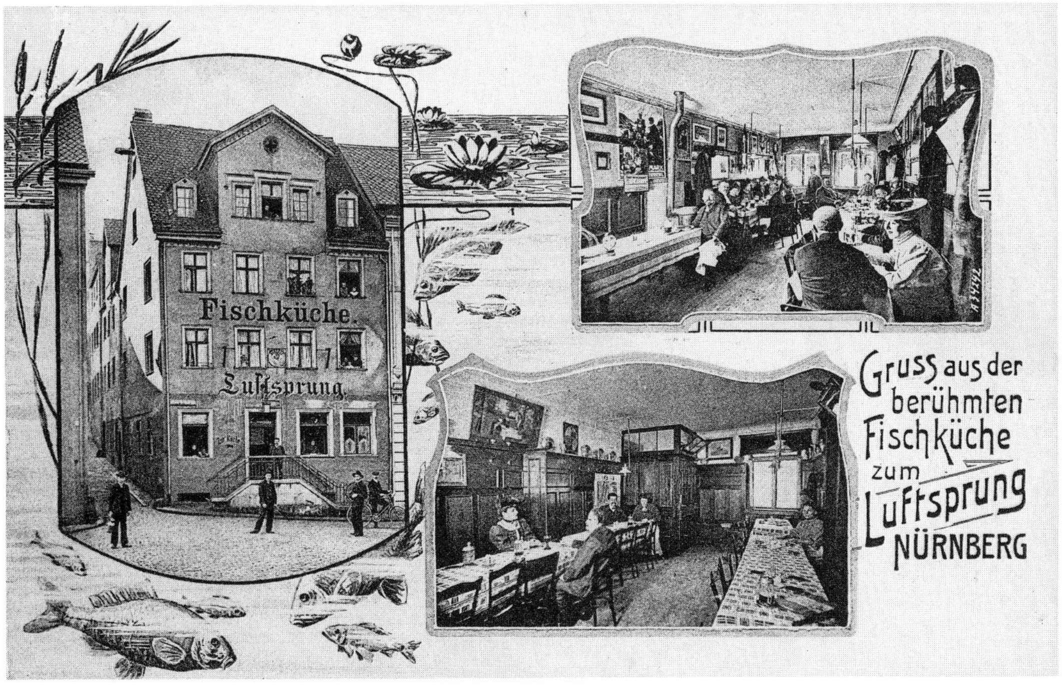

Abb. 96: Der „Luftsprung“ am Unteren Bergauer Platz 10 war wohl Nürnbergs bekanntestes Fischhaus und für seine Karpfen berühmt. Der Lichtdruck des Martin-Verlags von 1905 vermittelt in den beiden Innenaufnahmen einen Eindruck von der gemütlich-gediegenen Atmosphäre in dem auch von Fremden gern besuchten Lokal. Heute ist in dem Haus ein China-Lokal eingezogen.

Abb. 97: Der Kettensteg, die von dem Nürnberger Mechaniker Konrad Georg Kuppler 1824 errichtete erste freischwebende, nur an Ketten hängende Brückenkonstruktion in Deutschland, wurde namengebend für das danebengelegene kleine Gasthaus mit seinem schönen Wirtsgarten (Maxplatz 35), das erstmals 1826 unter dieser Bezeichnung auftauchte, aber wohl schon früher bestanden hat. Wer die Karte mit der heutigen Situation vergleicht, wird nur wenige Veränderungen feststellen können, nur daß im Sommer der Garten selten so leer ist. Lichtdruck um 1900.

Abb. 98: Die Minarette sind natürlich nicht echt, ansonsten ist das Wirtshaus IV. Klasse „Zum Türken“ beim Waizenbräuhaus seit 1648 nachgewiesen. Das Gasthaus lag in dem kleineren Gebäude, Kappengasse 24, während das größere Haus auf der Zeichnung, Waizenstraße 40, lediglich dem Wirt Michael Neuhäuser gehörte, der mit der Aufschrift auf sein Lokal verwies. Lichtdruck 1907.

Abb. 99: Haus und Gastwirtschaft der „Bäckerherberge“ bzw. des „Goldenen Hirschs“ auf unserer Lichtdruckkarte von etwa 1905 bestehen heute noch, auch wenn das kurz vor der Jahrhundertwende als Innungshaus der Bäckerinnung Nürnberg errichtete Haus in der Schlehengasse 2 inzwischen etlichen Zierat verloren hat. Eine Weinschenke in der Schlehengasse 2 wurde schon 1632, ihr Name „Hirschlein“ 1638 erstmals aufgeführt.

Abb. 100: Leicht klassizistisch aufgewertet präsentierte sich in der Pfannenschmiedsgasse 20 der Gasthof „Blaue Traube" auf dieser 1905 verschickten Lichtdruckkarte. Die „Blaue Traube", auf der Karte zeitgemäß zum „Hôtel" aufgewertet, hatte als Vorgängerbau den „beständigen" Gasthof „Zum goldenen Ochsen", dessen „Zechstube" 1632 in einem Wirtshausverzeichnis genannt wurde. Heute steht auf dem Grundstück das Kaufhaus Hertie.

Abb. 101: Das Eckhaus Königstraße 60 zur Klaragasse hat in den Jahrzehnten nach der Jahrhundertwende im ersten Stock eine ganze Reihe von Lokalen gesehen. Auf diesem Lichtdruck aus dem Jahr 1911 lud gerade die „Fränkische Weinstube" hinter die Butzenscheiben. Ein Jahr später zog hier eine „Goulasch-Hütt'n" ein. Die Resi auf der Karte schrieb übrigens ihrem Freund Fritz in Wien leider die traurige Mitteilung, daß ihre Mama krank in der Klinik liege, „aber jetzt ist es schon besser".

Abb. 102: Wer von der Pegnitz die Peter-Vischer-Straße hochkam und zur Lorenzer Straße wollte, mußte am mitten in die Straße gebauten „Holzwurm“ vorbei (Nr. 37) – entweder links oder rechts. Den vor dem Wirtshaus an ihren Tischen sitzenden Gästen bot sich also ein interessanter Blick die ganze Straße hinunter. Für die Aufnahme, damals noch ein Ereignis wie heute Fernsehaufnahmen, haben sich die Bekannten des Wirtes rechtzeitig eingefunden. Lichtdruck nach 1905.

Abb. 103: Links angeschnitten erhebt sich bereits der Hotelneubau des „Rheinischen Hofs“ in der Königstraße 81, während um mehr als die Hälfte niedriger das Café, Wein-, Bier- und Speisehaus „Zum grünen Weinstock“ noch die ganz alte Gastronomie der Königstraße (vor 1810 „Hauptstraße“) repräsentiert. Schon 1598 stand es da als „erstes Wirtshaus am Frauentor beim Flederwischgäßchen“, 1648 wurde erstmals der Name „Weinstöcklein“ für die alte Weinschenke gebräuchlich. Überliefert ist auch, daß um 1801 die Wirtswittib Birkmännin, Margareta Euphrosine den Betrieb in ihre Hand genommen hatte. Lichtdruck 1899.

Abb. 104: Im heute verschwundenen Wollengäßchen, das früher die Königstraße und die Pfannenschmiedsgasse in Höhe des heutigen Kaufhofs verband, befand sich unter der einzigen Hausnummer des Gäßchens bis 1912 die Pfund'sche Weinstube, die noch vor dem ersten Weltkrieg unter dem Namen „Deutsches Winzerhaus" zum Ausschanklokal der deutschen Winzervereine umgewandelt wurde. Lichtdruck um 1914.

Abb. 105: Noch vor 1900 entstand diese durch die elegante Straßenszenerie interessante Lithokarte vom Gasthof „Zum Goldenen Lamm" am Hallplatz 5, dem früheren Kohlenmarkt. Auch hier handelt es sich um einen der alten Nürnberger Gasthöfe, der seit 1596 bis ins 19. Jahrhundert unter dem Namen „Schwarzer Bock" immer wieder erwähnt wurde. Warum nach einem Umbau Ende des 19. Jahrhunderts aus dem Bock ein Lamm wurde, war leider nicht festzustellen. Vielleicht gefiel dem neuen Inhaber Hassel, der im Adreßbuch als „Privatier" und nicht als Wirt aufgeführt wurde, der etwas derbe Name nicht mehr.

Abb. 106: In der Theatergasse 19 schräg gegenüber der Mauthalle befindet sich auch heute noch das Wein- und Speiselokal „Böhm's Herrenkeller", wobei der Herrenkeller eigentlich im Gewölbe unterhalb der Mauthalle zu suchen ist. Nachdem der früher im Gebäude der heutigen Weinwirtschaft wohnende Büttner des patrizischen Weinlagers über Jahrhunderte das Schankrecht in diesem Haus besaß, konnte Ludwig Böhm, der Gründer des heute zu den besten Nürnberger Traditionsgasthäusern zählenden Lokals diesen historischen Bezug auf sein Lokal übertragen, auch wenn das Haus nie einen Herrenkeller besessen hatte. Lithographie um 1905.

Abb. 107: Bis zu seinem Ende im letzten Krieg gehörte der Mohrenkeller zu den beliebten Speise- und Bierlokalen auf der Lorenzer Altstadtseite. Seinen Namen hatte es wohl vom Bier des Tuchermohren, der das Haus zierte, ehe (s. Abb. 114) das Henninger Bier der Reif-Brauerei ausgeschenkt wurde.

Abb. 108: Im August 1900 wurde diese schöne und wohl um einige Jahre früher entstandene Lithokarte von der Wolfsschlucht in der Johannesgasse verschickt. Wenige Wochen später schloß das beliebte Lokal, um als „Intimes Theater" neu eröffnet zu werden. Die leicht schaurige Darstellung der für das Wirtshaus wohl namengebenden Freischützszene beim Kugelgießen in der Wolfsschlucht paßte in das Unterhaltungskonzept des seit der Mitte des 19. Jahrhunderts florierenden Bierlokals mit dem angeschlossenen Theater- und Kabarettbetrieb (siehe auch Abb. 66).

Abb. 109: Werbepostkarte der Tucher-Brauerei aus den dreißiger Jahren (verkleinert). Wenn auch nicht auf ein einzelnes Gasthaus bezogen, paßt die schöne Karte doch zu unserem Thema: Was wären die Wirtshäuser ohne die anliefernden Bierfahrer und ihre Schwerarbeit? Allerdings hat sich die Belieferung mit Flaschenbier in größerem Umfang erst nach dem letzten Krieg durchgesetzt.

Abb. 110: *Daß bereits der Name von Rösels „Centralsälen" in der Johannesstraße nur mit einem Augenzwinkern zu verstehen war, zeigte bereits die Abb. 65. Auf dieser Lichtdruckkarte des „Internationalen Bierlokals" aus dem Jahr 1913 erkennt man am Wandschmuck das berühmte Jagdzimmer, an der Tapete den noch berühmteren Palmengarten. Nicht abgebildet sind leider die wilden Wasserfälle, die im stillen Örtchen entdeckt werden konnten.*

Abb. 111: Das Meßthalersche „Intime Theater" in der ehemaligen „Wolfsschlucht" lud vor und nach den Vorstellungen auch ins hauseigene Weinrestaurant und Café. Wie es bei Betrachtung der Bepflanzung scheint, gediehen um die Jahrhundertwende in der Johannesgasse die Palmen besonders gut, trotz der Enge der Gasse und den noch viel engeren Lokalitäten. Lichtdruck vor 1905.

Abb. 112: Eine Potpourrikarte der Bratwurstküche „Zum weißen Turm“ in der Ludwigstraße 30, die zu Beginn der zwanziger Jahre verschickt wurde. Die rechte Abbildung zeigt das auf eine der ältesten Garküchen aus dem 14. Jahrhundert zurückgehende „altbekannte bürgerliche Speisehaus und Metzgereibetrieb“, wie es auf der Rückseite der vom damaligen Inhaber Wolfgang Distler herausgegebenen Karte heißt.

Abb. 113: Auf der anderen Seite des Weißen Turms in der Ludwigstraße 35 bestand „Rackl's Fischküche“, die 1914 als diese Lichtdruckkarte in den ersten Kriegstagen von einem Soldaten aus der Großreuthkaserne verschickt wurde, bereits im Besitz von Johann Liegel war. Als besondere Spezialität bot das beliebte Wirtshaus neben Karpfen auch gebackene Mainfische an.

Abb. 114: Das Speiseangebot des „Mohrenkellers“ in der Königstraße wurde vom sich als Poeten gebenden Wirt Franz Müller in gereimter Form vorgestellt. Der Hintergrund, worauf sich die Angabe als „ältestes Bierrestaurant am Platze“ stützte, ist leider nicht festzustellen. Im Unterschied zu der in Abb. 107 wiedergegebenen Karte, auf dem die Tucherbrauerei mit ihrem Mohren warb, wurde hier für das Bier der ehemals Erlanger Brauerei Henninger im Besitz des Nürnberger Brauhauses Reif geworben. Lithographie nach 1905.

Abb. 115: In ähnlicher historisierender Aufmachung eine vor 1905 entstandene Werbekarte von „Böhms Herrenkeller“. Das über der Abbildung des Wirtshauses von Friedrich Böhm in der Theatergasse angebrachte Baudatum bezieht sich natürlich auf die Mauthalle, von deren Keller das Wirtshaus den Namen übernahm. Das rückwärtige Gärtlein ist heute überbaut, nicht zuletzt weil das Lokal nach den Kriegsschäden nur als eingeschossiges Häuslein fortbesteht.

Abb. 116: Dieser farbige Lichtdruck vom Marientorzwinger, versandt im Jahr 1900, zeigt die vom bereits angefüllten Stadtgraben her wild umwucherte Zwingerwirtschaft in einer Sicht aus Richtung des damaligen Marientorschulhauses. Das abgebildete Fuhrwerk kam wohl gerade aus der Katharinengasse. Im Hintergrund der Frauentorturm.

Abb. 117: Auch diese schöne Lithokarte aus der Zeit von 1900 bietet einen Einblick in einen spezifischen Teil der Nürnberger Wirtshausszene mit erweiterter Gastlichkeit. Die Geschichte etlicher hinter der Frauentormauer befindlichen Lokale wie die „Böhmische Haube“ in der Ottostraße, der ehemaligen Lottergasse, läßt sich bis ins 16. Jahrhundert zurückverfolgen und bereits in mittelalterlichen Zeiten wurden eigene Regelungen über die Aufnahme von Dirnen in Gasthäusern erlassen, die üblicherweise beim „Frauenwirt“ logieren mußten.

Abb. 118: *In den zwanziger und dreißiger Jahren bot das Konzert- und Speisehaus „Zum Ottobad“ in der Ottostraße 13 täglich Stimmungskonzerte. Geleitet wurde das Unterhaltungslokal von Herrn Direktor Hans Höpfel, der auf dieser 1931 gelaufenen Karte vom übrigen Personal ein wenig abgehoben vor der Eingangstür des um bürgerliches Niveau bemühten Etablissements posiert.*

Abb. 119: *Einen Eindruck, wie man sich ein gepflegt-bürgerliches Lokal zu Beginn der dreißiger Jahre vorzustellen hat, kann diese Fotokarte vom Theater-Restaurant „Zur blauen Flasche“ am Hallplatz 3 gleich am Eck zur Königstraße mit ihrer gestellten Szenerie vermitteln. Die Herren prosten sich zu, der Stehgeiger gibt sein Bestes, Geschäftsführer und Bedienungspersonal stehen auf Abruf, die Verbindungsmützen im Hintergrund signalisieren deutsche Akademiker unter den Gästen und der Stempel auf der Vorderseite trägt den Zusatz: „Arbeitsnot – kauft Deutsche Waren.“*

Abb. 120: In der Färberstraße 50 gab es das kleine Wirtshaus „Zum Gärtlein", dessen im Hinterhof gelegenes Gärtlein indes gar nicht so klein war, besaß es doch mehrere Kegelbahnen. Lichtdruck nach 1905, gelaufen 1915.

Abb. 121: Zu den bekanntesten der kleinen Wirtshäuser in der Färberstraße gehörte die „Goulaschhütt'n" im Haus Nr. 31. Ehe dort die schärferen Gerichte gekocht wurden, hieß das Wirtshäuslein „Zur alten Schrenz'n", nach der mundartlichen Bezeichnung für einen flachen Tragekorb, in dem gewöhnlich Mist transportiert wurde. Die meisten Nürnberger zogen trotz der vorhandenen Liebe zum Goulasch den alten Namen vor, das berichtete jedenfalls Peter Luginsland, der dem Lokal und seinem Wirt Burzlauer eine eigene, liebevolle Erinnerung zugedacht hat. Lichtdruck nach 1905.

Abb. 122: Die Luitpoldstraße wurde als neue Querverbindung der Königstraße zur Sterngasse erst 1897 offiziell eröffnet. Entsprechend modern und großstädtisch waren die Gebäude und natürlich auch die neu entstandenen Lokale und Hotels. Als besonders attraktiv galt das Hotel „Luitpold“ in der Luitpoldstraße 3 (siehe auch Abb. 162), das mit den Luitpoldsälen dem Trend zu größeren Bierhallen folgte. In das Gebäude zog 1908 der „Wintergarten“ ein, der „täglich bis früh geöffnet“ mit dem Spiel mehrerer Kapellen die Tänzer und Vergnügungsüchtigen der Stadt anlockte. Die um 1900 entstandene Werbekarte läßt ahnen, daß damals die Luitpoldstraße als modernste Straße der Innenstadt galt.

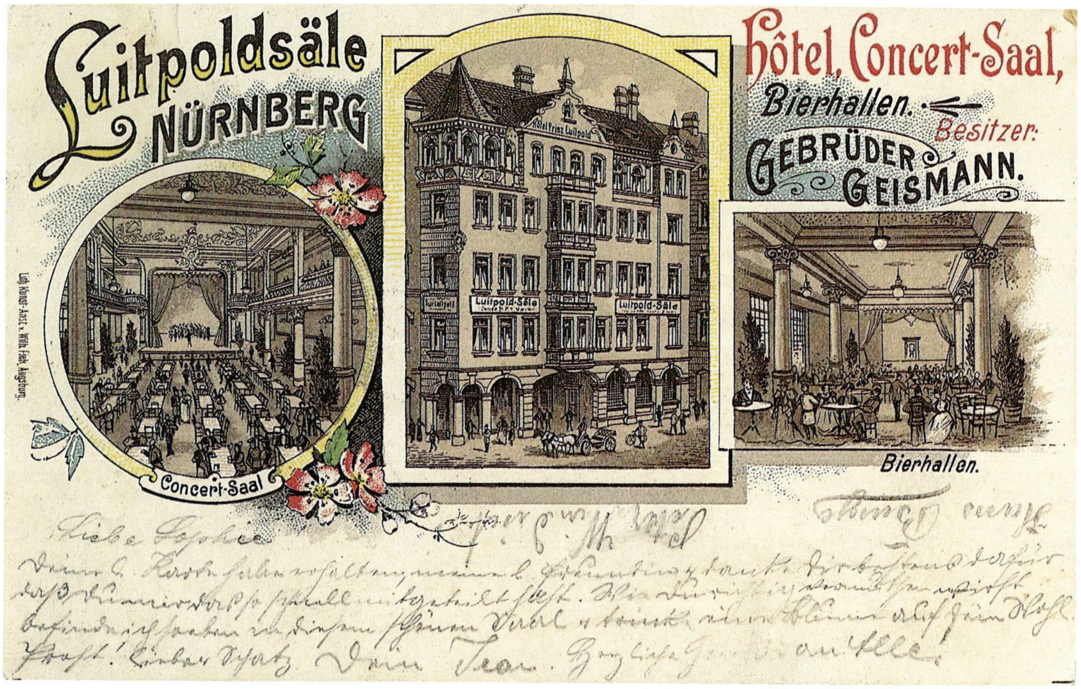

Abb. 123: Um die Jahrhundertwende kamen Automatenrestaurants groß in Mode. Das erste war die „Automatenhalle“ von Jean Haagen in der Vorderen Ledergasse 4 (Abb. 130). 1903 eröffnete Franz Adami sein populäres Automatenrestaurant in der Königstraße 51 (früher „Zum goldenen Hahn“). Dort konnte man auf „electrisch-automatische“ Weise „zwanglos“, „rasch und gut“ essen, so jedenfalls die Werbung auf der Ansichtskarte und dabei noch das Trinkgeld sparen. Zur Erinnerung konnte sich der Gast auch gleich eine Treppe höher mittels „Boscos Photoautomat“ ablichten lassen.

Abb. 124: Als neuer Lokaltyp tauchte zu Beginn der zwanziger Jahre die sogenannte „Diele“ auf, eine sich mondän gebende Mischung aus Café und Bar. In der Luitpoldstraße 17, am Eck zur Sterngasse, befand sich die „Tzateschewa-Diele“, benannt nach der bulgarischen Filmschauspielerin Manja Tzatschewa. Die 1929 gelaufene Vierfarbdruckkarte gibt einen Eindruck von der gepflegt-mondänen Atmosphäre in dem neuen Lokal. Man saß bei „schmeichelnder Musik und Eiskaffee“, wie der Kartenschreiber mitteilte.

Abb. 125: Der Kunstmaler Albert Maurer gehörte wohl zu den Verehrern des bulgarischen Filmstars. Die Karte gibt das von ihm und in der Diele hängende Porträt der Manja Tzatschewa wieder. Die Besitzer des bis in den Krieg bestehenden Lokals setzten trotz der sinkenden Bedeutung der Ansichtskarte auf dieses Werbemittel und gaben eine ganze Serie mit ähnlich aufwendig gedruckten Karten von Künstlerin und Lokal heraus. Vierfarbdruck nach 1925.

Abb. 126: *Außen- und Innenansicht des „Walfischs“ in der Jakobstraße 19 auf einer im Jahr 1916 verschickten Lichtdruckkarte: Als Wirtschaft und Gastherberge wurde das nicht nur bei Nürnberger Künstlern und Journalisten so beliebte und heute noch bestehende Lokal erstmals 1634 erwähnt. Die beiden Innenaufnahmen lassen gut erkennen, daß auch auf die Ausgestaltung des Künstlerlokals vor dem 1. Weltkrieg mit allerlei Kuriositäten großer Wert gelegt wurde (siehe auch Abb. 67).*

Abb. 127: *„Zu den Gemsen“ oder „Zur Gemse“ hieß ein bereits während des Dreißigjährigen Krieges mehrfach genanntes Wirtshaus in der Breiten Gasse 87. Vor der Jahrhundertwende neu hergerichtet, wurde in dem Haus das Weinlokal „Jugend“ eröffnet, für das mit dieser Karte im Jahr 1904 geworben wurde. Ein paar Jahre später wurde dann aus der „Jugend“ die „Noris-Bar“ (Abb. 134). Die auf der Karte ausgesprochene Einladung ging übrigens an den „Hoflieferanten“ Georg Meyer, Schweinemetzgerei in der Ludwigstraße 9, die das Königshaus mit Würsten beliefern durfte. Lithographie um 1900.*

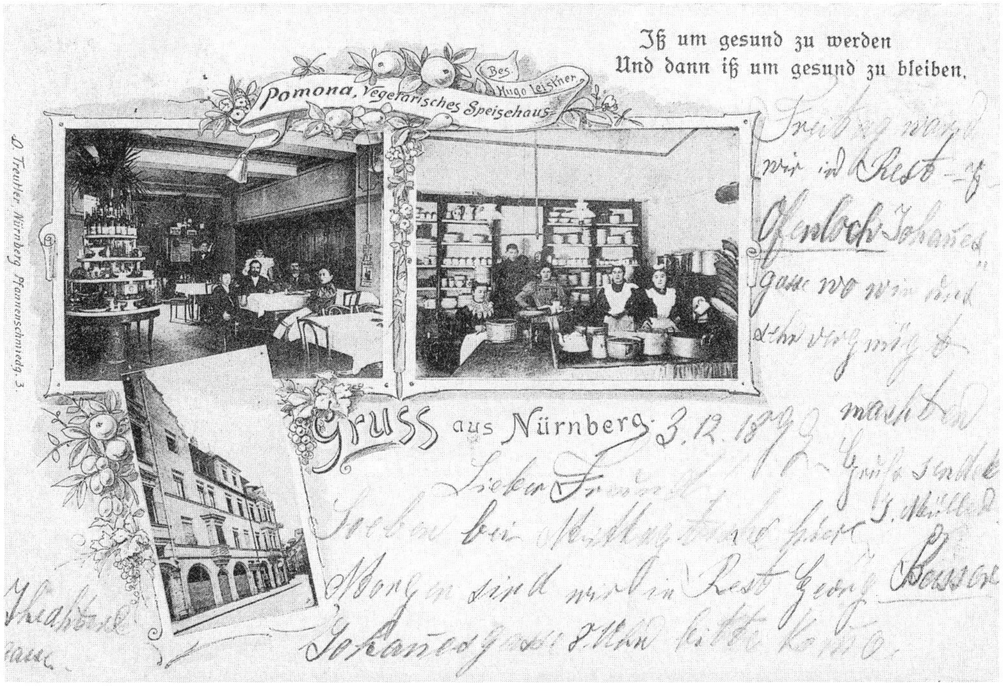

Abb. 128: Dem neuen Zug der Jahrhundertwendezeit nach Lebens- und Ernährungsreform folgte, wie diese am 3. 12. 1899 geschriebene Lichtdruckkarte belegt, in Nürnberg schon früh das vegetarische Speisehaus „Pomona" in der Jakobstraße 14, hier abgebildet mit den Reformköchinnen. Wie es scheint, war dem Leitspruch „Iß um gesund zu werden" kein besonders durchschlagender Erfolg beschieden, denn nur wenige Jahre später wurde das Lokal zum Café „Fantasie" umgewandelt.

Abb. 129: Als neue Adresse für Vegetarier und Reformköstler eröffnete das „Thalisia" im Januar 1903 in der Theatergasse 14. Es gehörte zu einem Verbund ähnlicher Lokale gleichen Namens in München und Bad Wörishofen. Bei der Betrachtung dieses Lichtdrucks von 1908 bleibt offen, ob mit der Karte primär Damen angesprochen werden sollten – augenfällig ist jedenfalls das stark überwiegende weibliche Publikum, ganz im Unterschied zu den „normalen" Wirtshäusern.

Abb. 130: Jean Haagens „erste Nürnberger Automatenhalle“, die wie auf der Karte vom Absender mitgeteilt, am 1. Mai 1898 eröffnet worden war, scheint ein Publikumsrenner gewesen zu sein. Hier konnten, wie der Schreiber nach Berlin mitteilte, nicht nur „sämtliche Schreibutensilien sowie Speißen und Getränke auf automatischem Wege bezogen werden“, sondern im Obergeschoß befanden sich auch noch die Musikautomaten. Tiefdruck 1898.

Abb. 131: Auch in der Karolinenstraße gab es ein Automatenrestaurant, den „Karolinen-Automat“, dessen „gemütliche“ Inneneinrichtung unser Lichtdruck von 1909 zeigt. Das Lokal wurde im gleichen Jahr in der Karolinenstraße 9 im ehemaligen Café „Bauer“ eröffnet und hielt sich bis in den 1. Weltkrieg.

Abb. 132: Schon vor der Jahrhundertwende kamen Stehkost- und Bierhallen in Mode, während es Stehausschänke in Weinhandlungen schon länger gab. Die Weinhandlung Boehme in der Vorderen Ledergasse 4 gab sich jedenfalls modern, wie die lithographierte Werbekarte von 1898 zeigt. Die mit Glückwünschen des Lokalbesitzers Richard Boehme zum Jahreswechsel 1898/99 versandte Bildpostkarte hält auf der Tafel im Hintergrund den Weinpreis fest: 20 Pfennig für ein Glas. Schwer zu deuten ist allerdings der Sinn des Hinweises auf das Brauhaus Nürnberg.

Abb. 133: Im 2. Geschoß des Hauses Karolinenstraße am Eck zum Hörmannsgäßchen befand sich die „American Bar“, in der es, wie der Lichtdruck der Jahrhundertwende zeigt, recht locker zuging, auch wenn der Stil des Lokals eher dem Altdeutschen verpflichtet war. Dafür wirkten die Kellner um so echter. Auch dieser Kartengruß eines Martinischlukkenden Lokalbummlers diente der Einladung zum nächsten „Lokal“termin am folgenden Abend. Ob es sich bei „dem“ American Bar um einen Druck- oder einen Übersetzungsfehler handelt, war nicht zu klären.

Abb. 134: Um 1909 wurde in der Breiten Gasse 87, in der sich schon das Weinhaus „Jugend" befand, eine „Noris-Bar" eröffnet. Das Vergnügungslokal firmierte als Weinrestaurant, scheint sich aber nach Stil und Einrichtung vornehmlich an die schickere Jugend ohne Altersbegrenzung nach oben gewendet zu haben. Das bis zum Ende des 1. Weltkriegs bestehende Lokal war immer im Besitz von Damen, doch wer war „Angeli"? Lichtdruck 1911.

Abb. 135: Der Zeitmode entsprechend wurde im 1901 fertiggestellten Neubau in der Königstraße 70 am Eck zur Luitpoldstraße (heute Café Berger) neben dem noblen Café „Imperial" mit dem „Luitpold-Automat" ein weiteres Automatenrestaurant eingerichtet, das aber nur wenige Jahre bestand. Auf der 1912 verschickten Werbekarte sind die technikbegeisterte Fastfood-Schwärmerei von damals und der Jugendstil eine interessante Kombination eingegangen.

Abb. 136: Im Gebäude Bankgasse 5/7 am Eck zum Lorenzer Platz eröffnete 1935 das „Kabarett Eden – die Kleinkunstbühne mit Billardsalon", wie das damals hieß. Unsere Fotokarte von 1938 zeigt das bis zu seiner Zerstörung im 2. Weltkrieg bestehende Lokal, das im Café „Stadelmann", dann im Café „Stölzle" (auch mit großem Billardsalon) seine Vorgänger gehabt hatte.

Abb. 137: 1908 eröffnete in der Luitpoldstraße 3 mit dem Tanzkabarett „Speyers Wintergarten", das über Jahrzehnte erfolgreichste Varieté in der Stadt. Oscar Speyer, der auch in anderen Städten ähnliche Kabaretts betrieb, hatte dazu die für damalige Zeiten phantastische Summe von zwei Millionen Mark investiert. Das luxuriöse Unterhaltungslokal sah bis zur Kriegszerstörung 1943 und 1944 beinahe alle deutschen Varietékünstler von Weltruf, aber auch andere Stars wie Lale Andersen. Nach der Wiedereröffnung 1955 zunächst wieder erfolgreich, auch als Tanzlokal, wurde 1965 der Varietébetrieb eingestellt und der „Wintergarten" ging als Nachtlokal den Abstieg der Luitpoldstraße mit bis zu seinem endgültigen Ende im Jahr 1973. Lichtdruck.

Hotels und Cafés

Unter den Ansichtskarten der Jahrhundertwende finden sich besonders zahlreich Karten von den neu entstandenen Hotels und der nun als großstädtische Errungenschaft sich vermehrenden Kaffeehäuser. Als Kinder der Ansichtskartenzeit griffen die neugegründeten modernen Cafés und Hotelbetriebe bevorzugt auf die Ansichtskarte als aktuellem Reklamemittel zurück, nicht ohne die Bezüge zu Alt-Nürnberg und seinen Sehenswürdigkeiten besonders herauszustreichen.

Die Jahrzehnte zwischen Reichsgründung und 1. Weltkrieg waren die Zeit der raschen Entwicklung des Fremdenverkehrs und damit auch der Hotellerie mit modern ausgestatteten Häusern und einer gegenüber früher weitaus größeren Zimmerzahl, mit Bädern, Dampfheizungen und Elektrizität. Die alten Gasthöfe, die wie in Nürnberg noch um die Jahrhundertmitte die führende Rolle bei der Fremdenbeherbergung gespielt hatten (vgl. Friedrich Mayers Schilderung S. 34), wurden durch neue Hotels für das in den Gründerjahren reichgewordene bürgerliche Publikum verdrängt, das möglichst großen Komfort, neuen Luxus und mehr Unterhaltung verlangte. Auch die kleineren Großstädte folgten den Vorbildern, die seit den 1870er Jahren in Berlin, Frankfurt, Hamburg oder Leipzig und in den bekannten Badeorten von der Großhotellerie als neuer gastronomischer und Übernachtungsstandard für die wachsende Zahl der gutsituierten Reisenden eingeführt worden waren. Möglichst in günstiger Nähe zu den Bahnhöfen und Innenstädten gelegen, entstanden die neuen Hotelbauten mit ihren historisierenden und auf üppige Repräsentativität ausgelegten Außenfassaden. Die folgende, einem recht aufwendig gestalteten Werbeheftchen für das „Hotel Strauß“ entnommene Erläuterung des hinter der Hotelrenovierung stehenden positivistischen Zeitgeistes und -geschmacks kann durchaus als exemplarisch für das Repräsentationsbedürfnis des neuen städtischen Bürgertums genommen werden:

„Durch die ... veränderten Lebensanschauungen und die daraus sich ergebenden Wünsche, welche ja unleugbar auf eine Verbesserung des Geschmackes und der Lebensverhältnisse hinzielen, ist ein lebhafter Aufschwung auf allen gewerblichen und industriellen Gebieten entstanden und in erster Linie zeigt sich die günstige Veränderung an den der Öffentlichkeit und dem Verkehr dienenden Orten, in Versammlungslokalen, im Theater, im Konzertsaal, im Hotel, im Restaurant. Insbesondere das Hotel und das Restaurant sind die Stellen, wo sich alles das zu konzentrieren hat, was dem Auge wohlthut und dem körperlichen Behagen dient.
Dem vollen Verständnisse der vielfachen und weitgehenden Ansprüche auf diesem Gebiete ist es zu verdanken, dass der Reisende wie der Einheimische heutzutage im feinen Hotel und im Restaurant sich von einem Luxus umgeben sehen darf, wie er früher nur im fürstlichen Schlosse zu finden war.
In diesem Sinne ist der Luxus heute schon Gemeingut geworden.“[151]

Nürnbergs erster neuer Hotelgroßbau, der zum Luxushotel umgebaute alte Gasthof „Zum Strauß“ wurde bereits 1875 nach Plänen von Theodor Eyrich und Emil Hecht völlig überdimensioniert und stilfremd-protzig in die bis dahin noch niedrig und historisch bebaute Karolinenstraße gesetzt. Er bildete den Auftakt zur fast vollständigen Umgestaltung der neuen Verkehrslinien durch die König- und Karolinenstraße in der Lorenzer Stadt. Die 52 m breite Fassadenfront im Stile altflämischer Renaissance sollte der Straße ein „lebhaftes, großstädtisches Gepräge“ geben, wie das ausgedrückt wurde. Das Hotel warb aufwendig mit seinen 150 Zimmern und Salons und dem vor-

Abb. 138: Während des 19. Jahrhunderts zählte der Gasthof „Zum Strauß" in der Karolinenstraße 43, wo bereits die alte Weinschenke „Zum goldenen Rad" am Fischbach erwähnt wurde, zu den besten Häusern der Stadt. 1875 wurde der Gasthof abgerissen und nach den großdimensionierten Plänen von Theodor Eyrich und Emil Hecht als erster großer Hotelneubau in der Nürnberger Innenstadt mit einer 52 m breiten Fassadenfront neu errichtet. Nach einem Besitzerwechsel im Jahr 1899 nochmals luxuriös als Hotel renoviert, wurde das die Karolinenstraße dominierende Gebäude 1905 zum ersten Nürnberger Großkaufhaus „Grand Bazar zum Strauß" umgebaut. Lichtdruck vor 1905.

handenen „hydraulischen Aufzug", war aber offenbar nur in den ersten Jahrzehnten erfolgreich, denn bereits 1905 wurde das Gebäude zum ersten Nürnberger Großkaufhaus „Grand Bazar zum Strauß" umgebaut, nachdem es erst 1899 nach einem Besitzerwechsel aufwendig renoviert worden war (Abb. 138).

Das Hotel „Strauß" bildete jedoch nur den Auftakt. Die nächste Phase der Entwicklung der Nürnberger Hotellerie und bei der Umgestaltung vor allem der Königstraße zu einer modernen Hotel- und Geschäftsverbindung in den folgenden Jahrzehnten wurde durch einen aus der Oberpfalz zugewanderten Kellner bestimmt, den zum Nürnberger Großgastronomen und Hotelkönig aufsteigenden Johann Baptist Zetlmeier. In seinen nach dem finanziellen Bankrott geschriebenen Memoiren schilderte er im Blick auf seine Leistungen nicht ohne Übertreibung, aber im Kern zutreffend, die Beherbergungssituation in der Stadt vor seinen Initiativen wie folgt:

„Wer Nürnberg in den achtziger Jahren besucht hat und dann nach einem Dezennium etwa wiedergekehrt ist, die Reize der Heimat Albrecht Dürers und Hans Sachsens von neuem zu genießen, wird wohl nicht wenig erstaunt und erfreut gewesen sein ob des weit schöneren, vorteilhafteren Gewandes in das die alte Noris inzwischen geschlüpft war. Nicht als ob sie sich ihres mittelalterlichen Schmuckes, dessenthalben alljährlich tausende von Fremden aller Nationen bewundernd zu ihr wallfahren, entkleidet hätte, um der Moderne ein Opfer zu bringen; nein, solchen Barbarismus hat sich hier die Neuzeit auf Kosten der altehrwürdigen steinernen Zeugen von der ehemaligen Reichsstadt Glanz und Größe nicht geleistet!
Aber da, wo ehedem unschöne, baufällige Hütten standen, wo in krassem Kontrast zu den komfortablen Hotels anderer Städte von der Größe Nürnbergs altmodisch unbequeme Gasthäuser sich noch breit machten, in denen der Wirt des Abends den übernachtenden

Abb. 139: Als Auftakt der Verwandlung der Königstraße durch die großen Hotelneubauten des aufsteigenden Nürnberger Hotelkönigs Johann Baptist Zetlmeier entstand 1889/90 am Eck zur Mauthalle (heute Kaufhof) der protzige Bau des Hotels „Monopol“. In späteren Jahren befand sich hier das große Bierlokal „Zum Patrizier“ der Lederer-Brauerei. Lichtdruck 1906.

Fremden mit der Kerze oder höchstens mit der Ölfunzel die holperige Treppe hinauf in die kalte Stube geleitete, da hat, der modernen Kultur eine Gasse brechend, die kühne, unternehmungslustige Hand eines Mannes eingesetzt, um energisch hier Wandel zu schaffen und seiner zweiten Heimat Nürnberg durch Gründung eines zeitgemäßen Hotelwesens und großzügig angelegter Vergnügungsetablissements den Ruf einer Großstadt erst erringen zu helfen!“[152]

„Die kühne, unternehmungslustige Hand“, die die angesprochene Verwandlung der Nürnberger Hotelsituation vor der Jahrhundertwende in Gang gesetzt hatte, um nun mit *„berechtigtem Stolze der Schöpfungen zu gedenken, durch die er .... sein liebes Nürnberg groß, ja erst zur Großstadt gemacht hat“*[153], war natürlich J. B. Zetlmeier selbst. 1910, als er diese Zeilen zum Vorwort der eigenen, von sich selbst in der dritten Person berichtenden Autobiogaphie schrieb, war der gastronomische Aufsteiger wirtschaftlich bereits gescheitert. Das mit viel Selbstlob und Übertreibungen gespickte, aber auch mit Humor geschriebene Büchlein[154] läßt noch heute etwas von dem Elan der Gründerjahre verspüren, mit dem auf die wirtschaftliche und bauliche Zukunft der neuen Großstadt Nürnberg gesetzt wurde. Modernen Altstadtfreunden hätte Zetlmeier reichlich Angriffsfläche und Reibungsmöglichkeiten geboten, die Nürnberger Hotel- und Gastronomiebranche verdankt dem 1858 in Neumarkt in der Oberpfalz geborenen Zetlmeier aber tatsächlich den Anstoß zur Entwicklung moderner Strukturen und neuer Einrichtungen. In weniger als 10 Jahren, zwischen 1891 und 1901, ließ er drei Hotels, ein modernes Café, das bald in ganz Deutschland bekannte Apollo-Theater und das neue und leicht protzige Restaurantgebäude am Dutzendteich errichten.

Begonnen hatte der gründungs- und bauwütige gelernte Kellner 1887 mit dem Bau des Cafés

Zetlmeier, dem späteren Kaisercafé, in der Kaiserstraße 46, das er nach zwei Jahren verkaufte, zurückkaufte und erneut verkaufte. Zetlmeier plante Größeres und hatte sich die Königstraße ausgesucht, für deren weitgehende Neubebauung und Umgestaltung zur fast ununterbrochenen Hotelmeile zwischen Lorenzkirche und Hauptbahnhof er den Auftakt lieferte. Seine Schilderung der Situation in der Königstraße vor dem Bau des Hotels Monopol (1892) läßt sich in frühen Ansichtskarten noch teilweise nachvollziehen:

„... namentlich die Königstraße, der direkte Zugang vom Bahnhof ins Stadtinnere, wies, im krassen Gegensatz zu ähnlich günstig gelegenen Straßen in anderen Städten von Nürnbergs Größe, Häuserfronten auf, die geradezu als kläglich und kümmerlich bezeichnet werden müssen.
Kein einziges modernes Hotel, kein größeres Ladengeschäft – von der Neuzeit entsprechenden Cafés und Vergnügungsetablissements ganz zu schweigen – lag in dieser dicht am Hauptbahnhof gelegenen Straße, die täglich tausende von Fremden durchpilgern und durchfahren mußten, wollten sie Nürnbergs Sehenswürdigkeiten besuchen. Man bedenke, kein einziges zeitgemäß eingerichtetes Hotel in der direkt vom Bahnhof ins Stadtinnere führenden Hauptstraße, nur ein paar äußerst bescheidene Gasthäuser sollten die Tausende der in der überwiegenden Mehrzahl sehr verwöhnten, begüterten Fremden, wie Engländer, Amerikaner etc., zum längeren Dableiben, zum Übernachten veranlassen und zu mehrtägigem Geldverbrauch am Orte bewegen.
Daß es den an erstklassige Hotels mit elektrischer Beleuchtung, Zentralheizung etc gewöhnten ausländischen Vergnügungsreisenden natürlich nicht einfiel, in anbetracht solch rückständiger Hotelverhältnisse länger als unbedingt nötig in Nürnbergs Mauern zu verweilen, war klar. Und dann, wo hätten sie auch Gelegenheit gefunden, sich am Abend nach Besichtigung der Sehenswürdigkeiten zu zer-

Abb. 140: Als im Jahr 1908 diese Lichtdruckkarte mit der schönen Kutsche vor dem Hotel „Kaiserhof" verschickt wurde, war sein Erbauer Zetlmeier bereits bankrott. Als zweites der neuen Luxushotels des Hoteliers in der Königstraße 39 war der von Emil Hecht entworfene Bau 1894, nur drei Jahre nach der Fertigstellung des gegenüberliegenden „Monopol" entstanden. Bei den Nürnbergern war der im Hause gelegene „Ratskeller" über Jahrzehnte und auch in der Nachkriegszeit („Pfälzer Faß") eine der besonders beliebten Adressen für einen Weinabend.

Abb. 141: Die vier Chromolithokarten im beliebten Potpourristil der Jahrhundertwende zeigen die Verknüpfung von Alt-Nürnberg-Motiven und den großstädtischen Hotelneubauten, die nicht unbedingt als Gegensatz betrachtet wurden. Das Hotel „Deutscher Kaiser", dessen im sogenannten „Nürnberger Stil" ausgeführte Außenfront besonders gerne als Ansichtskartenmotiv verwendet wurde, ließ sich durchaus mit dem Nürnberger Trichter und diversen Zwerglein verbinden. Gelaufen 1898.

Abb. 142: Hier verknüpft ein bierkrugschleppender Putto Dürer-Haus und Schönen Brunnen mit dem in der Königstraße 80 neu entstandenen Hotel „Victoria", das sich ebenfalls in nachempfundenen historischen Nürnberger Formen darstellte. Die abgebildete Pferdebahn als eingeblendetes Motiv für den großstädtischen Fortschritt gibt die Datierungshilfe für die Entstehung dieser lithographierten Werbekarte noch vor dem Jahr 1896, in dem die Elektrifizierung der Straßenbahn begann.

Abb. 143: Ebenfalls mit der Pferdebahn, aber auch dem Hinweis auf moderne Elektrizität und Heizung warb diese Karte für das neue Hotel „Herzog Max", später in „Drei Raben" umbenannt, das in der Königstraße 63 an Stelle des seit 1609 erwähnten Wirts- und Gasthauses „Zum (goldenen) Rindsfuß" entstanden war. Beeindruckend und ganz im Stile der Werbestrategen ist es gelungen, die zur Peuntgasse schauende Eingangsfront mit graphischen Mitteln deutlich aufzuwerten. Lithographie um 1896.

Abb. 144: Auch wenn das 1896 eröffnete „Grand Hotel" außerhalb der eigentlichen Altstadt liegt, über diese Karte mit der Panoramasicht zur Burg und dem nahegelegenen Frauentor wurde die Verbindung zu Alt-Nürnberg hergestellt und für die Reklame eingesetzt. Auch der im Hintergrund qualmende Fabrikschlot störte nicht, sondern wurde eher gezielt als Motiv für den prosperierenden Fortschritt hinter das Luxushotel gesetzt. Lithographie um 1896.

Abb. 145: 1888/89 nach Plänen von Konradin Walther entstand durch den Umbau eines Hauses aus dem 16. Jahrhundert in der Königstraße 55 das Hotel „Deutscher Kaiser". Es gilt als das gelungenste Beispiel des „Nürnberger Stils" als dem Versuch, Nürnberger historische Bauformen mit den Repräsentationsbedürfnissen der neuen Großstadt in Einklang zu bringen und mit modernem Hotelkomfort am Ende des 19. Jahrhunderts zu verbinden. Die Ähnlichkeiten mit dem leider kriegszerstörten Toplerhaus am Paniersplatz sind unverkennbar und gehörten zum Konzept des Nürnberger Stils. Lichtdruck nach 1905.

streuen? Etwa in dem alten, engen Stadttheaterrumpelkasten in der Lorenzer Straße?
Wo stand ein der Größe der Stadt würdiges, nur halbwegs vornehm und komfortabel ausgestattetes Varieté oder dergleichen?
Es gab keines, in der zweitgrößten, München an Einwohnerzahl fast erreichenden Stadt Bayerns gab es keine einzige größere Varietébühne, die auch nur ganz bescheiden den ironisch lächelnden Fremden daran erinnert hätte, daß er sich in einer Großstadt befinde! Drei kleine Tingeltangels, die Himmelsleiter, Reichshalle und Wolfsschlucht, ja die bestanden allerdings und sollten dem Geschmack und der abendlichen Zerstreuung des internationalen Reisepublikums genügen.
So kamen denn die meisten Fremden aus Nord und Süd, aus Ost und West mit den Morgenzügen in Nürnberg an, besichtigten dann rasch zu Fuß oder zu Wagen die Sehenswürdigkeiten und fuhren, zu der Nürnberger Geschäftswelt größtem Leidwesen, ehe sie noch den gespickten Beutel geöffnet, des Nachmittags wieder von dannen, um lieber in Münchener oder Frankfurter Hotels abzusteigen, kurzum an Orten, wo ihnen mehr Komfort und Luxus und bessere Gelegenheit zum Amüsement und zum Geldausgeben geboten war ..."[155]

Um das zu ändern, kaufte Zetlmeier 1889 am Eck Königstraße 52 zum Gäßchen „an der Mauthalle" drei Häuser zum Abbruch. Hier entstand 1891 nach dem Entwurf von Franz Ruepp der protzige Neorenaissance-Bau des „Monopol", *„das erste Hotel mit elektrischer Beleuchtung und Zentralheizung am Platze... Das Erdgeschoß, mit einer Reihe großer moderner Bogenfenster versehen, ward als Café eingerichtet ... und bildete allein schon durch sein äußerst kunstvolles, von bedeutenden Kräften entworfenes Deckenrelief eine Sehenswürdigkeit, das besonders dann so recht zur Geltung kam, wenn es des Abends von dem reichen, blendenden Lichtermeer der meisterhaft arrangierten elektrischen Deckenbeleuchtung erhellt war."*[156]

Der Hotelbau (Abb. 139) erregte erhebliches Aufsehen und wurde noch im Eröffnungsjahr, für Zetlmeier äußerst werbewirksam, von dem Wittelsbacher Prinzen Alphons besucht. 1894 entstand gegenüber auf der anderen Straßenseite, Königstraße 39, diesmal nach Plänen des bekannten Nürnberger Architekten Emil Hecht das noch luxuriösere „Hotel Kaiserhof“ (Abb. 140). Mit achtzig Zimmern und allen modernen Einrichtungen, darunter einem elektrischen Fahrstuhl, ausgestattet, zieht sich das Hotel ins Weikertsgäßchen hinein, was auf der Werbekarte von einem imaginären Betrachtungsstandpunkt aus Reklamegründen stark übertrieben dargestellt wurde. Besondere Anziehungskraft, die bis weit in unsere Nachkriegszeit anhalten sollte, als das Lokal unter dem neuen Namen „Pfälzer Faß“ wiedereröffnet worden war, übte bald der zum Hotel gehörende „Ratskeller“ aus. Der Weinkeller lockte nicht nur die auswärtigen Gäste, sondern auch das Nürnberger Publikum in großen Scharen. Zetlmeier konnte später schreiben:

„Für Gemütlichkeit und Zerstreuung ward durch Einrichtung eines ‚Ratskellers‘ in den Souterrainräumen des geräumigen Hotels bestens gesorgt; lauschige Nischen, eine kunstvoll gemalte Decke, eine trauliche Holzvertäfelung und nicht zum mindesten vorzügliche Speisen und Getränke zwangen dort den Eintretenden förmlich, so lange wie möglich hier Bacchus und Gambrinus zu opfern.
Auch ein Musikpodium hatte man nicht vergessen, und bei den lustigen Klängen von Zigeuner-, Damen- und anderen Kapellen saß und trank sich's nochmals so feste.
Und welch Nürnberger Kind, aber auch welcher Besucher der alten Noris kennt heute nicht den lustigen, stets übervollen Ratskeller im alten Kaiserhof?![157]

Zetlmeiers Schilderungen – deswegen werden sie so ausführlich zitiert – orientieren sich an den zeitgenössischen Vorstellungen von ‚modernem Komfort‘ und Wohlleben, die um die

Abb. 146: Auch der 1896 fertiggestellte Neubau des Hotels „Roter Hahn“ in der Königstraße 44/46 orientierte sich an Alt-Nürnberger Architekturelementen mit Chörlein und Dacherkern. Der Entwurf stammte von Georg Richter. Der alte Nürnberger Gasthof folgte mit diesem Neubau der starken Konkurrenz in der Königstraße (siehe auch Abb. 152). Nach der Zerstörung im 2. Weltkrieg wurde es nicht wieder aufgebaut. Heute steht hier der Kaufhof. Lichtdruck vor 1905.

Jahrhundertwende vom Hotelpublikum ‚der Neuzeit' geschätzt wurden: Elektrische Beleuchtung, Zentralheizung und warmes Wasser und am Abend Zigeuner- und Damenkapellen. Der Erfolg dieser Mischung veränderte die Königstraße, die in knapp einem Jahrzehnt zur wichtigsten Hotel- und Geschäftsstraße der Stadt wurde. Zahlreiche Neubauten entstanden oder die besseren der noch bestehenden alten Gasthöfe wie der „Rote" und der „Weiße Hahn" wurden umgebaut und den neuen Ansprüchen angepaßt. Es ist interessant, gerade auf den Werbekarten dieser älteren Betriebe zu beobachten, wie die neuen Errungenschaften wie elektrische Beleuchtung oder der nahe Straßenbahnanschluß in den Vordergrund gerückt wurden. Aber auch zahlreiche neue Geschäfte eröffneten in der Königstraße, ältere wurden modernisiert.

Das Häuserverzeichnis im Adreßbuch von 1912 für die Königstraße liest sich vom Bahnhof her beginnend wie ein Mitgliedsverzeichnis des Hotel- und Gastronomenverbandes oder die Übernachtungsliste des 1904 entstandenen Verkehrsvereins: Hotel Victoria (Nr. 80), Gasthof Pillhofer (Nr. 78), Hotel „Bamberger Hof" (Nr. 74), Café „Habsburg" und Pension Trefzer (Nr. 72), „Luitpold-Automat" und Café „Imperial" (Nr. 70), nach der Klarakirche unter den Nummern 60 die Weinstube „Zur Goulasch-Hütt'n", zeitweise auch als „Fränkische Weinstube" geführt, Nummer 58 das Hotel und Weinrestaurant Föttinger, 56 das „Königs-Café", dann nach der Mauthalle das Hotel „Monopol" (Nr. 52), das zu diesem Zeitpunkt der Brauerei der Gebrüder Held gehörte, an der Einmündung des Wollengäßchens der renovierte Gasthof „Weißer Hahn" (Nr. 48). Gegenüber auf der anderen Ecke des Gäßchens folgten der 1894–96 zum modernen Hotel umgebaute alte Gasthof „Zum roten Hahn" (Nr. 44–46), das Café „Fleischmann" (Nr. 38), und der „Mohrenkeller" (Nr. 34) im Besitz der Tucherbrauerei. Den Abschluß des oberen Teils der Königstraße bildete unter Nummer 30 das alte Gasthaus „Zum weißen Löwen".

Auf der vom Königstor gesehen rechten Seite kam der Stadtbesucher vorbei an den Wirtshäusern „Zum goldenen Bären" (Nr. 85) und „Zum grünen Weinstock" (Nr. 83), gefolgt vom neuerrichteten Hotel „Rheinischer Hof" (Nr. 81). Nach der Marthakirche und den Gebäuden der reformierten Kirchenverwaltung luden zur Übernachtung die Hotels „Nürnberger Hof" (Nr. 71) und „Zum Herzog Max", (später „ Drei Raben", Nr. 63), in dem auch die „High-Life-Bar" auf unternehmungslustige Besucher wartete. An der Einmündung der Johannesgasse in die Königstraße hineinragend warb das in Alt-Nürnberger Bauformen 1888/89 grundlegend umgebaute Hotel „Deutscher Kaiser" (Nr. 55) um Übernachtungsgäste – ein Musterbeispiel für den sogenannten „Nürnberger Stil" und damals eines der Vorzeigeobjekte in der Königstraße für eine die historische Umgebung aufgreifende Stadtbildpflege (Abb. 141, 145). Das Gebäude wurde auf den Ansichtskarten der Zeit von der vorderen Königstraße als geschätztes Motiv, wo auch immer möglich, ganz besonders ins Bild gerückt. Über die Theatergasse hinüber, mit den in Sichtweite gelegenen Gasthäusern „Zu den drei Königen" und „Böhms Herrenkeller" besucht werden konnten, traf man auf das ins Weikertsgäßchen hineingebaute ehemalige Zetlmeiersche Hotel „Kaiserhof" (Nr. 39), an das sich der pompöse Neubau des kunstgewerblichen Kaufhauses Ostermayr anschloß.

Zetlmeier schilderte 1912, als er bereits einige Zeit aus dem Geschäft geflogen war, die Verwandlung der Königstraße und die durch die in seine Hotels strömenden Touristen vorgeblich bewirkte Ankurbelung des Geschäfts in der Stadt – natürlich nicht ohne hier das eigene Verdienst durch seine Übertreibungen herauszustreichen:

„Und es wurde gekauft, daß die Ladenkassen von den aus wohlgespickten Börsen heraustanzenden Goldstücken krachten. Welch ein Goldregen da über die Besuchten niederging und niedergegangen sein muß, das bewies allein schon die Unzahl der meist äußerst umfangreichen Pakete, die alltäglich von dem und jenem Geschäft für Herrn oder Frau X. X. aus London, New York oder Chikago in J. B. Zetlmeiers Monopol und Kaiserhof abgegeben wurden.

Diese mit einemmal so gewaltig einsetzende Nachfrage nach Kunstgegenständen, Altertümern und sonstigen Reiseandenken war natürlich sehr nach dem Geschmack der Nürnberger Geschäftswelt. Die Nürnberger Geschäftsleute sind aber bekanntlich, wie ja schließlich an anderen Orten auch, nicht nur für pekuniären Segen sehr empfänglich, sie sind auch sehr helle – was ja dank des bekannten Trichters jeder Nürnberger von Geburt ist – und vor allem gegen kauflustige Fremde sehr freundlich und entgegenkommend. Und darum sagten sie sich: es ist doch nicht schön von uns, wenn wir die verehrlichen Herrschaften von auswärts so weit in die Stadt herein, fast bis zur Pegnitz, bemühen, um ihnen unsere Schätze vorlegen und verkaufen zu können ... und so begann denn, erst allmählich, und dann im Laufe der Jahre mit Macht, ein Umbauen, ein Durchbrechen von Mauern, ja ein Einreißen von Häusern, so daß man gar bald die ehedem so stille, bescheidene und öde Königstraße nicht wiedererkannte. Und auch die anstoßende Karolinenstraße nicht mehr.

Und selbst ältere Nürnberger können sich wohl nur mit Mühe an die Zeit erinnern, wo es noch keinen Leykauf, keinen Ostermayr, keinen Grand-Bazar zum Strauß und so weiter gab, wo's noch so dunkel und so finster war in der König- und Karolinenstraße, da all die hunderte von elektrischen Lampen und Lämpchen fehlten, die jetzt die ununterbrochene Reihe mächtiger, moderner Schaufenster und die Straßen selbst in einem Meere von Licht und Glanz erstrahlen lassen.

Doch nicht nur Läden regnete es dort förmlich dank J. B. Zetlmeiers Gründungen, auch der lieben Konkurrenz im Hotelwesen dämmerte es gar bald, daß man in der Königstraße sozusagen hübsch warm saß; so schossen denn in den folgenden Jahren hüben wie drüben Hotels und Cafés wie Pilze aus der Erde, das „Viktoria“, der „Rote Hahn“, der „Bamberger Hof“, das Café „Imperial“ und wie sie alle heißen mögen, sie alle folgten J. B. Zetlmeiers Bahnen, der für moderne Verhältnisse, für moderne Kultur und nicht zuletzt für seine eigenen Kollegen in die kleinstädtische Großstadt Nürnberg die Bresche brach, der ihnen mutig und ganz alleine unentwegt vorangeschritten war.“[158]

Daß Zetlmeier die bereits vor seinem Engagement bestehenden imposanten Neubauten des Hotels „Strauß“ in der Karolinenstraße von 1875, das Kohnsche Haus, den ersten großen Neubau in der Königstraße 41 oder den Umbau des Hotels „Deutscher Kaiser“ bereits 1888/89 einfach unter den Tisch fallen ließ, entsprach seinem Naturell und wohl auch seiner Bitternis nach dem Sturz von den Höhen des Hotelkönigs in wirtschaftliche Nöte. Zudem schrieb er seine „Biographie“ wohl mit der Hoffnung, nochmals ins große Geschäft einzusteigen. Warum also die Initiativen und Verdienste anderer groß herausstreichen, wenn er sich selbst als ungerecht behandelt vorkam? Richtig ist jedenfalls, daß er mit seiner Dynamik beim Betreiben der Hotelprojekte wesentliche Impulse für die Entwicklung der Königstraße, wie der gesamten Lorenzer Stadtseite in Bahnhofsnähe zur neuen Nürnberger „City“ gegeben hat.

Zetlmeier beendete mit den Verkäufen des „Monopol“ 1895 und zum 1. Januar 1896 auch des Hotels „Kaiserhof“ bereits nach relativ kurzer Zeit wieder sein Engagement in der Königstraße, um sich dem nächsten Hotelprojekt, dem „Hotel Wittelsbach“ in der Pfannenschmiedsgasse und dem dazugehörenden

„Apollotheater" zuzuwenden, wobei nach Zetlmeier das Varietétheater für ihn die deutlich größere Priorität besaß. Das Apollotheater wurde bereits im Juni 1896 feierlich eröffnet, das mit Restaurant, Café und diversen Bars ausgestattete Hotel „Wittelsbach" erst Ende 1897.
Schon bald nach seiner Eröffnung im Juni 1896 stieg das „Apollotheater" schon unter dem Gründer Zetlmeier zu einer der bekanntesten Varietébühnen Deutschlands auf und war noch in den zwanziger und dreißiger Jahren eine der ersten Adressen in Deutschland in Sachen leichter Muse. Das Programm war im Jahreslauf zweigeteilt, die Wintersaison von Oktober bis Mai war dem Varieté und den Darbietungen einzelner Künstlerinnen und Künstler gewidmet, während die Sommersaison in den anderen Monaten vornehmlich Operetten, Lustspiele und auch Bauern- und Volkstheater vorsah.
Das „Apollotheater" war wohl das liebste Kind von Johann Baptist Zetlmeier und natürlich die besonders von den Nürnbergern genutzte Einrichtung unter seinen Gründungen. Gäste des Hotels „Wittelsbach", auch das ein rechter moderner Werbegag, hatten selbstverständlich freien Eintritt und direkten Zugang zu dem Theater in reservierten Gästelogen. Zetlmeier und sein Architekt Emil Hecht hatten „erhebliche Kosten und Strapazen" nicht gescheut und sich vor dem Bau europaweit umgetan – man bedauert die beiden noch heute beim Lesen der Erinnerungen und hätte Mäuslein bei der „Erlangung einschlägiger Kenntnisse" sein mögen:

„Um das Etablissement wirklich mustergültig zu gestalten, mußte ich vorher, um hiebei nur nach modernstem, großstädtischem Muster zu verfahren, mit meinem Architekten Hecht weite Reisen machen und zur Erlangung und Bereicherung einschlägiger Kenntnisse Großstädte besuchen, so München, Frankfurt, Köln, Brüssel, London, Paris, Hannover, Berlin, Hamburg, Wien und Budapest."[159]

Das Ergebnis konnte sich sehen lassen. Zetlmeiers Beschreibung des Theaters – seine Lieblingsvokabeln sind ‚pompös' und ‚vornehm' – ist ein schönes Muster für den falschen Schein bürgerlicher Prachtentfaltung gemischt mit dem Parvenuetum und der Operettenseligkeit der wilhelminischen Zeit. Den verschiedenen Andeutungen Zetlmeiers ist aber auch zu entnehmen, welche Möglichkeiten bestanden, damit ein Geschäft zu machen:

„Nur eine Stimme der Bewunderung über dessen ebenso reiche, pompöse, wie vornehme und moderne Ausstattung ward laut.
Und mit Recht: Die Bühne erfreute sich seltener Länge, Höhe und Tiefe, sie wies die neuesten, modernsten technischen Einrichtungen auf. Ihrer würdig war der weite, mächtige, tausende von Personen fassende Zuschauer-Raum.
Wie bei den vornehmsten Varietétheatern der ersten Großstädte der Welt, wie in Wien, Paris und dergleichen [!], war hier die Einteilung getroffen: Hinter der Orchester-Vertiefung mehrere Reihen eleganter und bequem gepolsterter Fauteuils als beste Parkettplätze, nach ihnen in schier endloser Zahl reservierte Saalplätze, das heißt numerierte. Weißgedeckte Restaurationstische mit Stühlen; solche auch zu beiden Seiten unterm Halbkreis der ersten Ranglogengalerie.
Über diesen Sitzplätzen zu ebener Erde liefen dann ... im weiten Halbkreis zwei Galerien, die der ersten Ranglogen und darüber die eigentliche Galerie, letztere die billigeren Plätze enthaltend.
Deren metallene Brüstungen, namentlich die des ersten Ranges, strotzten von Gold und kunstvoll ausgeführten Figuren und erstrahlten in dem Meer von elektrischem Licht, das dank zahlloser Lampen und Lüster den ganzen weiten Raum durchflutete, in magischem Glanze. Breite Wandelgänge hinter den Logenplätzen gestatteten selbst bei stärkster Frequenz ein bequemes, angenehmes Promenieren, und ringsumher an der Wandseite luden in

Abb. 147: Johann Baptist Zetlmeiers letzter und prachtvollster Hotelneubau war das mit dem „Apollotheater“ verbundene Hotel „Wittelsbach“ auf einem riesigen Areal der Pfannenschmiedsgasse 22. Die etwa 1905 entstandene Fotokarte zeigt den pompösen Hotelbau ganz offensichtlich an einem vorstellungsfreien Tag des Theaters während der damals noch unbekannten Hotelferien und zu so früher Morgenstund', daß entgegen aller Werberegeln nicht die Spur von Verkehr oder Gästen zu sehen ist. So mußte sogar das Auto vor den drei Eingängen in das Bild retuschiert werden. Links ging es in das Café, in der Mitte der Durchgang zum „Apollotheater“, rechts der Hoteleingang.

Abb. 148: Schon bald nach seiner Eröffnung 1896 stieg das „Apollotheater“ für Jahrzehnte zu einer der bekanntesten deutschen Bühnen der leichten Muse auf. Das Programm unterschied sich im Jahreslauf: Im Winter standen Varieté und leichte Unterhaltungskunst auf dem Programm, die Sommersaison bot Operetten, Lustspiele und auch Bauern- und Volkstheater. Unsere Lichtdruckkarte zeigt eine Raubtiernummer von 1898, wobei es sich bei dem Herrn im Inneren des Käfigs um den Langs Schurl, den damals bekanntesten Festwirt des Volksfests und Blaskapellendirigenten handelte.

Abb. 149: *Die colorierte Karte läßt gut den die Pfannenschmiedsgasse bestimmenden Komplex des Hotel „Wittelsbach" erkennen, das aus bunten Stilelementen zusammengesetzt war. Hotelkönig Zetlmeier mußte bereits 1902 das erst Ende 1897 eröffnete Hotel „Wittelsbach" und das „Apollotheater" verkaufen. Lichtdruck um 1905.*

Abb. 150: Zur Varieté-Premiere 1910 wurde als „Clou" der „Vampyr" gegeben. Angekündigt als die „größte Tanzneuheit des 20. Jahrhunderts" dürfte die Nummer, dargeboten von einer gewissen Alice Eis und einem Herrn Bert French, „die Sterne, die ganz New York und London von sich reden machen", den Umsatz kühler Getränke an den Bars des Theaters gewaltig gehoben haben – das läßt sich zumindest aus dieser ein wenig den üblichen Rahmen sprengenden Karte schließen. Rasterdruck 1910.

tiefen, mit Kristallspiegeln überreich geschmückten Nischen tadellos gedeckte Tische zum Souper und zu kühlendem Tranke ein."[160]

„Überreich geschmückt" und „tadellos gedeckt", Zetlmeiers Schilderung zeigt das Selbstverständnis einer Epoche wie deren Arrangement:

„Die rasche und prompte Bedienung der Gäste war durch Einrichtung eines Speise- und Getränke-Buffets in jedem Stockwerk gewährleistet, und mehrere Zigarren- und Zigaretten-Kioske gestatteten dem Besucher jederzeit den bequemen, mühelosen Selbsteinkauf seiner beliebten Rauchartikel.
Kurz, es war von meiner Seite nicht das Geringste versäumt worden, den künftigen Gästen meines Theaters den Aufenthalt so angenehm wie nur möglich zu gestalten und Nürnberg so einen Fremdenverkehr aus der umliegenden Provinz dank meiner Gründung zu sichern, wie ihn wegen seiner Kunststätten bisher nur München aufzuweisen hatte; und es blieb mir nur die eine Sorge, die eine Verpflichtung übrig, auch diesen herrlichen Räumen würdige, künstlerische Darstellungen zu bieten, für diese erstklassige Varieté-Bühne auch erstklassige Kunstkräfte zu engagieren."[161]

Zetlmeier, aber auch seine Nachfolger trugen dem zweifelsohne Rechnung, das „Apollotheater" war bis zu seinem Ende eine der ersten Bühnen der Leichten Muse und des Varietés in Deutschland.

Bei den Nürnbergern besonders beliebt war das „Apollo" vor allem auch im Fasching, den es damals offenbar tatsächlich gegeben hat, was auch Zetlmeier ins Kalkül paßte:

„Während der Karnevalszeit trug es wesentlich dazu bei, die in Nürnberg immer mehr im Schwinden begriffenen Faschingsfreuden neu aufleben zu lassen, indem es seine herrlichen, festlich dekorierten Räume allwöchentlich – meistens des Montags – für großartige Maskenfestlichkeiten zur Verfügung stellte.
Und J. B. Zetlmeiers Apollo-Theater-Redouten sind heute noch in aller Mund, waren es ja die ersten, die in wirklich großstädtischem Stile in Nürnberg abgehalten wurden!
Weithin übten sie daher auch eine gewaltige Anziehungskraft aus, und: ‚Auf ins Apollo!' hieß an solchen Tagen die allgemeine Losung. Was war's doch für ein froh ausgelassenes, heiteres Treiben, das sich da allwöchentlich unterm Zeichen üppigster Maskenfreiheit zu entwickeln pflegte! Schönheit gab's hier zu bewundern, wie großstädtisch amüsierte man sich hier in J. B. Zetlmeiers Karnevalsreich!
Lange, sehr lange drehte man sich im Tanze oder verkroch sich in den lauschigen, palmenumgrenzten Nischen bei kühlendem Sekt. Warum auch schon scheiden? Übertönte ja eben ein lockender, rauschender Walzer und da und dort ein seliger Liebeslaut den des kommenden Alltags gemahnenden Hahnenschrei!..."[162]

Mit dem Bau des Hotels „Wittelsbach" und des „Apollotheaters" hatte der Nürnberger Hotelkönig den Gipfel seines Aufstiegs erreicht. Bei seinem nächsten Projekt, dem Bau des neuen Restaurants am Dutzendteich in der Bayernstraße, das er nur gepachtet hatte, übernahm er sich bei den Baukosten und in der Spekulation auf städtische Unterstützung, die ihm verweigert wurde. 1902 mußte er das „Apollotheater" und das Hotel „Wittelsbach" verkaufen. Er übernahm noch für eine kurze Zeit das „Café Central" in der Karolinenstraße, später den „Beckengarten" am Maxtorgraben. Auch der Versuch, mit den 1910 geschriebenen Erinnerungen wieder ins Gespräch und damit ins Geschäft zu kommen, war vergeblich. Am 2. November 1933 starb, wie es in der Stadtchronik heißt, *„der bekannte Erbauer zahlreicher großer Wirtschaftsbetriebe und Vergnügungsstätten J. B. Zetlmeier, der damit ein reichbewegtes Leben vom einstigen Millionär zum mittellosen Unterstützungs-*

empfänger beschloß. Die Beerdigung fand unter starker Beteiligung im Johannisfriedhof statt.“[163]

Vieles in dem Büchlein, das er zur eigenen Erhöhung schrieb, mag übertrieben erscheinen. Sicher hätten sich die Königstraße und die Lorenzer Stadtseite auch ohne Zetlmeier um die Jahrhundertwende zur Hotel- und glanzvollen Eingangsstraße entwickelt, die entscheidenden Voraussetzungen und die neuen Verkehrslinien waren ja durch den Bau des Bahnhofs vor dem Frauentor gelegt worden. Dennoch beschleunigte er die Entwicklung, indem er den Hotel- und durch das „Apollotheater“ auch den Unterhaltungsstandard anderer und wohl bedeutenderer Großstädte in kürzester Zeit auf Nürnberg übertrug. Er kann damit wohl tatsächlich als ein Pionier und Wegbereiter der neuen Urbanisierung Nürnbergs gelten. Vielleicht hätte er in dieser Stadt, in der Straßen nach viel weniger kreativen Nürnbergern benannt sind, die Ehre eines Straßennamens verdient, auch wenn heute von seinen Großbauten nur noch das Gebäude des ehemaligen Hotels „Kaiserhof“ stehengeblieben ist.

Zetlmeiers Erfolge bis zur Jahrhundertwende, aber auch die Gründungen und Vergrößerungen anderer Hoteliers in dieser Zeit hatten ihre Grundlage in der raschen Zunahme des Reiseverkehrs und des wachsenden Tourismus seit 1870. Nicht nur der bis dahin weit fortgeschrittene Ausbau des Eisenbahnnetzes, auch der Wegfall der inneren Grenzen beschleunigte und vereinfachte das Reisen ungemein. Der bürgerliche Tourismus, aber auch die mit der Großstadtwerdung Nürnbergs und den Landesindustrieausstellungen verstärkt einsetzende Berücksichtigung der Stadt als beliebtem Veranstaltungsort wurden zu einem wichtigen wirtschaftlichen Faktor. Der anonyme Autor einer wohl 1904 im Umfeld der Stadtverwaltung entstandenen Schrift mit dem schönen Titel „Kann Nürnberg eine Fremdenstadt werden?“ – die Frage wurde natürlich höchst positiv beantwortet und es kam im gleichen Jahr zur Gründung des Fremdenverkehrsvereins – führte neben allerlei anderen nützlichen Statistiken insbesondere zur Rentabilität des Tourismus mit traumhaften Gewinnmöglichkeiten auch Zahlenvergleiche zum Reiseverkehr an: Danach hatten sich von 1870 bis etwa 1902 die internationalen Verkehrsleistungen verzehnfacht, im Deutschen Reich die Zahl der von den deutschen Eisenbahnverwaltungen beförderten Personen zwischen 1892 und 1902 von 600 Millionen um 50 Prozent auf 900 Millionen erhöht. Euphorisch notierte der Anonymus im Jahr 1904:

„Kaum hat der Frühling seinen Einzug gehalten, so beginnen auch schon die Badereisen und wenn die Zeit der Schul- und Gerichtsferien gekommen ist, wächst der Fremdenverkehr lawinenartig an.
Eine wahre Städteflucht beginnt. Mit Kind und Kegel, mit Sack und Pack strömt alles den Bahnhöfen zu und freut sich, dem geschäftlichen Treiben, Hasten und Jagen, den anstrengenden Berufspflichten auf einige Zeit entrinnen zu können. ‚Auf's Land, in's Gebirge, an die See‘ ist zu dieser Zeit die Losung. An allen Orten trifft man überfüllte Hotels und Gasthöfe, kaum läßt sich eine Unterkunft finden. Eine fieberhafte Tätigkeit der Verkehrsinstitute, um den an sie gestellten Anforderungen genügen zu können.“[164]

Daß der Blickwinkel des begeisterten Verfassers auf das wohlhabendere Bürgertum beschränkt war, braucht wohl nicht eigens angemerkt zu werden. Nach den Aufzeichnungen des Nürnberger Arbeitersekretariats der Gewerkschaften konnte ein Arbeiter in jenem Jahr 1904 bestenfalls über sechs Urlaubstage verfügen[165], von den Kosten für eine Ferienreise ganz zu schweigen.

Nürnberg hatte während des 19. Jahrhunderts einen wachsenden Besucherstrom in seinen Mauern zu verzeichnen, der sich in den Jahr-

Abb. 151: Auch bei Nopitsch genannt wurde der Gasthof I. Klasse „Zum goldenen Adler" am Roßmarkt. Der Betrieb, auch unter der Bezeichnung „Zum goldenen Reichsadler" bekannt, galt damals als eines der besseren Häuser der Stadt und wurde zum Namensgeber für die Adlerstraße. Um die Jahrhundertwende entstand an Stelle des alten Gasthofes in der Adlerstraße 15/17 das abgebildete moderne Hotel, das durch seine großen Säle auch ein beliebter Aufführungsort für musikalische Veranstaltungen wurde. Peter Luginsland hat dem 1923 verkauften alten Gasthof in seinen Erinnerungen ein eigenes Kapitelchen gewidmet. Lichtdruck nach 1905.

zehnten nach der Reichsgründung deutlich beschleunigte. Die Fremden wurden angezogen von den Sehenswürdigkeiten in des „Reiches Schatzkästlein", vom Ruf der Stadt als Wirkungsstätte von Dürer und Sachs und der damit verknüpften nationalen Symbolik. Aber auch die drei Landesgewerbeausstellungen 1882, 1896 und 1906 lockten Massen von Fremden in die Stadt. Bei den beiden ersten Technikausstellungen wurden jeweils zwei Millionen Besucher, für die Jubiläumslandesausstellung noch eine halbe Million mehr gezählt. Nicht nur die großen nationalen Festveranstaltungen lockten Heerscharen von Menschen nach Nürnberg, das Nürnberg der Jahrhundertwende war auch attraktiver Schauplatz größerer Tagungen und Veranstaltungen, die sich mit dem Ruf und dem Bild der alten und neuen Stadt schmückten. Vielfältige Belege bieten einmal mehr die dazu erschienenen Ansichtskarten, aber auch die überlieferten anderen Dokumente wie Festzeitungen oder besonders erstellte Führer etc. Nicht anders als heute spielte bei diesen Tagungen das „Ambiente" des Tagungsortes eine wichtige Rolle und wurde in das Tagungsprogramm mit einbezogen, vielleicht nicht ganz so extrem wie beim 31. Deutschen Gastwirtstag in Nürnberg im Jahre 1904, der – der Eindruck drängt sich beim Studium des Programmes auf – in erster Linie auf die Erhöhung des Getränke- und Bratwurstumsatzes in der Stadt ausgerichtet war. Aber das mag auch berufsbedingt zu erklären sein. Jedenfalls gehörte die Erhöhung der Bettenzahlen und die Verbesserung des Standards wie des gastronomischen Angebots zu den notwendigsten Aufgaben des Gastgewerbes in der noch jungen Großstadt.

Zur Beurteilung der Entwicklung des Tourismus in Nürnberg liegen exakte Zahlen bisher leider erst für die Zeit nach 1904 vor, dem Jahr der Gründung des Verkehrsvereins. Die Statistik verzeichnete für dieses Jahr genau

Abb. 152: Der „Rote Hahn" ist tatsächlich älter als auf der um 1895 schon gerastert gedruckten Karte angegeben: Bereits hundert Jahre früher, 1582 wurde ein „Roter Hahn" „bei St. Lorenzen" erwähnt. Daß Goethe 1786 hier bei seiner Flucht nach Italien abgestiegen war, paßte natürlich gut in das Werbekonzept des sich mit dem Neubau zum modernen Hotel verwandelnden Betriebs. Die schön gestaltete Karte thematisiert Tradition und Fortschritt, Goethe und elektrische Straßenbahn und überliefert auf diese Weise noch einmal den alten Gasthof.

Abb. 153: Dagegen warb der etwas einfachere „Weiße Hahn" in der Königstraße 48 auf der anderen Seite gleich mit zwei gegenwärtigen Hotelansichten: Links der Blick von der straßenbahnbefahrenen Königstraße auf die Eingangsfassade und die sich ins Wollengäßchen ziehende Hotelfront. Trotz der die zentrale Lage hervorstreichenden Werbung: Der Übernachtungspreis im „Weißen Hahn" lag um 1900 zwischen 1,50 und 2,50 Mark. Lithographie 1905.

Abb. 154: Auf dieser im Jahrhundertwendejahr verschickten Lithokarte vom Hotel „Victoria“ war die Straßenbahn bereits elektrifiziert – ein Grund mehr, eine neue Ansichtskarte herauszubringen – und sie fuhr auch nicht mehr durch den Waffenhof beim Frauentor, sondern durch die breite Öffnung des Königstors (vgl. Abb. 142). Auch hier Fortschritt und (nachgemachte) Tradition: Als besondere Attraktion neben dem „Grill Room“ wird das historisch hergerichtete „Klosterstüberl“ ins Bild gesetzt.

Abb. 154: Aus dem gleichen Verlag, doch nicht vom gleichen Künstler stammt diese lithographierte Ansicht des ebenfalls noch vor 1900 neuerbauten Hotels „Bamberger Hof“ in der Königstraße 74. Auch hier bringt die „Elektrische“ mit Innenbeleuchtung den großstädtischen Fortschritt ins Bild, während der Luxus eines Aufenthaltes im „Bamberger Hof“ beim Emporwandeln auf der Hoteltreppe erlebt werden konnte.

168 220[166] Fremdenbeherbergungen, im Jahr 1913 waren es 244 025, darunter 45 129 ausländische Besucher. Daß es sich dabei überwiegend um Touristen handelte, belegt das Anschwellen der Zahlen in den Sommermonaten. Und zur Bestätigung der bei Zetlmeier angeführten Ladies und Gentlemen mit den „gespickten Beuteln" weiter oben – im Jahr 1913 wurden immerhin 9986 Nordamerikaner unter den Übernachtungsgästen in der Stadt gezählt[167].

Die beiden Jahrzehnte zwischen 1890 und 1912 waren dann auch die große Zeit neuer Hotelgründungen. Die Zahl der in den städtischen Adreßbüchern in der Rubrik Hotels ausgewiesenen Häuser stieg von 17 im Jahre 1895 auf 31 im Jahr 1912, das Evangelische und das Katholische Hospiz miteingerechnet. Dabei überwogen deutlich die neuen Häuser, während von den alten Gasthöfen nur noch der „Goldene Adler" in der Adlerstraße, der „Weiße" und der „Rote Hahn", in der Königstraße nebeneinanderliegend, und der „Weiße Löwe", ebenfalls in der Königstraße, noch in dieser Kategorie auftauchten.

Bei den Fremdenübernachtungen in der Stadt hatten die Hotels wohl schon zur Jahrhundertwende mit ihren neuen Bettenkapazitäten die der Gasthöfe und Gasthäuser überholt: Von den im August 1913 in der Stadt insgesamt vorhandenen 3293 Fremdenbetten gehörten mit 1796 mehr als die Hälfte den ausgewiesenen Hotels, 1130 fanden sich in Gasthöfen und Gasthäusern, der Rest wurde von Fremdenpensionen und Herbergen (81 Betten) bereitgestellt. Daß das touristische Publikum eindeutig die Hotels bevorzugte, wird ebenfalls durch die Übernachtungsstatistik belegt: 58 Prozent der Nürnberg-Besucher des Jahres 1913 schliefen in den besser eingestuften Hotelbetten, 18 Prozent in der II. Kategorie der Gasthöfe, 12,7 Prozent in Gasthäusern mit Übernachtungsmöglichkeit und neun Prozent betteten ihr Haupt in den billigen Herbergen. Der Rest, knappe 1,7 Prozent, entfiel auf die erst schwach ausgebaute Sparte der Pensionen, von denen das Adreßbuch des Jahres 1912 gerade sechs, zwei davon in der neuen Luitpoldstraße aufführte.

Der Aufstieg des Beherbergungs- und neuen Hotelgewerbes auf der Lorenzer Stadtseite infolge der Verlagerung der Verkehrsströme vom Bahnhof ins Zentrum der Altstadt durch die Königstraße und durch die Karolinen- und Ludwigstraße zum Plärrer bedeutete gleichzeitig das Ende vieler älterer Gasthöfe auf der Sebalder Seite, die durch den veränderten Verkehr zu Grunde gerichtet wurden: Bereits 1851 schloß der alte Fuhrmannsgasthof „Zum goldenen Stern" in der Neutorstraße, dessen Hof mit den Stallungen und Wagenremisen noch ein halbes Jahrhundert später auf Ansichtskarten als besonders romantisches Eck Alt-Nürnbergs verbreitet wurde. Das Ende des Gasthofs „Zum Weißen Lamm" in der Lammsgasse kam 1860. Die „Goldene Gans" in der Winklerstraße 15, über Jahrhunderte als der wohl beste Nürnberger Gasthof berühmt, existierte noch bis 1894 unter seinem alten Namen. Als eine der ehemals wichtigsten Poststationen in der Stadt wurde er ein Jahr später unter dem neuen Namen „Zur alten Reichspost" neu eröffnet.

Der bei Friedrich Mayer 1843 neben dem „Bayerischen Hof" noch unter den beiden ersten Häusern in der Stadt aufgeführte Gasthof „Zum roten Roß", in dem Goethe 1790 auf dem Weg nach Venedig übernachtete, schloß seine Pforten wohl im Jahr 1887, in dem er letztmals im Nürnberger Gasthofverzeichnis auftauchte. 1902 entstand in dem Gebäude am Weinmarkt das „Café Sebald". Auf einer Ansichtskarte des „Café Sebald" wurde die große Wirtshausgeschichte des inzwischen allerdings umgebauten Gebäudes festgehalten (Abb. 19). Auf diese Weise wurde wenigstens eine gewisse gastronomische Tradition fortgesetzt, während der an der Pegnitz, unmittelbar

Abb. 156: „Ach wärst Du bei mir, wie schön wär' es" schrieb auf dieser Karte ein Felix seiner Klara an einem Sonntag im Dezember 1916 aus „einem sehr gemütlichen Klubsessel" im Hotel „Königshof" mit dem gleichnamigen Café (Abb. 173, 183). Das Hotel entstand 1915 in der Königstraße 85, wo sich bereits seit 1596 das Gasthaus „Zum Goldenen Bären" („beim Brücklein beim Frauentor") befunden hatte. Die Zeichnung zeigt das Königstor als den modernen Stadteingang mit dem neuerbauten Künstlerhaus und dem ebenfalls neuen Hauptbahnhof. Die Straßenbahn als Bildsymbol des Fortschritts hat bereits in Gestalt flotter Automobile Konkurrenz bekommen. Rasterdruck.

an der Karlsbrücke gelegene „Bayerische Hof" eine ganz andere Verwendung fand. In der ersten Hälfte des 19. Jahrhunderts von den bayerischen Königen bei verschiedenen Nürnberg-Besuchen bevorzugt und lange Zeit als erste Nürnberger Adresse berühmt, wurde der Betrieb 1901 letztmals als Hotel aufgeführt. Wenige Jahre vor dem 1. Weltkrieg zog dann das Königliche Amtsgericht, Abteilung Strafsachen, übergangsweise bis zur Fertigstellung des Justizpalastes in der Fürther Straße, in das schöne Gebäude ein und so mancher arme Sünder durfte auf diese Weise auch einmal das Ambiente eines (ehemals) vornehmen Hotels genießen.

Abb. 157: *Sein hundertjähriges Bestehen feiert in diesem Jahr das 1896 eröffnete „Grand Hotel“ am Bahnhofsplatz. Die Lithokarte im Potpourristil entstand noch vor 1905, als das Hotel im Besitz von Carl Schnorr war und der alte Centralbahnhof noch seine ursprünglichen neugotischen Zinnen trug. 1906 kaufte der Hotelier Rudolf Lotz den gutgehenden Betrieb und ließ offenbar sogleich die Ansichtskarten auf den neuen Besitzer umdrucken.*

Abb. 158: Diese Karte mit der durch den Erweiterungsbau verdoppelten Hotelfront zum Bahnhofsplatz, der damals wirklich noch ein Platz war, entstand nur wenige Jahre später. Die Gotik hat sich, nun wieder den Formen des neuen Bahnhofs angepaßt, in eine modernere Neobarockrenaissance, den repräsentativen Hotelstil gewandelt. Der neue Besitzer Lotz, der 2 Millionen Mark in die Erweiterung steckte, spielte über Jahrzehnte eine große Rolle in der Nürnberger Gastronomie- und Hotelszene. Vierfarbdruck um 1910.

Abb. 159: Die westliche Front des Bahnhofsplatzes wurde von dem großzügig gestalteten Hotelpalast des „Württemberger Hofs“ begrenzt, der 1892 errichtet wurde. Der Vorgängerbau war schon in den 1840er Jahren auf dem Grund einer Tafelhofer Wirtschaft mit dem Namen „Lubersgarten“ errichtet und durch den nahen Bahnhof begünstigt immer mehr vergrößert worden. Das Hotel gehörte bereits seit 1899 zur Continental-Hotelkette und sah viele berühmte Gäste. Im 3. Reich diente es während der NS-Parteitage zur Unterbringung der angereisten Pressevertreter. Lithographie um 1900.

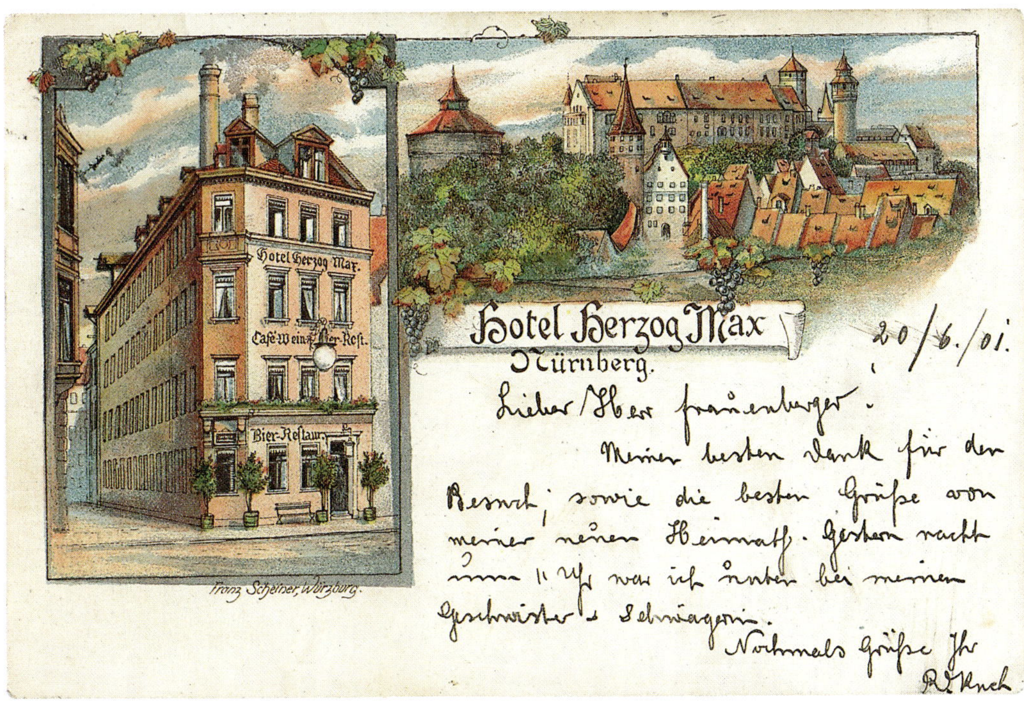

Abb. 160: Anders als in der Abb. 143 versucht diese lithographierte Werbekarte für das Hotel „Herzog Max“ in der Königstraße, Ecke Peuntgasse aus dem Verlag Scheiner in Würzburg, dem ersten gewerbsmäßigen Ansichtskartenproduzenten, gar nicht erst mit den weitaus größeren Hotelpalästen in der Königstraße zu konkurrieren, sondern setzt mit Stadtpanorama und Hotelansicht eher auf gemütliche Idylle. Lithographie vor 1900.

Abb. 161: Die 1899 versandte schöne Lichtdruckkarte zeigt den alten Gasthof „Blaue Flasche in der Klaragasse 2–4 (heute „Bratwurst-Friedl“) mit der Rückfront Hallplatz 3, wo er laut Beschriftung bereits zum Hotel aufgestiegen war. Ins Jahr 1600 fällt die erste Erwähnung dieses Wirtshauses „auf dem Kohlenmarkt“, der alten Bezeichnung des Hallplatzes. Die „Blaue Flasche“ diente lange Zeit als Versammlungslokal und Herberge der Schweinemetzger. Der abgebildete, reklamefreundliche Besitzer zur Jahrhundertwendezeit erhöhte sein Haus noch um eine stockwerkshohe Werbetafel.

Abb. 162: Offensichtlich genügte den Herausgebern dieser Werbekarte für das 1897 eröffnete Hotel „Luitpold“ in der Luitpoldstraße 3 der vorhandene Verkehr in der Straße noch nicht, so daß ein wenig frei die bei den Ansichtskartenherstellern vorhandenen Fahrzeugschablonen, darunter eine völlig deplazierte Pferdebahn, ins Bild montiert wurden. Rasterdruck um 1905.

Abb. 163: Auf der Rückseite dieser (verkleinerten) Werbekarte pries das Hotel „Reichshof" seine Lage in der Johannesgasse 18–20 an als die „ruhigste sämtlicher Hotels in der Stadt" – eine deutliche Umkehrung gegenüber den die Verkehrsdichte besonders herausstellenden Karten der Jahrhundertwende. Zum Bau des Hotels (zunächst Hotel „Schneider") mußte das Geburtshaus von Sigmund Schuckert, der 1846 in der Johannesgasse 20 zur Welt kam, abgerissen werden. Eine 1897, zwei Jahre nach dem Tode des Fabrikgründers am Geburtshaus enthüllte Gedenktafel, wurde auch am neuen Gebäude – auf der Karte gut sichtbar – angebracht und erinnert bis heute an den bedeutenden Nürnberger Erfinder. Rasterdruck um 1935.

Abb. 164: Wohl kurz nach dem Verkauf des Hotels „Herzog Max" und seiner Umbenennung in „Drei Raben" entstand dieser Lichtdruck, der auch den neuen Hotelbesitzer Fürsattel mit seinem Personal abbildet. In den „Drei Raben" fand sich als besonderer Anziehungspunkt für unternehmungslustige Nürnberger noch vor dem 1. Weltkrieg die „High-Life-Bar". Gelaufen 1917.

Abb. 165: Blick auf den Komplex des „Württemberger Hofes“ in einer nach 1905 entstandenen Lichtdruckkarte des Nürnberger Verlags Hermann Martin, dessen Karten sich durch Lebendigkeit der Straßenszenen auszeichneten. Hier wurde wohl eine Schülergruppe in ihren Pelerinen aufgenommen, die sich dem Prinzregentendenkmal am Bahnhofsvorplatz nähert. Das Gebäude des „Württemberger Hofs“ wurde im Bombenkrieg zerstört, heute erhebt sich hier ein Versicherungspalast.

Abb. 166: Das Hotel „Deutscher Hof“ am Frauentorgraben am Eck zur Lessingstraße wurde im Jahr 1913 eröffnet. Es diente gleichzeitig als Lehrerheim und Versammlungsort der Nürnberger Lehrerschaft. Diese Karte wurde wohl Mitte der zwanziger Jahre bei Nister gedruckt. Sie zeigt bereits das anschließende und 1925 fertiggestellte Verkehrsmuseum. Als das von Hitler bei seinen Nürnberg-Aufenthalten als einziges genutzte Hotel in der Stadt, mußte das Anwesen an die NSDAP verkauft werden. Im Programmablauf der Nazispektakel nahm es für die festgelegten verschiedenen Huldigungsmärsche – Hitler auf dem Balkon stehend – einen festen Platz ein. Nach dem Krieg gelangte der „Deutsche Hof“ wieder in den Besitz der Lehrerschaft und bietet als gediegenes Hotel und mit dem „Bocksbeutelkeller“ vor allem auch den Nürnberger Theaterbesuchern solide Annehmlichkeiten.

Abb. 167: Von den kleineren Hotels in der Lorenzer Innenstadt warb der Gasthof „Zum Einhorn“ mit angeschlossenem Billard-Café und Restaurant in der Breiten Gasse 76, am Eck zur Färberstraße schon 1897 mit dieser Lithokarte. Offenbar mit wenig Erfolg, denn bereits 1898 verkaufte der Besitzer Mannert sein „Einhorn“ weiter. Ein weiteres Jahr später verschwand das schon 1641 erwähnte alte Wirtshaus endgültig aus dem Gasthausverzeichnis und dem städtischen Adreßbuch.

Abb. 168: Am Eck der Essenwein- zur Sandstraße (Essenweinstr. 11) hatte sich das, wie das so schön hieß, Privat-Hotel „Daheim“ etabliert. Die 1912 verschickte Lithokarte gab Hotelgästen eine ein wenig verwirrende Orientierungshilfe, aber vermutlich fand man auch durch den vor der Hotel-Pension besonders „frequenten Passanten-Verkehr“ den Weg nach „Daheim“.

Nürnberger Kaffeehauskultur zur Jahrhundertwende

Wie die Verwandlung des „Roten Rosses" am Weinmarkt in ein Kaffeehaus zeigt, waren die Jahrzehnte vor und nach der Jahrhundertwende auch in Nürnberg die Zeit, in der Cafés erstmals in ernstzunehmender Anzahl als eine neue großstädtische Gepflogenheit in Mode kamen. Nürnberg konnte bis dahin wohl kaum als eine Stadt mit großer Kaffeehauskultur angesprochen werden, obwohl bereits im Jahr 1696 – das erste deutsche „Café" soll 1677 in Hamburg entstanden sein – die erste Kaffeeschenke der Stadt eröffnet worden war. Sie lag hinter dem Rathaus in Richtung auf den Obstmarkt und gehörte einem Konrad Stör und dem Zuckerbäcker Georg Albrecht als den Begründern dieses neuen Metiers in der Reichsstadt. Die Konzession für ein zweites Kaffeehaus wurde vom Rat erst im Jahr 1758 an das Gasthaus „Zur Rose" am Kornmarkt, dem heutigen Josephsplatz, erteilt. Andere Anträge wurden bis dahin abgelehnt mit der Begründung, dafür bestünde in Nürnberg kein Bedürfnis[168]. Das war bei dem inzwischen merklich zurückgegangenen Reichtum und Lebensstandard in der Stadt sicherlich nicht ganz von der Hand zu weisen. Aber vermutlich gehörte schon damals die Entwicklung einer gepflegten Kaffeehauskultur nicht zu den primären Bedürfnissen altfränkisch-Nürnberger Lebensart.

Noch bei Nopitsch firmierten beide Kaffeeschenken im Jahr 1801 unter den Bezeichnungen „das alte" Kaffeehaus hinter dem Rathaus und das „neue" im Wirtshaus „Zur Rose". Nach 1820 führte dieses jüngere Café nach einem Besitzerwechsel den Namen Rösselsches Café. Bei Friedrich Mayer findet sich eine kurze Charakterisierung der Nürnberger Kaffeehausszene um die Mitte des 19. Jahrhunderts, die offensichtlich trotz der in seinem Verzeichnis von 1852 angegebenen sieben Kaffeehäusern und Kaffeeschenken nur aus dem Rösselschen Café bestand, das zu diesem Zeitpunkt bereits nach einem neuen Besitzer als „Café Lotter" geführt wurde:

„An Kaffeehäusern hat Nürnberg nur wenig aufzuweisen; die „Gerechtigkeit" stellt sich selbst unter die Reihe der Gasthäuser, anderen fehlt durchaus der Charakter eines Kaffeehauses und so bleibt am Ende als einziges das Rössel'sche übrig, daß auch überall unter dieser Benennung bekannt ist. Aber man findet auch dort nicht die Summe von Leben und Bewegung, die Bonmotsjägerei und jene Routiniers, welche die Zeit mit dem Billardqueue todtschlagen, wie man dies alles in Kaffeehäusern anderer und größerer Städte findet. Man besucht das Rössel'sche Kaffeehaus nur, um einige Zeitungen zu lesen, ein Paar Partien Billard oder Schach zu spielen und dabei eine Tasse Kaffee zu trinken. Die Einrichtung dieser Wirthschaft ist sehr solid, besonders mögen die gothischen Verzierungen, die im Zimmer, wo sich's nur thun ließ, angebracht sind, recht wohl gefallen."[169]

Es ist fast rührend, wie der Wahl-Nürnberger die in der Stadt nicht vorhandene Café-Atmosphäre mit dem Fehlen von „Bonmots-Jägerei" und nichtstuenden Billardspielern zum soliden Vorteil uminterpretierte. In diesem Zusammenhang auch nicht uninteressant sind Mayers Bemerkungen zu den Künsten der Nürnberger Konditoreien, die für uns heute ja durchaus die Qualität eines Cafés mitbestimmen. Etwas merkwürdig, und vielleicht aus persönlichen Gründen so formuliert, ist allerdings die angehängte Feststellung zum Schnaps- und Likörkonsum in Nürnberg, die durchaus im Gegensatz zu seiner ausschweifenden Wirtshausschwärmerei steht, deren Grundlagen er ja wohl kaum nur mit Wasser erarbeitet haben konnte:

Abb. 169: Die zweite Kaffeehauskonzession in der Stadt wurde vom Rat erst im Jahr 1758 an das Gasthaus „Zur Rose“ am Kornmarkt, dem heutigen Josephsplatz 1 vergeben. Die „Goldene Rose“ war, wie schon bei der ersten Erwähnung 1655, eine der drei Metschänken der Stadt, wurde im 19. Jahrhundert aber vor allem als Kaffeehaus bekannt. Seine größte Zeit hatte es unter dem Namen „Rösselsches Café“ in der ersten Hälfte des 19. Jahrhunderts. Nach einem neuen Besitzer wurde daraus das Café „Lotter“ und schließlich das Café „Noris“. Im Verlauf seiner Geschichte war das Kaffeehaus Aktienbörse, Ort sozialdemokratischer Versammlungen und Billardcafé, wie auf dieser schönen, noch vor 1900 entstandenen Lithographie.

Abb. 170: Um 1895 entstand auch diese Lithokarte vom Café „Central“, das seit 1886 bestand, zunächst in der Weintraubengasse 2, seit 1889 in den dargestellten Räumlichkeiten in der Karolinenstraße 23, wo es bereits um 1500 einen „Goldenen Adler“ gegeben hatte. Die Geschäfte liefen offenbar gut, denn Inhaber dieses Cafés zur Jahrhundertwende war Karl Kusch, der wenige Jahre später und einige Häuser gegenüber das hochelegante Café Kusch eröffnen sollte. Wie man sieht, waren manche der damaligen Kaffeehäuser nahezu reine Männerdomänen.

Die Conditoreien haben es zwar noch nicht zu den Raffinerien von Norddeutschland gebracht, auch sind dieselben nicht so in Aufnahme wie dort, wo Gewohnheit und Lebensart andere Begehr- und Bedürfnisse gestalten. Nicht allein der Schnapstrinker unterliegt hier einer allgemeinen Rüge, auch die feinen Liqueure werden blos ausnahmsweise getrunken und für solche Fälle sucht man gewiß immer einen Entschuldigungsgrund auf, Beweis genug, daß man seiner bedarf.“[170]

Zu einer ähnlichen Einschätzung der eher unterentwickelten Nürnberger Kaffeehaussituation kamen auch die königlichen Amtsärzte Küttlinger und Hermann Reuter in ihrer 1862 für den bayerischen König verfaßten Medizinal-Topographie. Danach war *„das Kaffeehausleben nur wenig entwickelt, da es an den sog. Bummlern fehlt; die wenigen Kaffeehaeuser sind nur in den ersten Nachmittagsstunden von Kaffeetrinkern besucht, am Abend von Biertrinkern.“* [171]

Glaubt man J. B. Zetlmeier, dann hatte sich bis zu seinem Eintreffen in Nürnberg wenig am eher desolaten Zustand der Nürnberger Kaffeehäuser geändert, bis eben er persönlich die Dinge in die Hand nahm, jedenfalls war das Café Zetlmeier in der Kaiserstraße, damals zur wichtigsten Geschäftsstraße in der Stadt aufsteigend, sein erstes großstädtisches Projekt in Nürnberg, ehe er zu weiteren Höhenflügen ansetzte.

„Nürnberg, das um diese Zeit [1882] *noch nicht ganz 150 000 Einwohner zählte, besaß damals außer dem von mir betriebenen Café Noris nur das Café National, am Hauptmarkt neben der Frauenkirche gelegen, und einige kleinere, unbedeutende Caféschenken. Von modernem Komfort, einem gewissen behaglichen Luxus besaßen sie sämtlich so gut wie nichts. Das erste, der Neuzeit entsprechend eingerichtete und ausgestattete Café erbaute ich, J. B. Zetlmeier, im Jahre 1887 als meine erste Gründung. Errichtet auf dem Platze des Anwesens Kaiserstraße 46, nach den Plänen des Architekten Nickel von Baumeister Weber erbaut, führte es zu Anfang den Namen ‚Café Zetlmeier‘. Ließ schon der pompös gehaltene Aufgang zu dem im ersten Stockwerk gelegenen Café an geschmackvoller Ausstattung nichts zu wünschen übrig, so trugen die Gasträume vollends selbst den verwöhntesten Ansprüchen damals Rechnung, und diesem Umstande war es neben einer mustergültigen Wirtschaftsführung zu verdanken, daß sich gar bald die obersten Schichten der Nürnberger Gesellschaft das ‚Café Zetlmeier‘ zum Stammcafé erkoren.“*[172]

„Behaglicher Luxus“ und „pompös“ sind vielleicht die beiden treffendsten Ausdrücke für das Zetlmeiersche Konzept insgesamt, mit dem er aber wohl auch den Geschmack seiner Zeit, vor allem den jener in wenigen Jahren reich gewordenen Schicht getroffen hatte, die dann weitgehend den Stil des gehobenen gastronomischen Gewerbes bestimmen sollte.

Dennoch scheint wenigstens über einige Jahrzehnte um die Jahrhundertwende so etwas wie eine spezifische Nürnberger Kaffeehauskultur bestanden zu haben. Das geht nicht nur aus den Erinnerungen Hanns Schödels alias Peter Luginsland etwa zum Café „Nestor“ am Obstmarkt (Abb. 74) hervor. Eine der reizendsten Schilderungen dieses Nürnberger Kaffeehauslebens ist der unter dem Titel „Ein Alt-Nürnberger Café“ 1913 in der Beilage der „Nürnberger Zeitung“ erschienene interessante Nachruf auf das 1880 gegründete „Café Fleischmann“ in der Königstraße 38 unmittelbar vor dessen Schließung.

„Nun ist auch das bescheiden in die Ecke sich duckende Haus im Mittelpunkte der stetig sich wandelnden Königstraße in den tollen Wirbel geraten und schickt sich an, sein schlichtes, anspruchloses Gewand abzustreifen, um das neue teuere Kostüm sich anpassen zu lassen.“ [173]

Ein Kontrast zu Zetlmeier – einige Sätze aus diesem längst vergessenen Zeitungsartikel von Heinrich Heerwagen[174], späterer Hauptkonservator am Germanischen Nationalmuseum, sind es wert, wieder gedruckt zu werden, eben weil sie einen Eindruck von der Funktion und Atmosphäre des Kaffeehauslebens in der Stadt um die Jahrhundertwende geben können, ohne nun in jammernde Nostalgie verfallen zu müssen:

„Aus den verschiedensten Schichten der Bevölkerung setzte sich das ständige Publikum des Cafés zusammen. Einzelne Stammgäste durften sich rühmen, ihm seit Anbeginn seiner Tage, ein volles Menschenalter, viele ihm ein Jahrzehnt wenigstens oder mehr treu geblieben zu sein. Jungesellen und Verheiratete, und Leutchen Raabescher und Jean Paulscher Observanz dabei!
Den beiden großen Fensterscheiben zunächst saßen alleweile die stolzen Inhaber solcher auserlesenen Plätze, sie, die von sicherem Port aus die eilende wie die bummelnde Großstadtwelt bewundernd oder kritisch ablehnend überschauten und gleich danach wieder einen geistvollen Ausspruch bei dem noch in ungeborenen Gedanken versunkenen Gegenüber anbringen konnten. Etwa von dieser Güte: „‚... Vaterland!? Zu dumm! Mir hat mein Vater kein Land hinterlassen!'" (Ja, ja, genau so!) .... Es wurde aber nicht nur philosophiert, vielmehr so ziemlich alles im Bereich der vier Fakultäten liegende gleichermaßen einer kühlen Revision unterzogen. Theologen, Juristen und Mediziner erfuhren ungeahnte Bereicherung ihres Fachwissens. Politik, Kommunalwirtschaft, Krieg und Kriegsgeschrei, die Kunst rasch und leicht Geld zu verdienen, die genaue Kunde von den lieben Mitmenschen, alles wurde nudelteigartig verarbeitet und ausgebreitet. Die Generalstäbe Japans, Rußlands, Italiens, der Türkei und der Balkanverbündeten haben es zu eigenem Schaden versäumt, sich rechtzeitig mit den Politikern des Café Fleischmann in Verbindung zu setzen. ...

Abb. 171: Am südöstlichen Eck zum Hauptmarkt in der Plobenhofstraße 10 hatte das Café „National" – auf unserer Fotokarte aus den dreißiger Jahren bewahrte es als Café „Hauptmarkt" den wirklichen Namen der zum Adolf-Hitler-Platz umbenannten Örtlichkeit – eine nahezu ideale Lage. Das „National", um 1900 eines der beliebtesten Nürnberger Cafés, wies schon damals eine lange Geschichte auf. Seit 1632 immer wieder als Wirtshaus („Milchkeller" beim Plobenhof) erwähnt, trug es im 19. Jahrhundert den Namen „Zur Gerechtigkeit", wurde dann als „Wiener Salon" zum Kaffeehaus, später zum „National", und zum Café „Hauptmarkt", ehe das Haus von den Bomben zerstört wurde. Von der guten Lage profitiert heute ein Eiscafé, das die Lokaltradition im neuerrichteten Haus fortsetzt.

Indes die Plauderer in Fensternähe waren in der Minderheit. Die Majorität kam zum Lesen der Tages- und illustrierten Blätter herein, ... Das Café Fleischmann war immer ein Lesecafé! Da gabs Virtuosen und Spezialisten der Zeitungslektüre, aber noch mehr langwierige Leser die zur Verzweiflung der ‚Belegenden' alle Börsenberichte, alle politischen Reden auswendig lernten, alle Annoncen, Hinrichtungen, Verlobungs- und Todesanzeigen einfangen mußten. Einzelne brachten es fertig auf zwei bis drei Zeitungen einschließlich Haltern sich festzusetzen, dabei eine vierte und fünfte zwischen und auf den Knien zu halten, und die sechste noch unterm Tisch oder unterm Sofa zu verstecken. ... Die hintere, kleinere Hälfte des Parterreraumes gab den weniger gestörten Lesewinkel ab, wo selbst laute Stimmen des Oberhauses ein wenig gedämpfter schallten. Draußen aber war die lange Schlachtreihe der Nachmittage, Mann und Mann und Zeitung neben Zeitung, gar ergötzlich anzusehen, ein Bild angestrengtester Tätigkeit, unerbittlichen Fleißes. Lesen und Lautreden verträgt sich schlecht, und diese so leicht nicht auszugleichenden Gegensätze haben oft genug zu stillem, manchmal auch zu offenem Kampfe zwischen beiden Parteien der Fleischmannsrepublik geführt. Dann wurden erboste Warnungs- und Protestrufe in der Kirchenstille des Südens laut und dem ungestümen Norden an den Kopf geschleudert. Einmal war sogar die Abstimmung der Versammlung zur Erzielung eines regelrechten Mißtrauensvotums gegen einen Allzulauten beantragt worden.
Neben diesen zwei Hauptparteien konnten die vereinzelten Schach- und Kartenspieler wenig auffallen. Eher schon Agenten, die am Telephon ihre Geschäfte abzuwickeln pflegten. Dem und jenem ersetzte die Caféstube Bureau und Wohnzimmer täglich und stündlich. Junggesellen sollen über ihrer idealen Liebe zum Café Fleischmann das Heiraten gar vergessen haben.
Frauen und Mädchen, die mit sicherem Auftreten hier sich unterstellten, sind dem aufmerksamen Beobachter selten genug vorgekommen. Die Vertreterinnen des schönen Geschlechts erschienen in dieser männerbeherrschten, mehr oder minder junggeselligen Welt wie irre Schäflein. Damen von auswärts gelangten mit Zagen gewöhnlich gerade nur bis zur Mitte des Raumes und traten alsbald in reizender oder gespaßiger Verwirrung ihren Rückzug an. ...“[175]

Im städtischen Adreßbuch finden sich für das Jahr 1912 neben dem Café Fleischmann 43 weitere Kaffeehäuser, ein deutlicher Hinweis, wie stark die Nürnberger aufgeholt und die spezifisch großstädtische Einrichtung „Café“ doch noch akzeptiert hatten. Die große Mehrzahl lag in der Altstadt mit einer Konzentration auf die König- und die benachbarte Luitpoldstraße. In Heerwagens Beitrag wurden als ältere und noch bestehende Kaffeehäuser besonders hervorgehoben das Café „Merkur“, das „National“ in der Plobenhofstraße 10 am Hauptmarkt als das frühere Gasthaus „Zur Gerechtigkeit“, danach „Zum Wiener Salon“ genannt, und das Café „Panorama“ am Spittlertorgraben, eines der um den Plärrer angesiedelten alten Kaffeehäuser, das auf etlichen Ansichtskarten verewigt ist (Abb. 176–180). „Als schon abgegangen“ aufgeführt wurden die Cafés „Lotter“ am Josephsplatz, ein „Mailand“ in der Kaiserstraße, das „Noris“ und das „Segitz“, beide in der Königstraße und ein Café „Egerer“ auf der Insel Schütt. Als „früher berühmtes Lokal“ besonders hervorgehoben wurde das Café „Wagner“ am Spitalplatz neben dem „Weidinger“ (Theresienplatz 5), dem Café „Fantasie“ in der Jakobstraße 14 und dem „Ott“ am Josephsplatz. Und die Stammgäste des nach Gotthard Fleischmann benannten Kaffeehauses in der Königstraße überlegten, ob sie nicht ins Café „Monopol“ oder ins „Central“ umsiedeln sollten.

Auch Peter Luginsland hat einem alten, längst untergegangenen Nürnberger Café ein kleines Denkmal gesetzt, dem im Eckgebäude der

Abb. 172: Die Konditorei Eisenbeiss mit eigenem Kaffeeausschank wurde schon von Friedrich Mayer hervorgehoben. Auf der im Jahr 1900 versandten, reizenden Lithokarte wird ihre Adresse in der Königstraße 2a am Eck zur Kaiserstraße gut erkennbar.

Abb. 173: Mit Kapelle und weltstädtischer Eleganz warb diese Karte für den Besuch des im gleichnamigen Hotel gelegenen Café „Königshof" in der Königstraße 85. Bis 1914 hatte hier noch das alte „Bärengasthaus" bestanden und der elegante Neubau wurde erst im ersten Weltkriegsjahr begonnen. Zumindest für dieses moderne Kaffeehaus hatten sich ganze Scharen behuteter Damen den Zutritt offensichtlich schon erkämpft. Rasterdruck um 1915.

Abb. 174: Am Trödelmarkt 4a, direkt am Schleifersteg und nahe der Verbindung der Insel mit dem Sebalder Festland bestand in den dreißiger Jahren noch das Café „Schaubitzer" („Treffpunkt der Fremden"), das mit seinem schönen Ausblick auf den nördlichen Pegnitzarm zur Karlsbrücke warb. Lichtdruck um 1930.

Obstgasse zum Obstmarkt im ersten Stock gelegenen Café „Nestor" gleich neben dem „Bratwurst-Röslein"[193]. Seine Schilderung von dieser „Männererholungsstätte" mit Schach-, Karten- und Billardspielern erinnert ähnlich wie Heerwagens Text an eine Kaffeehauskultur zum Zeitvertreib und mit einer aktiven Geselligkeit, die es heute eigentlich nicht mehr gibt.
Unter den in unseren Ansichtskartenkollektionen immer wieder auftauchenden Kaffeehäusern wären noch zu nennen: Das „Börsen-Café" im Hörmannsgäßchen und das Café „Kusch" in der Karolinenstraße 6 neben dem Nassauer Haus (Abb. 181, 182), das lange Zeit wohl zu den ganz großen Favoriten bei den Nürnbergern zählte. In der neu entstandenen Luitpoldstraße bestand eine Konzentration an modernen Cafés vom Café „Neptun" mit lauschigem Gärtlein zur Klarakirche, dem großzügigen „Habsburg" am Eck zur Königstraße über das „Hitzler" bis zum Café „Kerzinger". Auch der Plärrer war von einem Kaffeehauskranz umgeben, der sich auch in Ansichtskarten nachstellen läßt über das Café „Panorama", das Café „Gisela" bis zu dem alten Kaffeehaus „Zum Mondschein", in dessen Garten einst die Geiger aufspielten, wie man das heute gerade noch in Venedig zu ganz anderen Preisen erleben kann.

In verschiedenen Fremdenführern, darunter auch den von Heinrich Heerwagen bearbeiteten, findet sich der Hinweis auf „viele originelle kleine Kaffeeschenken (Feinbäckereien) wie das Café Eichner, Obstgasse 2 (Spezialität: Zwetschgenkuchen) und Hermann, Rathausgässchen 7,"[177] oder auch Hinweise auf Konditoreien mit Kaffeeausschank. Wie die Konditorei Eisenbeiss in der Königstraße am Eck zur Kaiserstraße, die Konditoreien Scheuermann in der Schustergasse oder Autenrieth „Zur goldenen Rose" in der Rathausgasse 10. Wie es scheint, hatte Nürnberg seit Friedrich Mayers Zeiten gründlich aufgeholt, was Kaffeehauskultur und Konditoreiwesen betrifft.

Abb. 175: Der aus dem Fenster sehende Herr ist wohl Herr Ackermann, Cafétier in seinem Caférestaurant „Union“ in der Breiten Gasse 95a, das um das Jahr 1900 gegründet wurde. Sehr viel mehr war über das Kaffeehaus nicht herauszufinden, außer der Tatsache, daß zur Zeit des Cafés „Union“ etwa im Jahr 1904 in der Breiten Gasse allein 12 Wirtshäuser existierten, heute sind es gerade noch zwei. Dagegen läßt sich heutzutage die Zahl der Boutiquen und Schnick-Schnack-Geschäfte kaum mehr ermitteln. Lichtdruck um 1910.

Abb. 176: Die folgenden fünf Karten dokumentieren die um 1900 bestehende Kaffeehausvielfalt rund um den Plärrer, wovon das Café „Gisela“ am Spittlertorgraben 1 sicherlich das eleganteste war. Lichtdruck 1899.

Abb. 177: Am Spittlertorgraben 4, vor dem Waffenhof des Spittlertorturms stand das Café „Panorama“. Angelehnt an die Grabenmauer erschien das Häuschen schon auf den ersten Fotos von Ferdinand Schmidt aus der Zeit von 1865. Lichtdruck vor 1899.

Abb. 178: In der Gostenhofer Hauptstraße 9, in der Reihe der dem Plärrer zugewandten Häuser lag das Café „Mondschein“, das eigentlich ein Gasthof war. Auf dem Lichtdruck von 1910 ist das neben dem Gasthaus abgehende und nach ihm benannte Mondscheingäßchen gut zu erkennen. Ein Wirtshaus „Zum Mondschein“ unter einem Wirt Hans Roming in Gostenhof wurde erstmals im Jahr 1634 genannt und Friedrich Mayer nannte das Gasthaus unter den Empfehlungen für die Vorstädte an erster Stelle. Daß der „Mondschein“ bis zum 1. Weltkrieg als ein wirklich zauberhaftes Lokal gelten konnte, merkte man spätestens im Sommer, wenn im Vorgarten beim Blick über den Plärrer die Geiger aufspielten.

Abb. 179: Ähnliches tat sich auf der westlichen Plärrerecke neben dem Ludwigsbahnhof auf der anderen Seite der Geleise im Café „Plärrer" (Am Plärrer 3, heute Nr. 12, Stadtsparkasse), das ebenfalls ein Wirtshaus war. Der vor 1905 entstandene Lichtdruck zeigt links neben dem Café und Restaurant ein Gebäudeteil des Ludwigsbahnhofs. Im Café „Plärrer" konnten Reisende in Richtung Fürth vor dem Abenteuer noch einmal Stärkung finden oder Entspannung nach der Rückkehr, sofern sie es nicht vorzogen, in eines der mindestens zehn anderen Lokale (1912) unmittelbar um den Plärrer einzukehren.

Abb. 180: Gleich neben dem „Mondschein", in der Gostenhofer Hauptstraße 7, lag das Café-Restaurant von Johann Hieronymus. Das war zwar weniger alt und berühmt, besaß aber auch einen hübschen, überdachten „Vorgarten" mit weißgedeckten Tischen vor dem eigentlichen Lokal – Dinge, die wir heute im Urlaub, vorzugsweise in Italien oder Frankreich suchen. Dafür entspricht die moderne Bebauung des Plärrer vollkommen seiner heutigen Funktion als Verkehrsmaschine: Büro- und Geschäftsbauten zum Geldeinspielen, sonst nichts. Unsere Lichtdruckkarte entstand wohl noch vor 1900. Einige Jahre danach richtete in dem Haus die Humbser-Brauerei, der Zeitmode entsprechend, das „Wiener Restaurant" ein.

Abb. 181: In das in die Karolinenstraße vorspringende Giebelhaus Nr.6 zog 1907 nach einem gelungenen Umbau Karl Kusch ein und eröffnete das nach ihm genannte Café „Kusch", Grand Restaurant und eine Nürnberger Institution. Der Blick von dem sich über zwei Etagen erstreckenden Lokal auf die Fassade der Lorenzkirche lohnte ebenso wie das gerühmte kulinarische Angebot und so war das „Kusch" über Jahrzehnte ein Treffpunkt der vornehmeren Gesellschaft der Stadt. Lichtdruck 1910.

Abb. 182: Blick in das stilvolle Innere des Café „Kusch" in den Anfangsjahren, leider eine Aufnahme ohne Gäste. Lichtdruck 1910.

Abb. 183: Hotel und Café „Königshof" auf einer „echten Photokarte" aus den dreißiger Jahren. Das Kaffeehaus bestand auch noch in der Nachkriegszeit für einige Jahre, dann zog das Kaufhaus „Heka" ein, ehe das schöne Gebäude Ende der siebziger Jahre zugunsten eines der „modernen" Plattenbauten abgerissen wurde.

Abb. 184: In den Annoncen der Jahrhundertwendezeit warb das Café „Kerzinger", Luitpoldstraße 16, als „gediegenes Familien-Café" und mit dem eigenen Fremdenheim, „Haus Kerzinger". Der Lichtdruck aus der Zeit vor dem 1. Weltkrieg gibt einen Blick in das „moderne bestventilierte Parterre-lokal", wie es in einer Annonce hieß. In der Nachkriegszeit vollzog auch das Lokal am Eck zur Sterngasse die Wandlungen der Luitpoldstraße zum Amüsierbereich mit und wechselte den Lokaltyp je nach gerade laufender Mode. Derzeit ist Irland „in" – nicht nur im ehemaligen „Kerzinger".

Vorstadt- und Arbeiterkneipen

Mochten die berühmten historischen Gasthäuser jenseits der Pegnitz in der Sebalder Altstadt die Besucher „Alt-Nürnbergs" anziehen und das neue, großstädtische Lokalangebot sich in der „City" auf der Lorenzer Seite, um den Bahnhof und in der Luitpoldstraße konzentrieren, das ganz alltägliche Wirtshausleben spielte sich in den Vorstädten ab. Hier lagen die eigentlichen Stammkneipen der Bevölkerungsmehrheit, die täglich oder mindestens ein- oder zweimal in der Woche besucht wurden. In den Vorstadtwirtshäusern tagten die vielen kleinen Vereine und Vereinigungen, pflegten Stammtische und allerlei lockere Klubs die Geselligkeit. Mit der Vergrößerung der Stadt und ihrer Einwohnerzahlen waren viele neue Wirtshäuser entstanden, häufig als erste neue Kommunikationseinrichtung und wichtigster Treffpunkt in den neuen Straßen und Vierteln – meist lange bevor eine öffentliche Infrastruktur mit Kirchen oder Schulen den entstandenen Bedarf deckte. Oder es wurde auf die bereits in den alten Vorort- und Dorfzentren bestehenden Kneipen zurückgegriffen.

Schon in Zahlen gesehen, wird das deutliche Übergewicht der in den Vorstädten vorhandenen Wirtshäuser klar erkennbar: Von den insgesamt 1874 im Wirtshausverzeichnis des Jahres 1912 aufgelisteten Wirtshäusern (ohne die Weinwirtschaften und Cafés) befanden sich 1578, also 84 Prozent in den Vorstädten. Im gleichen Tempo, wie das Stadtgebiet gewachsen war, hatten sich vor den Stadtmauern auch die Wirtshäuser vermehrt, wenn nicht noch schneller.

Mit der großen Eingemeindungswelle von 1899 kamen zunächst die alten Wirtshäuser der Vororte hinzu, eine keineswegs unbeträchtliche Zahl, blickt man etwa nach Schweinau oder Mögeldorf mit ihren großen Wirtshaustraditionen. Die weitaus größere Gruppe bildeten jedoch die in den Jahrzehnten um die Jahrhundertwende erst neu entstandenen, bis in die sechziger Jahre unseres Jahrhunderts typischen Vorstadtkneipen und Bierwirtschaften, die in den neuen Wohnvierteln und in der Nähe der Fabriken eröffnet wurden. Sie waren Produkt und gleichzeitig wichtige Infrastruktur der Verstädterung. Ihre Rolle im Alltag der Arbeiterschaft, vor allem für deren männlichen Teil, aber auch für das Leben und Zusammenwachsen der neuen Vorstädte, kann kaum überschätzt werden. Über mehr als ein halbes Jahrhundert bis in die fünfziger Jahre der Nachkriegszeit bildeten die in der Nähe der Arbeitsstätten oder im Wohnviertel gelegenen einfachen Vorstadtwirtshäuser einen wichtigen Bestandteil und regelmäßigen Bezugspunkt im Tages- oder zumindest im Wochenlauf des Lebens der Arbeiter- und Vorstadtbevölkerung.

In der Regel waren diese Gasthäuser recht einfach und mit einem Gastraum, häufig einem Nebenzimmer für die dort tagenden Vereine, sowie der Küche und den meist auf dem Weg zum Bierlager zu findenden Toiletten einander sehr ähnlich ausgestattet. Viele der Wirtshäuser besaßen ein Vorgärtchen für den Sommerbetrieb, welche häufig erst in den fünfziger und sechziger Jahren im Zuge der Straßenverbreiterungen für die wachsenden Automengen verschwanden, oder einen kleinen Wirtsgarten im Hof. In Nürnberg hat sich eine nicht geringe Zahl dieser Vorstadtwirtshäuser und Eckkneipen noch erhalten, von den Renovierungen durch die Jahrzehnte abgesehen. Natürlich haben die Wirte gewechselt und wohl die Mehrzahl dieser einfacheren Vorstadtkneipen steht heute unter ausländischer, meist griechischer Regie.

Auf die Häufungen dieser Wirtschaften in der Nähe der großen Fabriken wurde schon am Beispiel von Schuckert hingewiesen, aber auch ohne eine solche unmittelbare Nachbarschaft reihte sich in manchen Straßen Wirtshaus an Wirtshaus. So bestanden 1912 in der Peter-Henlein-Straße mit 83 Häusern 15 Wirtschaften, darunter solche mit so schönen Namen wie „Zum ewigen Durst“ oder „Zu den alten Deutschen“. Andere herausragende Wirtshausstraßen waren die Au- oder die Fabrikstraße.

Die Wirtshäuser mit ihren jeweiligen Wirtinnen und Wirten spielten zur Jahrhundertwende gegenüber heute in der Binnenstruktur der einzelnen Stadtviertel und Straßen eine wesentlich bedeutendere Rolle. Als wichtige Anlaufstellen definierten sie häufig das ganze Viertel, d. h. auch für „Fremde“ aus anderen Stadtgebieten, die kaum aus ihrem Stadtteil hinausgekommen waren, konnten sie die wesentlichen Orientierungspunkte darstellen: Johannis oder Schweinau, das waren die oder die Kneipen. Die Rolle der Wirtshäuser noch in den zwanziger Jahren etwa für den „Rabus“, diesen typischen „Einwandererstadtteil“ zwischen Gibitzenhof und Lichtenhof entlang der Franken- und Sperberstraße, findet sich in der überwiegend mit Gasthaus- und Stammtischbildern illustrierten Festschrift des „Rabuser Freundeskreises“ zu dessen 50jährigen Bestehen. Dort heißt es u. a.:

„Die zahlreichen Gastwirtschaften – mindestens an jeder Straßenecke war eine – waren fester Bestandteil der alltäglichen Feierabendgestaltung. Man ging in die Wirtschaft, die einem am besten behagte oder am nächsten lag – und so war das ganze Jahr über die Grundlage für eine gesunde Kommunikation gegeben. Machte man abends durch Rabuser Straßen einen Spaziergang, so konnte man meist aus den Wirtschaften etwa ab 9 Uhr abends fröhlichen Gesang hören.“[178]

Und zum Höhepunkt des Wirtshausjahres in den Vorstädten, der jeweiligen Kirchweih des Viertels oder Kirchensprengels, wurde für den Rabus, das ja zu Gibitzenhof gehörte und selbst keine eigene Kirche besaß, auch für andere Viertel vergleichbar ausgeführt:

„Die Neuangesiedelten – alle aus bäuerlicher Landschaft kommend – hatten alle die Gewohnheit mitgebracht, ihre Kirchweih zu feiern. Daraus resultiert die Entstehung der berühmten Rabuser Kärwa. Die Rabuser Kärwa in der ersten Augustwoche war weit über Rabus hinaus ein beliebtes Ereignis. Zahlreiche Bürger anderer Stadtteile feierten mit. 17 Gaststätten gab es seinerzeit in Rabus. Alle schmückten sich mit dem Birkenbäumchen und hatten die auf die Schlachtschlüssel hinweisende Saublase an der Tür hängen. Entlang dieser mit Bäumchen geschmückten Gaststätten konnte man auch die Grenzen von Rabus erkennen. .... Gefeiert wurde Samstag, Sonntag, Montag und Mittwoch. In allen Gaststätten war Musik und alle Tage hindurch ein reges Leben. Die größte Anziehung hatten natürlich die Gaststätten mit den Biergärten. Es waren dies in der Sperberstraße die Gaststätte „Waldspitze“, dann Ecke Sperber- und Frankenstraße die Gaststätte „Kreuzweg“ und Ecke Franken- und Markgrafenstraße die Gaststätte „Fohlenhof“. Seinerzeit waren die Wirtsleute meist auch die Hausherren. Bei der „Waldspitze“ war es der Wirt Langohr, beim „Kreuzweg“ der Wirt Högner und beim „Fohlenhof“ der Wirt Rauscher. Bei der Gaststätte Fohlenhof war ein Saal dabei. Hier wurde getanzt. Außen im Biergarten war Blechmusik und in der Nähe war meist ein Kärwabaum aufgestellt. Im Bereich Frankenstraße war bis zum 2. Weltkrieg ein großer freier Platz, auf dem die Schausteller ihre Stände, Buden, Schiffschaukeln und Karussells aufbauten. Kärwastände aller Art waren auch in den verschiedenen Straßen. ... Bemerkenswert ist, daß viele der bei der Kärwa aufspielenden Musiker meist aus dem eigenen Viertel waren.“[179]

Arbeiterwirtschaften

„Ohne das Arbeiterwirtshaus wäre die Arbeiterbewegung unmöglich so verlaufen, wie sie die Industriegesellschaften Europas mitgeprägt hat. Ohne die Arbeiterkneipe sähe unsere Welt, unsere Gesellschaft zweifellos ganz anders aus: Sicherlich weniger demokratisch und weniger solidarisch, wenn man sie überhaupt dafür halten will.“[180] So wird – ein wenig schwärmerisch – aus der Sicht des modernen Historikers die Bedeutung der Arbeiterwirtschaften im Zusammenhang mit dem Aufstieg der Arbeiterbewegung beschrieben. Das bezieht sich vornehmlich auf die politische Funktion der Arbeiterwirtshäuser als Versammlungsort, Streiklokal oder auch als Ort von Bildungsveranstaltungen. Die Funktion des Wirtshauses für die Arbeiterschaft war jedoch zunächst wesentlicher schlichter und dennoch umfassender, woraus sich die politischen Funktionen der Arbeiterkneipe erst entwickelten.

Meist war es der Mangel an Wohnraum, der schlechte Zustand der Wohnungen und die häusliche Enge, die das Wirtshaus für viele Arbeiter zum bevorzugten Aufenthaltsort und zur oft einzigen Stätte der Entspannung und Geselligkeit machten. Insbesondere für jüngere, neu in die Stadt gezogene Arbeiter, die häufig nur als Schlafgänger oder Untermieter in einer fremden Wohnung unterkamen, war die Kneipe (neben der Straße) meist nicht nur die einzige Gelegenheit, die Freizeit zu verbringen, sondern auch eine der wenigen Möglichkeiten, an ein warmes Essen zu kommen, warm zu sitzen und der Einsamkeit in der Stadt zu entrinnen[181]. Die Tradition des Wirtshausbesuchs brachten die Zuwanderer aus ihren ländlichen Herkunftsorten ohnehin mit. Aber auch für nicht wenige Jugendliche der zweiten Generation aus Arbeiterfamilien, die den engen Wohnverhältnissen und ihren Familienbanden zu entrinnen versuchten, wurde das Wirtshaus bald zur Heimat und prägenden Alternative zur Familie.

Auch für viele ältere Arbeiter und Familienväter spielte der regelmäßige Wirtshausbesuch nach der Arbeit oder am Abend nach dem Essen eine wichtige Rolle: *„Offengestanden finde ich in der Wirtschaft mehr Vergnügen als zuhaus. Denn ist man zuhause, so krakehlt die Frau und macht den Mann noch mehr mutlos. Im Wirtshaus trinkt man den Fusel – und so schwinden alle trüben Stunden.*“[182] Oder *„Bei abstumpfender Arbeit, in einer elenden Wohnung inmitten einer großen Kinderschar kann von Vergnügen nicht die Rede sein. Der Kapitalismus zerstört jedes Familienleben, und darum gehe ich ins Wirtshaus.*“[183] So lauteten die üblichen Stellungnahmen von Arbeitern der Jahrhundertwende, auf ihre Einstellung zum Wirtshaus angesprochen. Den theoretischen Rückhalt zur bestehenden Praxis baute die Arbeiterbewegung in ihren Lehren gleich mit ein. In einer Schrift aus dem Jahr 1902 wurden das zweifelsohne nicht unbedenkliche Verhältnis der Arbeiterschaft zu Wirtshäusern und zum Alkohol beinahe als zwangsläufige Folge, wenn auch nur als Durchgangsstadium des natürlich zu überwindenden Kapitalismus so begründet:

„Das Wirthshaus bildet einen Theil der Wohnung des Arbeiters. Es ist seine gute Stube. Wir brauchen Räume nicht nur zum Essen und Schlafen, sondern auch Räume, um unsere Ruhe zu genießen, und Räume für nützliche und gesellige Unterhaltung. Die Wohnung aber, die der Capitalismus dem Arbeiter, namentlich der Arbeiterfamilie zur Verfügung stellt, vermag dieses Bedürfnis nicht, und je länger, je weniger zu befriedigen. .... den Aufenthalt im Wirthshaus müssen wir mit dem Alkoholgenuß erkaufen.“[184]

Solche Aussagen und die drastischsten Beschreibungen des in seiner Not zum Wirtshausbesuch gedrängten Proletariers finden

Abb. 185: Bis 1952 hieß die heutige Georg-Strobel-Straße noch Fabrikstraße. Der Name erinnerte an die früher von ihr begrenzte Cramer-Klettsche Maschinenfabrik, die heutige MAN, die dort bis zur Jahrhundertwende produzierte. Ein Blick in die alten Adreßbücher bestätigt, daß die Anwohner überwiegend aus Arbeitern und kleinen Handwerkern bestanden. Eines der sechs Wirtshäuser um 1900 in der Straße war das Gasthaus „Zur Fabrikstraße" unter Nummer 48. Im selben Haus gab es auch ein Friseurgeschäft, dessen Besitzer mit den Wirtsleuten vor dem Haus steht. Auch ein Teil der anderen Hausbewohner posierte in den Fenstern für diese Fotokarte, die erst 1918 von einem Friseurgehilfen verschickt wurde, auch mit dem Ziel, einen Kollegen zur Arbeitsaufnahme nach Nürnberg zu bewegen.

Abb. 186: Der Steinbühler Tunnel, an dessen südöstlichem Ende die heute völlig verfallene Emmerlingsgasse zur Schloßäckerstraße abzweigt, war Namensgeber für die Wirtschaft „Zum langen Tunnel" in der Emmerlingsgasse 13. Die Karte mit den im Wirtschaftsgärtchen versammelten Stammgästen wurde zwar erst Anfang der zwanziger Jahre von einem Fotografen Georg Müller in der Gugelstraße 130 gefertigt, die Szene unterscheidet sich aber kaum von der Situation bei der Gründung des Wirtshauses um 1901. Bereits 1880 hatte in der Emmerlingsgasse 2 ein Wirtshaus „Tunnel" bestanden. Lichtdruck, gelaufen 1926.

sich insbesondere in den Schriften der gewerkschaftlichen und sozialdemokratischen Anti-Alkoholbewegung. Gefordert wurde wie beim zuletzt zitierten Autor eine Wohnungsreform, aber auch die Reform des Wirtshauses, um den Arbeiteralkoholismus zu bekämpfen. Bei der Lektüre der diversen gegen den Alkohol gerichteten, für Nüchternheit und geistige Klarheit sich aussprechenden Schriftchen und Abhandlungen der Arbeiterbewegung läßt sich aus den Formulierungen zum zweifelsohne vorhandenen Problem der Eindruck gewinnen, weite Teile der unorganisierten wie der organisierten Arbeiterschaft seien dem Suff verfallen gewesen, was mehr oder minder entschuldigend und zwangsläufig mit dem Arbeiterelend unter den kapitalistischen Bedingungen in Zusammenhang gesetzt wurde. So heißt es etwa in einem Heftchen zu „Gewerkschaftsbewegung und Alkoholfrage" aus dem Jahre 1908 noch bezogen auf die früheren Phasen der Industrialisierung:

„Alle Lockungen, alle möglichen Versuchungen vereinigen sich, um die Arbeiter zur Trunksucht zu bringen. Der Branntwein ist ihnen die einzige Freudenquelle, und alles vereinigt sich, um sie ihnen recht nahe zu legen. Der Arbeiter kommt müde und erschlafft von seiner Arbeit heim, er findet eine Wohnung ohne alle Wohnlichkeit, feucht, unfreundlich und schmutzig; er bedarf dringend einer Aufheiterung, er muß etwas haben, das ihm die Arbeit der Mühe wert, die Aussicht auf den nächsten sauren Tag erträglich macht. Seine abgespannte, unbehagliche, hypochondrische Stimmung, die schon aus seinem ungesunden Zustande, namentlich der Indigestion [Verdauungsstörung, H. B.] *entsteht, wird durch seine übrige Lebenslage, durch die Unsicherheit seiner Existenz, durch seine Abhängigkeit von allen möglichen Zufällen und sein Unvermögen, selbst etwas zur Sicherstellung seiner Lage zu tun, bis zur Unerträglichkeit gesteigert. Sein geschwächter Körper, geschwächt durch schlechte Luft und schlechte Nahrung, verlangt mit Gewalt nach einem Stimulus von außen her; sein geselliges Bedürfnis kann nur im Wirtshaus befriedigt werden, er hat durchaus keinen anderen Ort, wo er seine Freunde treffen könnte – und bei alledem sollte der Arbeiter nicht die stärkste Versuchung zur Trunksucht haben, sollte imstande sein, den Lockungen des Trunks zu widerstehen? ... Und abgesehen von mehr physischen Einflüssen, die den Arbeiter zum Trunke treiben, wirkt das Beispiel der großen Menge, die vernachläßigte Erziehung, die Unmöglichkeit, die jüngeren Leute vor der Versuchung zu schützen, in vielen Fällen der direkte Einfluß trunksüchtiger Eltern, die ihren Kindern selbst Branntwein geben, die Gewißheit, im Rausch wenigstens für ein paar Stunden die Not und den Druck des Lebens zu vergessen, und hundert andere Umstände so stark, daß man den Arbeitern ihre Vorliebe für den Branntwein wahrlich nicht verdenken kann."*[185]

Die Arbeiter-Abstinenzler, die solche den verbreiteten Armutsalkoholismus eher rechtfertigenden Begründungen in ihre Schriften aufnahmen, waren in Partei und Gewerkschaften allerdings nur eine kleine, doch aktive Minderheit. Immerhin gelang es ihnen, auf dem SPD-Parteitag 1909 mehrheitlich eine Entschließung gegen den Schnapskonsum durchzusetzen, wenn auch nur mit dem entscheidenden Argument, daß die damit verbundene Steuerzahlung den kapitalistischen Staat stärke. Ansonsten stand die offizielle Parteilinie mit ihrem lange Jahrzehnte führenden Theoretiker Karl Kautsky dem regelmäßigen Wirtshausbesuch (und damit zwangsläufig auch dem damit verbundenen Alkoholgenuß) schon aus organisatorischen Gründen eher positiv gegenüber, insbesondere nach den Erfahrungen unter dem Sozialistengesetz, als sich die Arbeiterwirtshäuser trotz aller Bespitzelung und Beobachtung als wichtige Orte der Kommunikation und zur Aufrechterhaltung der verbotenen sozialdemokratischen Bewegung bewährt hatten. Die zwischen 1878 und 1890, der Gel-

Abb. 187: Eines der vier Wirtshäuser in der Mittleren Kanalstraße, überwiegend von Arbeitern bewohnt, war die Restauration „Zum Wilhelm Tell“ von Johann Fleischmann. Auch hier wurden Hausbewohner und Gäste für den Fototermin zusammengerufen. Lichtdruck nach 1905.

Abb. 188: Zu einem Volksauflauf führte die Aufnahme von der Wirtschaft „Zum Fichtenkogel“ in der Landgrabenstraße 27 für diese wohl noch vor der Jahrhundertwende entstandene Werbekarte. Wie mit der Lupe zu erkennen, wurde auf der Straße angezapft, vielleicht gerade zur Eröffnung oder einem Wechsel des Wirts, denn auch Walter Schorselt, der Auftraggeber des Lichtdrucks aus der Zeit vor 1900, blieb nicht lange und das Lokal änderte bald den Namen in „Zur Festung Wülzburg“. Wie so häufig ist auf der Karte die eigene Wohnung und im Hintergrund eine Schule, wohl der Neubau am Melanchthonplatz, gekennzeichnet. Die Mehrzahl der Bewohner in den abgebildeten Häusern waren Arbeiter.

tungsdauer des Gesetzes, entstandene enge Verbindung zwischen Wirtshaus und Arbeiterbewegung („ *...daß jedes von Parteigenossen besuchte Wirtshaus einen ‚Geheimbund' bildete, der Einmütigkeit im Denken und Handeln verbreitete und den Zusammenhang unter den einzelnen Genossen aufrecht hielt...*"[186]) wurde von Karl Kautsky als beinahe unumstößlich formuliert:

„Das einzige Bollwerk der politischen Freiheit des Proletariers, das ihm so leicht nicht konfisziert werden kann, ist – das Wirtshaus. Der Temperenzler mag darüber die Nase rümpfen, aber das ändert nichts an der Tatsache, daß unter den heutigen Verhältnissen Deutschlands das Wirtshaus das einzige Lokal ist, in dem die niederen Volksklassen frei zusammenkommen und ihre gemeinsamen Angelegenheiten besprechen können. Ohne Wirtshaus gibt es für den deutschen Proletarier nicht bloß kein geselliges, sondern auch kein politisches Leben."[187]

Und gegen die Alkoholgegner gerichtet, formulierte Kautsky quasi als offizielle Lehrmeinung die folgendenen Sätze, die den Proletarier zum Wirtshausbesuch geradezu aufforderten:

„Gelänge es dagegen der Temperenzbewegung in Deutschland, ihr Ziel zu erreichen und die deutschen Arbeiter in Masse zu bewegen, das Wirtshaus zu meiden und sich außerhalb der Arbeit auf das ihnen so verlockend geschilderte Familienleben zu beschränken: gelänge das den Temperenzlern, dann hätten sie erreicht, was dem Sozialistengesetz niemals auch nur annähernd gelungen: der Zusammenhang des Proletariats wäre gesprengt, es wäre auf eine Masse zusammenhangloser und daher auch widerstandsloser Atome reduziert."[188]

Das Wirtshaus als die Grundlage des modernen Sozialismus? Jedenfalls waren Arbeiterbewegung und Wirtshäuser schon mangels anderer Versammlungs- und Veranstaltungsmöglichkeiten sehr lange miteinander verbunden. Lange genug jedenfalls, daß auch angesichts des „realen Sozialismus" der Spruch, „der Sozialismus läßt sich nur im Suff ertragen" deutlich machte, daß es sich bei dem Alkoholproblem keineswegs nur um eine Erscheinungsform des modernen Kapitalismus handelt.

Aber verfolgen wir das Thema ein wenig konkreter am Nürnberger Beispiel.

Die bayerische Industriemetropole war nun gewiß keine Region mit besonders hohem Schnapskonsum wie etwa im Ruhrgebiet, wo unter der Regie der Arbeiterschaft genossenschaftlich organisierte „Schnapskasinos" und „Schnapskontore" entstanden. Zudem wurden in den Trinkgewohnheiten der Arbeiterschaft von der Mitte zum Ende des 19. Jahrhunderts die harten Getränke zunehmend vom Bier verdrängt[189], dennoch weisen die Problembeschreibungen in den Schriften und Diskussionen der Arbeiterbewegung auf den in den sozialen Unterschichten doch stärker verbreiteten Alkoholismus hin, der seine Ursachen in der materiellen und sozialen Not hatte – im Unterschied etwa zu unserem heutigen Wohlstandsalkoholismus. Auch moderne Untersuchungungen[190] zu diesem Thema belegen, daß der Alkoholkonsum in Unterschichten und Arbeiterschaft um so höher lag, je niedriger das Einkommen war.

Der Konsum von alkoholischen Getränken war lange Zeit auch als Nahrungsersatz oder relativ billiges Nahrungsmittel gebräuchlich und wurde durch seinen hohen Brennwert vor allem Schwerarbeitern zugestanden. Hinweise darauf finden sich u. a. auch in den ärztlichen Beschreibungen für die sogenannte „Medizinaltopographie" für den Stadtbezirk Nürnberg aus dem Jahr 1862. Dort wurde im übrigen deutlich zwischen den Trinkgewohnheiten der „höheren Stände" und denen der „ärmeren und arbeitenden Klassen" unterschieden mit

Abb. 189: In den um die Jahrhundertwende neu errichteten Arbeiterwohnanlagen wie hier dem 1908/09 vornehmlich für die MAN-Beschäftigten erbauten Dianablock nach dem Entwurf von Ludwig Ruff wurden auch eigene Gastwirtschaften eingeplant. Sie waren teilweise mit großzügigen Räumlichkeiten ausgestattet wie die 1911 eröffneten „Hubertussäle" in der Dianastraße 26 und bildeten so als Zentrum der Wohnsiedlung die Möglichkeit für größere Versammlungen und Veranstaltungen aller Art. Lichtdruck, gelaufen 1915.

Abb. 190: Auch in der als Werkssiedlung für MAN-Arbeiter nach 1911 entstandenen Werderau, die die von Johann Rieppel initiiert wurde (Planung ebenfalls Ludwig Ruff), entstand in der Volckamerstraße 19 ein eigenes Gasthaus für die neue Gartenvorstadt, das bereits 1912 eröffnet wurde. Das im behaglichen „Arbeiterbarock" ausgeführte Gasthaus spielte für die Werderauer bald die einer Dorfwirtschaft vergleichbare Rolle mit eigener „Kärwa", nicht zuletzt wegen seines schönen Gartens. Lichtdruck, gelaufen 1915.

durchaus interessanten Anmerkungen zu unserem Thema:

„Im Vergleiche mit Altbayern und besonders mit München ist die Bierkonsumtion der Einzelnen eine mäßige. Die strenge Arbeit der Hauptindustriezweige Nürnbergs verlangt einen klaren Kopf und Gewohnheitstrinker resp. Saeufer sind hier selten. Viele der Handwerksmeister und Gesellen trinken nur an Sonnabend, Sonntag und Montag [gemeint ist hier der unter Handwerkern verbreitete ‚Blaue Montag', H. B.] *Bier, die Arbeiter der großen Fabriketablissements und die Bauhandwerker, deren anstrengende und größtentheils im Freien betriebene Arbeit neben kräftiger Nahrung auch einen stärkenden Trunk erheischt, sind hievon ausgenommen. Unter den höheren Staenden, besonders beim gelehrten Stande, hat sich das Biertrinken gegen früher wesentlich vermindert, wohl hauptsächlich deßhalb, weil die gegen früher gewiß angestrengtere geistige Thätigkeit nur ausnahmsweise durch starken Biergenuß nicht gehindert wird.*
Das abendliche Kneipen ist bei den mittleren und höheren Ständen eine weitverbreitete Sitte. Es hat seine Berechtigung, soweit es zur gegenseitigen Anregung, zum Gedankenaustausch, zur Aufheiterung dient, und mag im rechten Maaße genossen zur Diäetik des Geistes gehören."[191]

Daß allerdings der Alkoholkonsum während der Arbeitszeit unter den Arbeitern der „großen Fabriketablissements" überhaupt nicht geschätzt war, belegt neben anderen Beispielen schon die früheste Arbeitsordnung der Klettschen Gießerei und Maschinenfabrik, dem Vorläuferbetrieb von Cramer-Klett und der späteren MAN, aus dem Jahr 1844[192]. Dort ist im Kontext der Festlegung der täglichen Arbeitszeiten von 6 bis 12 Uhr und von 13 bis 18.30 Uhr auch eine Vorschrift enthalten, wonach der Alkoholgenuß wohl in der Frühstückspause zwischen 8 und 8.30 Uhr („*Bier und andere geistige Getränke*") erlaubt war, jedoch: „*Wer außer dieser Zeit Bier oder geistige Getränke sich verschafft, verfällt in eine Strafe von 1/2 Tag Abzug"*[193], also einer empfindlichen Lohnkürzung. Auch die weiteren Beobachtungen in der „Medizinaltopographie" von 1862 sind für uns von Interesse, nicht zuletzt die folgende medizinische Beurteilung der typischen kleinen Nürnberger Wirtszimmerchen und die Beobachtung von Wein- und Schnapskonsum:

„Dann ist der arge Tabakrauch in den meist nach alter Sitte kleinen niedern Wirthschaftszimmern, verbunden mit der durch die Gasverbrennung und die thierische Wärme erzeugten Hitze gewiß kein für die Dauer zu empfehlendes Respirations-Medium.
Die Wein-Consumtion ist eine geringe.
Die ärmeren und arbeitenden Klassen genießen Wein nur als Arznei, der bessere Bürgerstand trinkt ab und zu Sonntag Morgens in einem Weinhause einen Schoppen, nur wenige der reicheren Klassen genießen regelmäßig des Mittags Wein. Gebrannte Wasser werden fast nur von den untersten Klassen consumirt, denen das Bier zu theuer oder bei kaltem Wetter nicht genug erwärmend ist. Bei dem Steigen der Bierpreise nimmt regelmäßig der Genuß des Branntweins zu. Eigentliche Schnapssäufer sind selten, und die wenigen, die sich finden, sind erst nach langjährigem übermäßigen Biergenusse, wenn alles zu Grunde und rückwärts geht, in dieses Laster verfallen." [194]

Einige Seiten weiter, bei der Schilderung der Ernährungsformen für Säuglinge und Kleinkinder, folgte noch die bemerkenswerte Feststellung, daß „*im ersten Lebensjahr ... Bier nur aeusserst selten verabreicht*"[195] werde, was ja einige Schlüsse auf die frühzeitige Verwendung des „Volksnahrungsmittels" Bier schon im Kleinkindalter zuläßt.

Daß das Wirtshaus als regelmäßiger Treffpunkt und Kommunikationsort der Arbeiterschaft schon frühzeitig auch politischen

Zwecken diente, lag in der Natur der Sache. In der Wirtschaft wurden die Konflikte und Probleme in der Arbeit besprochen und diskutiert, wurden neue Kontakte geknüpft, lagen auch sozialdemokratische Zeitungen auf. Im Wirtshaus nach der Arbeit war man gewissermaßen frei und vor allem „Gleicher unter Gleichen.“ Die Arbeiterbewegung war lange Zeit, nachdem ihr andere Örtlichkeiten und öffentliche Säle nicht oder nur in Ausnahmefällen zugestanden wurden, auf die Gasthäuser als Versammlungsorte angewiesen.

Aus der Frühzeit der sozialdemokratischen Bewegung in Nürnberg sind dank der zur Überwachung anwesenden Polizeioffizianten wenigstens ein Teil der öffentlichen Versammlungen der jungen Arbeiterpartei mit Themen, Referenten und Besucherzahlen relativ genau überliefert. Für den Zeitraum zwischen 1869 und 1872 war das Gasthaus „Zum goldenen Baum“ in der Lammsgasse 8 mit 36 Versammlungen als „Local des Arbeiterbildungsvereins“[196] der bevorzugte Treffpunkt, aber auch der „Deutsche Hof“, damals in der Pfannenschmiedsgasse 22, der „Sächsische Hof“ in der Neutorstraße und das „Café Noris“ dienten sozialdemokratischen Veranstaltungen. Die Arbeiterpartei hatte zu diesem Zeitpunkt in der Stadt knapp 150 Mitglieder, vermochte aber insbesondere bei Vorträgen auswärtiger Referenten auch bis zu 400 Besucher anzulocken.

Nach 1872 wurde das Café Merk in der Prechtelsgasse 16 zum neuen Parteilokal und die Versammlungstätigkeit verlagerte sich auch in die Vorstadt. Unter den von der Polizei festgehaltenen Wirtschaften mit sozialdemokratischen Veranstaltungen tauchten bis 1878, dem Jahr des Erlasses des Sozialistengesetzes, mit dem alle Veranstaltungen der SPD verboten wurden, immer wieder die Becksche Wirtschaft in Steinbühl, der „Goldene Schwan“ in Wöhrd, und die „Goldene Gans“ in Gostenhof auf. Nach 1875 wurden daneben auch der „Goldene Baum“ in Glockenhof, die Meisen-

Abb. 191: Als eigenes Lokal für die Gewerkschafter wurde am 19. Dezember 1908 in der Kartäusergasse 12 das Haus des Deutschen Metall-Arbeiter-Verbandes mit eigener Wirtschaft eröffnet. Die Wirtschaft bestand noch bis zu Beginn der achtziger Jahre und war über den Auszug der Metallgewerkschaft in das neue DGB-Haus am Kornmarkt hinaus das wohl wichtigste Wirtshaus für die Gewerkschafter in Nürnberg. Wichtig war natürlich, wie auf der Lichtdruckkarte von 1910 zu lesen, hier bekam „man gutes und billiges Essen“. Heute ist das alte Metallarbeiterhaus in den Komplex des Germanischen Nationalmuseums einbezogen und das Lokal hat neu eröffnet – als „Essenwein“ in sinniger Anspielung auf den alten Direktor des Museums und die den Namen viel unmittelbarer deutenden Gäste.

bachsche Wirtschaft in Gostenhof, das Bohlsche Gasthaus in Maxfeld und die Leitsche Wirtschaft „Zur Wilhelmshöhe" als Orte sozialdemokratischer Zusammenkünfte aufgeführt. Zu Wählerversammlungen rief die Arbeiterpartei in die „Münchner Bierhalle" (Bierethsche Wirtschaft) in der Fürther Straße und ins Gasthaus „Zur Rose", während im häufiger für Festveranstaltungen genutzten Café „Reutersbrunnen" 1872 das Stiftungsfest der „Internationalen Metallarbeiterschaft" über die Bühne ging.

Die Sozialdemokratie befand sich zu dieser Zeit – das 2. Reich war gerade gegründet worden – stark im Aufwind. Schon im März 1872 vermerkte der überwachende Polizeibeamte in seinem Protokoll, daß „die Versammlungen der sozialdemokratischen Arbeiterpartei ... immer mehr Anklang unter den hiesigen Arbeitern"[197] fänden. Die Themen und Probleme dieser Parteiveranstaltungen reichten dabei von Vorträgen mit geschichtlich-kulturellem Hintergrund, Fragen zur Theorie des Sozialismus und zum Internationalismus bis zu organisatorischen Dingen und Kandidatenaufstellungen für die verschiedenen Wahlen. Praktische Fragen und Probleme standen zumindest bei diesen offiziellen Parteiveranstaltungen eher im Hintergrund mit Ausnahme der Volksversammlungen zur Bierfrage.

Nach 1872 trat als der wichtigste und häufigste Redner bei den im Durchschnitt von 200–400 Anhängern besuchten Parteiversammlungen der 1848 in Zirndorf geborene Karl Grillenberger auf, der es als mitreißender „Agitator" bei den größer angelegten Volksversammlungen auch verstand, je nach Thema mehr als tausend Zuhörer anzuziehen. Die größte in den Akten verzeichnete Besucherzahl mit 1200 Personen kam bei zwei Volksversammlungen im Mai 1874 interessanterweise zu dem Thema „Die Bierfrage", bei der es vordergründig um die gerade stattgefundene Bierpreiserhöhung ging, die eigentliche Erregung aber vermutlich dem Ende April vom Magistrat verfügten Verbot der Nürnberger Organisation der Sozialdemokraten entsprang. Beide im Café Merk stattfindenden Versammlungen wurden von der Polizei aufgelöst. Wieder einmal erwies sich das liberalere Fürth als Ausweg, wohin die Nürnberger Sozialisten ihre dann von mehreren tausend Anhängern besuchte Protestversammlung verlegen konnten[198]. Im Jahr 1875 wurde dann im Gasthaus „Zum weißen Adler" in der Irrerstraße als wichtige soziale Unterstützungsmaßnahme eine Arbeiterherberge mit eigenem Arbeitsnachweis eingerichtet. Alle „*zureisenden Gewerkschaftsgenossen und Arbeiter*" wurden „*ersucht, sich nicht in die Herberge ‚zur Heimath' zu begeben, sondern nur die Allgemeine Arbeiter-Herberge aufzusuchen, weil Alles aufgeboten wird, um den Anforderungen der zureisenden Genossen zu entsprechen.*"[199]

Trotz des Verbotes der sozialdemokratischen Mitgliedschaft stieg die Agitation der Genossen zu den Reichstagswahlen 1874 mit 27 und 1876 mit 54 Wahlversammlungen deutlich an. Diese Versammlungen fanden auch in kleinen und kleinsten Gasthäusern statt, weil „*es Leute gibt, welche aus ihrem gewohnten Lokal nicht herauszubringen sind und größere Versammlungen nicht besuchen*"[200], wie es Grillenberger 1876 formulierte. Das wiederholte sich erneut zur Reichstagswahl 1878 mit einer Vielzahl von Wählerversammlungen in den verschiedensten Wirtshäusern der Vorstadt und der Außenbezirke im Juni und Juli.[201]

Etliche dieser Wirtschaften fanden sich bald darauf in den nach dem Erlaß des Sozialistengesetzes zum 1. Oktober 1878 zusammengestellten Verzeichnissen von Gasthäusern wieder, deren Besuch den Angehörigen des königlichen Militärs wegen der dort stattfindenden gefährlichen sozialdemokratischen Agitation strikt verboten war. Noch die letzte Liste der „für Militärangehörige verbotenen Wirtschaften" aus den Jahren 1889/90, unmittelbar vor

Aufhebung des Sozialistengesetzes, umfaßt insgesamt 58 Nürnberger Wirtshäuser, darunter so bekannte Lokale wie den „Beckengarten“ am Maxtorgraben (Abb. 232) oder die Restauration Tullnau[202]. Zu den Behinderungen zählte neben den überwachten und immer wieder durch Polizeispitzel auf den neuesten Stand gebrachten Lokalverboten für die Soldaten der Garnison auch der auf die Wirte ausgeübte Druck, den als Ersatz für die verbotene Parteiorganisation entstandenen Vereinen wie dem „Verein zur Erzielung volksthümlicher Wahlen für Reichstag, Landtag und Gemeinde“ keine Säle zu vermieten. Daß die durchgeführten Maßnahmen verschiedene Wirtschaften durchaus in ihrer wirtschaftlichen Existenz trafen, wird aus zahlreichen Beschwerdebriefen und Bitten um die Aufhebung des Lokalverbots an die Behörden deutlich. Selbst der gewiß sozialistischer Sympathien unverdächtige „Fränkische Kurier“ formulierte noch im Jahr 1890, in dem das Sozialistengesetz auslief, nach dem Verbot des Auftritts einer Militärkapelle (der Stendaler Husarenkapelle!) in der „Leyher Waldspitze“ (Abb. 267), einem der verbotenen Wirtshäuser, eine öffentlichen Bitte um Revision der geltenden Einschränkungen.[203]

Über eigens gegründete gesellige Vereine wie den bereits 1876 im „Geharnischten Mann“ ins Leben gerufenen Bürgerbund oder ganz legale Bildungsvereine trafen sich die Anhänger der Bewegung auch während der Verfolgungen teilweise in den Hinterzimmern der Arbeiterwirtschaften. Ein Polizei-Offiziant berichtete beispielsweise am „6. November 1886, daß das Versammlungsverbot durch eine als scheinbar harmlose Gesangsveranstaltung getarnte Zusammenkunft unterlaufen wurde[204] und in der nicht verbotenen „Fränkischen Tagespost“ warb der „Allgemeine Arbeiter-Fortbildungs- und Unterstützungsverein“ ganz offen mit der Notiz: *„Der hiesige Arbeiterbildungsverein zeichnet sich durch sein redliches und ernstes Streben für die Sache des werktätigen Volkes aus. Er hat in seinem Lokal: Silberner Löwe, in der Steinbühler Straße, sich zur allgemeinen, kostenfreien Benützung ein Zeitungslesezimmer eingerichtet, dessen eifrigsten Besuch wir allen Arbeitern aufs Wärmste empfehlen können. Es liegen in demselben die folgenden Blätter aus:* [Es folgt eine Liste mit 24, meist sozialdemokratisch orientierten, aber auch konservativen Zeitungen] – *Wir rathen nochmals Allen, die ihre freien Abende bei anregender Lektüre verbringen wollen, von dem Lesezimmer Gebrauch zu machen und empfehlen auch die Vortragsabende des Arbeiterbildungsvereins aufs Entschiedenste.“*[205]

Die Unterdrückung der Arbeiterbewegung durch das Sozialistengesetz führte ja bekanntlich zum nicht beabsichtigten Gegenteil: SPD und Gewerkschaften waren nach 1890 stärker als zuvor und hatten während der Verbotszeit ihren Einfluß unter der Arbeiterschaft eher vergrößert.

Bis in unsere Tage trifft sich die sozialdemokratische Basis mit ihren Ortsvereinen und öffentlichen Versammlungen in ihren „Parteilokalen“. Der vielzitierte „sozialdemokratische Stallgeruch“ kommt wohl weniger aus nach Tier und Stroh duftenden Ställen, sondern aus der Wärme, dem Tabakrauch und sonstigem Dunst diverser Vorstadtwirtschaften.

Abb. 192: Eine Wirtschaft in dem wohl 1856 entstandenen Häuschen in der Fürther Straße 29 – heute das älteste stehende Gebäude in der ganzen Straße und als „Kartoffel" immer noch ein Wirtshaus – wurde bereits 1878 eröffnet, zunächst noch ohne eigenen Namen. Aber schon 1880 wurde der ein wenig sinnige Name „Zur Alpenhütte" in die Fürther Straße eingeführt und wurde dort zum Begriff. In der Zeit als dieser Lichtdruck entstand (um 1905), verkehrten in der „Alpenhütte" überwiegend Arbeiter. Aus den dreißiger Jahren gibt es Karten, auf denen es an Hakenkreuzen nur so wimmelt, man war SA-Verkehrslokal und stellte das per Ansichtskarte zur Schau.

Abb. 193: Auf dieser Karte aus dem 1875 in der Fürther Straße 104 als Wirtshaus eröffneten „Bräuhäusl", kündigte 1899 ein G. Mayer seinem Vater, einem „wohlgeborenen Mühlbesitzer" in Ermdorf bei Leutershausen, seinen Pfingstbesuch an. Ob der Schreiber als Soldat der nahen, 1886 neuerbauten Infanteriekaserne oder als zugewanderter Arbeiter zu den Besuchern des „Bräuhäusla" zählte, ist nicht zu ermitteln, doch war in beiden Gruppen die Stammkundschaft zu suchen, ein während der Zeit der Sozialistengesetze gefährlicher Umstand, der zu besonderer Überwachung auch dieses Wirtshauses führte. Lithographie vor 1899.

Abb. 194: Vermutlich die Tatsache, daß die russischen Zaren Inhaber des in der nahen Bärenschanzkaserne untergebrachten Chevaulegers-Regiments waren, inspirierte zur Namensgebung für den „Russischen Hof" in der Fürther Straße 94. Denn die „Schwollis", wie sie damals genannt wurden, waren gern gesehene Gäste in fast jedem Lokal, das an Umsatz interessiert war. Nachdem im „Russischen Hof" auch viele Arbeiter verkehrten, kam die Wirtschaft 1887 auf die Liste der wegen sozialistischer Gefahren für Militärpersonen verbotenen Häuser, was der „Russische Hof" aber auch überlebte. Eine wichtige Attraktion des Wirtshauses war der rückwärtige große Saalbau, der 1918 in ein Kino verwandelt wurde (ab 1924 „Alhambra"). Bei der Aufnahme für unseren Lichtdruck von vor 1904 wollte wohl die Straßenbahn nicht ins Bild fahren, so daß sie nachgemalt werden mußte.

Abb. 195: Vor der „Centralhalle", einer der vielen neu entstandenen Eckkneipen in Gostenhof in der Reitackerstraße 1 versammelten sich für die Aufnahme (Lichtdruck um 1905) Personal und Gäste. Zu den Besuchern zählten damals wohl auch Beschäftigte aus den nahen „Centralwerkstätten" der königlich bayerischen Eisenbahn in der Austraße. Interessant sind auch die dialektgefärbten Mitteilungen des Absenders und der mit Pfeilen gekennzeichnete Hinweis: „Hier ist mein Schafheim", was wohl Schlafheim heißen sollte.

Vereinswirtshäuser

Die Vorstadtwirtshäuser vor allem, aber natürlich auch ein Teil der Wirtschaften der Altstadt, dienten auch als Treffpunkt, Versammlungs-, Arbeits- und Probeort für die unzähligen Vereine und geselligen Zusammenschlüsse, die um die Jahrhundertwende wie Pilze aus dem Boden schossen – eine bis heute wichtige Funktion im Kommunikationsnetz der Stadt.

Das Vereinswesen hatte während des 19. Jahrhunderts seinen großen Aufstieg erlebt als eine spezifisch deutsche, gutbürgerliche und städtische Form des Zusammenschlusses zu kulturellen, karitativen, religiösen, geselligen und den verschiedensten anderen Zwecken. Im Zuge des raschen Bevölkerungszuwachses und des wachsenden Selbstbewußtseins und der Emanzipation der nichtbürgerlichen Schichten vergrößerte sich die Zahl der Vereine in den Jahrzehnten vor dem Ersten Weltkrieg nochmals rapide. Beinahe für alle Aktivitäten gab es Vereine, wie ja bis heute über das deutsche Vereinsrecht jeder halbwegs verbindliche Zusammenschluß, insbesondere wenn eine Kasse geführt wird, beinahe zwangsläufig zur Vereinsgründung führt. Das Vereinsverzeichnis etwa im städtischen Adreßbuch von 1904 führt ohne die Kranken-, Begräbnis- und Unterstützungskassen sowie die entsprechenden Trägervereine allein 1693 Vereinszusammenschlüsse und Privatgesellschaften auf. Geordnet nach ihren verschiedenen Zwecken und Gruppen bieten diese Übersichten eine ebenso hochinteressante wie amüsante Gesamtschau des realen sozialen und kulturellen Lebens sowie der Freizeitaktivitäten der damaligen Zeitgenossen. Die Mehrzahl dieser Vereine war eher kurzlebig und ist längst eingegangen. Manche Zusammenschlüsse dienten von vorneherein nur einem zeitlich begrenzten Zweck, andere kamen aus der Mode oder starben mit ihren Mitgliedern aus. So verschieden die Vereinszwecke auch erscheinen mögen, beinahe allen gemeinsam war das Wirtshaus als Ort der Zusammenkünfte, vieler Vereinsaktivitäten und der Vereinsfeiern. Das galt natürlich besonders für die Vereinigungen, deren eigentlicher Vereinszweck ohnehin das Hocken und Feiern im Wirtshaus war – und das waren nicht wenige.

So wie die Vereine in aller Regel für einen großen Teil ihrer Aktivitäten auf ein geeignetes Wirtshaus angewiesen waren, und das galt selbst für Freiluftsportvereine, bildeten die Vereine auch für die Wirtshäuser die besten Garanten für einen koninuierlichen Umsatz. Die Pflege der im Gasthaus verkehrenden Vereine gehörte so zu einer der wichtigsten Aufgaben der Wirtin oder des Wirts auch in einer einfachen Vorstadtkneipe, der mit entsprechendem Wandschmuck Rechnung getragen wurde und die das Profil des Gasthauses mitbestimmte. Noch heute erinnern in manchen Nebenzimmern Bilder und sonstige Erinnerungsstücke an lange zurückliegende Siege und längst verblichene Vereinsmitglieder aus der Generation unserer Urgroßväter und Großväter.

Ein Blick in die Vereinsverzeichnisse zeigt durch alle Sparten den starken Bezug dieser Vereine zu den nachbarschaftlichen Wohngebieten und Stadtvierteln: Die Mitgliedschaft in einem Verein verbesserte nicht nur das eigene Lebensgefühl und erleichterte das Einleben in die anonyme Großstadt, es sang, sammelte, sparte, spekulierte oder aß und trank sich besser im gleichgesinnten Umfeld und Bekanntenkreis, als Steinbühler unter Steinbühlern oder Schweinauer unter Schweinauern, ganz abgesehen von der Nähe der Wirtschaft zur Wohnung und den damit verbundenen Vorteilen für den Nachhauseweg nach besonders anstrengenden Vereinszusammenkünften. Ein Teil der vielen Privatgesellschaften wie die vielen Freß- und Stammtischvereine verfolgte in der Regel ohnehin kein anderes Ziel als Geselligkeit und gemeinsames Tafeln am

Abb. 196: Daß der Saal für die Vereine noch wichtiger war als die Gaststube, läßt sich auch auf dieser Karte von der Eckwirtschaft „Zum schwarzen Bock“ in der Eberhardshofstraße 1, am Eck zur Mittleren Kanalstraße gut erkennen: Die Abbildung des „Vereinslokals“ ist nicht nur am besten plaziert, sondern auch die größte auf dem zwischen 1905 und 1910 entstandenen Lichtdruck.

Abb. 197: Der „Würzburger Hof“ in der Tafelhofstraße 36 warb sogar ausschließlich mit der Präsentation seines Vereinszimmers. Es war durch würdevoll mit den Erinnerungsstücken und diverser Vereinssymbolik ausstaffiert, die sich ja z. T. auch heute noch in verschiedenen Nebenzimmern in der Vorstadt erhalten haben. Abnehmer solcher Ansichtkarten waren naürlich in erster Linie die Mitglieder dort tagenden Vereine.

Abb. 198: *Bei dem Etablissement „Flora", wie es auf der 1905 versandten Potpourri-Lithokarte im noblen Stil der Zeit heißt, handelte es sich um ein eher schlichtes Lokal mit angeschlossener Pension und vor allem einem schönen großen Garten in der Bayreuther Straße 29, das nach Tod des Inhabers nur noch kurze Zeit weitergeführt wurde und noch vor dem ersten Krieg ganz aus den Verzeichnissen verschwand, dann aber in den dreißiger Jahren erneut eröffnet wurde.*

Abb. 199: Blick in den gepflegten Garten des „Flora" auf einer der wohl erst gegen Ende der dreißiger Jahre entstandenen „echten Photochrome"-Postkarte. Für uns Alltag, damals eine Sensation und der Gipfel des fototechnischen Fortschritts. Besitzer des „Flora" in den dreißiger Jahren war Goswin Neuer.

Wirtshaustisch und verdankt seine Gründung in der Regel den Stammgästen eines bestimmten Lokals.

Parallel zu der auf Stadtviertel bezogenen Auffächerung der Vereine existierte auch die Aufspaltung zwischen bürgerlichen und den bewußt politisierten Arbeitervereinen, die selbst bei harmlosen „Freizeit"aktivitäten und Geselligkeiten den proletarischen Zusammenhang suchten und herausstellten. Allerdings unterschied sich das Liedgut eines Arbeitergesangvereins wenigstens in Teilen von dem eines bürgerlichen Männerchores. Auch diese quartier- und klassenspezifischen Besonderheiten konnten die Wahl und das Profil des Vereinslokals bestimmen.

Gasthausgeschichte ist zumindest für die Zeit um die Jahrhundertwende auch ein Stück Vereinsgeschichte oder besser der Geschichte der äußerst vielfältigen kulturellen, sozialen und sportlichen Aktivitäten der damaligen Nürnberger. Das Wirtshaus war für alle Bevölkerungsschichten, sieht man von wenigen großbürgerlichen und den kirchlichen Vereinen ab, die sich in eigenen Vereinshäusern oder den gemeindlichen Einrichtungen trafen, der wohl wichtigste Ort für das kulturelle Leben und zu gemeinsamer Geselligkeit.

Schon ein Blick in die Gliederungen der zu verschiedenen Gruppen zusammengefaßten Vereinsverzeichnisse der Adreßbücher der Jahrhundertwende macht die Vielfalt in den betriebenen Aktivitäten deutlich. Erkennbar wird auch, wie stark sich das Feierabend-Verhalten von damals von dem unsrigen unterscheidet und wie sehr der heutige abendliche Fernsehkonsum mit der gegenüber 1900 sehr viel stärkeren privaten Zurückgezogenheit auch zu Lasten der Wirtshäuser ging.

Die Vereinsverzeichnisse in den Adreßbüchern geben eine gute Übersicht über die damaligen Schwerpunkte der Vereins- und Freizeitakti-

Abb. 200: Graphisch gelungen, jedenfalls was den Zweck der Werbung für das Lokal anbetrifft, ist die Lithokarte des bis in die achtziger Jahre als „Krohanest" bekannten Wirtshauses in der Pirckheimerstraße 76. Allerdings gab es auf dieser noch vor 1905 gedruckten Karte so wenig Platz für eine Mitteilung – die Adreßseite durfte bis 1905 nicht beschrieben werden – daß sich der Schreiber mit der kleinen Banderole begnügen mußte.

vitäten. Für unsere Fragestellung sind natürlich nur diejenigen Vereine interessant, die zumindest einen Teil ihres Programms in den Wirtshäusern abwickelten, sofern ihre Zielsetzung nicht überhaupt nur auf die Gasthausgeselligkeit zielte und das war die deutliche Mehrheit.

Unterschieden wurde grundsätzlich zwischen der eher kleinen Gruppe der politischen Vereine, zu denen auch die Vorstadtvereine und das Gewerkschaftskartell Nürnberg gezählt wurden, und der weit überwiegenden Zahl der nichtpolitischen Vereine. Die hier meist als erste große Gruppe genannten „Ärztlichen, tierärztlichen, Apotheker- und Krankenpflege-Vereine“ können allerdings trotz ihrer damals großen Bedeutung vernachlässigt werden, was ihre Rolle als Wirtshausdauergäste anbelangt.

Unter diesem Aspekt wesentlich interessanter und nach den Vereinszahlen auch deutlich umfangreicher ist dann die nächste Hauptgruppe der Berufs-, Fach- und Gewerksvereine. Ihre Zahl im Jahr 1905 betrug immerhin 243. Neben den größeren Gewerkschaften wie dem Metall- oder dem Holzarbeiterverband gehörten vor allem die vielen kleinen Berufs-, Standes- und Fachorganisationen in diese Gruppe. Aber auch verschiedene Arbeitgebervereinigungen wurden hier aufgezählt. Aus der heutigen Perspektive interessant sind u. a. die Vereinigungen vieler schon damals im Aussterben begriffener Berufe von z. T. höchster Spezialisierung, aber keineswegs geringer Organisationsfreude, wie das etwa der „Privattafeldeckerverein Noris“ mit dem Lohndiener Baptist Reinwand als Vorsitzenden oder die damit sicher konkurrierende „Vereinigung Nürnberger Ceremonienmeister und Lohndiener“ belegen. Die „Rentamtsgehilfen in Bayern“ finden sich hier ebenso wie der „Verein der Großkuttler“, die Gerichtssekretäre im rechtsrheinischen Bayern besaßen ihre Vereinigung genauso wie die Justizkanzlisten Nürnbergs. Die Colportage- und Reisebuchhändler standen neben dem „Lokalverein der Wechselwärter der Bahnhöfe Nürnbergs“ und dem „Pflastergesellenverein Nürnbergs und Umgebung“. Die Magistratsfunktionäre Nürnbergs stellten eine eigene Vereinigung neben dem Verein der Magistratsbeamten Nürnbergs. Die Vereinigung Schuckertscher Meister in Nürnberg findet sich in dieser Gruppe als Berufsvertretung während der Zusammenschluß Schuckertscher Beamter – auch so etwas gab es damals – bei den geselligen Vereine geführt wurde. Vielleicht hatten die Schuckertbeamten auch mehr zu feiern als die Meister der Fabrik. Aber auch eine Vereinigung der Bäckermeistersöhne Nürnbergs kümmerte sich um deren spezifische Probleme, die sicherlich anders ausgesehen haben als beim Bäckergehilfenverein. Die Väter der Bäckermeistersöhne waren dann ja wohl im Bäckermeisterverein für Nürnberg und Umgebung organisiert, wie überhaupt die Bäcker auf allen Ebenen mit einer Vielzahl von Zusammenschlüssen für die verschiedensten Zwecke die aktivste Berufsgruppe darstellten, jedenfalls was die Zahl der Vereinsgründungen angeht. Zwar waren die Ziele dieser gewerkschaftlichen und berufsspezifischen Vereinigungen nicht eben die Förderung der Wirtshausgeselligkeit, doch spielte sich, wie z. T. ja auch heute noch, ein Gutteil der Zusammenkünfte im Gasthaus ab. Auch nachdem die Gewerkschaften es zu eigenen Häusern gebracht hatten, wurde darin als wesentliches Zentrum ein Wirtshaus untergebracht (Abb. 191).

Eine weitere, mit ziemlicher Sicherheit sich vornehmlich im Wirtshaus zusammenfindende Gruppe von Vereinigungen bildeten die 90 für das Jahr 1905 verzeichneten Los-, Spar- und Darlehensvereine. Hier fanden sich offenbar sowohl strebsame Sparer wie lockere Glücksritter zusammen, die ihre Chancen auf den großen Gewinn durch einen kollektiven Einsatztopf ähnlich den heutigen Lottogemeinschaften zu erhöhen suchten. Auch bei dieser, heute zumindest in fester Vereinsbildung nicht mehr anzutreffenden Form des Zusammenschlusses lassen die Vereinsnamen gewisse Vermutungen auf die Zielsetzungen dieser zwischen Stammtischgesellschaft und ernsthafter Selbsthilfe- und Vorsorgeassoziation angesiedelten Zusammenschlüsse zu. Das Verzeichnis beginnt mit der Losgesellschaft „Alexandria“ und endet nach alphabetischen Gesichtspunkten geordnet mit der Spar- und Losgesellschaft „Zwölfer“. Dazwischen finden sich u. a. der „Losverein der Bäckergehilfen Nürnbergs Lohengrin“, eine der angesprochenen zahlreichen Felder bäckerischer Freizeitaktivitäten, die Losgesellschaften „Gemütliche Onkel“, „Die Pechvögel“, „Geldfreunde Nürnberg“, aber auch die auf Lose setzenden „Alten Deutschen“ und den Verein „Pekunia“. Neben den Losvereinen „Frisch auf Steinbühl“ und „Frisch auf Glaishammer“ existierte ein eigener „Frauen-Sparverein Glaishammer“, dem damals die Gemüsehändlerin Margarete Reichel vorstand. Im gleichen Wohnviertel traf sich aber auch der „Privat-Spar-Vorschußverein Glaishammer“. Ein anderer Losverein hatte sich den in diesem Zusammenhang etwas merkwürdigen Vereinsnamen „Vorsicht“ zugelegt, ganz im Unterschied zu den im Losverein „Vorwärts Steinbühl“ organisierten Glücksfreunden oder vier weiteren Losvereinen, die sich schlicht und einfach „Hoffnung“ nannten.

Kaum als typische Gasthausvereine waren dagegen die „Kranken-, Begräbnis- und sonstigen Unterstützungskassen bzw. Vereine“, die neben den bestehenden Krankenkassen überwiegend in der Form berufsständischer Vereinigungen die Vorsorge für den Krankheits- oder Todesfall organisierten. Auch die kirchlichen und religiösen Vereine, die im Verzeichnis von 1905 eine Zahl von 76 erreichten, gehörten ebenso wie die zusätzlich aufgeführten 69 Wohltätigkeitsvereine, eher weniger zu den intensiven Wirtshausnutzern. Die kirchlichen Vereinigungen trafen sich meist in den Pfarreien, in eigenen Vereinshäusern oder in Privaträumen. So besaßen beispielsweise die

Abb. 201: Zumindest in Nürnberg einzigartig für ein Wirtshaus war der runde Saalbau Nürnberg-West des Restaurateurs J. Westermeier. Das eigenwillige Wirtshausgebäude entstand 1926 in der Wandererstraße 27 gleichzeitig mit dem Bau der Siedlung der Baugenossenschaft West und war als Wirtschaft für das Wohngebiet geplant. Das aus dem Rahmen fallende Bauwerk, von Beginn an auch als Domizil verschiedener Vereine geschätzt, lockte auch manchen Ausflügler in die damals noch am Rande der Stadt gelegene Gegend, die das runde Wirtshaus interessierte. Jedenfalls wurde 1928 diese Lichtdruckkarte als „Gruß von einem Sonntagsspaziergang“ an den Maxtorgraben verschickt. Der Rundsaal fiel im Krieg einem Bombentreffer zum Opfer und wurde nicht wieder aufgebaut, das Wirtshaus selbst aber weitergeführt.

Abb. 202: Mit angetretenem Personal warb die Gaststätte „Adamsgarten" auf dieser Lithographie aus den dreißiger Jahren, als auch der südliche Teil der Bayreuther Straße, hier Nr. 23, noch eine ganze Zahl größerer Wirtsgärten aufzuweisen hatte. Die größere Gruppe links gehörte aber zur Metzgerei, die die Familie Popp daneben ebenfalls betrieb. Der „Adamsgarten – Bürgerliches Speisehaus mit großem staubfreien Garten und 2 gedeckten Hallen nebst eigener Metzgerei" wie es auf der Karte heißt, kam 1894 in den Besitz eines Adam Popp. Aber nicht von diesem, sondern wohl von einem anderen früheren Wirt dürfte sich der Wirtshausname ableiten, denn bei der ersten Nennung im städtischen Adreßbuch wurde noch eine Margarete Adam als Wirtin angegeben.

„Jungfrauengemeinschaft Gostenhof" in der Kernstraße 9 oder der „Jungfrauenhort St. Peter" in der Keplerstraße 10 eigene Räumlichkeiten für ihre Versammlungen. Verschiedene Jünglings- und Lehrlingsvereine, etwa der Verein „Lehrlingsschutz für katholische Lehrlinge in Nürnberg zu unserer lieben Frau" hatten es sich ja gerade zur besonderen Aufgabe gemacht, heranwachsende junge Arbeiter vor den Gefahren von Alkohol und Wirtshaus zu bewahren.

In diesem Gefahrenherd bewegten sich dagegen zwangsläufig die Vereine, die sich der Musik verschrieben hatten. Für die Proben, und meist wohl auch bei den Aufführungen, ganz sicherlich aber als Entspannungsort für Stimmbänder und Seele waren die Wirtshäuser für die 184 Musik- und Gesangsvereine meist die einzige Möglichkeit für die Vereinsaktivitäten, abgesehen davon, daß zu jener Zeit ohne Musikboxen im Wirtshaus ohnehin mehr gesungen wurde, was ja bereits am Beispiel der Kneipen im Rabus angeklungen ist. Musiziert und gesungen wurde, die Vereinsnamen lassen das gut erkennen, vornehmlich sortiert nach Wohnvierteln, Berufsgruppen, aber auch nach politischer Couleur, etwa in den neun Arbeiter-Gesangsvereinen, die im Jahre 1905 bestanden.

Die Auflistung beginnt mit dem Musikverein „Accordia" und der Vereinigung „Apollo", reicht über die „Dilettantenvereinigung Nürnberg", den Gesangsverein „Einsiedler", den Männergesangsverein „Immergrün Gostenhof I", den Gesangsverein „Tannenbaum" bis zum Zitherverein „Lohengrin" sowie die Sängergesellschaft „Zunft" am Ende des Alphabets. Fröhlich gesungen wurde im Verein „Gobel Gostenhof" ebenso wie bei der Sängergesellschaft „Kampfgenossen" oder im „Gesangsverein der Zimmerer Nürnbergs". Natürlich waren ebenfalls die trotz ihrer ungünstigen

Arbeitszeiten besonders vereinsfreudigen Bäckergehilfen mit ihrem eigenen Sängerbund vertreten.

Bemerkenswert ist bei einer Durchsicht der Vereinsvorsitzenden unter den Sängern der außerordentlich hohe Anteil an Arbeitern und Handwerkern. Die zahlreichen Sängerkränze, Sängergenossenschaften, Sängerklubs und Sängervereinigungen, benötigten ein Gasthaus, möglichst mit abgeschlossenem Hinterzimmer ebenso wie die nicht ganz so zahlreichen Musikvereine wie etwa der Zitherbund „Almenrausch St. Johannis“ oder die Orchestervereine „Apollo“ oder „Lortzing“. Damals lagen interessanterweise die Zitherbünde und Zitherkränze, insgesamt neun, zahlenmäßig an der Spitze der Instrumentalisten.

Wer meint, das Potential der vorwiegend auf Gastwirtschaften als Tagungslokale zurückgreifenden Vereine sei allmählich erschöpft, liegt falsch: Mit Feuerwehrvereinen, Schützengesellschaften und Krieger-Veteranenvereinigungen folgen weitere interessante und „wirtschafts“intensive Organisationen. Zudem fehlen noch die Radfahrervereine und die Zusammenschlüsse zur Pflege und zum Betrieb von Kunst und Wissenschaft, die vielleicht nicht ganz zu den typischen Wirtschaftshockern zählten. Allerdings dürften von den damals insgesamt 63(!) in der Stadt bestehenden Radfahrvereinen nur die wenigsten über ein eigenes Vereinsheim verfügt haben, wo die „Radler-Maßen“ vereinsintern ausgeschenkt werden konnten. So endete vermutlich auch so mancher Radausflug im Wirtshaus, sofern nicht ohnehin ein Ausflugslokal von vorneherein das eigentliche Ziel der Tour war.

Das Adreßbuch nennt für unser Vergleichsjahr 1905 bei den Schützenvereinigungen im einzelnen vier Scharfschützen-, vier Stahlbogenschützen- sowie 34 Zimmerstutzenvereine. Darunter befanden sich die Zimmerstutzengesellschaft „Almenrausch“ Nürnberg-Mögeldorf oder Vereinigungen mit so schönen Namen wie „Eppelein“, „Bruderliebe“ oder „Freischütz-Frohsinn“. Der Wirtshaus- und Zielwasserbedarf der Schützen war, folgt man den zeitgenössischen Berichten, ohnehin nicht als gering einzuschätzen.

Die 47 Nürnberger Turn- und 23 Feuerwehrvereine – in der Mehrzahl die freiwilligen Feuerwehren der Vororte – bildeten eine eigene Sparte unter den für das Jahr 1905 aufgelisteten Vereinen. Den ausgiebigen Bierproben anläßlich des Deutschen Turnfestes in Nürnberg im Jahre 1903 und den offerierten „Turnerbierseideln“ nach zu schließen, dürfte die Mehrzahl der Turnbewegten wohl ebenfalls kontinuierlich in diversen Stammgasthäusern den bei den anstrengenden Übungen vergossenen Turnerschweiß ersetzt haben. Dazu unterhielten außerdem eine ganze Reihe von Turnvereinen sogenannte Turnerkneipen, die sich offenbar reichlich dem feucht unterlegten Frohsinn widmeten. Das belegen unter anderem eine ganze Reihe von Ansichtskarten, die die Turnerkneipe des TSV 1846 alljährlich zu ihren Faschingsfesten herausgab.

Weniger mit der Wirtshauskultur in Verbindung zu bringen waren dann tatsächlich die unter der Rubrik der kunst- und wissenschaftsverbundenen Vereine aufgeführten Organisationen. Die stärkste Gruppe in dieser Sparte bildeten interessanterweise die Stenographenvereine der verschiedensten Kurzschriftrichtungen mit starkem Übergewicht der Gabelsberger-Richtung. Die Kurzschriftler stellten immerhin 21 der 65 aufgelisteten Vereinigungen. Hier findet sich der Deutsch-Österreichische Alpenverein ebenso wie die Schillergesellschaft Nürnberg, aber auch der Zusammenschluß der Theosophen.

Dafür dürften die 62 Vereine für noch aktive und vor allem für ehemalige Militärpersonen – letztere überwogen ganz deutlich – bei ihren Vereinstreffen sicher nicht unerheblich den

Getränkeumsatz und den Nürnberger Wirtsstand gefördert haben. Neben den Organisationen für noch aktive Soldaten und Offiziere und den Vereinigungen ehemaliger Angehöriger diverser Regimenter und Einheiten erscheinen in dieser Gruppe die beinahe für jedes Stadtviertel bestehenden Veteranen-, Kampfgenossen- und Kriegervereine. In der Regel schon vor der Eingemeindung der ehemaligen Vororte gegründet und dann fortgeführt, belegen auch sie den starken Quartiersbezug, der das Vereinsleben der Stadt zur Jahrhundertwende bestimmte. Das Vereinslokal war der unverzichtbare Ort, wo die geselligen Kampfgenossen die Erinnerungen an vergangene Siege immer wieder auffrischen konnten mit genügend Nachschub, um die Hitze ehemaliger Bataillen kühlen und künftige Schlachten im voraus schlagen zu können.

Noch immer aber fehlen die eigentlichen Favoriten der Wirtshausszene, die geselligen Vereine und Stammtischgesellschaften sowie die recht gemischte Gruppe der sonstigen Vereine. Beginnen wir mit der letzten Gruppe: Nach der alphabetischen Ordnung des Jahres 1905 wurde sie vom „Abstinentenbund ‚Germania' an den deutschen Schulen" und vom „Alkohol-Gegnerbund" angeführt, die wohl weniger zur engeren Achse Vereinsleben und Gasthauswesen zu rechnen sind. Dagegen dürften die hier reichlich vertretenen Hasen-, Tauben-, Kanarien- und Hundezüchtervereinigungen, ganz gewiß auch der „Flottenverein", einen nicht geringen Teil ihres Vereinslebens in diversen Wirtshäusern verbracht haben. Das mag auch für die Ansichtskarten- und Briefmarkensammler etc. gelten, vielleicht auch für die Vogelschützer. Auch die bildungsorientierten Arbeitervereine, traditionell ihren Lokalen verbunden, fanden sich in dieser Gruppe. Ein anderer Teil der hier aufgenommenen Vereinigungen wie die im heutigen Sinne als Unterstützungs- oder Trägervereinigungen auftretenden Organisationen für die verschiedensten Zwecke etwa zur Unterhaltung von Kindergärten und „Kleinkinderbewahranstalten" oder zur Beheizung von Kirchen ist dagegen weniger interessant für unseren Wirtshauszusammenhang.

Ganz unmittelbar ins „Wirtschaftsleben" treten wir bei der 644 Einträge umfassenden Gruppe der geselligen Vereine. Hier finden sich in breiter Auswahl all die Aktivitäten und Zusammenschlüsse, die das Wirtshaus benötigten wie andere die Luft zum Atmen, sofern nicht ohnehin das Zusammentreffen und Verweilen am Bier- und Eßtisch der ursprüngliche, alleinige und endgültige Vereinszweck war. Das mag nicht für den 1. FC Nürnberg gelten, der auch in der Sparte der geselligen Vereine auftaucht, oder für die zahlreichen Athletenklubs, die wie der Stemm- und Ringklub „Simson" damals ihre Blütezeit erlebten. Auch die beiden bürgerlichen Vereine „Colleg" und „Museum", die schon zu Beginn des 19. Jahrhunderts eine wichtige Rolle für das bürgerliche Vereinsleben der Stadt gespielt hatten, finden sich hier ebenso wie der „Industrie- und Kulturverein" und diverse andere Vereinigungen, die sich einer als gepflegt-bürgerlich definierten Geselligkeit gehobenerer Art verschrieben hatten.

Das Gros der unter dieser Kategorie versammelten Vereine bilden jedoch Kegelvereine, Trachten- und Heimatvereinigungen, Wanderbünde und Tourenklubs, Eß- und Freßgesellschaften, Stammtischrunden und Männerbünde, Rauchvereine, akademische und nichtakademische Verbindungen sowie sonstige Privatgesellschaften aller Art. Aus den Namen läßt sich meist zweifelsfrei auf die Zweck- und Zielsetzung schließen: Das war mehr oder minder ausschließlich das fröhliche Beisammensein in einem möglichst gemütlichen Wirtshauszimmer zur Labung von Leib, Seele und Kehle.

Da es unmöglich ist, die Vielzahl der damals die feuchtfröhliche Geselligkeit pflegenden

Abb. 203: Ganz sicher zu den ältesten bis zum 2. Weltkrieg noch bestehenden „Gasthäusern" gehörte das „Kreuzle", wie Kirchlein und die dazu gehörende Pilgerherberge „Zum Heiligen Kreuz" im Volksmund in der Johannisstraße 22–24 hießen. Die von der Johanniskirchweih 1907 verschickte und schon früher entstandene Lithographie zeigt die 1362 erstmals erwähnte Hl. Kreuz-Kirche mit den dazugehörigen Baulichkeiten der alten Pilgerunterkunft, aus der sich zu Beginn des 19. Jahrhunderts in dem niedrigeren Häuschen rechts das Wirtshaus „Zum Heiligen Kreuz" entwickelte, das nicht nur mit historischem Recht, sondern auch aufgrund seines unveränderten Charakters zu den besonders typischen Alt-Nürnberger Wirtshäusern gezählt wurde, auch wenn es in der Vorstadt St. Johannis lag.

Abb. 204: Einem alten Dorfgasthaus aus vergangener Zeit glich der „Alfasgarten" in der Pilotystraße 8 bis zu seinem Abriß 1928. 1882 tauchte das rustikal-romantische Wirtshaus erstmals im städtischen Adreßverzeichnis auf, in der „Nebengasse 8", wie der obere Straßenteil vorher hieß. Auch „Elfersgarten" genannt, wurde das in der Nordstadt beliebte Wirtshaus bis 1893 von einer Wirtslinie namens Raaber bewirtschaftet. 1894 übernahm es die Familie Bohl, die den Ausschank dann im Jahr 1928 niederlegte. Die letzten Fotografien des Gebäudes stammen aus dieser Zeit und das Grundstück ging in städtischen Besitz über. Heute befindet sich hier die Frauenfachschule. 1909 als die Karte verkauft wurde, ging es noch her im „Alfasgarten".

und meist recht originell benannten Vereinchen hier alle aufzuzählen, muß an dieser Stelle ein kurzer Überblick über die interessantesten Gruppen für unser Thema genügen. Wer weitergehende Interessen verspürt, kann selbst in den einschlägigen Vereinsverzeichnissen der Adreßbücher eine sicher lohnende und heitere Recherche starten.[206]

Wenig Erläuterung bedürfen die Kegelklubs, deren es mindestens 25 gab – eine eher geringe Zahl, die aber wenig über die tatsächlich recht verbreitete Kegelleidenschaft in der Stadt aussagt. Das Vorhandensein einer Kegelbahn gehörte jedenfalls zu den auf Ansichtskarten besonders hervorgehobenen Vorzügen eines Wirtshauses. Dort kegelte man auch vereinsmäßig unter eher gängigen Vereinsbezeichnungen wie „Gut Holz" oder die „Neuntödter", es finden sich aber auch etwas originellere Namen wie bei den Kegelklubs „Kokosnuß" oder „Die Pfiffer". Ein Klub kegelte unter der etwas seltsamen Bezeichnung „Hausschlüssel", vielleicht unter Bezug auf spätabendliche Heimkehr.

Daß Nürnberg zur Jahrhundertwende von einer Welle der Leidenschaft für Alpenländisch-Bajuwarisches erfaßt worden war, zeigten bereits die Vorlieben bei den Wirtshausnamen der Zeit für Edelweiß, Almrausch oder Alpenglühen. Noch zahlreicher waren aber die Vereine, Privat- und Stammtischgesellschaften, Trachten-, Heimat- und Schuhplattlervereinigungen, die sich in der fränkischen Industriemetropole romantischem oberbayrisch-tirolerischem, jedenfalls bergnahem Brauchtum verschrieben hatten oder zumindest in ihrem Vereinsnamen dieser Schwärmerei und Sehnsucht Ausdruck verliehen. Alleine das schöne Blümelein Edelweiß steckte im Namen von fünf Privatvereinigungen, zur besseren Unterscheidung beispielsweise durch den Vorortnamen differenziert wie bei den Vereinen „Edelweiß Großreuth bei Schweinau", „Edelweiß Höfen" und „Edelweiß Gebersdorf". Es gab die „Alpenbrüder" von St. Johannis, die „Alpenbrüder" von Neu Schniegling, die „Alpenrose" von Muggenhof als gesellige Vereine, aber auch die „Altboarn", geleitet vom Amtgerichtsdiener Simpert Strack, während der Vergnügungsverein „Die echten Bayern" sein Einzugsgebiet in Gostenhof hatte. Bei den Schuhplattlern bestand die Auswahl zwischen den aktiven Vereinen „D'Schuhplattler Nürnberg", der Schuhplattlergesellschaft „D'Brixenthaler", der „Schuhplattlergesellschaft Bergsteiger" oder den „Zillerthalern", nach eigener Bezeichnung sogar eine „Originalschuhplattlergesellschaft", was das auch immer im Unterschied zu den anderen sein mochte.

Bei den Privatgesellschaften und Vereinigungen mit fränkischen oder Oberpfälzer Bezügen im Namen wie bei den „Steigerwäldlern", der Vereinigung „Heiligenstädter-Nürnberg", dem „Rieserklub", dem Verein „Dinkelsbühl, der „Oberpfälzer Eintracht", dem „Oberpfälzer Verein" oder dem Männerbund „Oberpfälzer Nürnberg" handelte es sich um die Zusammenschlüsse von neu in die Stadt gewanderten Einwohnern aus diesen Gegenden wie auch beim „Unterfranken-Verein", dem „Oberfranken-Verein" oder beim „Unterfränkischen Männerbund". Ähnlich wie bei den Vereinen „Altdorf und Umgebung", „Hersbruck und Umgebung", „Leutershausen und Umgebung", „Waldmünchen und Umgebung", „Gunzenhausen und Umgebung" oder „Hesselberg und Umgebung" sollte über die Geselligkeit die Erinnerung an die Herkunftsgegenden gepflegt und aufrechterhalten, aber auch das Einleben in die fremde Großstadt erleichtert werden. Aus ähnlicher Zielsetzung dürften wohl auch der „Sachsenbund", die „Sachsenvereinigung Nürnberg" oder der „Württemberger Bund" und „Verein der Württemberger" entstanden sein.

Aber nicht nur nach landsmannschaftlichen Gemeinsamkeiten oder nach Herkunft ließen sich Gasthaus- und Vereinszusammenhänge herstellen und gestalten, auch der gemeinsame Arbeitsplatz oder die berufliche Stellung war ein Grund für regelmäßige Gasthausgeselligkeit. Die mochte bei den „Eisenwalzern Schoppershof“ vielleicht ein wenig anders ausgesehen haben als beim „Schuckertschen Beamten-Verein“ oder beim geselligen Verein der „Bediensteten und Hilfsbediensteten der königlichen Güterstation Nürnberg“, das änderte aber nur wenig an dem mit den Abendstunden in der Stadt einsetzenden Streben des männlichen Bevölkerungsteils in die diversen Stammwirtshäuser ihrer jeweiligen Vereinigung. Die Arbeiter des städtischen Elektrizitätswerks Nürnberg unterhielten ihren eigenen Vergnügungsverein ebenso wie die Postler und die „Zugführer und Kondukteure der Station Nürnberg“ oder die „Oberpackmeister, Bediensteten und Hilfsbediensteten der königlichen Güterstation Nürnbergs“. Natürlich mag bei diesen Vereinigungen neben den Geselligkeits- und Wirtshauselementen auch ein wenig Aufsteigermentalität, vielleicht auch Karrierepflege, wie ja auch heute nicht gerade selten, eine Rolle gespielt haben, die Vielzahl der um die Jahrhundertwende bestehenden Geselligkeits- und Vergnügungsvereine sind aber vor allem der Ausdruck der insgesamt optimistischen Lebens- und Zukunftserwartung aller Bevölkerungsgruppen und der positiven wirtschaftlichen Entwicklung im Kaiserreich der Vorkriegszeit.

Auch die Wandervereine und Tourenklubs entstanden als Folge der Verstädterung und um die Jahrhundertwende in Mode gekommen, besaßen sie in der Regel ihre Ausgangs- und Basisstationen in einem Stammwirtshaus (vielleicht mit Ausnahme der „Vereinigung abstinenter Naturbummler“), von wo aus die Fahrten in die Fränkische Schweiz oder sonstwohin geplant wurden unter gründlicher Berücksichtigung der für die Rasten am besten geeigneten Dorfgasthäuser. Daß es bei den Unternehmungen sicher nicht betulich zu ging, deuten zumindest die Namen des „Tou-

Abb. 205: Ganz im Stil und in den Farben der offiziellen Festpostkarte zur Jubiläums-Landesgewerbeausstellung im Jahr 1906 im doch nicht so ganz nahen Luitpoldhain versuchte der Wirt der „Alpenrose“ in der Glockenhofstraße 39 mittels dieser Reklamepostkarte ein wenig von dem Geschäft in seine Kasse zu lenken. Immerhin wurden rund zweieinhalb Millionen Ausstellungsbesucher gezählt, von denen vornehmlich die Gastronomie profitierte, denn die industrielle Leistungsschau selbst wurde zu einem finanziellen Verlustgeschäft. Lichtdruck 1906.

renklubs Thoudinitoh" oder der „Touristengesellschaft D'G'scheert Gmoa Nürnberg" bereits an.

Fürs Gesellige unterhielten die verschiedenen Turnvereine eigene „Turnerkneipen", aber es bestanden auch unabhängige „Turner-Vereinigungen", deren Zielsetzung wie bei der Turnervereinigung „Leucht rei" klar erkennbar war. Das Adreßbuch von 1905 nennt allein 26 solcher Turnerkneipen oder -verbindungen, manche mit germanischen oder nationalen Namensbezügen, aber es findet sich auch eine „Turner-Vereinigung Pyramiden-Riege Ägyptia". Merkwürdigerweise führt das Vereinsverzeichnis daneben eine weitere „Pyramidenriege Ägyptia" mit anderem Vorstand an, vielleicht handelte es sich um eine Stammtisch- oder Pyramiden-Sezession.

Mochten die weiter oben aufgeführten Vereine und Gesellschaften die Gasthäuser und deren Nebenzimmer für ihre Zusammenkünfte und Feiern nutzen, hauptsächlich um dem eigentlichen Vereinszweck nachzugehen, schuhzuplatteln, zu singen, Wanderungen zu planen, zu kegeln oder Erinnerungen zu pflegen, so waren für die Stammtischvereinigungen im engeren Sinn das Zusammensitzen am Wirtshaustisch selbst das mehr oder minder einzige Ziel und Inhalt des Zusammenschlusses. Die Zeit der Jahrhundertwende bildete den absoluten Höhepunkt einer organisierten Wirtshaus- und Stammtischkultur in einer aus heutiger Sicht beinahe exotisch erscheinenden Vielfalt und Buntscheckigkeit. Die Zahl der als Rauchklubs, „Esser", Kartler oder zu schlichtem Wirtshaushocken im Adreßverzeichnis mit Namen und Vorstand registrierten „Privatgesellschaften" geht in die Hunderte und gibt wahrscheinlich nur einen Teil der tatsächlich vorhandenen Runden, Klubs und Kränzchen wieder. Das Adreßbuch des Jahres 1894 nennt sogar einen „Saufklub Steinbühl", der allerdings in der Folge nicht mehr auftaucht, zumindest als registrierte Vereinigung. Viele dieser Privat- und Stammtischgesellschaften existierten nur kurze Zeit, andere hielten sich über Jahrzehnte oder existieren noch heute. Als Beispiel dienen kann die Privatgesellschaft Gemütliche Brüder „Unter uns", die sich am 12. 11. 1900 gründete. Als Vereinsziel strebte man an, „sich durch ein friedliches und ruhiges Beisammensein zu erfreuen. Politik war unbedingt ausgeschlossen", so das Protokoll einer Ausschußbesprechung. Das gelang offenbar bis zum November 1942, dann wurde das Vereinsleben eingestellt. Erst im Mai 1947 fand wieder eine Sitzung statt und man traf sich erneut bis ins Jahr 1949. Der Verein führte auch eine Unterstützungskasse für Kranzspenden und ähnliches. Nachdem die Zusammenkünfte auch protokolliert wurden, gelangten immerhin 5 Bände ins Stadtarchiv.[207]

In nicht wenigen Fällen war bereits die Namenswahl das Programm der Vereinigung. Die oft skurrilen und durchaus auch selbstironischen Namensgebungen sind auch Ausdruck eines spezifischen Nürnberger Humors, der in seinem feuchtfröhlichen Umfeld teilweise zu kreativer Wortschöpfung vordringen konnte[208]. Neben Stammtischgesellschaften, die sich nüchtern-funktional nach ihrem Wirtshaus oder ihrem Stadtviertel benannten („Hummelsteiner Klub Nürnberg-Hummelstein") oder sich – ein wenig bieder – unter Tugendbezeichnungen wie „Gemütlichkeit", „Eintracht", „Treue" oder „Frohsinn" vor ihren Stammkrügen versammelten, wie etwa die „Gemütlichen Hocker unter uns Nürnberg", die „Gemütlichkeit Lichtenhof", der „Frohsinn Schweinau" usw., packten andere den Zweck des Zusammenschlusses und den Wirtshausbezug in wesentlich originellere Namen: Da gab es die „Gernhocker Schweinau", die „Sechs Aemterer", die Vereinigung der „Sumpfbrüder", die „Windbeutel" oder „Spectakelmacher" ebenso wie die „Auskenner", die „Lackierten" oder eine Gesellschaft „Luft und Wind", präsidiert von einem Konditor Erhard Helm. Neben drastisch klingenden Vereinen wie dem „Klub der Rabiaten" (Vorstand Packer Heinrich Beck) oder der Gesellschaft „Blaues Aug" existierten aber auch die Vereinigungen „Stillvergnügt", die „Sanften Brüder" oder die „Mäßigkeit St. Johannis". Man traf sich im „Nasenklub Glockenhof" oder im Nasenverein „Die Gemütlichen Nürnberg", beim „Lügenklub" und in der „Stöihkrong-Gesellschaft" mit dem Schuhmacher Hans Scharf als Vorstand. „No future" war schon 1905 das Motto des geselligen Vereins der „Zukunftslosen Gostenhof" unter ihrem Vorsitzenden, dem Handelsmann Stadelmann. Nicht schlecht und mit örtlichen Bezügen gewählt war auch der Name der „Rampen-Gesellschaft" Steinbühl. Hinter den Hammerschmieden „Fridolin" verbarg bzw. verbirgt sich einer der ältesten Nürnberger Vereine, der sich von einem Berufsverband zu einer noch heute fröhlich feiernden und schmausenden Geselligkeitsvereinigung gewandelt hat. Wert aufs Flüssige legten wohl die „Pantscher-Glaishammer", aber auch die „Möpse Lichtenhof", die „Schmierer Lichtenhof" oder die „Stoffelgesellschaft Gostenhof" werden nicht trocken nach Hause gekommen sein. Als eine häufig und lange geschätzte Bezeichnung findet sich die Zipfelhaube im Namen diverser Stammtischvereine wie beim „Zipfelhaub'm Klub Gostenhof", der Privatgesellschaft „Rothe Zipfelhaube" oder dem Verein „Schwarze Zipfel-Haub'n". Es ist anzunehmen, daß das Tragen dieser nationalen Kopfbedeckung – die Karikaturisten hatten ja noch ihre große Zeit – auch zum Ritual der Zusammenkünfte gehörte.

Beliebt waren daneben dem Nürnberger Dialekt entlehnte Bezeichnungen: Als Beispiele seien genannt die „Sotterer" und die „Schmarrer", die geselligen Vereine „Spreisala", „Scheitla", die „Schlamoren", die „Schlaperatzen", „Die Ohgschmogn", die Stammtischgesellschaften „Kroahüfa" und „Pfündla" oder der Verein „I ho net gnuch Nürnberg-Gostenhof". Ein Klub nannte sich „Schöi mouß göih", ein anderer „Roiköpf". Aber auch latei-

Abb. 206: Mitten in der Lichtenhofer Vorstadt lud noch bis in die Jahre des 2. Weltkriegs das alte Bauernwirtshaus „Zum gold'nen Spahn" am Hummelsteiner Weg 93 zur Einkehr ein. Das Haus entstand wohl 1804 als Neubau für ein ein Jahr vorher abgebranntes Bauernhaus, das seit 1797 die Bierwirtschaftsgerechtigkeit besessen hatte und das Recht, Schnaps zu brennen und Brot zu verkaufen. Der Wirtshausname soll darauf zurückzuführen sein, daß die Zunft der Zimmerleute hier eine Arbeitsstelle unterhielt. Die wohl um 1910 entstandene Lichtdruckkarte, sie zeigt wohl den Wirt Johann Gambel, wurde 1933 vom NS-Parteitag verschickt.

Abb. 207: In der Kirchhofstraße 19, Gärten bei Wöhrd, der heutigen Bartholomäusstraße, befand sich das Wirtshaus vom „Hübner's Adel". Wer an adligen Adel denkt und darüber nachdenkt, geht in die Irre. Der Restaurateur hieß schlicht und einfach Adam Hübner und wurde von seinen Gästen, darunter wahrscheinlich auch viele der daneben in den MAN-Arbeiterhäusern wohnenden Arbeiter, liebevoll „Adel" genannt. Mit der Lupe sind im Garten ganze Maßkrugbatterien zu erkennen, zwischen denen die Kleinkinder hervorschauen. Der frühe Lichtdruck stammt wohl noch von vor 1900. Einige Jahre später übernahm die Reif-Brauerei das Gasthaus und es nannte sich weniger irreführend „Zum Pegnitzstrand".

nische, latinisierte oder sonstwie fremdländisch klingende Namensbezeichnungen wurden geschätzt wie beim geselligen Verein „Lätitia", der „Fidelitas", der „Schlaraffia Norimberga", bei den Privatklubs „Rinaldinia" oder „La Paloma Nürnberg" oder der Gesellschaft „Tenna Hockia", deren Vorstand ein Wirt aus der Gostenhofer Hauptstraße war. Mit dem Namen des Vergnügungsvereins „Die Thuten" Doos und Wetzendorf verband sich wohl das alte Wort für Paten.

Das Karteln stand wohl im Vordergrund der Biertischaktivitäten bei den verschiedenen „Kreuzbauerngemeinden", die mit drei „Schwarzkreuzbauerngemeinden" diverser Stadtviertel und der „Weißkreuzbauern-Gemeinde Steinbühl" (wahrscheinlich gehörte auch „Türkenbauern-Gemeinde Gostenhof" hierher) eine eigene Sparte im Wirthausressort der Privatvereine bildeten. Zahlreicher waren mit mindestens 36 Einträgen die Pfeifen- und Rauchklubs, eine Bewegung, die nach den modernen Raucherverfolgungen zumindest in den USA heute wieder stark im Kommen ist. Nach den Namen zu schließen, gab es in beinahe jedem Nürnberger Viertel mindestens eine solche Vereinigung, aber auch den „I. Nürnberger Bruyère Pfeifenklub ‚Erica'", die „Pfropfgesellschaft Gostenhof", Rauchklubs mit den stolzen Namen „Germania", „Kaiser Franz". Zu den schönsten Bezeichnungen gehörten die der Pfeifenklubs „Auf geht's Gatterwerk" und „Stinkatorus Rauchdusie".

Um 1900 in vielen Wirtschaften ganz gewöhnlich waren die Freßgesellschaften und Freßvereine, wobei die Namenswahl relativ eindeutig den Zweck der Zusammenschlüsse ausdrückt. Über einen längeren Zeitraum wurde von den Mitgliedern der Gemeinschaft zusammen gespart, um sich dann einmal oder selte-

Abb. 208: Wie aus nebenstehendem Text zu erfahren, verkehrte im Wirtshaus „Zur grünen Flur“ von Michael Weidinger, einer typischen Arbeiterwirtschaft in der Johannisstraße 80, die Freßgesellschaft „Rehköpfe“. Es ist nicht unwahrscheinlich, daß unter den mit den Wirtsleuten zur Aufnahme herausgetretenen Gästen sich auch die Mitglieder der geschilderten Stammtischgesellschaft befanden. Das Wirtshaus tauchte 1903 erstmals in den Verzeichnissen auf. Lichtdruck nach 1905.

ner mehrmals im Jahr ein opulentes Essen leisten zu können, über das man sich gemeinsam im „Vereins“lokal hermachte. Bei diesen Höhepunkten im Vereinsjahr war beispielsweise der Verzehr von mindestens einer viertel Gans pro Teilnehmer die Regelportion, die doppelte Menge nichts Außergewöhnliches, was unter Zuhilfenahme der notwendigen Getränkemenge durchaus zu bewältigen war. In den beim „Centrum Industriekultur“ gesammelten Erinnerungen eines Arbeiters aus St. Johannis werden die „Freßvereine“ z. B. wie folgt geschildert:

„Die Vereine hamm si aa in die Wertschafftn troffn. Bsonders beliebt wohrn die sogenannten Freßvereine. Mei Vater wohr aa ba amm derbei. Däi hamm Rehköpf ghaaßn – und dou hot si jeder Moo suern gipserner Rehkupf kaafn mäin mit Hörnler droom. Und dann hamms ihre Beiträch zohlt und dann wohr es Jahr ämall ä Festessn. Und dou hots entweder Karpfen gehm odder ä Gansvertl und des wohr obber scho allers.“[209]

Wobei die letzte Bemerkung schon aus der Perspektive späterer, besserer Zeiten formuliert sein mag. Jedenfalls zählte um die Jahrhundertwende ein solches Essen zu den Festtagen des Jahres und man war stolz auf seinen Freßverein. Der Freßverein „Rehköpfe“ taucht in unserem Verzeichnis des Jahres 1905 allerdings nicht auf, traf sich aber in der „Grünen Flur“ (Abb. 208.). Abgedruckt sind aber Namen von mindestens 45 noch bestehenden Freßklubs samt den Namen der gerade amtierenden Vorsitzenden. Die Liste reicht von den „Fressern Nürnberg“ und den „Fressern Steinbühl“ über den „Freßverein Friedensklub Schniegling-Doos“ (ein schöner Name in diesen militaristischen Zeiten!) bis zu den Freßvereinen „Zukunft“ und „Zukunft II“ für

Abb. 209: Nicht fehlen darf bei der Aufzählung der Feier- und Auftrittsmöglichkeiten für Vereine der „Kulturverein". Das imposante Jugendstilgebäude am Frauentorgraben 49 (heute AOK) wurde im Jahr 1905 nach Plänen von Theodor von Kramer fertiggestellt. Finanziert wurde es durch den „Industrie- und Kulturverein", der das Gebäude auch betrieb. Neben unzähligen öffentlichen und eigenen Veranstaltungen bot der Saalbau des Kulturvereins auch für viele kleinere Vereine Räumlichkeiten für Feiern und Auftritte. Das mit dem Haus verbundene Restaurant und Café war wegen seiner schönen Außenanlagen sehr geschätzt. Die Lichtdruckkarte von 1914 zeigt die zum Frauentorgraben gelegene Terrasse. 1935 wurden in dem Gebäude die Nürnberger Rassegesetze beschlossen. Das im Krieg beschädigte Gebäude wurde 1969 abgerissen.

Nürnberg und Umgebung. Auf ihre Festessen sparten die „Fresser zum alten Fritz" und die „Zipfelbauern Gostenhof" ebenso wie die Freßgesellschaften „Gustav Adolph" oder die „Zweifler". Worum es in der Hauptsache ging, drückte sich bereits aus in den Namen der „Schlucker zur Schützenklause", des „Freßvereins Hau Di o, Gostenhof", der beiden Vereine „Nimmersatt Gostenhof" und „Nimmersatt Gostenhof I" oder beim Freßverein „Unaufhörlich". Mehr auf das Ende nach der Rückkehr vom Wirtshaus wies die Benennung des Freßvereins „du komm heim". Die etwas vornehmere Vereinsbezeichnung Esser oder Eßverein ist im Adreßbuch 1905 nur dreimal vertreten, beispielsweise für den Verein „Gemütliche Onkel". Schöne Namen für eine Freßgesellschaft waren auch der des „Einverleibungsvereins Nürnberg, Großreuth b. Schw." unter seinem Vorsitzer, dem Ausgeher Johann Schweiger, oder der der „Schmaußbrüder", denen der Gerber Franz Kette vorstand.

Interessanterweise tauchen in den folgenden Jahren diese Vereinigungen nur noch auf unter der gepflegteren Bezeichnung „Eßgesellschaften" und das auch nur in deutlich geringerer Zahl. Wahrscheinlich wurden die Zeiten vornehmer. Das mag auch der Grund sein, warum der „Saufklub Steinbühl", dem 1894 der Schlosser Heinrich Wunderlich vorstand, nur kurzzeitig genannt wurde und Vereinsnamen wie „Saufklub" nicht häufiger auftauchen, auch wenn die Steinbühler sicherlich nicht die einzigen waren, die sich feierabends diesem Vereinsziel hingaben. Vielleicht wären die Mitglieder des Klubs nicht schlecht erstaunt gewesen, hätten sie gewußt, daß etliche ihrer Nachfahren rund 100 Jahre später an bedruckten Hemdchen über gewölbten Bäuchen mit Aufschriften wie „Kampftrinker" etc. modischen Gefallen finden.

Die vielen geselligen Vereine, die sich im Zuge der Einwohnervermehrung und der wirtschaftlichen Verbesserung der Lebensverhältnisse beinahe explosionsartig vermehrt hatten, bildeten um die Jahrhundertwende eine der wichtigsten wirtschaftlichen Stützen der Wirtshäuser in den Vorstädten, aber auch der einfachen Lokale in der Altstadt. Ihre Mitglieder wurden überwiegend im Kleinbürgertum gesehen, „das darin die ihm gemäße Form der Freizeitgestaltung“ fand (Rudolf Endres). Dem widerspricht der zumindest in den Adreßbüchern bei den Vorständen erkennbare überaus hohe Anteil von Arbeitern, die sich offenbar keineswegs allein auf ihre eigenen Organisationen zurückzogen. Oder sollten die Interessen der Arbeiterschaft sich bereits so wenig von dem der Kleinbürger unterschieden haben? Die Wirtshäuser mit ihren Stammgästen und den dort verkehrenden unterschiedlichen Vereinigungen förderten jedenfalls die Kommunikation und den Austausch auf der nachbarschaftlichen Ebene.

Die Vorstadtwirtshäuser, so klein und einfach sie auch gewesen sein mögen, erfüllten so eine wesentliche Rolle als Treffpunkt und Ort der Geselligkeit für die Nachbarschaft und das unmittelbare Wohnviertel – eine Funktion, die sie bis zu Beginn der sechziger Jahre innehatten und die teilweise auch heute noch, je nach Struktur des Viertels fortbesteht.

Die Zeiten, an denen vor allem am Freitagabend, dem wöchentlichen Lohnzahltag, und am darauffolgenden Samstag die Kneipen brechend voll waren, voller jedenfalls als an anderen Tagen und es spätabends auf den Straßen lauter zuging als sonst, sind wohl vorbei. Auch hängt heute bestenfalls noch während der Kirchweihzeit die „Schweinsblasn“ vor einem Vorstadtwirtshaus, wie das in den fünfziger Jahren noch am wöchentlichen Schlachttag allgemein üblich war. Zum Leidwesen des Verfassers gab es dann die fette Wurstsuppe in der Milchkanne für 10 Pfennige an der Gassenschenke abzuholen, Grundlage für mehrere Suppenessen für Leute mit wenig Geld. Die meisten der Vorstadtwirtshäuser haben heute

Abb. 210: Inspiriert von den in Berlin und München in Mode stehenden großen Bierhallen entstanden 1912 in der Humboldtstraße 116a die „Humboldtsäle“ mit angeschlossenem Hotel. Bis in die fünfziger und sechziger Jahre bot der Betrieb den Nürnbergern sämtliche Errungenschaften oberbayerischer Bierkultur und -folklore mit Bockbierfesten, Blaskapellen und Lederhosen, ist aber in den letzten Jahrzehnten deutlich heruntergekommen. Der 1918 versandte Lichtdruck zeigt die heute immer noch imposante Fassade, die hinter den alten Bäumen der Straße kaum wahrgenommen wird.

Abb. 211: Auch der „Tiefe Keller“ am Frauentorgraben 17, Ecke Tafelhofstraße zählte bis in die Nachkriegszeit zu den beliebten Nürnberger Großlokalen. 1901 wurde das vom Brauhaus Nürnberg errichtete und bewirtschaftete neue Renommierwirtshaus eröffnet und zog über Jahrzehnte die Nürnberger an, ehe das Haus Ende der sechziger Jahre zuletzt als „Lido-Tanzpalast“ abgerissen wurde. Auf der 1916 gelaufenen Lichtdruckkarte ist rechts im Hintergrund das danebengelegene „Christliche Hospiz“, das evangelische Übernachtungs- und Speisehaus zu erkennen.

auch ihre Gassenschenken verrammelt, das Bier wird im Getränkemarkt mit dem Auto kastenweise geholt und die Kinder kaufen sich während des Spielens schnell eine Dose Cola, während es noch bis vor ein paar Jahrzehnten kein Problem war, schnell an der Gassenschenke ein Glas Wasser zu bekommen.

Dafür kann man/frau heutzutage um die Ecke leckere Souflaki essen oder Spaghetti, wer Lust hat, bekommt trotzdem seine Bratwürste oder sein Schnitzel.

Der Hinweis auf die Möglichkeit für Frauen, ganz normal im Wirtshaus zu verkehren, ist im übrigen längst angebracht. Unsere Jahrhundertwendekneipen in der Vorstadt und die dort verkehrenden Stammtischvereinigungen waren fast reine Männerdomänen. Es war schon eine besondere Situation, meist eine sozial schlechte, daß sich dorthin eine Frau verirrte, bestenfalls in Begleitung.

Das hat sich inzwischen glücklicherweise geändert. Zumindest was das Essen und Trinken angeht und die Kontakte zum Wirt, sind unsere Vorstadtwirtschaften schon Musterbeispiele für die funktionierende multikulturelle Gesellschaft. Aber auch das erklärt sich aus den so wichtigen Funktionen des Wirtshauses als Ort der Kommunikation und des geselligen Austausches.

Abb. 212: Lebhaftes, großstädtisches Leben wurde auf dieser von der früheren Kreuzung der Landgraben- und Seuffertstraße mit der Heynestraße gemachten Aufnahme auf die Restauration „Zum Blaufeld" eingefangen. Auch dieses schöne Jugendstilhaus in der Heynestraße 24 wurde im letzten Krieg restlos zerstört. Lichtdruck 1907.

Abb. 213: Noch heute besteht die „Stefansklause" in der Stephanstraße 17 unter ihrem alten Namen am Eck zur Dürrenhofstraße, und ist seit vielen Jahren unter griechischer Regie. Das hätte sich vor acht Jahrzehnten wohl kaum jemand träumen lassen. Als gewichtiges Werbeargument galt dem damaligen Wirt die Einkehr von Militärpersonen, die die Transporte zu dem 1914 auf dem Ludwigsfeld eingerichteten Barackenlazarett begleiteten. Rasterdruck, gelaufen 1916.

Abb. 214: Wahrscheinlich ging es bei der Hausnummernvergabe wegen allzu vieler Neubauten noch ein wenig durcheinander, denn das Restaurant-Café „Zum Hohenzollern“ lag in der Glockenhofstraße 31 und nicht 33, wie auf der 1899 gelaufenen Lichtdruckkarte angegeben. Vielleicht wurde auch die Karte, wie damals häufig, noch vor der Gebäudefertigstellung herausgebracht – in Erwartung fetter Gewinne oder einfach aus Begeisterung über das stattliche neue Haus. Mit der Lupe läßt sich das an der Hauszeichnung angebrachte Baujahr 1898 erkennen. Erstaunlich ist auch die sich rechts hinter dem alpenländisch anmutenden Gebäude erkennbare Bewaldung. Der vorgestellte Prachtbau zeigt jedenfalls, daß sich die Gastronomie im Aufwind sah.

Abb. 215: In der Wilhelmstraße 26 in St. Leonhard bestand von 1899 – 1904 die Restauration Diller mit eigenem Saalbau, die etwa um 1900 diese Lichtdruckkarte herausgab. Besser bekannt wurde das Lokal unter dem Namen Wörrleinssaal.

Abb. 216: Um 1900 wurden die „echten“ Fotokarten gebräuchlich. Durch industriell hergestelltes Fotokopierpapier im Postkartenformat mit aufgedrucktem Adreßfeld eröffneten sich für die Berufsfotografen zusätzliche Verdienstmöglichkeiten. Die Fotokarten erleichterten die Herstellung von kleineren Auflagen von Ansichtskarten. Es entstand die neue Praxis der „Hof“fotografen, die nach Vorankündigung die Anwohner eines Hauses aufnahmen. Auf diese Weise entstand wohl auch die Aufnahme der Wirtschaft „Zum Hohenaschau“ in der Frankenstraße 123, einer typischen Arbeiterwirtschaft gegenüber der MAN. Die gekennzeichnete Frau im Fenster war „Mama“, deren Bild ein Nürnberger dem Schwager in Bochum durch diese Fotokarte von etwa 1905 übermittelte.

Abb. 217: Um die Jahrhundertwende war die Fotografie noch etwas Besonderes und eine teure Angelegenheit. Ansichtskarten waren billige Bilder für den kleinen Mann. Das erklärt auch, warum häufig auf den Ansichtskarten die Fenster mit herausschauenden Personen besetzt sind. Auf dieser Karte von der Wirtschaft „Zur Kriemhilde“ in der Kriemhildstraße 1 hat sich neben den Wirtsleuten und einigen Gästen zur Aufnahme eine Menge von Kindern eingefunden. Das war nicht nur ein interessanter Spaß, sondern brachte auch zusätzliche Abnehmer für die Postkarte, auch wenn man sich meist nur mit Hilfe einer Lupe wiedererkennen konnte. Lichtdruck 1912.

Abb. 218: Am Eck zur Rankestraße in der Wodanstraße 73 konnte man lange Zeit im Restaurant „Birkenhain“ einkehren. Heute befindet sich in den Räumen ein Blumengeschäft. Das Gebiet um die Wodanstraße und das sogenannte Nibelungenviertel wurden nach dem durch die Jubiläumslandesausstellung von 1906 ausgelösten Bauboom zu Vorzeigevierteln für den fortschrittlichen bürgerlichen Wohnbau und die zahlreich neu entstandenen Gastwirtschaften präsentierten gerne ihr gehobenes Niveau. Lichtdruck nach 1905.

Abb. 219: Um einen Fotoabzug handelt es sich auch bei dieser Karte aus dem Jahr 1904 von der Gastwirtschaft „Zum Cramer-Klett“ in der Katzwanger Straße 90, unweit des Haupteingangs in das neue Werk der MAN in der Frankenstraße. Die Wirtsleute, Herr Bierbrauer Wagner und Frau sind mit den Stammgästen zur Aufnahme vor das Lokal getreten. Das Wirtshaus besteht auch heute noch in der Pillenreuther Straße 162, wurde erst kürzlich von einem Kneipenführer als besonders billig und gut hervorgehoben und ist ein real existierendes Beispiel für die Nürnberger Vorstadtwirtshauskultur – „nur die Gsichter ham gwechslt.“

Abb. 220: Der Gruß aus Nürnberg-St. Jobst kam vom namenlosen Wirtshaus der Katharina Wambach in der Äußeren Sulzbacher Straße 175 am Eck zum Thumenberger Weg. Wie man sieht – und sich im städtischen Adreßbuch vergewissern kann – lag das Gasthaus von den Nachbarhäusern einige Hausnummern entfernt. Aus diesem Grund sind wohl zwei Gäste mit dem Fahrrad da. Im Haus selbst wohnten unterm Dach 1905 zwei Fabrikarbeiter und ein Tagelöhner, die hier vielleicht abgebildet, über eine Lichtdruckkarte von etwa 1905 in die „Geschichte eingegangen“ wären.

Abb. 221: Als Wirtshaus einer Arbeitersiedlung am Thumenberger Weg 17 in Erlenstegen entstand das Lokal „Zum Goldhammer“ um 1914. Die im Stil der frühen zwanziger Jahre braungetönte Lichtdruckkarte zeigt Wirt und Gäste am Eingang zu Lokal und Garten.

Abb. 222: Die zum „Parken“ abgestellten Pferdefuhrwerke vor dem Wirtshaus „Zur Friedrichsruh“ in der Ostendstraße 97, nach der Eingemeindung Mögelsdorfs 1899 die nahezu noch unbebaute Verbindung der Stadt mit dem neuen Vorort, lassen darauf schließen – an französischen Straßen heute noch ein untrügliches Zeichen – daß es gutes Essen zu vernünftigen Preisen gab. Lichtdruck um 1900.

Abb. 223: Ähnlich (vorerst) noch alleingelegen war das Wirtshaus „Zur Eiche“ am Bürgweg 1925 in Mögeldorf an der Einmündung der Hammerstraße. Die um 1910 versandte Lichtdruckkarte belegt, daß es in Mögeldorf nicht nur Ausflugswirtschaften, sondern auch ganz schlichte Arbeiterkneipen gab, die sich nur wenig von denen in Schweinau oder Steinbühl unterschieden.

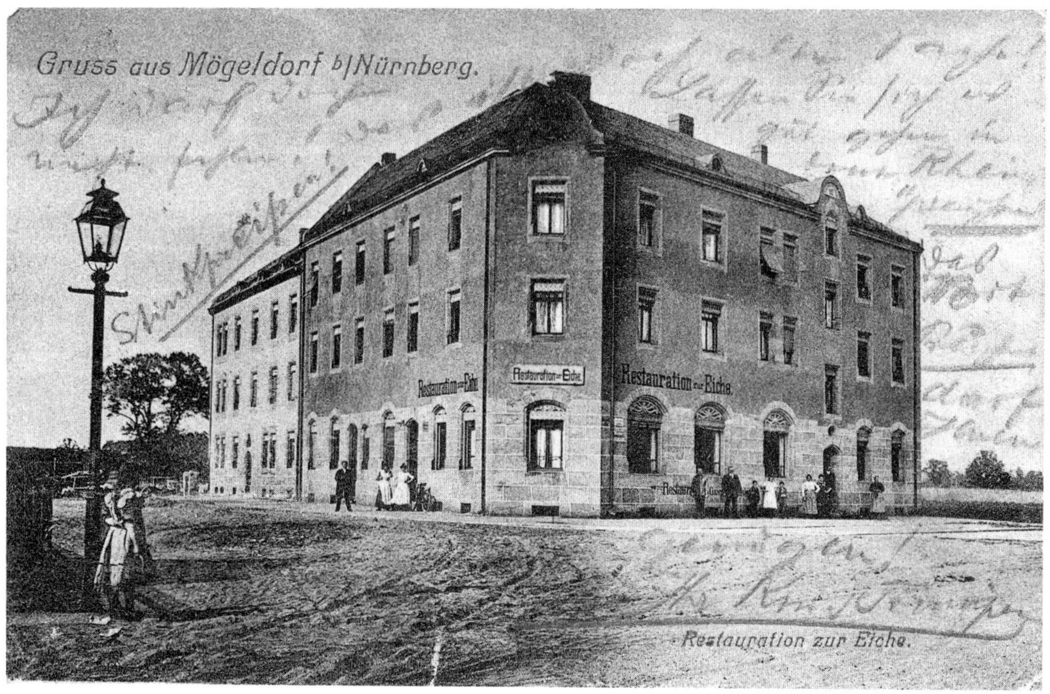

Abb. 224: Kontrast zur gegenüberliegenden Seite: Auf dem Gelände der 1901 vollständig in das neue Werk in der Frankenstraße verlagerten MAN entstanden am Prinzregentenufer luxuriöse Wohnhäuser. Am Eck zur neuen Theodorstraße – der Straßenname bezieht sich auf den Vornamen des MAN-Gründers Theodor von Cramer-Klett – eröffnete um 1906 das elegante Lokal „Zum Prinzregentenufer“, das seine großzügigen Räumlichkeiten auf dieser 1907 verschickten Lichtdruckkarte zur Schau stellte.

Abb. 225: Auch in der ebenfalls um die Jahrhundertwende entstandenen „Villenkolonie“ Ebensee wurde die Errichtung eines Restaurants und gehobenen Cafés nicht vergessen. Die 1916 verschickte lichtgedruckte Karte zeigt das „Parkrestaurant“ Ebensee, Ebenseestraße 23, oberhalb des seerosenbewachsenen Pegnitzteiches.

Abb. 226: Der „liebste Schatz“, an den diese Karte von der Endres'schen Wirtschaft in Zabo im Sommer 1914 versandt wurde, hieß Christel und wohnte in Schwabach. Es bleibt zu fragen, ob die „große Tour“ bis zu dem heute noch geschätzten Gasthaus mit seinem alten Garten am Aussiger Platz 1 nun auch von Schwabach oder nur aus dem nahen Nürnberg gestartet worden war. Jedenfalls belegt die bereits vor 1905 entstandene Lichtdruckkarte die Anziehungskraft des Ausflugsortes Zerzabelshof in der Zeit vor dem 1. Weltkrieg.

Abb. 227: Zur Kur nach Zabo, kein Witz, sondern Wirklichkeit, wie diese 1905 entstandene Lichtdruckkarte belegt. Am Waldesrand gelegen – im Hintergrund ist der Schmausenbuck als dominierender Berg zu erkennen – präsentierte sich das Kurhaus „Jägerheim“ in einer Sicht mit dem offenbar erst vor kurzem angelegten Kurpark.

Abb. 228: Gegenüber der letzten Karte eine Sicht auf Zerzabelshof in umgekehrter Richtung, angeblich sogar vom Schmausenbuck. Herausgeber des 1916 als Feldpostkarte gelaufenen Lichtdrucks war die „Dampfbäckerei mit Motorbetrieb“ (!) des Johann Kratzer. In dieses Wirtshausbuch ist die Bäckerei deshalb geraten, weil sie einen eigenen Ausschank besaß, wie an der Wand des Hausanbaus zu lesen ist.

Abb. 229: Auf dem Areal des früheren „Beckengarten“ am Maxtor, Friedrichstraße 1, und späteren „Colosseum“ wurde in den zwanziger Jahren der Konzert- und Festsaal vergrößert und wurde auf diesem 1926 verschickten Farbdruck immerhin als „Nürnbergs größter und schönster Saalbau“ bezeichnet. Offenbar wurde er auch für Turnveranstaltungen genutzt, denn die auf der Rückseite dieser Karte an den Turnverein Bodenwerder/Weser gerichteten Grüße richteten sich „speciell an die Damenriege“.

Abb. 230: Nicht nur auf dem Platnersberg selbst, sondern auch in der Äußeren Sulzbacher Straße 156 gab es ein Lokal „Zum Platnersberg“. Auch zur Aufnahme dieser wohl um 1910 entstandenen Fotokarte wurden die Bewohner des im Nürnberger Vorstadtstil gebauten Hauses zur Besetzung der Fenster verständigt.

Abb. 231: Der Idee des „Ernst“, im September 1898 eine auf dünnem Auskopierpapier gefertigte Fotografie auf einen Karton zu kleben und einem „Jean Fleißner“ in der Inneren Cramer-Klettstraße 3 als „Gruß aus Schoppershof“ zuzusenden, verdanken wir diese wohl einzige Ansicht des alten Gast- und Kaffeehauses „Schoppershof“ in der Bismarckstraße 29.

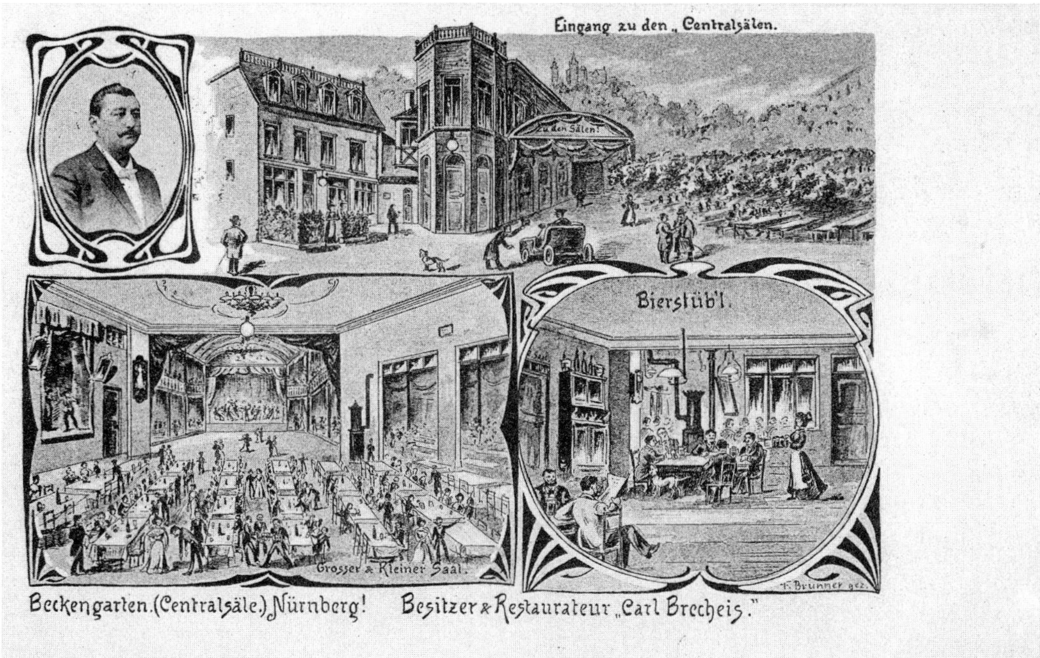

Abb. 232: Hinter dem Maxtor, an der Friedrichstraße 1 mit dem Eingang an der heutigen Schwanhäußerstraße lag der schon in den letzten Jahrzehnten des 19. Jahrhunderts beliebte „Beckengarten", auch als „Centralsäle" bekannt (später „Colosseum"), der auch über einen geräumigen Nebenbau mit zwei größeren Sälen verfügte. Es lohnt sich wegen der lebendigen Details, die Zeichnungen dieser Lichtdruckkarte mit der Lupe näher zu betrachten. In den Details zeigen sich die Wunschvorstellungen von gepflegter Gastlichkeit um 1900. Die Karte lief 1906 von „hier – Maxtor" nach „hier – Neue Gasse".

Abb. 233: Einen Blick in das damalige Neubauviertel bei der Meuschelstraße (die nach ihrem Namensgeber eigentlich Neuschelstraße heißen müßte) am Eck der Kaulbachstraße mit dem Restaurant „Zur Reichsburg". Lichtdruck nach 1905.

Abb. 234: Den für ein Wirtshaus natürlich besonders schönen Namen „Zum Abendstern" hatte diese Eckkneipe in der Berckhauserstraße 23 am Eck zur Löbleinstraße angenommen und konkurrierte so mit einer Wirtschaft gleichen Namens in der Bleiweißstraße. Lichtdruck vor 1900.

Abb. 235: Obwohl nicht zur Jahrhundertwendezeit zählend, sei wegen der Beliebtheit des Lokals in den dreißiger Jahren der Abdruck dieser Karte gestattet: Es handelt sich um die 1930 nach Plänen von Ludwig Ruff entstandenen Gaststätten „Wanner" am Rathenauplatz 21 (Feldmarschall Hindenburg-Platz). Die Fotokarte ging am 10. Juni 1941 von einem Klassentreffen an den „lieben Männe" nach Berlin, wohl noch ohne Ahnung, was die folgenden Jahre bringen würden.

Abb. 236: Den „Eyssers-Garten“ in der Friedrichstraße 64, heute einer der alten „Griechen“ in der Nordstadt, zeigt diese Lichtdruckkarte aus den frühen zwanziger Jahren. Das um 1906 eröffnete Lokal trägt den Namen des damaligen Hausbesitzers, des Kommerzienrates Eysser und Gründers des bekannten Möbelgeschäfts im alten Pellerhaus, bis in die Gegenwart.

Abb. 237: Noch unbebaut war die Seite am Kirchenweg bei der Kreuzung mit der Hallerstraße, als die Aufnahme für diese 1910 verschickte Lichtdruckkarte von der neuen Gastwirtschaft „Zur Hallerstraße“, Hallerstraße 32, gemacht wurde. Das Wirtshaus hat sich bis heute erhalten, nur aus der „Hallerstraße“ wurde ein „Zum Hallereck“.

Abb. 238: Vom letzten Wirt der „althistorischen" Gaststätte „Kreuzlein" in der Johannisstraße 20, Hans Riedel, wurde diese Fotokarte in den dreißiger Jahren herausgegeben. Sie zeigt noch einmal das Heilig Kreuz-Kirchlein und das angebaute Hallersche Pflegerhaus sowie den schönen Wirtschaftsgarten vor der Zerstörung in der Bombennacht des 2. Januar 1945. Ein kleiner Ruinenrest der Seitenwand der Kirche mit einer Ölbergszene befindet sich heute im Hof des neuen Wohnblocks an der St.-Johannis-Mühlgasse und Johannisstraße.

Abb. 239: Erst Wirtshaus, dann Kino, heute Supermarkt, das „Orpheum" oder auch das „Orfala" gehört schon aufgrund seiner Lage am Schnittpunkt der Burgschmiet- mit der Johannisstraße zu den markanten Ecken in Johannis. Auf dieser um 1900 entstandenen Lichtdruckkarte kann durch die Orgel und das Klavier auch der Name erschlossen werden: „Orpheum" nach Orpheus bedeutet Konzert- und Musiksaal.

Abb. 240: 1899 auf die Post gegeben wurde diese frühe Lithokarte von der „Café-, Wein- und Bierrestauration ‘Orpheum’“. Bereits 1910 wurde das Wirtshaus in ein Kino, das Lichtspielhaus für St. Johannis, umgewandelt. 1943 wurde das Gebäude durch Bomben zerstört, wieder aufgebaut, 1949 neu eröffnet und zu Beginn der sechziger Jahre, als das Ende der Vorstadtkinos begann, in einen Supermarkt verwandelt.

Abb. 241: Im neuerbauten Eckhaus Kirchenweg 22 zur Bielingstraße hatte auch das Wirtshaus „Zur Brieftaube“ eröffnet. Was die im Jahr 1900 versandte Lichtdruckkarte interessant macht, sind nicht nur die barfüßigen Kinder, die sich vor das Kameraobjektiv gestellt hatten, sondern ein anderes Detail: Am Eck gegenüber bot ein Gemüsehändler, auf den Steinen der Baustellen in der Nachbarschaft sitzend, seine Ware feil.

Abb. 242: Früher am Hefnersplatz 7 lag das beliebte Speisehaus „Walhalla". Wegen eines Neubaus mußte es noch vor dem 1. Weltkrieg umziehen. Die neue Adresse war die Gostenhofer Hauptstraße 7 am Plärrer, eine Adresse, die wir bereits in Abb. 180 kennengelernt haben. Lichtdruck um 1925.

Abb. 243: In der Gostenhofer Hauptstraße 13 lag die nach eigener Angabe auf dieser Lichtdruckkarte aus den frühen zwanziger Jahren bereits seit 1704 existierende „Kühnleinsche Garküche". Inhaber im Jahre 1929 während des 2. Arbeitersport-Bundesfestes, als diese Ansicht versandt wurde, war Andreas Huber. Wer ihn kennt, hat ihn sofort rechts vor der Sitzbank stehend, ausmachen können.

Abb. 244: „Die besten Grüße sendet Dir von Hier, Leonhard“ war der Inhalt der auf der Rückseite dieses 1912 nach „Hier-Steinbühl, An den Rampen 43“ expedierten Lichtdrucks. „Hier“, das war die Eckkneipe von Georg Kohl in der Müllnerstraße 34, vor der sich bei der Aufnahme ein Teil der Gostenhofer Jugend versammelt hatte.

Abb. 245: Die alte Schreibweise des Leyher Wegs mit dem pünktchenüberhöhten Y zeigt diese 1911 verschickte Fotokarte des gleichnamigen Wirtshauses in der Holzschuherstraße 15. Auch hier hat sich die gesamte Wirtsfamilie, in diesem Falle die Familie Immerzehder, die nach der Tafel das Lokal neu übernommen hatte, der Kamera präsentiert.

Abb. 246: Endlich einmal nicht nur den Wirt, sondern auch die Wirtin zeigt diese interessante und 1916 gelaufene Lichtdruckkarte von der Lederer-Wirtschaft „Zum gelben Haus" in der Troststraße 10 am Eck zur Fürther Straße. Vermutlich handelt es sich um J. Sperber und seine Frau (auch das Adreßbuch unterschlug damals die Namen der Ehefrauen). Zur Nutzung angepriesen wurde besonders das Nebenzimmer mit gutem Piano.

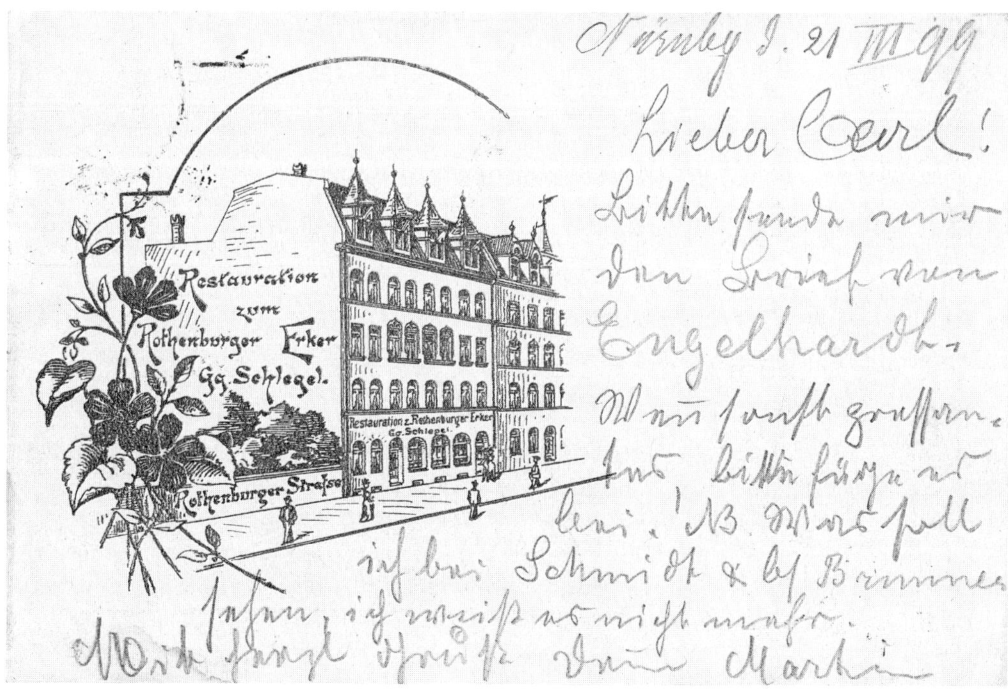

Abb. 247: Durch die Anfertigung dieser im Original braungedruckten Lithographie setzte die Vorstadtwirtschaft „Zum Rothenburger Erker" in der Rothenburger Straße 47 schon frühzeitig (1899) auf das Werbemittel Ansichtskarte.

Abb. 248: Ganz in der Nähe, in der Rothenburger Straße 37 am Eck zur Bauerngasse lag das Wirtshaus „Zum Rothenburger“ der Tucher-Brauerei, vor dessen Eingang auf diesem Lichtdruck aus den dreißiger Jahren, herausgegeben von dem damaligen Wirt und Weinhändler Hans Gebhardt, ein Verkehrsschild den Weg nach München und Ansbach wies.

Abb. 249: Grüße aus dem „Goldenen Ochsen“ zu Schweinau in der Schweinauer Hauptstraße 40 übermittelte dieser frühe, schon vor 1905 entstandene Rasterdruck im Jahr 1914 nach Straubing. Der „Goldene Ochse“ war eines der alten, bei den Nürnbergern schon lange vor der Eingemeindung Schweinaus 1899 wegen ihrer günstigen Bierpreise hochgeschätzten Wirtshäuser.

Abb. 250: Ein Stück naive Kunst ist diese Lithographie für den „Gruß a. Restauration z. Lindenhalle" in der Gostenhofer Unteren Seitenstraße 14. Auch bei dieser 1902 innerhalb Nürnbergs versandten Karte lohnt es sich, eine Lupe zur Hand zu nehmen, schon allein um den regenschirmbewaffneten und zigarrerauchenden Gostenhofer Typ im Vordergrund Mitte näher zu betrachten.

Abb. 251: Eine der schönsten von Nürnberg erschienenen Ansichtskarten ist diese 1905 für das oben eingeblendete Wirtshaus „Zur Ausfahrt" von Georg Förtsch am neuen Rangierbahnhof hergestellte Lithographie. Aus dem Wirthaus wurde die heutige Betriebsküche der Deutschen Bahn, auch die Dampfloks gibt es nicht mehr, doch sonst läßt sich manches auch heute noch von der jetzt viel breiteren Brücke gut erkennen.

Biergärten am Stadtrand und Ausflugslokale

„In wessen Brust regt sich beim Anblick der wieder verjüngten Natur nicht die Lust, dem Staub und der dumpfen Atmosphäre einer großen enggebauten Stadt zu entfliehen, der kohlenrußgeschwängerten Luft, die aus unzähligen Fabrikschlöten entsteigt, den Rücken zu kehren und in der würzigen Waldesluft sich zu ergehen. Freilich sind die Bewohner einer Fabrik- und Handelsstadt, wie sie Nürnberg ist, nicht in der Lage, nach Lust und Geschmack die schönen Tage zu genießen, sondern sie sind vielmehr mit wenig Ausnahmen, auf die Sonn- und Feiertage angewiesen, und zum Lobe der braven Nürnberger sei es hiemit gesagt, sie bleiben an solchen Tagen, wenn es nicht gerade Kieselsteine regnet, nicht hinter dem Ofen sitzen. Mit Weib und Kindern, das Jüngste im Korbwagen, so geht es zu allen Thoren strahlenförmig hinaus; zu Fuß, mit der Straßenbahn, mit Droschken und Equipagen. Seit Einführung des Velocipedsports werden auch mit dem Zweirad größere Touren unternommen, wogegen die Zahl der Sonntagsreiter in sichtlicher Abnahme begriffen ist.“[210]

So schilderte um 1900 ein beliebtes und mehrfach in hoher Auflage erschienenes Büchlein mit Vorschlägen zu Spaziergängen und Wanderungen in der nächsten Umgebung der Stadt den damals offenbar mächtig im Steigen begriffenen Trieb der Nürnberger, sonntags ins Grüne aufzubrechen und, wie das hieß, „auf die Tour“ zu gehen. Der reizende Text – die schöne Ansichtskarte der „Waldlust“ (Abb. 34) mit beinahe allen zeitgenössischen Fortbewegungsmitteln bietet dazu eine beinahe ideale Illustration – benannte deutlich die Ursachen für das gesteigerte Bedürfnis nach frischer Luft und Wanderungen im Waldesgrün, nämlich *„dem Staub und der dumpfen Atmosphäre einer großen enggebauten Stadt zu entfliehen, der kohlenrußgeschwängerten Luft, die aus unzähligen Fabrikschlöten entsteigt, den Rücken zu kehren“*.

Das drückte sich ebenfalls aus in der wachsenden Zahl von Wander- und Touristenvereinen, wie ja die Wanderbewegung zugleich mit einem wichtigen Strang der Jugendbewegung, aber auch die Gründungen der modernen Sportvereine als Folge der Verstädterung um die Jahrhundertwende zu sehen sind. Die angeführte Rauch- und Staubbelästigung der prosperierenden Industriestadt gehörte um 1900 zu den häufig angesprochenen Problemen und Ärgernissen in der Stadt und taucht in den verschiedensten Quellen immer wieder auf[211], war aber auch Gegenstand von Ansichtskarten.

Wer die ersten Seiten unseres kleinen Spazier- und Wanderführers[212] in der Auflage aus dem Jahr 1900 durchblättert, mag zunächst über die vorangestellten, professionellen Ratschläge zu Schuhwerk, Ausrüstung und zur Mitnahme von Reservehemden und Regenschirmen einschließlich der reichlich militärischen Bezüge verwundert sein, wenn es z. B. eher abschreckend heißt: *„Ein altes Sprichwort sagt, das Alles in der Welt gelernt sein will und daß dies auch für das Gehen zutrifft, muß nicht selten der junge Mann erfahren, der berufen wird, die Waffen für das Vaterland zu tragen. Und wie das militärmäßige Marschiren, so ist auch das Wandern über Berg und Thal eine Kunst. Wie so mancher Tourist zog freudig hinaus und kam abgespannt, zerschlagen und enttäuscht zurück.*[213]

Neben Hinweisen zu möglichst frühzeitigem Start der Unternehmungen (*„Um 6 Uhr, spätestens um 7 Uhr muß der Marsch beginnen*“), ausgiebigen Rastzeiten (*„Die heißeste Tageszeit, von 12 bis 3 Uhr* [!], *soll zur Einnahme des Mittagsmahles und zur Rast dienen“)* steht am Ende des Kurzlehrgangs die Mahnung: *„Doch vermeide man das allzuhäufige Einkehren in Wirthschaften. Zu vieles Biertrinken* *auf dem Marsche erschlafft und ist ein Trunk guten Wassers dem Bier meist vorzuziehen.“*[214]

Daß das nicht allzu ernst zu nehmen war, wird bei den ersten Tourentips deutlich: Das Büchlein zeigt sich nämlich in der Hauptsache als kompetenter und animierend formulierter Wegweiser zu einer Vielzahl von sogenannten „Erholungsstätten“, was lediglich eine Umschreibung für Ausflugsgaststätten und Dorfwirtshäuser war, die bei den jeweiligen Routen ausführlich geschildert und empfohlen wurden. Jedenfalls steht die Breite und Detailfreudigkeit der Wirtshausbeschreibungen insbesondere für den Nürnberger Nahbereich in einem recht ungleichgewichtigen Verhältnis zur Kürze der zurückzulegenden Wegstrecken und die schöne Erkenntnis „der Weg ist das Ziel“ rückte eindeutig in den Hintergrund gegenüber dem Leitsatz „das Ziel ist die Einkehr“ gemäß der alten Wanderregel „Die Berge von unten, die Kirchen von außen und die Wirtshäuser von innen!“.

So lag der überwiegende Teil zumindest der in der ersten Hälfte beschriebenen Ziele im Gebiet der heutigen Kernstadt, teilweise in unmittelbarer Nähe der Altstadt, und es handelte sich dabei weniger um Naturschönheiten, sondern nahezu ausschließlich um bekannte Wirtshäuser mit großen Biergärten oder sonstigen Vergnügungsgelegenheiten wie bei den schon angeführten beiden Zwingern am Marien- und am Spittlertor oder dem Kaffeegarten auf der Hallerwiese.

Bei derlei Spaziergangtips konnte natürlich auch die Rosenau nicht fehlen, die zudem selbst für Fußkranke mit der Straßenbahn oder bequem vom Ludwigstor *„der Promenade entlang in nicht ganz 400 Schritten“*[215] erreichbar war. Seit 1893 im städtischen Besitz, wurde das lauschige Terrain um den Bleichersweiher in den „Nürnberger Spaziergängen“ als einer der ältesten und schönsten Nürnberger Ausflugsorte gerühmt und schwärmerisch ihre Vergangenheit beschworen, die beinahe vollständig der Bauspekulation der 1880er Jahre zum Opfer gefallen wäre:

„Und ein Stück Romantik lag in der alten Rosenau von ehemals, als sich noch nicht Fabrik-Kamine und Hopfenschlöte in seinen blauen Fluthen spiegelten, als noch nicht das tiefgrüne, dichte Buschwerk und die Stämme uralter Bäume mit ihrem Schatten spendenden Laube von der unbarmherzigen Axt niedergemacht wurden. Man schuf Bauplätze, auf denen Wohn- und Fabrikgebäude die Rosenau jetzt eng begrenzen. Wie ein Fremder, der fern vom Heimathland unter Fremden weilt, sieht das noch vorhandene orientalische Gebäude darein; das leichte, gefällige, malerische Bauwerk unter den massiven Häusern von schweren Quatersteinen.“[216]

Die beklagten Verluste durch die großstädtische Bauwut wurden andererseits durch Vorteile wie die Errichtung neuer Restaurationsgebäude ausgeglichen. So mischte sich in die Trauer auch kräftiges Lob auf den verbesserten Schutz für *„garnirte Hüte“* bei den immer wieder beklagten, in der Rosenau offenbar besonders überraschend und häufig auftretenden Regengüssen[217] sowie auf die Vorzüge der neuen elektrischen Beleuchtung für die Veranstaltungen in den Wintermonaten:

„Namentlich spitzenbesetzte Kleider und garnirte, mit Federn geschmückte Hüte, wissen manch Liedlein von den Launen des Herrn Petrus zu singen. Dem vorzubeugen, und eine zusammengefundene heitere Gesellschaft nicht zu trennen, hat die Rosenau-Gesellschaft ein großes stattliches Gebäude neben dem früheren alten Restaurationsgebäude errichtet. Dieses ist im Stande, in seinen Souterrain-Räumen, den sogenannten Katakomben und im großen Saale die durch Gewitter und Regen aus dem Garten vertriebenen Gäste, und wären es mehr als tausend an der Zahl, zu ber-

Abb. 252: Als man in der Rosenau noch rudern konnte, im Jahre 1904, wurde dieser Lichtdruck mit einem Blick über den Blachersweiher zum Restaurantgebäude und zu der angrenzenden Bebauung der Oberen Turnstraße verschickt. Eine Idylle, unmittelbar neben der Innenstadt und nahe dem neuen Verkehrsknotenpunkt Plärrer, die für die Nürnberger der Jahrhundertwende zu den wichtigsten Freizeitzielen zählte.

gen. In den Wintermonaten vereinigen häufig stattfindende Concerte und Bälle die Bewohner der alten Noris daselbst. Hat der Teich sich mit einer Eisdecke überzogen, so wird diese sorgsam geebnet und gereinigt, so daß der Schlittschuhläufer im raschen Laufe und kühne Curven schneidend mit seiner graziösen Partnerin sich sicher darauf bewegen kann. Das Etablissement hat in allen seinen Räumen elektrische Beleuchtung, doch ist für den Fall unvorhergesehener Hindernisse auch die Gasbeleuchtung eingerichtet.“[218]

Zu den besonders herausgestellten Zielen für vergnügliche Stunden nicht nur an Sonntagen gehörten die in Nürnberg im Stadtbereich noch neuen Kellerwirtschaften mit ihren großen Biergärten[219]. Der der Altstadt nächstgelegene – auch hier waren keine beschwerlichen Wanderungen mit drückendem Schuhwerk vonnöten – war der gleich in Plärrernähe gelegene „Dürst'sche Keller“ (Abb. 255) in der Oberen Kanalstraße, über den unser Wanderführer Erstaunliches zu berichten weiß. Die wohl aus humoristischen Gründen ein wenig überspitzten Beobachtungen des Nürnberger Kellerlebens und des Betriebs in dieser „Biervertilgungsanstalt“, die auch von den „Schwollischees“ der naheliegenden Bärenschanzkaserne gut genutzt wurde, sind es im Blick auf die darin geoffenbarten Charakterzüge der Nürnberger Biergartenfans aus jener Zeit durchaus wert, etwas ausführlicher zitiert zu werden:

„Hatte Nürnberg bis zu Ende der siebziger Jahre gar keinen Keller, so hat das Unternehmen des Löwenbräukellers, der zuerst entstand [siehe unten], *schnell Nachahmung gefunden, und Nürnberg hat es bis jetzt bereits auf drei Keller gebracht. Dem Bedürfniß nach solchen, von München importirten Biervernichtungsanstalten dürfte somit auf einige Zeit hinaus abgeholfen sein. – Der Dürst'sche Keller liegt inmitten einer der bevölkerungsreich-*

Abb. 253: 1896 wurde diese schöne Karte von der Rosenau versandt. Sie zeigt die schon umgebaute „Alhambra“ des Kaufmanns Wiß, der in einem romantischen Traum 1819 das Gelände des Blachersweihers erwarb, ein orientalisches Gebäude, eben die „Alhambra“, errichten ließ und das Ganze nach seiner Frau benannt zur „Rosenau“ machte.

Abb. 254: Die kurz vor der Jahrhundertwende durch die Stadt erworbene Rosenau auf einer im Jahr 1900 versandten Lithographie. Wie es in einem zeitgenössischen Führer hieß, konnte man „auf den blauen Fluthen des Teiches im Kahn sich schauckeln, umgeben von Schwänen, jenen poesieanregenden Thieren“ und sich „in dem Schatten belaubter Bäume ergehen“. Kein Wunder, daß im Besucherbuch der ersten Ansichtskartenausstellung des Stadtarchivs etliche Besucher die Wiederherstellung der Rosenau im alten Zustand forderten.

sten Vorstädte, in Gostenhof II, an der oberen Kanalstraße. Ist die Lage wegen der unmittelbaren Nähe der Bahn, der Centralwerkstätten, vieler Fabriken und eines lebhaften Fuhrwerkverkehrs gerade keine staub- und rauchfreie, so ist sie doch wenigstens sehr bequem und der Keller daher nicht minder lebhaft frequentirt, als die übrigen. Legt der Handwerker, der Kaufmann Abends seine Arbeit bei Seite, so kann er, ohne erst noch einen weiten Weg zurücklegen zu müssen, im Keller der Dürst'schen Brauerei mit Familie sein vielleicht zu Haus schon zubereitetes Abendbrot einnehmen und eine kellerfrische Maß guten Bieres dazu trinken. ...

Die nach Nürnberg kommenden Fremden besuchen mit besonderer Vorliebe unsere Bierkeller, hat das Kellerleben ja durch München sozusagen einen Weltruf erlangt. Nicht selten kann der stille Beobachter sehen, wie ein zierlich geschniegeltes Herrchen vergebens einen Maßkrug zu erorbern sucht, oder eingekeilt in qualvoll fürchterlicher Enge seufzend der Füllung eines solchen mit dem braunen Stoff entgegensieht, was oft noch mit größeren Schwierigkeiten verknüpft ist, als in den Besitz eines Bier-Kruges zu gelangen. Denn sind sie erst gefüllt, die vorhandenen Räume und Hallen, dann tritt bei dem Verlangen nach Bier jede Rücksicht bei Seite, der nackte Egoismus tritt zu Tage, eine Art Faustrecht hat Platz gegriffen, der Stärkere verdrängt den Schwächeren durch die Macht der Ellenbogen, während in dem finsteren geöffneten Schlund des Kellers den Fäßern ein ununterbrochener Strom entquillt. Mit bierbenetzten Kleidern und zertretenen Hühneraugen kommt der Eroberer einer Maß aus dem anscheinend unentwirrbaren Menschenknäuel, seinen Krug gleich einer Siegestrophäe in die Höhe haltend. – Eines will ich, für den Fall daß ein Fremder, ein die Ortsgebräuche Unkundiger diese Zeilen zu Gesichte bekommt, zum Schluß dieser Kellerbetrachtung nicht unberührt lassen. Es ist die Mahnung: Gehst Du auf einen Bierkeller (oder auch des Vormittags zu einer Bock- oder Salvatorpartie), so setze auf Dein Haupt keinen Cylinderhut. Fordere nicht freventlich die Menge heraus, denn sie kann, in ihren Biertraditionen verletzt schrecklich werden und Deinem Cylinderhut könnte das Todesurtheil nicht ganz ohne Schädigung Deiner eigenen Person ausgeführt werden.“[220]

Ganz offensichtlich herrschten in den Nürnberger Bierkellern und ganz besonders im Dürst'schen Keller in Gostenhof recht rüde Sitten, was die Autoren aber nicht hinderte, auch die beiden anderen auf Stadtgebiet gelegenen Keller, den nach der Heroldsberger Brauerei des „Bären“wirts Fritz Schuster benannten Schusterskeller (der spätere Maxfeldkeller) an der Äußeren Bayreuther Straße 18, *„ein Viertelstündchen von den letzten Häusern der Stadt entfernt“* (Abb. 257), und den in Richtung Thon gelegenen Löwenbräukeller nachhaltig als Spaziergangsziele und Erholungsstätten zu empfehlen mit den entsprechenden Wegbeschreibungen.

Der in den sechziger Jahren von der Firma Schöller überbaute ehemalige Löwenbräukeller (Abb. 256) trug seinen Namen nicht etwa, wie man meinen könnte, nach dem heutigen Münchener Bierkonzern, sondern nach der in der Schildgasse produzierenden kleinen Löwenbrauerei, die in der Äußeren Bucherstraße 3 ihr Bierlager unterhielt und mit großem Erfolg die Ausschankstätte immer weiter vergrößerte. Kurz nach der Jahrhundertwende wurde der Betrieb einschließlich der Stammwirtschaft in der Altstadt von der Brauerei der Gebrüder Held übernommen. Die folgenden Auszüge aus den Empfehlungen zum Löwenbräukeller können den beim Dürst'schen Keller erweckten Eindruck vom Nürnberger Biergartenverhalten wenigstens teilweise korrigieren, sie bieten jedenfalls eine ansprechende Schilderung der in jenen Jahrzehnten im Löwenbräugarten und anderswo herrschenden Stimmung und Lebensfreude

Abb. 255: *Unter den beliebten großen Nürnberger Biergärten als den in den achtziger Jahren des letzten Jahrhunderts „von München importirten Biervernichtungsanstalten" spielte der Dürstsche Keller in der Oberen Kanalstraße eine besondere Rolle: stadtnah „inmitten einer der bevölkerungsreichsten Vorstädte (Gostenhof II)" gelegen, bot er „selbst bei plötzlich eintretender schlechter Witterung einen recht angenehmen Aufenthaltsort, woselbst schon mancher tolle Streich ausgeführt wurde. Für engere Gesellschaften, namentlich für solche, welche bei fortgeschrittener Stunde von dem braunen Naß sich nicht trennen können, sind zwei gemüthliche Kneipstübchen vorhanden." Lithographie um 1895.*

Abb. 256: *Der Mond schaute auf die Zecher des „Löwenbräukellers" in der Äußeren Bucherstraße 3. Die Stammwirtschaft des Biergartens, die nur kurze Zeit existierende Nürnberger Löwenbrauerei, lag in der Schildgasse 26 (siehe auch Abb. 78). Später war das Ausflugslokal unter dem Namen „Buchersäle" bekannt und diente nach dem 2. Weltkrieg sogar als Ersatzspielstätte für das städtische Theater, ehe es im Areal der Schöllerschen Eis- und Lebkuchenfabrik aufging. Lithographie 1900.*

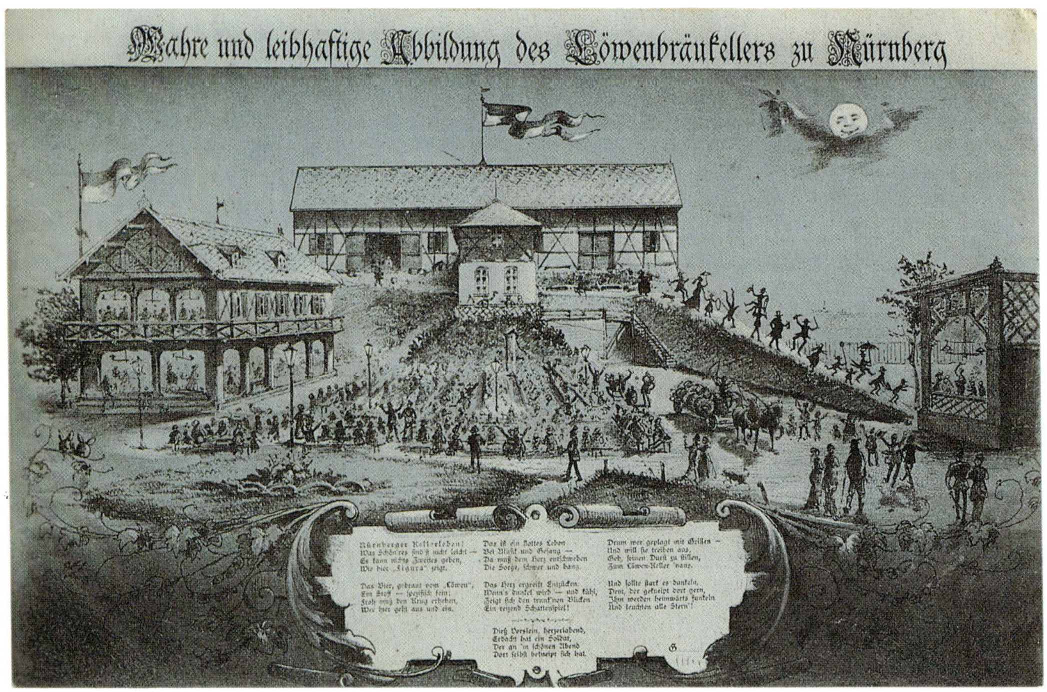

Abb. 257: An der Äußeren Bayreuther Straße 70, 1883 von einem Heroldsberger Wirt eröffnet und als Schusters-Keller bekannt, lag der Maxfeldkeller, der im Jahr 1913, als unsere Farbdruckkarte entstand, im Besitz der Zeltner-Brauerei war. Der eigentliche Keller war „mit einer großen saalähnlichen Halle überbaut, die in Folge ihrer freien und hohen Lage eine schöne Aussicht über die nahe Stadt Nürnberg und das umliegende Land bis zu den fernen, den Horizont begrenzenden Gebirgen" gewährte, wie es in einer Beschreibung hieß.

Abb. 258: Auch im 1912 eröffneten „Sommerkeller der Freiherrlichen Tucher'schen Brauerei A.G." an der Bayreuther Straße 18 floß an warmen Sommernachmittagen das Bier in Strömen. Pächter des großen Biergartens war lange Zeit der beliebte Nürnberger Komiker und Festwirt Rudi Paul. Farbdruck um 1920.

nebst einer Auswahl der in den 1890er Jahren gängigsten Schlager und Operettenlieder:

„Denjenigen, welche eine kellerfrische gute Maß Bier und ein buntbewegtes Leben und Treiben der beschauhlichen Ruhe vorziehen, ist der an der äußeren Bucherstraße gelegene Löwenbräukeller zu empfehlen. Hier kommt das Naß frisch aus dem Faß. Heiterkeit und Frohsinn sind hier willkommen. Das Concertprogramm enthält nicht den leidigen Passus: ‚Während der Concertpiecen wird um Ruhe gebeten', sondern Musik und Publikum wirken in seltener Harmonie zusammen und weit hinaus über des Kellers Zaun ertönt's aus hundert Kehlen: ‚gut'n Morgen Herr Fischer!' was oft jeder Logik Hohn spricht, den meistens ist der Abend hereingebrochen. ‚Wenn ich an meinem Amboß steh' singen gewiß Alle, auch solche, die in ihrem Leben noch an keinem Amboß gestanden und ‚s Deandl mit'n roth'n Miada' ein eleganter Stutzer, der eine nach neuester Mode gekleidete Schöne am Arm hat. Je angeregter die Stimmung wird, je sentimentaler werden die Lieder. Das ‚Nur für die Natur hegte sie Sympathie' geht noch an, aber bald kommt der ‚himmelblaue See' an die Reihe und wenn die rührende Schluß-Strophe ‚Aus ist das Herz-Load, aus is das Weh' verklungen ist, dann muß eine abermalige frische Maß die mittlerweile trocken gewordene Kehle wieder benetzen. Mit der fortschreitenden Zeit werden es natürlich der Maßen Biere immer mehrere und kaum läßt die Musik wieder einige Takte erklingen, da stimmt wieder alles mit ein in den schönen Operetten-Walzer ‚Denk Dir mein Liebchen, was ich im Traume gesehen' ....
Wird endlich mit schwerem Haupte und wankenden Füßen der Heimweg angetreten, so hat dieser das Angenehme, daß er auf ebener glatter Chaussee von Statten geht, auf dem keine Marschhindernisse zu überwinden sind. Ein halbes Stündchen in langsamen gemüthlichem Schritt gegangen, und das zunächst liegende Thor, das Thiergärtnerthor, ist erreicht. Zuvor wird die Platnersanlage passirt, die mit ihren alten laubreichen Bäumen in der heißeren Jahreszeit eine angenehme Promenade bietet."[221]

Daß das Bedürfnis der Nürnberger nach großen Biergärten und Kellerwirtschaften um die Jahrhundertwende entgegen der geäußerten Annahme noch nicht gestillt war, zeigt auch der über Jahrzehnte bis nach dem 2. Weltkrieg anhaltende Erfolg des 1912 eröffneten Tucherkellers an der Bayreuther Straße auf dem Gelände der heutigen Bowlingbahn, der im Sommer an den schönen Abenden immer gefüllt war und leicht mit den großen Münchener Biergärten mithalten konnte.

Aber auch die rund um die Stadt liegenden Sommerkeller der kleineren Brauereien in den Vororten wie der Katzwanger Felsenkeller, der einem ganzen Ortsteil den Namen gebende Reichelsdorfer Keller oder auch der im Wald bei Ziegelstein gelegene Bierkeller des Heroldsberger „Bären"wirts gehörten zu den nun doch etwas mehr Anmarsch erfordernden Wanderzielen der Jahrhundertwende und der nachfolgenden Jahrzehnte. Die große Beliebtheit dieser Ausschankstätten hat sich auch in einer ganzen Reihe von Ansichtskarten niedergeschlagen (Abb. 296, 325), die ja hier auch ihre ursprüngliche Funktion als Gruß von den (Sonntags-)Reisen des kleinen Mannes erfüllten.

Im Bereich des heutigen Stadtkerns lag aber noch eine ganze Reihe anderer beliebter und meist mit irgendeiner Besonderheit verknüpfter Spaziergangs- und Ausflugsziele in Gestalt von zur Einkehr oder zum Kaffee ladenden Wirtshäusern oder sonstigen gastronomischen Einrichtungen, die auf größere Besucherzahlen ausgelegt waren. Dazu gehörten beispielsweise das Gasthaus der Schützen im Schneppergraben unterhalb der Burg, der Kontumazgarten mit seinem Prater, das Tivoli nahe dem Maxfeld, die Platnersanlage oder auch der nach der Landesgewerbeausstellung von 1882

Abb. 259: Heute wegen der schlechten innerstädtischen Straßenverhältnisse häufig mit dem Geländewagen angesteuert, erreichten die Besucher um die Jahrhundertwende den „Hummelstein" mit seinem beliebten Kaffeehaus und Ausflugslokal per Pedes vom Hauptbahnhof aus oder noch bequemer von der Straßenbahnendhaltestelle am Aufseßplatz durch die Felder über das Dorf Lichtenhof. Die auf der Lichtdruckkarte von 1905 wiedergegebene Szenerie würde sich nur wenig von der heutigen unterscheiden, sieht man einmal von den offenbar „zum Ausflug" unbedingt benötigten Blechkisten einmal ab.

auf dem Maxfeld entstandenen Stadtpark, *„diese herrliche Schöpfung der Stadt Nürnberg"*[222] mit dem damals sehr noblen Restaurationsgebäude, das zu den Renommierlokalen der Nürnberger Stadtspitze bei vielen offiziellen Gelegenheiten aufstieg (Abb. 260). Tatsächlich war der Stadtpark damals auch ein wichtiges Ziel für die sonntäglichen Spaziergänge und eines der Aushängeschilder der modernen Großstadt.

Ein damals wie auch heute immer noch recht beliebtes Ziel war das bereits seit dem 18. Jahrhundert bei Ausflüglern existierende Wirtshaus und der Kaffeegarten beim Hummelsteiner Schlößchen (Abb. 259). Der damals übliche Weg führte von der Endstation der Straßenbahn am Aufseßplatz nahe der Stadtgrenze oder den Hummelsteiner Weg entlang durch Kornfelder zunächst zum Lichtenhofer Schlößchen mit einer *„wohlrenommirten Wirthschaft, vor welcher man im Schatten einer uralten Linde rasten und ein Glas frischen Bieres trinken kann, bevor man den Weg nach Hummelstein fortsetzt* [der dann allerhöchstens noch fünf Minuten betrug, ehe der als eigentliches Ziel beschriebene Wirtsgarten erreicht war]. ... *Hummelstein ist einer der beliebtesten Orte in der näheren Umgebung Nürnbergs, und wird namentlich der in dortiger Restauration verabreichte Kaffee von den Damen Nürnberg's sehr geschätzt."*[223]

Im Südosten lagen mit dem Dutzendteich und dem Schmausenbuck auch die seit Jahrhunderten besonders beliebten Ausflugsorte der Nürnberger[224]. Durch den Ausbau der Verkehrsverbindungen durch Straßenbahn beim Schmausenbuck bzw. durch die Bahnlinie über Mögeldorf erlebten sie in den letzten Jahrzehnten des 19. Jahrhunderts einen rapiden Aufschwung.

Ganz allgemein wurde durch das ausgebaute Straßenbahnnetz, aber auch durch die Verbilligung der Bahnfahrt in den vor der Jahrhundertwende eingeführten Vorortzügen die Mobilität der Ausflügler und der Radius ihrer Unternehmungen vergrößert. Die Billets der nur mit der III. Klasse ausgestatteten Vorortzüge kosteten rund 40 Prozent weniger als in den üblichen Tarifen. Erst jetzt wurden das Altdorfer Land, die Hersbrucker Alb und die Fränkische Schweiz zu den beliebten Ausflugsgebieten für die Nürnberger, die sich die schönen Gebiete an den Sonntagen und Feiertagen erwanderten. Die Hinweise auf die Verbindungen und später auf die günstigen Sonntagsrückfahrten fehlten in der Folge in keinem der neuen Wanderführer bzw. noch vor dem 1. Weltkrieg wurden eigene Broschüren von der Bahn, später auch von der Straßenbahn herausgegeben, die auf den Verkehrsverbindungen aufbauend eigene Wandervorschlage machten.

Bereits seit dem 17. Jahrhundert war der Dutzendteich ein bei allen Schichten beliebtes Ausflugsziel (Abb. 275–278, 283). Die Entwicklung des Dutzendteichs zum Vergnügungsort hängt u. a. mit der im Weiher bereits seit mittelalterlichen Zeiten betriebenen Fischzucht zusammen. Vor allem das „Nachfischen“ für das einfache Volk bei dem alle zwei Jahre im Oktober stattfindenden dreitägigen Abfischen entwickelte sich zu einer Art Volksfest, nicht allein wegen der möglichen Beute, sondern weil dieses Schlammspektakel im abgelassenen Teich vor allem bei den Zuschauern für Vergnügen sorgte. Erstmals 1638 wurde dem Weihermeister das Schankrecht verliehen, nachdem die Verbote vorher nichts bewirkt hatten, aber mit der Auflage, dafür den Badebetrieb und die Schiffahrt auf dem Gewässer einzustellen. Daß auch das nicht zu verhindern war, belegen spätere Berichte über Gondelpartien und sogar über die Fahrten eines „34 Fuß langen Schiffes“ auf dem Gewässer im Jahre 1700. Die Zahl der Ausflügler nahm offensichtlich zu Beginn des 18. Jahrhunderts so stark zu, daß der Rat an der Uferseite der heutigen Bayernstraße ein größeres steinernes Gasthaus errichten ließ, das 1713 fertiggestellt war und in der Folge reichlich genutzt wurde.

Die große Zeit des Dutzendteichs als Ausflugsort für erholungssuchende Städter kam dann mit den Biedermeier-Jahrzehnten. 1823 gründete sich sogar eine Aktiengesellschaft ohne Gewinnabsicht, die das Gelände um das Wirtshaus zu einem „Freizeitpark“ umgestaltete – mit Erfolg, denn die Gesellschaft bestand noch in den zwanziger Jahren unseres Jahrhunderts. Neben dem Gasthaus entstand eine hinter sichtschützenden Wänden in das Gewässer gebaute, öffentliche Badeanstalt. 1870 erhielt der Dutzendteich eine Bahnstation, ab 1882 wurde er von der Pferdebahn angelaufen und schon 1896 war das Gewässer mit der „Elektrischen“ zu erreichen.

Die Nürnberger strömten an den Sonntagen oft in Völkerwanderungsstärke an ihren See und die Zahl der Wirtschaften wuchs. 1869 entstand die „Waldlust“, damals noch in Sichtweite zu dem Gewässer, 1896 die vor wenigen Jahren abgerissene „Seerose“, zur gleichen Zeit das an der Bayernstraße benachbarte Café „Bellevue“. 1898 pachtete Zetlmeier das alte Wirtshaus, ließ es abreißen und errichtete hinter der Bayernstraße ein imposantes neues Restaurantgebäude mit zum Teich hin aufgeschütteten und palmenbestandenen Terrassen. Wie bereits ausgeführt, hatte sich der Großhotelier dabei verspekuliert und stürzte in den finanziellen Abgrund. Das prachtvolle neue Restaurant aber florierte noch einige Jahrzehnte. 1906 öffnete während der Jubiläums-Landesgewerbe- und Industrieausstellung im neuentstandenen Luitpoldhain am Knick des Sees unterhalb des Fischbach-Ausflusses ein vornehmes „Teichrestaurant“ die Pforten und es entstand der legendäre Leuchtturm, der auf manchen Ansichtskarten Nürnberg den Hauch einer Stadt am Meer verlieh. Nach 1912 übernahm noch der Wannersche „Volksgarten“ eine wichtige Rolle in dem damals so vielfälti-

Abb. 260: „Diese herrliche Schöpfung der Stadt Nürnberg verdankt ihren Ursprung der im Jahre 1882 stattgehabten Bayerischen Landes-, Gewerbe-, Kunst- und Industrie-Ausstellung. ... Im Jahr 1882 wurde nun dieser Platz, der bis dahin größeren Volksfesten als Festplatz diente, zur Aufnahme der Landesausstellung bestimmt und in ein wahres Eden verwandelt. Barbarei wäre es gewesen, die kunstvoll angelegten gärtnerischen Anlagen wieder der Vernichtung preiszugeben. ... Ein großartiges Restaurationsgebäude erstand aus städtischen Mitteln.“ So die zeitgenössische Schilderung zur Entstehung des Stadtparks und seiner als Ausflugsziel, aber auch als Ort für viele offizielle Feierlichkeiten sehr geschätzten Restauration. Lichtdruck 1905.

Abb. 261: Nicht nur das „Insel-Restaurant“, sondern sogar ein eigenes „Kurhaus“ am Valznerweiher gab es einmal. Über den Weiher als Ausflugsziel hieß es: „Hier belustigen sich nämlich Männlein und Weiblein, hauptsächlich aber Liebespärchen und solche, die es werden wollen, mit Kahnfahren und Rudern.“ Dem damaligen Restaurateur Hans Bubenberger verdanken wir eine ganze Zahl von Ansichtskarten, darunter auch diesen frühen gerasterten Druck von noch vor 1905.

Abb. 262: Alle zur Verfügung stehenden Seefahrzeuge für den Dutzendteich sind auf diesem noch vor der Jahrhundertwende entstandenen Lichtdruck versammelt. Im Hintergrund das alte Dutzendteichwirtshaus, links davon die städtische Badeanstalt, nahe dem Ausfluß des Fischbachs. Lichtdruck vor 1900.

gen Lokalangebot, von dem nun nach dem Ende des „Wanner" nichts mehr geblieben ist. Unvorstellbar sicher für damalige Zeitgenossen. Für Hanns Schödel war der Dutzendteich kurz nach dem 1. Weltkrieg in einer seiner schönsten Geschichten in den „Nürnberger Sehenswürdigkeiten" das Nürnberger Ausflugsziel schlechthin:

„Der Dutzendteich wurde vom Schicksal erschaffen, damit die lieben Nürnberger wissen, wann ein Sonntag ist. Ein Nürnberger, der an einem Sonntag nicht an den Ufern des Dutzendteiches weilt, weiß gar nicht, daß überhaupt Sonntag ist. Der Dutzendteich wurde vom berüchtigten Schicksal an den Endpunkt der Straßenbahnlinie 2 verlegt, damit die Nürnberger, die nicht mindestens in St. Peter wohnen, kräftig in die Geldbeutel langen und Fahrgeld blechen müssen. ... Trotzdem ist es noch ein kühnes Unterfangen, den Dutzendteich unbedingt mit der Straßenbahn erreichen zu wollen, denn wenn man Platz bekommen oder nicht zu Zwetschgenmarmelade zerquetscht werden will, muß man mindestens bei der Großreuth-Kaserne die Straßenbahn besteigen."[225]

Für viele Familien der einfachen Bevölkerung um die Jahrhundertwende kam für die sonntägliche Tour schon aus Finanzgründen die Benutzung eines Verkehrsmittels meist nur für eine Wegstrecke in Frage, die andere wurde eben erwandert, egal aus welchem Stadtteil man kam. So lagen natürlich die Ausflugsziele für die Gostenhofer eher in Richtung Fürth, während die Südstädter sich stärker den Kanal entlang, zum Steinbrüchlein oder zum Zollhaus orientierten. Aber zurück zu Hanns Schödel und seiner bemerkenswerten Charakterisierung der dutzendteichlichen Wirtshauslandschaft und deren von ihm konstatierte Auftei-

Abb. 263: Die Zukunft lag am Dutzendteich. So wurde das jedenfalls auf diesem 1909 versandten Rasterdruck gesehen: Nach dem Bau eines eigenen Leuchtturms zur Landesausstellung 1906 und dem (wegen des Bootsbetriebs leider vergeblichen) Wasseraufnahmeversuchs des Zeppelins an Pfingsten 1909 über dem Dutzendteich lag die Planung eines eigenen Luftschiffhangars auf dem Nürnberger Gewässer eigentlich ziemlich nahe. Auf dieser 1909 versandten Karte ist die Utopie bereits realisiert.

lung in eine ‚halbherrschaftliche' und eine ‚hochherrschaftliche' Seite:

„Die halbherrschaftliche Seite umfaßt den Volksgarten, die Seerose und den tiefer gelegenen Teil des Hauptrestaurants [Zetlmeiers Prachtrestaurant]. *Dort sitzen kinderreiche Familien und essen aus mitgebrachten ‚Freßkobern' viel Brot und weniger Wurst. Dazu konsumieren sie Dünnbier und geben dem Kellner 5 Pfennige Trinkgeld.*

Auf der hochherrschaftlichen Seite – auf der sogenannten ‚Terrasse' weht ein anderer Wind. Dort sitzen, steif wie die Figuren in Geißlers Anatomischen Museum auf dem Volksfest, die Mitglieder der ‚Eleganten Welt', die den ‚Delikateß-Foxtrott' und den ‚Truthahn-Tanz' auf dem Gewissen haben. Die Mitglieder der ‚Eleganten Welt' lesen den mitgebrachten ‚Junggesellen' oder ‚Die elegante Welt' und schauen sich gegenseitig mit dem Ausdruck ungeschminkter Selbsthochachtung in die Augen. Dazu schlürfen sie ‚Sorbetos' oder ‚Eiskaffee' und rauchen feine Zigarren, das Stück zu 80 Pfennigen."[226]

Soviel zum Dutzendteich, der häufig auch Ausgangspunkt für Unternehmungen zum nicht weit entfernten Valznerweiher mit seinem ja auch heute noch existierenden gemütlichen Gasthaus war, wenn es von hier nicht gleich über Zabo zum Schmausenbuck ging.

Der Ruf des Schmausenbuck, der *„besuchteste und schönste aller Vergnügungsplätze Nürnbergs"*[227] zu sein, findet sich in nahezu allen Wanderführern der Jahrhundertwende. Ein Besuch wurde auch den fremden Stadtbesuchern empfohlen. Der frischen „Höhenluft" wegen wurde der Schmausenbuck sogar zum Luftkurort erhoben und in fast jeder Beschreibung des Waldgebiets stieß man auf den Hinweis, daß

Abb. 264: *Durch die nach Amberg führende ursprünglich private Ostbahn erhielt Mögeldorf 1859 einen eigenen Bahnhof, was sich vor allem auch für den Ausflugsverkehr zum Schmausenbuck positiv auswirkte. Eines der neuen Lokale (siehe auch Abb. 23) zeigte stolz den Bahnhof und nannte sich nach der Bahnverbindung „Zur Ostbahn“. Lithographie vor 1900.*

hier bereits die alten Nürnberger zu Zeiten von Albrecht Dürer und Hans Sachs sich vergnügt und erholt hatten. Von Dürer sind ja einige schöne Ansichten des „Reuchelberges“, wie der Schmausenbuck damals hieß, überliefert. Der Spaziergang oder Ausflug zum Schmausenbuck war damit tatsächlich eine Tradition und ein „Muß“ für einen echten Nürnberger, der man allerdings mit Freuden nachkam. Man reimte

„Und eh noch die Lüfte glühen,
Wenn noch kaum die Veilchen blühen,
Bei des Lenzens ersten Schmuck
ziehen wir zum Schmausenbuck.“

Die Anstrengungen des 1881 gegründeten Verschönerungsvereins für den Schmausenbuck bei der Erschließung des Gebiets mit guten Wegen, Bänken und vor allem mit dem Bau des Aussichtsturms wurden in der ganzen Stadt mit Anteilnahme verfolgt.

Heute hat der seit 1939 in einem Teil des damaligen Spazier- und Erholungsareals angelegte Tiergarten dem Schmausenbuck selbst den Rang abgelaufen, aber immer noch gilt der Schmausenbuck übereinstimmend bei den meisten Nürnbergern als ein ganz besonderes Ausflugsziel, wohl auch weil es sich beim Schmausenbuck oder besser bei der „Gritz“ um den höchsten Nürnberger Berg handelt, wie beinahe jedes Nürnberger Kind in der Heimatkunde lernt.

Das heute dort befindliche, neuerbaute Hotel besitzt allerdings für die Nürnberger bei weitem nicht mehr die Anziehungskraft, die der alte Restaurations- und Hotelbetrieb zur Jahrhundertwende auf die Ausflügler ausübte, was sich auch in einer größeren Anzahl schöner Ansichtskarten wiederspiegelt (Abb. 265, 266).

Der Nähe zum Schmausenbuck verdankte auch Mögeldorf zu einem nicht unbeträchtlichen Teil seinen Ruf als Ausflugsort, der durch die bequeme Bahnverbindung seit dem letzten

Abb. 265: Der „Verein zur Verschönerung der nächsten Umgebung des Schmausenbuck" war Herausgeber dieser Lithokarte mit dem aus Vereinskräften erbauten Aussichtsturm. „Der besuchteste und schönste aller Vergnügungsplätze in der Umgebung Nürnbergs ist unstreitig der Schmausenbuck. Zu ihm wallfahrten an schönen Sonn- und Feiertagen, wenn in den Straßen der Stadt durch das Geschlossenhalten der Verkaufsläden feierliche Stille herrscht, hunderte von Spaziergängern und erholen sich an dem frischen Waldesduft, oder lustwandeln in den schattigen Waldwegen, wo zahlreiche Ruhebänke zur kurzen Rast einladen." Schrieb dazu Bruno Waldau in seinen Nürnberger Spaziergängen.

Abb. 266: Zum Wirtshaus, hier auf der ebenfalls um 1900 in einer Lithographie vom Verschönerungsverein herausgegebenen Karte, bemerkte Waldau um 1890: „Der Schmausenbuck hat in seinem jetzigen Besitzer einen umsichtigen und geschäftsgewandten Mann, der wohl versteht, seine Etablissements den Anforderungen einer nahen Großstadt würdig in Stand zu halten. Zwei große Häuser enthalten eine Anzahl Zimmer und Wohnungen für Gäste zum Kurgebrauch, in den Parterre-Räumen derselben sind Restaurationslokale und ein drittes größeres Gebäude ist der Saalbau. Inmitten dieser drei Bauten befindet sich ein geräumiger Wirthschaftsgarten, der seine Fortsetzung noch im Walde findet."

Drittel des 19. Jahrhunderts stark zunahm. Man erreichte den alten Nürnberger Vorort, wenn man es sich leisten konnte, vom Centralbahnhof aus in knapp zehn Minuten. An den Sonntagen wurden sogar Extrazüge für die Ausflügler eingesetzt. Beliebt war aber auch der Spaziergang entlang der Straße von Nürnberg, *„eine durchaus mit Bäumen bepflanzte Allee“*[228] entlang des Pegnitztals.

In dem romantisch gelegenen Vorort, der 1899 eingemeindet wurde, aber erst nach dem 2. Weltkrieg mit der Kernstadt zusammenwuchs, kehrten die Ausflügler in einem der zahlreichen Mögeldorfer Gasthäuser mit ihren auf diesen Besuch ausgelegten Wirtsgärten ein oder spazierten weiter zum Schmausenbuck. Zurück ging es über den Dutzendteich zur Straßenbahn oder wieder nach Mögeldorf, um über die Pegnitz nach Jobst zur Sulzbacher Straße zu gelangen oder die Heimfahrt mit der Eisenbahn anzutreten.

Leider können an dieser Stelle nicht alle die Geschichten und besonderen Vorzüge der vielen, um die Jahrhundertwende für die „Touren“ der Nürnberger in besonderer Gunst stehenden Ausflugs- und sonntäglichen Wanderziele aufgeführt werden. Verwiesen wird auf die Abbildungen und ihre Erläuterungen[229]. Zur Vertiefung als amüsante Lektüre empfehlen sich die einschlägigen Wanderbüchlein der Jahrhundertwende, die sich insbesondere was die Wirtshauswanderungen anbetrifft vor den heutigen einschlägigen Biergartenführern und Flüssig-Almanachen keineswegs zu verstecken brauchen, sondern diese vor allem in der Schilderung origineller Besonderheiten sogar noch übertreffen. Das zeigen auch unsere beiden abschließenden Spaziergangs- und Wirtshaustips zu zwei der um die Jahrhundertwende besonders geschätzten Lokale.

So war die „Leyher Waldspitze“ neben dem Gasthaus „Feldschlößchen“ eine der bevorzugten Einkehrstationen der Gostenhofer. Für „Touren“ nach Fürth war das Wirtshaus mit seinem großen Biergarten auch mit der Straßenbahn oder der Ludwigseisenbahn gut erreichbar.

Die „Leyher Waldspitz“ ist uns bereits als eines der wegen angeblicher sozialdemokratischer Umtriebe für Militärpersonen verbotenen Lokale aufgefallen. Der Wirtshausname erinnerte an ein auch schon zur Jahrhundertwende längst verschwundenes Wäldchen, das aus ganz besonderen Gründen nach unserer Quelle zur Begründung des Lokals führen sollte, wie uns unser Lokalführer auf amüsante Weise mitteilte:

„Der Wald mit seinen oft so eigenthümlich gestalteten Bäumen, mit häufig pittoresk verschlungenem Geäst erregt mit Recht Bewunderung und Verehrung und Dichter und Sänger aller Zeiten haben ihn besungen. So ist denn nicht zu verwundern, daß Gleichgesinnte zusammentraten, um vereint in schönen Wäldern Zusammenkünfte zu halten, und Feste zu feiern. Es entstanden Vereine wie ‚Waldfreunde‘, ‚Waldklause‘, Waldschnecken‘, ‚Waldmänner‘ etc. und allenthalben erschallten frohe Lieder in den Wäldern, so daß selbst die ältesten griesgrämigen Fichten und Föhren wie Beifall nickend ihr nadelgeschmücktes Haupt bewegten. – Doch ach! Nicht lange währte diese Herrlichkeit, da kam die Forstbehörde und verbat dieses harmlose Vergnügen. In keinem Staatswalde darf ein Gesang- oder anderer Verein seine Lieder ertönen lassen und sich bei einem Fäßchen Bier lagern, so daß nur lediglich die Privatwaldungen noch zu solchen unschuldigen Zwecken verwendet werden können. Zu diesen zählte das sogenannte Leyher Wäldchen, das zum Theil im Besitz zweier Oekonomen von Leyh war. Im Jahre 1880 erwarb der jetzige Besitzer, Herr Restaurator Bachhofer, das Grundstück und gründete damit die Leyher Waldspitz: ein Etablissement, das die Eigenschaften eines Waldes mit denen einer vorzüglichen Restauration vereinigt.“[230]

Abb. 267: Hier durfte ohne obrigkeitliche Einschränkungen gesungen werden: Das Wirtshaus „Zur Leyher Waldspitze", schon zu Fürth gehörend, aber von den Nürnbergern fleißig besucht. Die 1913 gelaufene Lichtdruckkarte zeigt das für öffentlichen Gesang offenstehende Wäldchen und dem dafür eigens errichteten Wirtshaus.

Wie so etwas in der Realität aussah, zeigt unsere Ansichtskarte (Abb. 267).

Während die „Leyher Waldspitze" noch vor dem 1. Weltkrieg einging und die heutige Leyher Umgebung kaum mehr zu Ausflügen und fröhlichem Gesang einlädt, hat sich das 1853 als Gastwirtschaft erstmals erwähnte Lutzsche Gast- und Kaffeehaus in Großreuth bis heute erhalten. Nach einigen Jahren der Schließung erfreut es sich seit 1972 neu renoviert wieder des Zuspruchs des Nürnberger Publikums.

Als morgendlicher Treffpunkt der zwischen 1830 und 1920 bestehenden „Großreuther Morgengesellschaft", einer lockeren Vereinigung honoriger Nürnberger Bürger, kann das schöne, gemütliche Wirtshaus als vielleicht eines der interessantesten und originellsten Beispiele eine Ahnung und Vorstellung davon vermitteln, was Nürnberger Geselligkeit und Anhänglichkeit an ein Wirtshaus zur Jahrhundertwende bedeuten konnte:

„Fast Jedermann, der Großreuth h.d.V. besucht, lenkt seine Schritte einem Wirthshause zu, das schon in seinem Äußeren dem Ideale eines ländlichen Wirthshauses, wie sie ehedem waren, entspricht. So malt der Maler mit dem Pinsel und der Schriftsteller mit der Feder das gemüthliche Einkehrhaus der Fuhrleute und Reisenden von ehedem, als noch nicht das Dampfroß auf Schienenwegen durch die Gauen Deutschlands sauste. ....

Als ich gegen 6 Uhr morgens daselbst anlangte, war ich keineswegs der erste von den Gästen des Tages, sondern es waren vielmehr deren schon eine ganz erkleckliche Anzahl vorhanden, die sammt und sonders ohne Ausnahme Kaffee tranken. Ich folgte natürlich deren Beispiel und kann versichern, daß die Qualität des verabreichten Mokka nicht das

Abb. 268: Selbst schon auf nostalgische Erinnerungen bedacht, gab die Großreuther Morgengesellschaft im Jahr 1908 diesen alten Stich vom Lutz'schen Kaffeeehaus aus dem Jahr 1827 heraus.

geringste zu wünschen übrig ließ und dem in den großen Cafés verabreichten in keiner Beziehung nachsteht. An den zierlichen Metallkännchen, in denen eine reichliche Portion verabreicht wird, könnten sich die Cafés der Stadt ein Muster nehmen. ...

Das Großreuther Wirths- und Kaffeehaus hat seine Frühstücks-Stammgäste aber nicht nur während schöner Frühlings- und Sommermonate, wo der Aufenthalt im Freien dem Gesunden zum Genuß und dem Kranken zur Erholung wird, nein – auch im Winter, wenn es morgens noch finster ist, wenn Schnee und Eis sich über die Fluren gelagert hat und grimmige Kälte herrscht, wallfahrt ein Häuflein getreuer Stammgäste mit Laternen und hohen Stiefeln durch oft fußhohen Schnee zum Mokkaspendenden Wirthshause nach Großreuth."[231]

Das Gasthaus als morgendliche Sammlungsstätte für bürgerliche Geselligkeit, ehe man sich den beruflichen Pflichten und den Tagesgeschäften zuwandte – wer hat dazu heute noch die Zeit, obwohl der allgemeine Arbeitsbeginn heute durchwegs später liegt, wer findet die Muße, die Wochentage mit einem solchen Auftakt zu beginnen und zu feiern?

Abb. 269: 1905 bereits erschien diese lithographische Rückschau auf das Gasthaus um etwa 1860. Bereits damals bestand die „Morgengesellschaft". Zwischen 1860 und 1923 war das Wirtshaus auch im Besitz der Familie Lutz, bestand dann weiter bis in die sechziger Jahre und wurde 1972 in der Großreuther Straße 118 neu renoviert im alten Stil wieder geöffnet.

Abb. 270: In einer Annonce um 1905 warb das Lutz'sche Kaffeehaus als „altbekannte renommierte Kaffee-Restauration – 10 Minuten vom Stadtpark". Als Spezialität werden offeriert: Spießgebratene Tauben und Hühner. „Sehr beliebter Morgenspaziergang durch grüne Fluren. Täglich von früh 5 Uhr an: Guten Kaffee mit selbstgeback. Backwerk".

Abb. 271: Auch im Stadtgraben gab es ein Gasthaus - das Vereinshaus der Schnepperschützen, des 1506 gegründeten ältesten Nürnberger Sportvereins, nördlich des Tiergärtnertors besaß einen eigenen Restaurationsbetrieb und natürlich einen schönen Wirtschaftsgarten. Bereits 1612 wurde erstmals ein Schießhaus mit eigener Bewirtschaftung im Graben erwähnt. Besondere Anziehungskraft besaß um die Jahrhundertwende auch das im Schneppergraben stattfindende Rosenfest. Die Vereinskarte der Stahlbogenschützengesellschaft überliefert das im Krieg kaputtgegangene Vereinshaus.

Abb. 272: Über Jahrzehnte eine der bekanntesten Wirtschaften in Nürnberg war zweifelsohne das Vereinslokal des Club im Zabo. An wievielen Wochenenden ging es hier hoch her, ehe mit dem Ende des eigenen Sportplatzes des 1. FC Nürnberg auch das der alten vereinseigenen Gastwirtschaft im Zabo kam. 1924, als diese schon 1914 entstandene Lichtdruckkarte geschrieben wurde, gab es beim Club allerdings auch noch mehr Siege zu feiern, während heute eher die Niederlagen ertränkt werden.

Abb. 273: Ehe die Nürnberger Hauptschützengesellschaft 1911 ihre neue Schießanlage mit großem Gasthaus im Reichswald bei Erlenstegen bezog, hatte sie ihr Schießhaus mit eigener Restauration in Forsthof nahe dem späteren Luitpoldhain. Allerdings führte der Lärm des Schießplatzes ständig zu Schwierigkeiten mit den benachbarten Anwohnern und war ein Dauerthema in den Beschwerden des Bürgervereins Dutzendteich-Luitpoldhain. Die offenbar notwendige enge Beziehung zwischen Schützen und Getränken wird auf dieser 1899 verschickten Karte durch die maßkrugstemmende und über ein Bierfaß tanzende Schützen-Lisl signalisiert.

Abb. 274: Einen Eindruck von der Beliebtheit des Platnersberges um die Jahrhundertwende als Spaziergangs- und Ausflugsziel vermag schon die Stuhllandschaft auf dieser nach 1905 versandten Lichtdruckkarte der Platnersberg-Wirtschaft Wagner und Herzog zu vermitteln. Man besuchte das Bärenbrünnlein oder genoß die gerühmte Aussicht auf die Stadt. Vor allem aber ließ man sich nieder und genoß sein Bier oder seinen Kaffee, denn der Platnersberg war vornehmlich von Kaffeegesellschaften besucht.

Abb. 275: Die Entwicklung des Dutzendteichs zum Vergnügungsort hängt u. a. mit der im Weiher bereits seit mittelalterlichen Zeiten betriebenen Fischzucht zusammen. Nachdem der Rat der Reichsstadt 1495 den „Dutschetey" gekauft hatte, wurde nach dem alle zwei Jahre im Oktober stattfindenden dreitägigen Abfischen das „Nachfischen" für das einfache Volk erlaubt, das sich zu einer Art Volksfest entwickelte, weil dieses Schlammspektakel im abgelassenen Teich vor allem bei den Zuschauern für Vergnügen sorgte. Auch nachdem das Nachfischen im Jahr 1873 verboten wurde, scheint man sich gerne daran erinnert zu haben, wie diese noch vor der Jahrhundertwende entstandene Karte mit der Zeichnung aus dem Jahr 1867 belegt.

Abb. 276: Die Gastlichkeit am Dutzendteich setzte ein, als 1638 erstmals dem Weihermeister das Schankrecht verliehen wurde. Die Ausflüglerzahlen nahmen offensichtlich zu Beginn des 18. Jahrhunderts so stark zu, daß der Rat an der Uferseite der heutigen Bayernstraße ein größeres steinernes Gasthaus errichten ließ, das 1713 fertiggestellt war und bis zum Abriß durch Zetlmeier im Jahr 1900 in Betrieb blieb. Die 1897 nach Hannover verschickte Lithographie zeigt das alte Gasthaus als Teil des von einer Aktiengesellschaft betriebenen Dutzendteich-Parks.

Abb. 277: Mit dem Abriß des alten Dutzendteich-Wirtshauses und dem Neubau des großzügigen neuen Restaurants an der Bayernstraße im Jahr 1901 verspekulierte sich der Nürnberger Hotelkönig Zetlmeier und war ein Jahr später sogar gezwungen, sein Hotel Wittelsbach und das Apollotheater zu verkaufen. Auf der 1912 gelaufenen Vierfarbdruckkarte sind die beiden sozial recht unterschiedlich besetzten Terrassen zu erkennen, oben frei nach Hanns Schödel die hochherrschaftliche und weiter unten die „halbherrschaftliche“ für kinderreiche Familien.

Abb. 278: Daß der Dutzendteich und die um ihn liegenden Wirtshäuser auch im Winter gut besucht waren, zeigt dieser noch vor 1905 entstandene Farbdruck mit dem neuen Restaurant an der Bayernstraße.

Abb. 279: Wegen seines großen Gartens eines der beliebtesten Mögeldorfer Ausflugsgasthäuser war lange Jahrzehnte der „Volksgarten“ wie das Wirtshaus in dem ehemaligen Holzschuherschen Jagdhaus sich zu Recht nannte. Alleine das Musikpodium mit Platz für ein kleines Orchester sah schon recht vielversprechend aus und wurde so zum attraktiven Motiv auf diesem etwa um 1910 entstandenen Lichtdruck.

Abb. 280: „Zur Waldruhe“ nannte sich dieses Garten- und Ausflugslokal in der Allersberger Straße 203 etwa in Höhe der heutigen Südkaserne. Aus dem Namen der Ausflugsgaststätte wird erkennbar, daß vor dem 1. Weltkrieg hier noch die Grenze des Reichswaldes verlief. Lichtdruck um 1910.

Abb. 281: So ähnlich sieht es auch heute noch aus beim malerisch im Wald gelegenen Wirtshaus „Steinbrüchlein“, das immerhin schon seit 1886 als Gastbetrieb existiert. Bis dahin hatte das Häuschen bereits als Kantine für die Arbeiter in den umliegenden Sandsteinbrüchen gedient. Die 1910 nach Stuttgart verschickte Lichtdruckkarte zeigt die Wirtsfamilie Peuntinger, in deren Besitz sich das Anwesen noch bis vor wenigen Jahren befand.

Abb. 282: Großes Lob erhielt das Gasthaus Zollhaus von unserem Spaziergangsführer um 1890 nicht nur für gut geführte Küche und Keller, sondern „da die ärztlichen Capazitäten immer mehr ihren Patienten Luftveränderung und namentlich den würzigen Waldesduft als der Gesundheit und dem Wohlbefinden besonders zuträglich empfehlen, so hat in richtiger Erkenntnis der vortrefflichen Gelegenheit der Besitzer des Zollhauses eine Reihe Zimmer zu längerem Aufenthalte für Sommerfrischler eingerichtet. Gewiß ein anerkennenswerthes Unternehmen, das selbst dem minder gut Situirten gestattet, ohne Unternehmung einer weiten kostspieligen Reise die Vortheile einer Luftveränderung zu genießen.“ Lichtdruck 1899.

Abb. 283: Alles was der Dutzendteich so um die Jahrhundertwende zu bieten hatte, ist auf dieser schönen Lithographie, gelaufen 1911, zu finden. Das noble Restaurant, neuer Restaurateur inzwischen J. Wanner, eine flaggengeschmückte Promenade entlang des Ufers, alle Arten von Wasserfahrzeugen und natürlich der zur Landesausstellung 1906 in den Weiher gebaute Leuchtturm. Heute ist von dieser Herrlichkeit nicht mehr viel geblieben. Der Leuchtturm wurde mit einem Teil des Nürnberger Haussees ein Opfer der gigantomanen und unnützen Kongreßhalle. Die Wirtshäuser mußten schließen. Es bleibt nur zu hoffen, daß wenigstens der alte Wannersche Volksgarten eine standesgemäße Wiederauferstehung feiern kann.

Abb. 284: Eine ziemlich lange Straße ist nach diesem dutzendteichnahen Wirtshaus – erst der hohe Bahndamm hat den Blickkontakt abgebrochen – der berühmten „Waldlust" benannt, deren große Zeit ebenfalls in die beiden Jahrzehnte vor und nach 1900 fiel. Das in den zwanziger Jahren eingegangene Wirtshaus steht anderweitig genutzt beinahe unverändert; nur von dem riesigen Garten, die Lichtdruckkarte von vor 1905 läßt es erkennen, ist nicht mehr viel zu sehen. Schon damals galt „der Restaurationsgarten ...als von ziemlicher Ausdehnung" und war „mit Hallen, sowie Spielplätzen für Kinder versehen. Eine aufgestellte automatische Personenwaage gibt Jedermann's Körpergewicht unparteiisch an und begehrt nur das kleine Opfer von einem Zehnpfennigstück".

Abb. 285: In diesem Jahr wäre die „Seerose“ hundert geworden, denn im Jahre 1896 wurde sie eröffnet und war gleich an der Straßenbahnendhaltestelle die erste Einkehrmöglichkeit am Freizeitparadies Dutzendteich. Auch ein Opfer des Verkehrs. In den letzten Jahren ihres Bestehens strahlte sie wohl nicht mehr ganz die Eleganz und den Charme ihrer frühen Jahre aus, dafür diente sie dem legendären Fanklub „Seerose“ des 1. FC Nürnberg als Heimstatt. Auf der schönen Karte mit dem leicht verfremdeten Dutzendteich links unten ist übrigens eines der beiden 1898 vom Prinzen Ludwig von Bayern vom Stapel gelassenen Elektroboote zu erkennen, die als Gemeinschaftsproduktion der Firmen Schuckert und Späth zu den Höhepunkten der Dutzendteichschiffahrt zählten. Lichtdruck um 1900.

Abb. 286: Noch ein schöner Wirtschaftsgarten, der aber auch heute noch jederzeit besucht werden kann in Brunn. Obwohl inzwischen Teil von Nürnberg liegt die Brunner Welt noch immer etwas abseits hinter dem Brunner Berg im Walde verborgen. So haben sich die beiden Ausflugswirtschaften, der obere und der untere Wirt, etwas von ihrer Sommerfrischen-Ursprünglichkeit bewahren können. Obwohl beispielsweise diese Farbdruckkarte vom Gasthaus Vitzethum am 3.5.1914 an eine Signorina Hannelore Seyfried nach Cumae, Posta Bacoli, Provincia di Napoli geschickt wurde – von Brunn hinter dem Brunner Berg in die Welt.

Abb. 287: Dafür ging diese andere Wirtshausansicht und die Totale von Brunn 1906 nur nach Nürnberg. Herausgegeben wurde dieser Lichtdruck vom Gasthaus „Zur Erholung“ von Georg Prottengeyer, dem „unteren“ Wirt.

Abb. 288: Ein anderes Traditionsausflugziel der Nürnberger ist der Brückkanal über das Schwarzachtal mit der danebengelegenen Wirtschaft im Wald. Im Zuge der Radfahrwelle hat sie sich aus schlichten Anfängen in den letzten 15 Jahren zu einem großen Wirtshausareal gemausert und der Gartenbetrieb nimmt an den Wochenenden im Sommer nicht selten Kirchweihcharakter an. Unter der Woche geht's gemütlicher zu und man kann sich in aller Ruhe an die Ursprünge der Wirtschaft erinnern, als der Schleusenwärter zur Verbesserung seines Einkommens das Recht auf einen kleinen Bierausschank eingeräumt bekam. Auf diesem 1907 gelaufenen Lichtdruck handelte es sich dann bereits um eine „Restauration“, wenn auch wie man sieht, von noch bescheidener Art.

Abb. 289: Altenfurt war zwar keines der ganz großen Wanderziele der Nürnberger, besaß jedoch einen guten Ruf als Sommerfrische. Es gab zwei Wirtshäuser an der Straße nach Feucht: Den Gasthof „Diana" und auf der anderen Seite das Wirtshaus von Georg Eckstein, das sich zum „Kurhaus Altenfurth" gemausert hatte. Hier gab es auch den Schlüssel zur Altenfurter Kapelle, der besonderen Sehenswürdigkeit des Weilers. Die Aufnahme von der Besitzerfamilie Eckstein, der Senior hält das Bierglas in der Hand, und dem sorgfältig im Abstand aufgestellten Personal aus dem Jahre 1909 – hier präsentieren die Köchinnen die Kuchen des Hauses – signalisiert klar die Rangordnung in dem gediegenen Haus. Lichtdruck.

Abb. 290: Pillenreuth, bekanntgeworden vor allem durch sein Augustiner-Frauenkloster, das die Ansbacher 1552 in Brand steckten, bestand zur Jahrhundertwende eigentlich nur aus ein paar in die Klosterruine gebauten Bauernhäusern. Erwähnenswert erschien nur der Hinweis auf die Klosterruine mit Wirtschaft und Zimmer für Sommerfrischler, die Klosterkapelle wurde als Stall benutzt. Immerhin wurde vom Wirt das Geld aufgebracht, um von seiner Bauernrestauration diese schöne Lichtdruckkarte in die Welt versenden zu lassen. Gelaufen 1911.

Abb. 291: Nochmals ein Blick über den Brückkanal mit dem in der Tiefe liegenden Schwarzachtal auf das Idyll der alten Hütten- und Sommerkellergastronomie, die noch bis in die siebziger Jahre nahezu unverändert war. Berühmt sind bis heute die Emmentaler Portionen, auch wenn heute dort richtig gekocht wird.

Abb. 292: Unter den altempfohlenen Wirtshäusern für die Einkehr bei der Wanderung vom Dutzendteich nach Fischbach stand die „Goldene Krone“ mit ihrem Garten meist an erster Stelle. Dieser Farbdruck kündete 1911 einer Dame in Cöln am Rhein, daß der Herr gerade in selbiger „Krone“ bei Bier und Bratwürsten mit Kraut sitze.

Abb. 293: Beim Gasthaus „Zum schwarzen Kreuz" handelt es sich um die älteste Wirtschaft dieses Nürnberger Vororts, die bereits für 1476 als Schenkstatt auf den Gütern des Deutschen Ordens nachgewiesen ist. So dürfte auch der Wirtshausname auf das Wappen des Ritterordens zurückzuführen sein. Allerdings wurde das nach dem Dreißigjährigen Krieg wiederaufgebaute alte Wirtshaus, seit 1833 im Besitz der Familie Eberlein, im Jahre 1894 abgerissen und durch das auf dem Farbdruck von 1907 abgebildete Ziegelsteingebäude ersetzt. Das Wirtshaus besteht auch heute noch in der Jägerstraße 11 als Frühstückspension „Eberlein".

Abb. 294: Im Mittelpunkt dieser schönen Chromolithokarte von Eibach (1899 gelaufen) präsentierte sich das Gasthaus „Zum schwarzen Adler" als Treffpunkt der eleganten Welt des damaligen Vororts. Hinweise auf die ja auch heute noch florierende Gastwirtschaft an der Hauptstraße in der Ortsmitte finden sich in verschiedenen Spazier- und Wanderführern der damaligen Zeit. Auch hier empfiehlt sich wegen einiger Details die Betrachtung der Karte mit einer Lupe.

Abb. 295: Das Weiherhaus mit dem Faberschen Schlößchen (wo Sommerfrischler sich einmieten konnten) und das Meßthalersche Wirtshaus sind auf diesem Lichtdruck mit den beiden Weiherbildern recht modern verknüpft und laden tatsächlich dazu ein, einen Spaziergang in das Gebiet zu unternehmen und beim Meßthaler einzukehren.

Abb. 296: Der „Meßthaler" in Maiach um 1910. Als Ausflugsort über Gibitzenhof zu erreichen, war Maiach offenbar schon im letzten Jahrhundert als besonders fidele Stätte beliebt, denn unser Spaziergangsbegleiter Waldau berichtete um 1890: „Am Wirthshaus angelangt, werden wir uns bei schönem warmen Wetter natürlich in den Garten verfügen, woselbst gewiß der Fiedelbogen bei unserer Ankunft schon tüchtig gehandhabt wird. Ein buntbewegtes Leben bietet sich hier unseren Blicken dar. Herren mit reichgeschmückten Damen an der Seite, sitzen an den rohgezimmerten Tischen, während dort in der Ecke ein lustiger Bursche, glücklich im Besitze seiner Geliebten, mit dieser sich im Kreise nach dem Takte der Fiedel dreht. ...".

Abb. 297: Mit dieser noch vor 1905 entstandenen Lichtdruckkarte warb das Wirtshaus „Zur Reichskrone", damals Katzwangs renommiertestes Gasthaus gleich für den ganzen Ort, der merkwürdigerweise in den gängigen Ausflugs- und Spaziergangsführern ausgespart ist, während der in der Gemarkung Katzwang liegende Reichelsdorfer Keller und auch das bis 1922 zur Kirchengemeinde Katzwang gehörende Reichelsdorf zu finden sind. Aber in ihrer Ortschronik geben die Katzwanger selbst zu, daß sie damals ein wenig verschlafen waren. Bei den abgebildeten Werken an der Rednitz handelte es sich um das alte Hammermühlenwerk.

Abb. 298: Zu Zeiten als man sich noch nicht auf bestausgebauten Straßen am Sonntagnachmittag im „Wüstenauto" zum nächsten Waldparkplatz vorarbeiten mußte, hatte der Katzwanger Felsenkeller, ein Sommerkeller, später von der Grüner-Brauerei bewirtschaftet, großen Andrang. Der 1907 gelaufene Lichtdruck zeigt die Fahrrad- und Kutschtouristen bei der in den Wald gebauten Anlage.

Abb. 299: Nochmals eine geprägte und kurz vor dem 1. Weltkrieg gelaufene Ansicht des Eibacher „Schwarzen Adlers“, der auch auf die im Hause vorhandenen Stallungen für bespannte Gäste hinwies. Interessant auch der an der Hauswand angebrachte Schau kasten für Fotografien und Ansichtskarten.

Abb. 300: Diese hübsche lithographische Karte vom Reichelsdorfer Keller, der später der Bahnstation und dem heutigen ganzen Stadtteil den Namen gab, entstand noch vor 1905. Abgebildet ist schon das feste Wirtshaus. Eigentlich war der Reichelsdorfer Keller auch ein Katzwanger Keller. Die Bezeichnung nach Reichelsdorf entstand, weil hier die Reichelsdorfer Brauerei Schalkhäuser ihr Bier eingelagert hatte und die Kirchgänger von Reichelsdorf nach Katzwang hier ihren sonntäglichen Frühschoppen einlegten.

Abb. 301: Die beiden auf dieser Seite abgebildeten schönen Chromolithokarten im Potpourristil sind im gleichen Jahr, 1899, gelaufen. Die Karte von Lohhof bei Gerasmühle verbreitet auch heute Sommerausflugsstimmung und zeigt gleich zwei beliebte Schankstätten, den im Wald gelegenen Felsenkeller und den im Ort befindlichen und noch heute bewirtschafteten Volksgarten.

Abb. 302: Hier ist zwar stärker die Gerasmühler Flußidylle und die Bronzemühle („Brocathämmer“) zur Schau gestellt, heute auch längst Idylle, aber auch das Gerasmühler Wirtshaus von Johann Zähe fehlt nicht, wo der Besucher „einen schön angelegten Wirthschaftgarten findet, der den meisten Ausflüglern von Nürnberg wohl zur Genüge bekannt sein wird“, wie es in einer Beschreibung vor dem folgenden Hinweis auf den oben abgebildeten Felsenkeller hieß.

Abb. 303: *Nicht fehlen darf in unserem Wirtshausbuch das Rottnersche Wirtshaus in Großreuth b. Schweinau Nr. 2, das bereits zur Jahrhundertwende, als es noch „Zur grünen Traube" hieß, mit schönen Ansichtskarten auf sich aufmerksam machte. Auf dieser 1933 verschickten Fotokarte hieß das schöne Haus inzwischen „Zur Weintraube" und verkörperte bereits ein gutes Beispiel für eine alte Traditionswirtschaft am Rande der Stadt.*

Abb. 304: *Hier hing 1933, als diese Fotokarte vom Eibacher Gasthaus „Schützenheim" entstand, zwar schon die Hakenkreuzfahne lang zum Fenster heraus, aber das schöne Gartenlokal war geschätztes Ausflugsziel im inzwischen zu Nürnberg gehörenden Eibach. Die Wirtschaftskarten hatten sich durch entsprechende Werbetexte auf der Vorderseite inzwischen stärker der üblichen Reklame angepaßt.*

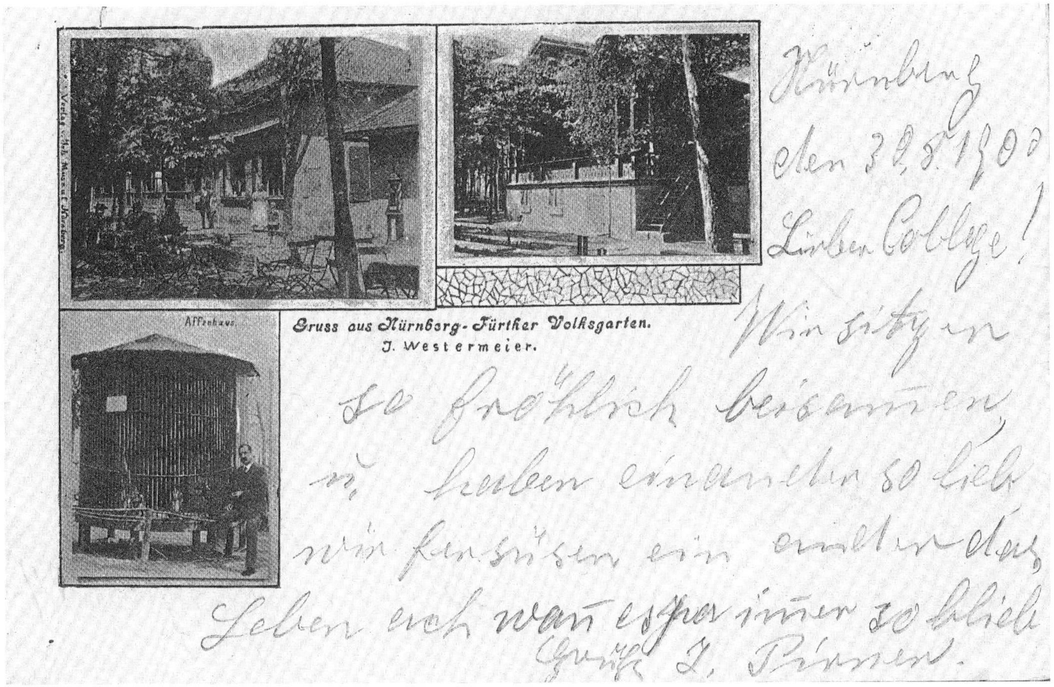

Abb. 305: Das schon angesprochene Wirtshaus „Zur Leyher Waldspitze" (vgl. S. 240 u. Abb. 267) war auch unter dem Namen „Nürnberg-Fürther Volksgarten" bekannt, lag es doch auf Fürther Grund und wurde vorwiegend von Nürnbergern besucht. Das Ausflugsziel mit „waldartigem Garten", einem Orchester, Hallen, daneben einer Radrennbahn (das auf der im Jahr 1900 gelaufenen Karte abgebildete Affenhaus wurde in keinem Führer erwähnt) hatte sogar eine eigene Straßenbahnhaltestelle „Leyher Waldspitze", außerdem hielt lange Zeit bei besonderem Bedarf wie bei Vereinsfesten sogar die Ludwigsbahn extra an.

Abb. 306: Im 19. Jahrhundert war die Alte Veste bei den Nürnbergern ein recht häufig angesteuertes Ziel, wobei auch die historischen Bezüge zu Wallenstein und Gustav Adolf noch geläufiger waren als heute. Die Tour wurde aber auch wegen der „schönen Landschaftsbilder" dringend empfohlen und war „man auf dem mäßig hohen, bewaldeten Berge angelangt, so erwartet den Besucher eine gastliche Restauration mit famosem Stoff aus der Aktienbrauerei Zirndorf". Hervorgehoben wurde die stabile Eisenbrücke zwischen Gasthaus und Turmbastei, die 1887 wieder errichtet wurde, nachdem im Jahr 1874 die morsche Holzbrücke bei einem Waldfest mit mehr als 100 Personen darauf in die Tiefe gestürzt war und etliche Tote zu beklagen waren. Der Lichtdruck von 1905 zeigt Kurhaus, Wirtschaft und den neuerrichteten Aussichtsturm.

Abb. 307: Kurz nach der Fertigstellung des Bahnhofs Reichelsdorf 1902 entstand auch das Wirtshaus „Zum Bahnhof“, das durch seinen 1907 errichteten Saalbau auch in den letzten Jahrzehnten als „Rührersaal“ bekannt blieb. Unsere wohl zur Zeit der Fertigstellung entstandene Karte zeigt das neue Wirtshaus noch vor wogenden Kornfeldern. Für das 1922 eingemeindete Reichelsdorf war der große Festsaal lange Zeit der wichtigste Versammlungs- und Veranstaltungsort und bildete in der Nachkriegszeit als Tanzsaal ein geschätztes Ziel für die ausgebombten Nürnberger. In den achtziger Jahren erlebte das Wirtshaus eine Renaissance als Veranstaltungsort für Rockkonzerte. Leider nicht zur Freude der Nachbarschaft, so daß 1990 die Zwangsschließung erfolgte.

Abb. 308: Das Gasthaus „Zum roten Roß“ war wohl noch vor 1900 Herausgeber dieser schönen Chromolithokarte von Leyh, von dem es hieß, es sei „altberühmt durch seine am Spieß gebratenen Tauben. Auch die daselbst stattfindenden ‘Metzelsuppen’ locken aus Nürnbergs Mauern regelmäßig eine Anzahl Stammgäste nach dem schmucken Dörfchen Leyh und seinem behaglichen Wirthshause“, womit wohl nur das „Rote Roß“ gemeint sein konnte, denn eine andere Wirtschaft gab es nicht.

Abb. 309: Von Schniegling erschien den Wanderführern nichts erwähnenswert außer seinen Wirtshäusern, welche man in zwanzig Minuten von Nürnberg erreichte. Ähnlich sah das wohl der Produzent der noch vor 1912 entstandenen Lithokarte, denn er bildete eben jene erwähnten Wirtshäuser nebeneinander ab (vielleicht war der Gastronomenverband Schniegling Urheber dieser konkurrenzfreien Vorgehensweise). Bei der stolz aus dem Hintergrund hervorgehobenen Fabrik Vetter handelte es sich um die „Metallkapsel-, Zinntuben- und Britaniawarenfabrik" in der Schnieglinger Straße 223a und 229 im Besitze von Dr. jur. Baptist Roth.

Abb. 310: Das breit hingelagerte Gasthaus „Zur goldenen Krone" von Konrad Pächtner unterstrich durch die Winterkarte offenbar ganz bewußt, wie gemütlich und heimelig ein Aufenthalt im Inneren sein mochte. Das Wirtshaus lag an der Wetzendorfer Straße 227. Wetzendorf, in dessen Gebiet bereits 1880 der heutige Westfriedhof entstanden war, wurde zum 1. Januar 1899 eingemeindet. Farbiger Lichtdruck, gelaufen 1928.

Abb. 311: „Auf halbem Wege zwischen Nürnberg und Fürth, an der Landstraße [Fürther Str. 304], steht das sogenannte ‚Muggenhofer Häusla', bei demselben, einem kleinen Wirtshaus, zweigt sich ein Vizinalweg nach Muggenhof ab. Dieser kleine Ort ... ist sowohl von den Bewohnern Nürnberg's als auch von denen Fürth's ein gern besuchter Ausflugsort. Die Restauration daselbst hat einen sorgfältig gepflegten Wirthschaftsgarten, das Gebäude hübsche Restaurationsräume und einen Tanzsaal. ...Auch wird sie wegen ihrer gesunden Lage gerne von Rekonvaleszenten und Sommerfrischlern zu längerem Aufenthalt aufgesucht, welche alle nicht genug die freundliche Bedienung, vorzüglichen Betten und gesunden Zimmer loben können." So Waldau im Jahre 1890 zum „Muggenhofer Häusla". Lichtdruck um 1905.

Abb. 312: Von Nürnberg die Bucher Straße entlang über Buch in zwei Stunden nach Großgründlach – das offerierten die Wanderführer um die Jahrhundertwende als die übliche Tour und verwiesen aber auch auf die günstige Verbindung mit dem Vorortzug. Als Einkehrmöglichkeit empfahl sich auf dieser Lichtdruckkarte aus den zwanziger Jahren das Gasthaus „Zu den drei Linden" von Hans Grosch, das auf seinen großen Saal und den Biergarten, aber auch auf die „anerkannt gute Küche" verwies. Nie vergessen bei den Ortsbeschreibungen von Großgründlach wurde die Geschichte der in der Kirche begrabenen Gräfin von Orlamünde, die den Ort 1343 von den Nürnberger Burggrafen erworben hatte und nach ihrem Tode als die „Weiße Frau" des Berliner Schlosses gespukt haben soll.

Abb. 313: Eine der neuzeitlichen Sehenswürdigkeiten von Doos war einst die Brücke mit der der Ludwigskanal über die Pegnitz geführt wurde. Besonders empfohlen zur Einkehr aber wurde das Galstersche Wirtshaus, Schnieglinger Straße 321, das auf dieser 1917 als Feldpost verschickten Karte auch auf seine große Kegelbahn (links im Bild) aufmerksam machte.

Abb. 314: In Doos legten auch die berühmten „Schlagrahmdampfer" auf dem Ludwigskanal ab zur großen Fahrt zum Café und Restaurant der Familie Memmert in Kronach. Nur noch auf Fotos und Ansichtskarten wie der abgebildeten aus der Zeit vor dem ersten Weltkrieg kann dieser einst so wichtige Abschnitt der Nürnberg-Fürther Flottengeschichte als reales Sonntagsabenteuer vieler Familien nachvollzogen werden. Es wäre unehrlich, nicht zuzugeben, daß den Historiker beim Anblick dieses Schiffes nicht auch der Wunsch überfällt, einmal kurz die Zeit zurückdrehen zu können. Lichtdruck nach 1905.

Abb. 315: Das Wirtshaus „Zum Ritter Eppelein“ an der Äußeren Bucher Straße 39, hier auf einer noch vor 1905 entstandenen gerasterten Karte, zählte neben den „Zwei goldenen Hirschen“ und dem Wirthaus „Zum Knoblauchsland“ zu den empfohlenen Raststätten in Thon (Wegbeschreibung: wenige Minuten hinter dem „Löwenbräukeller“) auf dem Weg zu den Wirtshäusern im Knoblauchsland.

Abb. 316: Das „stattliche“ Kraftshof wies damals (wie heute) in den Spaziergangs-Baedeckern der Jahrhundertwendezeit mehrere Sterne auf, die es zu einem wichtigen Ausflugsziel werden ließen. Als da waren: die Wehrkirche, der Irrhain des Pegnesischen Blumenordens und gleich neben der Kirche der Gasthof „Zum schwarzen Adler“ mit Garten, „ein namentlich auch von Erlanger Studenten gern besuchtes Gasthaus“. Die Attraktion auf diesem Lichtdruck aus den 20er Jahren (Partie aus Kraftshof mit Wirtschaft „Zum schwarzen Adler“) war das mit der Lupe erkennbare schwere Motorrad, das ganz offensichtlich dem Herrn Wirt gehörte.

Abb. 317: Diese Lithokarte im Potpourristil zeigt ebenso wie der Lichtdruck der Abbildung unten, was um die Jahrhundertwende von Buch als besonders sehenswert eingestuft wurde: Das jeweilige, die Karte herausgebende Gasthaus, hier das „Goldene Roß", das eigene Bucher Schulhaus und die Bast'sche Fabrik. Stolz wurde auch der Kinderhort präsentiert, für ein Dorf von der Größe Buchs zu dieser Zeit tatsächlich eine außerordentliche Einrichtung.

Abb. 318: Herausgeber dieser 1910 gelaufenen Karte war der „Goldene Adler" der Familie Bammes. Auch auf dieser Karte galten das Schulhaus und die „bekannte Preßhefenfabrik der Gebrüder Bast" als besonders ansichtskartenwürdig.

Abb. 319: 1902 wurde diese Lithographie, der ein Holzschnitt zugrundeliegt, vom „Tivoli" am Maxfeld 17 verschickt. Es befand sich dem „Hauptportal des Stadtparks gegenüber" und wurde mit Beginn der Bayerischen Landesausstellung 1882 eröffnet. „Ein großer geräumiger Saalbau dient zu Vergnügungen jeder Art und wird namentlich während der kälteren Jahreszeit vielfach zu Bällen und Concerten benutzt. Der sich durch stete Neubauten immer mehr vergrößernden Maxvorstadt dürfte das Tivoli nahezu unentbehrlich geworden sein..." empfahl Waldaus Spaziergangführer dieses bis in die Zeit des 1. Weltkriegs existierende und beliebte Gartenlokal.

Abb. 320: Eine ganz besondere Geschichte hatte die Blockhüttenwirtschaft „Waldhaus" in der neuen Siedlung von Buchenbühl. Als Bauleiterhütte errichtet, wurde das „Waldhaus" im Jahr 1921 am Standort des heutigen Saalbaus Buchenbühl als das zentrale Wirtshaus der seit 1919 entstandenen Siedlung eröffnet. Als die Blockhütte 1927 dem geplanten großen Saalbau weichen sollte, zeigte die katholische Kirche großes Interesse, den Holzbau als einstweilige Notkirche zu verwenden. Kurzerhand wurde das ehemalige Wirtshaus mittels Seilwinden auf Balkenschienen aus dem Grundstück über die Kalchreuther Straße gezogen. Leider brannte es, kurz bevor es geweiht werden konnte, vollständig ab. Lichtdruck 1. Hälfte der zwanziger Jahre.

Abb. 321: Dieser „Gruß aus Hammer“ ging im Juni 1906 nach Paris in die Avenue Fontaine und kehrte auf geheimnisvolle Weise wieder nach Nürnberg zurück, um hier veröffentlicht zu werden. Er überliefert uns das heute nur als Ruine erhaltene Gasthaus „Hammer“ im Forsterschen Fabrikgut an der Pegnitz, auf dessen interessantes, vor nicht allzu langer Zeit neu eingerichtetes Museum auch an dieser Stelle ausdrücklich hingewiesen sei.

Abb. 322: Zwar fand man nach den einschlägigen Führern in Erlenstegen in „jeder Wirthschaft frischen Stoff sowie warme und kalte Küche“, doch besonders hervorgehoben wurde meist die schöne Aussicht, die man vom Garten des „Kalbsgartens“ am Ortsende über das Pegnitztal genoß. Leider wurde das auch in den ersten Nachkriegsjahrzehnten an den Wochenenden vielbesuchte Gasthaus geschlossen und in eine noble Wohnanlage verwandelt. Lithographie 1898.

Abb. 323: *„Jetzund will ich mich schwingen
Von dieser Buchenklingen
Wohl aus dem grünen Wald.
Komm Bruder bald
Mit mir gen Laufenholze
Ins Dorf hinein,
Beim kühlen Wein
Da sind die Bauern stolze.“
Vermutlich saßen die stolzen Laufamholzer Bauern im Gasthof „Drei König“, der als älteste Wirtschaft am Ort bereits aus dem 15. Jahrhundert stammen soll. Das auf dem 1909 gelaufenen Lichtdruck abgebildete alte Wirtshaus mit Saalbau „Zu den drei Königen“, bekannt auch als Linhardsches Gasthaus, in der Winner Zeile 5, versorgt auch heute noch von der Buchenklinge kommende durstige und hungrige Wanderer.*

Abb. 324: Offenbar recht viele Kinder aller Größen waren im Laufamholzer Gasthaus „Zum roten Ochsen“ vorhanden, als diese Aufnahmen für den Lichtdruck um 1905 entstanden, denn der Garten, im Winter aufgenommen, ist nicht mit Gästen, sondern von einer ganzen Kinderschar besetzt, die auch vor dem bäuerlich wirkenden Gasthaus posierte.

Abb. 325: Eine Karte, auf der Ziegelstein als Reichswaldidylle vor dem 1. Weltkrieg erscheint. Neben dem Wirtshaus „Zur Stadt Nürnberg" ist auch der von Ausflüglern an den Sonntagen vielbesuchte Ziegelsteiner Felsenkeller abgebildet, dessen hübsche Lage oft gelobt wurde: „Hier sind Eichen, Linden und Birken, die zu dem sonstigen Einerlei der Föhren, aus denen fast ausschließlich der gesammte Reichswald besteht, einen willkommenen Kontrast bieten. Der Keller, ... , ist zwar nur an Sonn- und Feiertagen geöffnet, doch steht er Vereinen und Gesellschaften auch an jedem anderen Tage zur Verfügung. In diesem Falle muß selbstredend dem Besitzer vorher Mittheilung, resp. Bestellung betreffs Restauration gemacht werden." Offenbar bestand Veranlassung für diesen Hinweis.

Abb. 326: Die Nürnberger Kunstanstalt druckte diese schöne Lithographie vom 1911 fertiggestellten neuen Schießhaus mit großzügigem Wirtschaftsgebäude der Nürnberger Hauptschützengesellschaft im Reichswald bei Erlenstegen. Bis heute ist das Haus nicht nur das Heim der Nürnberger Schützen, sondern auch ein Ziel für einen stadtnahen Waldspaziergang (siehe auch Abb. 273).

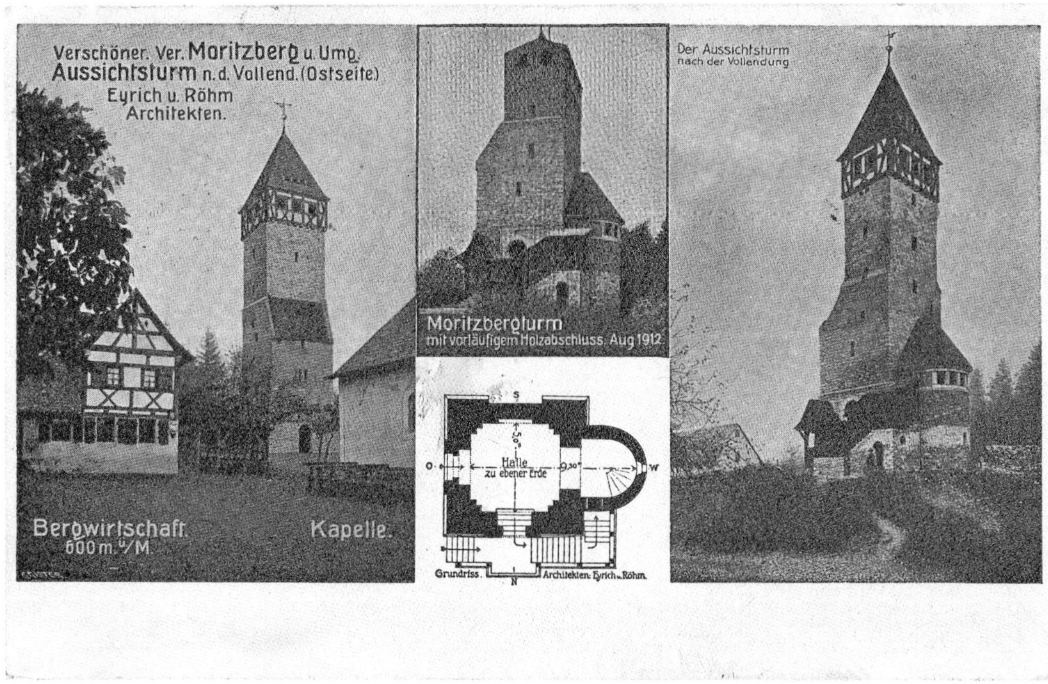

Abb. 327: In ein Buch mit den um die Jahrhundertwende besonders geschätzten Nürnberger Wirtshäusern gehört selbstverständlich auch das Bergwirtshaus auf dem Moritzberg, das sich aus einem Bauernhaus mit einfachem Bewirtschaftungsrecht entwickelte. Und für einen echten Nürnberger gilt nach wie vor die 1890 von Bruno Waldau formulierte Feststellung zu dem „in gewaltigen Umrissen sich abhebenden bewaldeten Bergkegel, der den Namen Moritzberg führt. Ein Besuch desselben ist wegen der vielen Schönheiten, welche die Natur in dieser Gegend bietet, ungemein lohnend und sollte Jedermann, der ein paar gesunde Beine hat, vorstehende Tour wenigstens alljährlich einmal unternehmen." Also, auf zum Moritzberg!

Abb. 328: Nürnberg – eine einzige Bierschwemme. Schon ein wenig dick aufgetragen wurde bezüglich der Nürnberger Bier- und Trinksitten auf diesen „feuchtfröhlichen Grüßen" von etwa 1910.

Anmerkungen und Zitatennachweise:

1 Die Gartenlaube, Jg. 1878, Heft 33, S. 551.

2 Vgl. dazu auch die S. 36 und 66.

3 9 Hotels, 28 Gastwirte, 29 Weinwirte, 557 Bierwirte und 24 Cafés.

4 Walter Grönert: Die Entwicklung des Gaststättenrechts in der Freien Reichsstadt Nürnberg seit dem 14. Jahrhundert, Nürnberg 1967, S. 10.

5 Ebenda.

6 Zitiert nach Grönert, S. 9. Die von Grönert zitierten Akten und Bände des Ungeldamtes finden sich heute im StadtAN unter der Bestandsgruppe B 15.

7 Neues Taschenbuch von Nürnberg. Enthaltend eine topographisch-statistische Beschreibung der Stadt nebst einer geschichtlichen Einleitung und einem vollständigen Sach- und Namensregister. Bd. 1. Nürnberg (verlegt bei Riegel und Wießner 1819).

8 Ebd., S. 136.

9 Darunter waren Gasthöfe mit allen Beherbergungsrechten zu verstehen.

10 Zahlenangaben des Ordnungsamtes der Stadt Nürnberg im Mai 1995.

11 Nicht einbezogen wurden die 34 Hotels garni und 54 Pensionen, die ja nahezu ausschließlich von Nicht-Nürnbergern frequentiert werden.

12 Walter Grönert: Die Entwicklung des Gaststättenrechts in der Freien Reichsstadt Nürnberg seit dem 14. Jahrhundert. Beiträge zur Landes- und Volkskunde Frankens, Bd. 5. Nürnberg 1967.

13 Ebd., S. 9.

14 Ebd., S. 17.

15 Ebd.

16 Ebd., S. 38.

17 Das in die Zeit von 1302–1310 datierte erste Satzungsbuch der Stadt Nürnberg liegt vor in der letzten Edition in: Satzungsbücher und Satzungen der Reichsstadt Nürnberg aus dem 14. Jahrhundert, bearbeitet von Werner Schultheiß. Quellen zur Geschichte und Kultur der Stadt Nürnberg, Bd. 3, 1. Lieferung. Nürnberg 1964, S. 33–68. Walter Grönert zitierte und arbeitete nach dem 1834 von K. Lochner in den Nürnberger Jahrbücher herausgegebenen ersten Abdruck. Die Zitate folgen der Wiedergabe bei Grönert.

18 Grönert, S. 6 f.

19 Die Angaben und Zitate folgen weitgehend den detaillierten Ausführungen von Walter Grönert in seiner leider viel zu wenig bekannten Arbeit.

20 Ebd., S. 28.

21 Vgl. ebd., S. 28 ff.

22 Ebd.

23 Ebd., S. 33 u. S. 159.

24 Ebd., S. 41.

25 Ebd., S. 78 f.

26 Ebd., S. 39.

27 Ebd., S. 62 f.

28 Ebd., S. 62.

29 Ebd.

30 Ebd., S. 65.

31 Ebd., S. 68.

32 UA Nr. 229, Bl. 122 nach Grönert, S. 63.

33 Ebd., S. 69 ff.

34 Vgl. Grönert, S. 15 f.

35 Vgl. Grönert, S.15 f. und 52 ff.

36 Ebd.

37 Im Unterschied zu dem überwiegend in Nürnberg hergestellten „Rotbier“, das wohl schon früh, spätestens seit dem 16. Jahrhundert untergärig gebraut wurde, kam in der ersten Hälfte auch das Brauen von obergärigem Weißbier („niederländisches Bier“) auf. Unter Stadtbier wurde das im Stadtgebiet, unter Landbier das

im Nürnberger Landgebiet gebraute Bier verstanden. Zur Brauereigeschichte vgl. die hochinteressante Arbeit von Werner Schultheiß: Brauwesen und Braurechte in Nürnberg bis zum Beginn des 19. Jahrhunderts. Nürnberger Werkstücke zur Stadt- und Landesgeschichte, Bd. 23. Nürnberg 1978. Daneben: Christian Koch / Hans Christian Täubrich: Bier in Nürnberg-Fürth. Brauereigeschichte in Franken. München 1987.

38 Vgl. Grönert, S. 53. Interessant ist auch der Hinweis von Friedrich Mayer (s. S. 36) auf den in den kleinen Wirtshäusern betriebenen Essiggurkenhandel bzw. den neben den Schenken betriebenen Kleinhandel.

39 Grönert, S. 76.

40 Ebd.

41 Vgl. den Aufsatz von Werner Schultheiß: Die Einrichtung der Herrentrinkstube 1497/98 und deren Ordnung von 1561/97, in: MVGN Bd. 44, Nürnberg 1953, S. 275.

42 Ebd., S. 276.

43 Ebd., S. 279 f.

44 Ebd., S. 28.

45 Ebd., S. 276.

46 Kurt Pilz: Das Handwerk in Nürnberg und Mittelfranken. Nürnberg 1954, S. 22.

47 Ebd.

48 Ebd.

49 Grönert, S. 75 f.

50 Der Rat der Stadt kam bei einer Zählung auf 39 128 Einwohner. Vgl. Walter Bauernfeind: Materielle Grundstrukturen im Spätmittelalter und der frühen Neuzeit. Preisentwicklung und Agrarkonjunktur am Nürnberger Getreidemarkt von 1339 bis 1670. Nürnberg 1993. S. 274 f.

51 Ebd.

52 Ebd.

53 Grönert, S. 81.

54 Abgedruckt ebd.

55 Ebd. S. 123 ff.

56 Nach: Erste Beilage zu Christian Conrad Nopitsch: Wegweiser für Fremde in Nürnberg oder topographische Beschreibung der Reichsstadt Nürnberg nach ihren Plätzen, Märkten, Gassen, Gäßchen, Höfen, geist- und weltlichen öffentlichen Gebäuden rc., Nürnberg 1801.

57 Ossip Demetrius Potthof und Georg Kossenhaschen: Kulturgeschichte der deutschen Gaststätte, Berlin 1934, S. 79.

58 Vgl. dazu das sehr informative Nachwort von Peter Fleischmann zum Nachdruck von Christian Conrad Nopitschs „Topographischer Beschreibung der Reichsstadt Nürnberg“ von 1992 S. 4 ff., das die Geschichte der topographischen Bezeichnungen knapp zusammenfaßt und eine Konkordanz gegenwärtiger und reichsstädtischer Orts- und Straßenbenennungen liefert. Siehe auch Anmerkung 62.

59 Andere Beispiele sind die Krebsgasse, die Mohrengasse, die Engelsgasse oder die Weintraubengasse. Daß auch in moderneren Zeiten Straßen ihren Namen nach dort befindlichen Wirtshäusern erhielten, zeigt etwa die Waldluststraße, die nach dem beliebten Ausflugslokal der Jahrhundertwende zwischen Dutzendteich und Regensburger Straße benannt wurde.

60 Vgl. den Abschnitt „Die Realgewerberechte der Nürnberger Wirtschaften“ in Walter Grönert: Die Entwicklung des Gaststättenrechts in der Freien Reichsstadt Nürnberg seit dem 16. Jahrhundert, S. 157 ff.

61 Potthoff/Kossenhaschen: Deutsche Gaststätte, S. 73 f.

62 Ausgezählt wurde das von Peter Fleischmann dem Nachwort beigegebene Verzeichnis, das nach den Wirthausnamen alphabetisch geordnet, die Nopitschen Angaben verifiziert und ergänzt. Die angeführten Daten sind in der vom StadtAN gefertigten genauen Zusammenstellung der Nürnberger Wirtshäuser zu finden. Siehe: Verzeichnis der Wirtschaften Nürnbergs vom 16. Jahrhundert bis zum Jahre 1811. Maschinenschriftliche Zusammenstellung des Stadtarchivs Nürnberg, bearbeitet von Eduard Koller (o. J.). Sign.: Av 3213. 4°.

63 An dem nach der Kriegszerstörung wieder errichteten Gebäude haben die Nürnberger Alt-

stadtfreunde ein rekonstruiertes Wirtshausschild angebracht.

64 Vgl. Abb. 10.

65 Siehe auch Abb. 152.

66 Siehe Abb. 118.

67 Siehe Abb. 15.

68 StadtAN Verzeichnis der Wirtschaften.

69 Siehe Abb. 16.

70 Potthoff, Kulturgeschichte der deutschen Gaststätte, S. 79.

71 Siehe StadtAN, Verzeichnis der Wirtschaften, S. 183a.

72 Ebd., S. 217 ff.

73 Ebd., S. 217.

74 Ebd., S. 218.

75 Friedrich Mayer: Nürnberg im neunzehnten Jahrhundert mit stetem Rückblick auf seine Vorzeit. Nürnberg 1843.

76 Im 1980 erschienenen Reprint des Erlanger Verlages Palm und Enke von Mayers späterem Stadtführer „Nürnberg und seine Merkwürdigkeiten" finden sich im Nachwort von Klaus Matthäus detailliertere Angaben zu Mayers Biographie. Danach war er bei seinem Studium in Erlangen politisch bei den Burschenschaften aktiv und stand unter Beobachtung. 1831 promovierte er in Tübingen Mathematik (!), lebte aber wohl bis 1839 weiter in Erlangen.

77 Friedrich Mayer: Führer durch Nürnberg und seine Umgebungen. Nürnberg o. J. und Friedrich Mayer, Nürnberg und seine Merkwürdigkeiten ein Wegweiser für Fremde. Nürnberg 1849. 2. Auflage 1852. Erst nach seinem Tode erschien von ihm ein reizender und auch heute noch interessanter Führer durch die Fränkische Schweiz (1857), ein Büchlein über „Wanderungen durch das Pegnitztal" (1844), eine Geschichte des Nürnberger Theaters, eine Arbeit zu den Nürnberger Chörlein und eine Geschichte von „Nürnbergs Handel und Industrie mit besonderer Berücksichtigung der Gegenwart. Nürnberg 1852", die umfangreiche Zusammenstellungen der bestehenden Nürnberger Firmen, darunter auch ein umfassendes Verzeichnis der vorhandenen Gastwirtschaften enthielt.

78 Laut Nachwort von Klaus Matthäus im Reprint von „Nürnberg und seine Merkwürdigkeiten." Siehe Anm. 76.

79 Die Textausschnitte folgen dem Mayerschen Aufbau, verzichtet wurde auf eher aufzählende Abschnitte und einige Randbemerkungen. Seine Ausführungen zu Kaffeehäusern und Konditoren finden sich unter dem entsprechenden Abschnitt auf S. 160. Die Textabschnitte folgen der Mayerschen Schreibweise, da das meiner Ansicht den Reiz der Schilderung erhöht und wurden deshalb kursiv gesetzt.

80 Friedrich Mayer, Nürnberg ..., S. 331 f.

81 Ebd., S. 333.

82 Ebd.

83 Nach Rainer Gömmel, S. 215. Wachstum und Konjunktur in der Nürnberger Wirtschaft. Stuttgart 1978.

84 Mayer bezieht sich ganz offenbar auf den Verkauf der „Garkochs-Wohn-Behausung zum blauen Glöcklein" im Jahr 1836 durch Johann Friedrich Mederer, Bürger und Garkoch, und dessen Frau Barbara, an Tobias Jakob Haffner, seitherigem Kellner, zu einem Kaufpreis von 10254 Gulden. Im Preis enthalten war auch die „Dreingabe der zur Führung dieses Geschäftes notwendigen Gerätschaften, dann des noch vorhandenen Sauerkrautes und der Bratwurstgedärme". Mederer hatte seinerseits bei seinem Erwerb des „Glöckleins" im Jahr 1810 einen Kaufpreis von 4250 Gulden bezahlt. Im Vergleich zu den bis dahin bei Besitzerwechseln gezahlten Summen zeigt die offensichtlich ungewöhnlich hoch ausgefallene Preissteigerung auch deutlich die mit Beginn des 19. Jahrhunderts einsetzende Bedeutung des „Bratwurstglöckleins" als bevorzugte Fremdenbesuchsstätte und als wirtschaftliche Goldgrube (Zitate nach dem „Almanach zum Andenken an das Bratwurstglöcklein in Nürnberg").

85 Friedrich Meyer. Nürnberg..., S. 334 f.

86 Ebd., S. 335 f.

87 Ebd., S. 336.

88 Friedrich Mayer: Nürnbergs Handel und Industrie, S. 327 ff.

89 Sieben Schuhe entsprachen rund 2,10 m.

90 Friedrich Mayer, Nürnberg..., S. 336 ff.

91 Wohl im Besitz der Lederer-Brauerei.

92 Friedrich Mayer, Nürnberg, S. 338 ff.

93 Ebd., S. 359.

94 Bei der Gesellschaft „Colleg" handelt es sich um einen der wichtigsten bürgerlichen Geselligkeitsvereine des 19. Jahrhunderts. 1781 gegründet, vereinten sich hier vorzugsweise Mitglieder aus dem Nürnberger Handelsstand.

95 Wiß war türkischer Konsul.

96 Friedrich Mayer, Nürnberg, S. 341 f.

97 Mit dem Schloßzwinger ist wohl der Zwinger auf der zum Tiergärtnertor führenden Bastei gemeint, beim Hornszwinger handelte es sich um den heutigen Marientorzwinger, der damals auch unter dem Namen Kißkaltszwinger bekannt war.

98 Bei dem angesprochenen „Perspektiv" handelte es sich wohl um ein kleines Fernrohr.

99 Friedrich Mayer, Nürnberg, S. 341 f.

100 StadtAN, F2 Bd. 9, 1857, S. 192.

101 Geschichte und Funktion der Ansichtskarte werden hier nur in knappen Zügen zusammengefaßt. Zu detaillierteren Informationen siehe die Beiträge von Maximilian Rosner und Helmut Beer in den ersten beiden Bänden von „Grüße aus Nürnberg – Nürnberg in Ansichtskarten um 1900."

102 S. Maximilian Rosner, Geschichte der Nürnberger Bildpostkarte, in Grüße aus Nürnberg, Bd. 1, Auf dem Weg zur Großstadt. Nürnberg 1993, S. 18 f.

103 In den vorangegangenen Bänden der „Grüße aus Nürnberg" wurde versucht, das ganze Spektrum der im Nürnberger Zusammenhang produzierten Karten zu publizieren. Bd. 1 „Auf dem Weg zur Großstadt" zeigt mit dem Schwerpunkt der östlichen, westlichen und vor allem der südlichen Stadtteile die Entwicklung der Vorstädte und ihrer Einrichtungen, darunter auch viele Wirtshäuser, aber auch die repräsentativen neuen Bauten entlang des Rings und das neue Verkehrszentrum Plärrer. Im 2. Band „Ereignisse, Feste, Freizeit" sind die kleinen und großen Ereignisse in der Stadt auf Ansichtskarten, Karten der Arbeiterbewegung und der Vereine, zu den verschiedenen Festen mit einem Schwerpunkt Volksfest und die wichtigsten Ausflugsziele rund um die Stadt im Mittelpunkt, während Bd. 3 „Lebendige Altstadt" die touristischen Karten von ‚Alt-Nürnberg', aber auch die Ansichten der Lorenzer Seite in ihrer Verwandlung zur ‚City' versammelt. Ergänzend finden sich in diesem Band Karten der Nationalsozialisten, die die Altstadt als Kulisse für ihre Aufmärsche nutzten und Ansichtskarten von der zerstörten Stadt 1945.

104 „Auch Spötter müssen sterben" – Aber als familiär erheblich Schuckertvorbelastete war das nun doch einmal nötig.

105 Es ist mir leider nicht gelungen, die Bedeutung des Wortes zu klären. Möglicherweise steckt dahinter die verballhornte Form des bei Militärkapellen gebräuchlichen „Helikons", einer Art Baßtuba.

106 Werner K. Blessing: Fest und Vergnügen der ‚kleinen Leute'. Wandlungen vom 18. bis zum 20. Jahrhundert, in: Richard van Dülmen/Norbert Schindler (Hg): Volkskultur. Frankfurt/M. 1984 (Fischer-TB), S. 371.

107 Seit 1857 waren die russischen Zaren von Alexander I.–III. und der darauffolgende Nikolaus Inhaber des Regiments.

108 Ob der Gasthausname „Zum Grillenberger" wirklich eindeutig auf den SPD-Reichstagsabgeordneten bezogen war, ließ sich nicht eindeutig klären. Möglicherweise ist damit auch ein Wirt des gleichen Namens gemeint, nachdem in der Mitte des 19. Jahrhunderts zwei Lokalbesitzer unter diesem Namen auftauchen, allerdings nicht in der Johannisstraße.

109 Vgl. dazu die in „Grüße aus Nürnberg", Bd. 1, bei Maximilian Rosner abgebildeten Beispiele.

110 Heinrich Heerwagen: Ein Alt-Nürnberger Café. Ein Nachruf auf das Café Fleischmann, in „Die Heimat", Beilage zur Nürnberger Zeitung, Nr. 17/1913.

111 Vgl. dazu auch die schöne Einschätzung von Maier auf S. 36.

112 Historische Festzeitung zum 31. Gastwirtstag des Deutschen Gastwirtsverbandes – Nürnberg 6. 10. Juni 1904. Hg. Vom Gastwirts-Verein Nürnberg und Umgebung, Nürnberg 1904, S. 3.

113 Zur Geschichte der 1944 zerstörten Moritzkapelle vgl. vor allem den neuen Aufsatz von Erich Mulzer: Die Moritzkapelle oder: Das Loch im Stadtbild, in Nürnberger Altstadtberichte, Nr. 17, Nürnberg 1992, S. 37 ff. Das „Glöcklein" ist dort nur kurz gestreift, wenn auch in den Wiederaufbauvisionen ebenfalls vorgesehen.

114 Friedrich Traugott Schulz: Geschichte des Bratwurstglöckleins, in: Almanach zum Andenken an das Bratwurstglöcklein. Nürnberg (o.J./um 1905), S. 17., u. ders.: Bratwurstglöcklein und Goldenes Posthorn, in: Festzeitung zum 8. Deutschen Sängerbundesfest, Nürnberg 1912.

115 Abgebildet bei Mulzer, Altstadtberichte S. 53, leider ohne Quellenangabe oder Hinweis auf die Herkunft der Abbildung.

116 Friedrich Traugott Schulz: Geschichte des Bratwurstglöckleins, in: Almanach zum Andenken an das Bratwurstglöcklein. Nürnberg, o. J., S. 24.

117 Daß das bereits unter den Zeitgenossen Aufsehen erregte, schilderte ja auch Friedrich Mayer, siehe S. 35.

118 Die Gartenlaube, Jg. 1878, Heft 33, S. 551.

119 Almanach zum Andenken an das Bratwurstglöcklein in Nürnberg, S. 41.

120 Ebd., S. 45 f.

121 Ebd., S. 34.

122 Ebd., S. 33.

123 Hartrich Fichtert: Geschichte des „Goldenen Posthorn" in Nürnberg – des ältesten deutschen Weinhauses, in: Bayerland, Nr. 8/9, 1905.

124 Ebd.

125 Ebd.

126 Ebd.

127 Ebd.

128 Nach der ersten Numerierung sämtlicher Wohngebäude gab es auf Sebalder Seite 1706, auf der Lorenzer Seite 1578 bewohnte Häuser. Erich Mulzer hat für das Jahr 1939 3040 Häuser errechnet. Die Annahme von rund 3300 Wohnhäusern für 1900 ist demnach eher die Obergrenze für eine Schätzung.

129 Helene von Forster: Stimmungsbilder aus Nürnberg. Nürnberg o. J. (Nister), S. 30.

130 Ebd., S. 7 ff.

131 1912 hatte sich der Zahl der als Weinlokale ausgewiesenen Wirtshäuser bereits auf 71 erhöht. Als einziges Weinhaus außerhalb der Stadtmauern wurde nach wie vor das Lokal „Zum Hans Sachs" in der Scheuerlstraße geführt.

132 Nürnberg und Umgebung. Beckmann-Führer in der 5. Verb. Auflage, beabeitet von Heinrich Heerwagen. Stuttgart o. J., S. XVIII.

133 Prof. Dr. Heinrich Heerwagen, ein Enkel des gleichnamigen Nürnberger Ehrenbürgers (1811–1888), wurde 1872 in Wunsiedel geboren, war von 1900–1939 als Kulturhistoriker am Germanischen Museum tätig, gest. 1942 in Kirchheim/Teck. Zu seiner Kenntnis der Nürnberger Wirtshaus- und Kaffeehausszene siehe auch seinen Nachruf auf das Café Fleischmann S. 162 ff.

134 Nach: Die Gartenlaube, Jg. 1878, Heft 33, S. 551.

135 Historische Festzeitung zum 31. Gastwirtstag, Nürnberg 1904, S. 14.

136 Ebd.

137 Ebd.

138 Peter Luginsland: Das war'n halt noch Zeiten! Nürnberg um die Jahrhundertwende. Bd. 1. Nürnberg 1965. S. 48.

139 Jacob Burckhard: Briefe an einen Architekten 1877, in Barbara Fürst: Nürnberg in alten und neuen Reisebeschreibungen. Düsseldorf 1990, S. 195.

140 Abgedruckt in Steffen Radlmaier (Hg): Das Nürnberg-Lesebuch. Cadolzburg 1994. S. 120 ff.

141 Peter Luginsland: Das war'n halt noch Zeiten! Nürnberg um die Jahrhundertwende. Bd. 1. Nürnberg 1965, S. 49 f.

142 Ebd., S. 51 f.

143 Heinrich Heerwagen: Nürnberg und Umgebung, S. 34.

144 Peter Luginsland. Das war'n halt noch Zeiten! Bd. 2, Nürnberg 1967, S. 78 ff.

145 Bruno Waldau: Nürnberg's Spaziergänge, Erholungsplätze und Ausflugsorte. Ein praktischer Führer durch Nürnberg und seine Umgebung, mit Aufführung der Sehenswürdigkeiten und empfehlenswerten Restaurants. Nürnberg o. J. [um 1890]. Das für 30 Pfennige erhältliche Büchlein, in seiner vermutlich ersten Auflage im Verlag Grohrock erschienen und dem „Verschönerungsverein für Schmausenbuck und Umgebung in Anerkennung seiner Verdienste gewidmet", wurde im Jahr 1900 von Carl Koch's Verlagsbuchhandlung bereits in vierter Auflage herausgegeben. Mit immerhin 10 000 gedruckten Exemplaren war es offenbar ein erstaunlicher Verkaufserfolg, was durchaus Rückschlüsse auf die Beliebtheit des Themas und die große Freude an Ausflügen und Wanderungen zuläßt, auch wenn die Entfernungen zu den als Anlaufstationen angeführten Wirtshäusern oft erstaunlich kurz waren. Die neue Auflage trug den leicht veränderten und erweiterten Titel „Nürnberger Spaziergänge mit der Fränkischen Schweiz" und gab als Verfasser Friedrich Leber an, der die Texte nur geringfügig aktualisiert und die aufgeführten Ziele ebenfalls nicht wesentlich erweitert hatte. Abgesehen von dem dabei recht freien Umgang mit urheberrechtlichen Fragen zeigt dieses Beispiel die doch viel „langlebigeren Zeiten", was Vorlieben und Geschmack anbelangt, gegenüber ähnlichen Unternehmungen von heute, die als „Bissig- oder Flüssig-Almanache" möglichst mit jeder Auflage neue Trends und ‚Geheimtips' vorstellen.

146 Ebd., S. 12 f.

147 Die verschiedenen Namen weisen in der Regel auf die verschiedenen Wirte hin.

148 Ebd., S. 13 f.

149 Peter Luginsland: Das war'n halt noch Zeiten! Bd. 2. Nürnberg 1967. S. 81.

150 Ebd., S. 14 f.

151 Hotel Strauss, Werbebroschüre zur Wiedereröffnung nach dem Umbau von 1899. Nürnberg o. J., S. 5 f.

152 Johann Baptist Zetlmeier: J. B. Zetlmeier. Hotelier und Hotelgründer in Nürnberg. Nürnberg (o. J. [um 1810]), S. 5 f. Das Büchlein erschien im „Selbstverlag der Kinder J. B. Zetlmeier".

153 Ebd., S. 6.

154 Siehe Anm. 152. Die autobiographische Schrift, Zetlmeier schreibt abwechselnd über sich und seine Leistung in der ersten und dritten Person als J. B. Zetlmeier, kann als das Gegenteil der Redensart vom „Licht unter den Scheffel stellen" gelten. Der tief gefallene Hotelkönig fühlte sich von aller Welt übervorteilt und von der Nürnberger Stadtspitze ungerecht behandelt. Zur Darstellung seiner Leistungen und zur Unterstreichung der immer wieder erhobenen Behauptung, durch ihn sei Nürnberg erst zur Großstadt geworden, führt er freimütig und offen genaue Summen seiner Projekte und Details seiner wirtschaftlichen Verbindungen, aber auch Intimes aus seinen Ehen (er war bis seinem Tode sechsmal verheiratet und numerierte seine Ehefrauen von 1–6) an. Das Büchlein schrieb er im offensichtlichen Glauben an einen Wiederaufstieg, aber wohl auch zur Abrechnung mit seinen angenommenen Gegnern, zu denen er auch Oberbürgermeister von Schuh zählte. Den Einstieg in die Kellnerlaufbahn schilderte er in einer Mischung aus Witz und zweifellos vorhandenem Größenwahn so: „Da ich von Geburt nicht Italiener bin und infolgedessen doch wohl kaum Papst geworden wäre, zog ich es vor, dem sehnlichen Wunsch meiner Eltern zu trotzen und statt der geistlichen die Kellnerlaufbahn zu ergreifen." Zetlmeier, S. 9.

155 Zetlmeier, S. 14 ff.

156 Ebd., S. 21.

157 Ebd., S. 30 f.

158 Ebd., S. 41 ff.

159 Ebd., S. 61 f.

160 Ebd.

161 Ebd., S. 64 f.

162 Ebd., S. 75 f.

163 StadtAN, F 2, Bd. 46, 1933, S. 26.

164 Kann Nürnberg eine Fremdenstadt werden? Nürnberg 1904 (Druck Bieling u. Dietz, Nbg), S. 4.

165 In einem vom Deutschen Metallarbeiterverband und vom Deutschen Holzarbeiterverband im Jahre 1912 mit einer Erlanger Firma (Reiniger, Gebbert & Schall AG) geschlossenen eher fortschrittlichen Tarifvertrag erhielt ein Arbeiter frühestens nach fünfjähriger ununterbrochener Tätigkeit einen Urlaubsanspruch für drei Tage, nach zehnjähriger Arbeit in dem Betrieb das Maximum von sechs Arbeitstagen (1 Woche) Urlaub pro Jahr. Vgl. Schraudolph/Fürnrohr (Hg.): Fabriken – Weg in die Moderne. Nürnberger Quellenhefte 2, Nürnberg 1994, S. 30.

166 Statistisches Jahrbuch der Stadt Nürnberg, 1. Jg. für 1909, Nürnberg 1910, S. 49, Tab. 82.

167 Statistisches Jahrbuch der Stadt Nürnberg, 5. Jg. für 1913. Nürnberg 1914, S. 85, Tab. 150–152.

168 Grönert, Gaststättenrecht, S. 140 f.

169 Friedrich Mayer, Nürnberg, S. 332 f.

170 Ebd., S. 333 f.

171 Nürnberg vor 125 Jahren. Die Medizinaltopographie von 1862 verfaßt von Dr. med. Adalbert Küttlinger und Dr. med. Hermann Reuter. Nürnberger Forschungen, Bd. 24. Nürnberg 1987, S. 85.

172 Johann Baptist Zetlmeier: J. B. Zetlmeier, S.11 f.

173 Heinrich Heerwagen: Ein Alt-Nürnberger Café. Ein Nachruf auf das Café Fleischmann, in: „Die Heimat“, Beilage zur Nürnberger Zeitung, Nr. 17/1913.

174 Siehe Anm. 133.

175 Heerwagen, Nachruf, s. Anm. 173.

176 Peter Luginsland: Das war'n noch Zeiten!, Bd. 1, S. 89 ff.

177 Nürnberg und Umgebung, Beckmann-Führer, Stuttgart o. J., 5. Aufl., S. XIX.

178 Rabuser Freundeskreis: Festschrift zum 50jährigen Bestehen. Nürnberg o. J. [1987], 2. erweiterte Auflage, S. 9.

179 Ebd., S. 8 f.

180 Michael Frank: Arbeiterwirtschaft, in: Wolfgang Ruppert (Hg): Die Arbeiter. Lebensformen, Alltag und Kultur von der Frühindustrialisierung bis zum „Wirtschaftswunder. München 1986. S. 292.

181 So ist „das Gasthaus für viele junge Menschen“ als „eine Art Ersatz-Familie und zugleich ein überfamilialer Sozialisationsraum gewesen, ...“ Vgl. Gerhard Ritter/Klaus Tenfelde: Arbeiter im Deutschen Kaiserreich. Bonn 1992. S. 659.

182 Aussage eines Arbeiters bei Wilhelm Bode: Die deutsche Alkoholfrage. Leipzig 1892, S. 43, zitiert nach Dietrich Mühlberg: Proletariat: Kultur und Lebensweise im 19. Jahrhundert. Wien/Köln/Graz 1986, S. 200.

183 Adolf Levenstein: Die Arbeiterfrage. München 1912, S. 248, zitiert nach Mühlberg, wie Anmerkung 182.

184 Otto Lang: Die Arbeiterschaft und die Alkoholfrage. Wien 1902, S. 14.

185 G. Wissell: Gewerkschaftsbewegung und Alkoholfrage. Berlin 1908, S. 4.

186 Karl Kautsky: Der Alkoholismus und seine Bekämpfung, 1890/91, zit. nach Mühlberg, Proletariat, S. 203.

187 Ebd.

188 Zitiert nach: Georg Keferstein: Moderne Arbeiterbewegung und Alkoholfrage. Berlin 1905, S. 14 f.

189 Mühlberg, ebd.

190 Vgl. Ritter/Tenfelde, Arbeiter im Kaiserreich, S. 664.

191 Nürnberg vor 125 Jahren. Die Medizinaltopographie von 1862 verfaßt von Dr. med. Adal-

bert Küttlinger und Dr. Med. Hermann Reuter. Nürnberger Forschungen, Bd. 24. Nürnberg 1987, S. 71.

192 Die Fabrikordnung findet sich als Faksimile vollständig abgedruckt bei Helmut Beer: Aufbruch zur Großstadt und Arbeiterhochburg. Zur Entwicklung Nürnbergs 1850–1900, in: In die neue Zeit. S. 141.

193 Ebd.

194 Nürnberg vor 125 Jahren, S. 71.

195 Ebd., S. 73.

196 Udo Winkel: Materialien zur Frühzeit der Nürnberger Sozialdemokratie 1869–1878. Unveröffentlichtes Manuskript. Ich bedanke mich bei Udo Winkel für die Überlassung der im Text abgedruckten Auswertungen der Vereinspolizeiakten im StadtAN.

197 Ebd.

198 Georg Gärtner: Die Nürnberger Arbeiterbewegung 1868–1908. Nürnberg 1908. S. 57.

199 Nürnberg-Fürther Social-Demokrat, Nr. 144 v. 4. 12. 1875.

200 Hugo Eckert: Liberal- oder Sozialdemokratie. Frühgeschichte der Nürnberger Arbeiterbewegung. Stuttgart 1968. S. 232.

201 Genannt wurden die Wirtschaften „Contumazgarten", „Goldener Schwan" (Wöhrd), die „Göbelsche Restauration" in Gostenhof, „Zur Ostbahn" in Galgenhof, „Zum Frühlingsgarten", „Zur Kriegerhalle", „Zum Kronprinzen von Preußen" (Neuhausen), die „Grünwaldsche Wirtschaft", „Zum blauen Pfau", „Zum Südgarten" Die „Trümmertsche Wirtschaft", die „Hutzlersche Wirtschaft", „Zum Eichwagen", die „Leipoldsche Wirtschaft", „Zur guten Quelle", „Zum goldenen Becher", „Zur Wilhelmshöhe", die „Meisenbachsche Wirtschaft", „Zum Johannisschlößchen", „Zum goldenen Schild", die „Schmidtsche Wirtschaft", „Zum grünen Jäger" und „Zum braunen Hirschen" in Johannis.

202 StadtAN C 7/I GR 2828 (Maßregeln gegen socialdemokratische Ausschreitungen, hier das Verbot des Besuchs von Wirthschaften durch das kgl. Militär).

203 Ebd.

204 Udo Winkel: Vom Arbeiterverein zur Partei. Die Nürnberger Arbeiterbewegung von 1848 bis 1890, in: In die neue Zeit. Nürnberg 1850–1900. Ausstellungskatalog des Stadtarchivs Nürnberg Nr. 6. Nürnberg 1991, S. 43.

205 Ebd.

206 Detailliertere Unterlagen finden sich für den einen oder anderen Verein auch in den Vereinsarchiven des StadtAN im Bestand E6.

207 StadtAN, E 6/96 Nr. 1–5.

208 Daß diese namens- und wortschöpferische Kraft nicht ausgestorben ist, zeigen die Bezeichnungen der Stammtisch- und Privatfußballmannschaften für den regelmäßig ausgespielten Pokal der „Abendzeitung". Leider, so wenigstens ist der Eindruck des Autors, verlieren die Mannschaften mit den schönsten Namen häufiger und scheiden schneller aus dem sportlichen Wettbewerb aus.

209 Erinnerungen des Metallgießers Julian W., abgedruckt bei Fitzgerald Kusz: Wirtshäuser, in: Industriekultur in Nürnberg. Eine deutsche Stadt im Maschinenzeitalter. Hg. von Hermann Glaser u. a. München 1980. S. 227.

210 Waldau: Nürnberg's Spazier-Gänge, S. 5.

211 Beispielsweise wird in der Schrift „Kann Nürnberg eine Fremdenstadt werden?" die starke Rauchbelästigung beklagt. Die Umweltbeeinträchtigungen sind aber auch Gegenstand städtischer Planungen etwa für den Bau der Heizungen städtischer Amtsgebäude und Schulhäuser.

212 Friedrich Leber, Nürnberger Spaziergänge mit der Fränkischen Schweiz. Praktischer Führer duch Nürnberg, seine nähere und weitere Umgebung. Nürnberg 1900 (4. Auflage), S. 3 f. Diese praktischen Winke einschließlich ihrer verschiedenen militärischen Bezüge fehlten noch in der ersten Auflage von 1890 bei Bruno Waldau, dem ursprünglichen Verfasser des reizenden Büchleins.

213 Ebd.

214 Ebd., S. 4.

215 Ebd., S. 8.

216 Waldau, Nürnberg's Spaziergänge, S. 9.

217 Auch in Hanns Schödels Schilderung der Rosenau als „Gostenhofer Stadtpark" (Nürnberger Sehenswürdigkeiten, S. 54 ff.) spielt der Regen keine geringe Rolle.

218 Waldau, S. 10 f.

219 Zu Kellerwirtschaften und Sommerkellern vgl. auch den interessanten Aufsatz von Günter Heinritz und Herbert Popp, Sommerkeller in Franken, in Jb. für fränk. Landesforschung, Nr. 34/35, 1975, S. 121–144.

220 Ebd., S. 18 ff.

221 Ebd., S. 15 f.

222 Ebd., S. 6.

223 Ebd., S. 25.

224 In Band 2 der „Grüße aus Nürnberg – Ereignisse, Feste, Freizeit" bilden die Ausflugsziele einen eigenen großen Abschnitt, in dem insbesondere der Schmausenbuck mit nicht wenigen Abbildungen breiten Raum einnimmt, während der Dutzendteich in Band 1 mit dem alten Tiergarten einen eigenen Abschnitt einnimmt. Deshalb an dieser Stelle die Beschränkung bei den ausgewählten Ansichtskarten, die der eigentlichen Bedeutung dieser beiden Ziele nicht ganz entspricht.

225 Hanns Schödel: Der Dutzendteich, in: Nürnberger Sehenswürdigkeiten. Bissige Plaudereien über Nürnberg und die Nürnberger. Nürnberg 1924, S. 7 ff.

226 Ebd., S. 8 f.

227 Waldau, S. 34.

228 Ebd., S. 39.

229 Siehe auch den Abschnitt „Ausflugsziele" mit vielen Kartenbeispielen in Bd. 2 der „Grüße aus Nürnberg".

230 Waldau, S. 67 f.

231 Ebd., S. 41 ff.

Abb. 329: Werbekarte der Tucherbrauerei zur Bockbierzeit wohl aus den zwanziger Jahren.

Literatur (Auswahl):

Aus der Geschichte des Nürnberger Gaststätten und Beherbungsgewerbes. Katalog einer Ausstellung der Stadtbibliothek Nürnberg. Nürnberg 1958.

Beer, Helmut: Aufbruch zur Großstadt und Arbeiterhochburg. Zur Entwicklung Nürnbergs 1850 – 1900, in: In die neue Zeit. Ausstellungskatalog des Stadtarchivs Nürnberg Nr. 6. Nürnberg 1991, 95 – 166.

Ders.: Bildpostkarten und Stadtgeschichte, in: Grüße aus Nürnberg, Bd. 1: Auf dem Weg zur Großstadt. Ausstellungskatalog des Stadtarchivs Nürnberg Nr. 7. Nürnberg 1992.

Ders.: Die Nürnberger Altstadt der Jahrhundertwende auf Ansichtskarten, in: Grüße aus Nürnberg, Bd. 3: Lebendige Altstadt. Ausstellungskatalog des Stadtarchivs Nürnberg Nr. 10. Nürnberg 1994.

Ders.: Zwischen Prosperität und Vergangenheitsmythos, in: Grüße aus Nürnberg. Nürnberg in Ansichtskarten um 1900. Bd. 2: Ereignisse, Feste, Freizeit. Ausstellungskatalog des Stadtarchivs Nürnberg Nr. 8. Nürnberg 1993.

Dehne, Gunter: Bier und Hopfen im Bild. Eine Dokumentation der Stadtgeschichtlichen Museen der Stadt Nürnberg. Nürnberg 1986.

Fleischmann, Peter siehe Nopitsch.

Fünf Jahrhunderte Geschichte der Lederer-Brauerei. Nürnberg 1968.

Girschikofski, Erhard: Gast- und Vergügnungsstätten in der Altstadt von Nürnberg. Nürnberger wirtschafts- und sozialgeographische Arbeiten. Nürnberg 1974.

Grönert, Walter: Die Entwicklung des Gaststättenrechts in der Freien Reichsstadt Nürnberg seit dem 14. Jahrhundert. Beiträge zur Landes- und Volkskunde Frankens, Bd. 5. Nürnberg 1967.

Häußler, Helmut: Nürnberger Gastgewerbe in alter Zeit, in: Festschrift zum 90jährigen Bestehen der Kreisstelle Nürnberg des Bayerischen Hotel- und Gaststättenverbandes e.V. Nürnberg 1968.

Hoffmann, Moritz: 2000 Jahre Gaststätte. Frankfurt/M. 1954.

Ders.: Geschichte des deutschen Hotels. Vom Mittelalter bis zur Gegenwart. Heidelberg 1961.

Höhn, Alfred: Historische Gaststätten in Franken. Würzburg 1982.

Hopfen und Bier im deutschen Hopfenhandel. Werbeschrift von Nürnberger Firmen zur Weltausstellung 1904 in St. Louis. Nürnberg 1904.

Kardorff, Ursula v., Feste feiern wie sie fallen. Gastlichkeit früher und heute. München 1958.

Kerntke, Wilfried: Taverne und Markt. Ein Beitrag zur Stadtgeschichtsforschung. Frankfurt/M., Bern, New York, Paris 1987.

Koch, Christian und Täubrich, Hans Christian: Bier in Nürnberg-Fürth. Brauereigeschichte in Franken. München 1987.

Koschenhaschen, Georg und Potthof, Ossip Demetrius: Kulturgeschichte der deutschen Gaststätte, Berlin 1934.

Kreiner, Artur: Vom „Hufeisla“ bis zum „Maulbeerbaamla“. Kulturgeschichte auf Wirtshausschildern, in: Nürnberger Nachrichten v. 7. 1. 1950.

Luginsland, Peter (=Schödel, Hanns): Das war'n halt noch Zeiten! Nürnberg um die Jahrhundertwende, Bd. 1. Nürnberg 1971 (3. Aufl.). Bd. 2. Nürnberg 1967.

Mayer, Friedrich: Nürnberg im neunzehnten Jahrhundert mit stetem Blick auf seine Vorzeit. Nürnberg 1843.

Meyer, Brigitte: Alt-Nürnberger Gastlichkeit. Erinnerungen an Hotels, Gaststätten, Ausflugslokale, Cafés und Varieté. München 1985.

Neues Taschenbuch von Nürnberg. Enthaltend eine topographisch-statistische Beschreibung der Stadt nebst einer geschichtlichen Einleitung und einem vollständigen Sach- und Namensregister. Bd. 1. Nürnberg (verlegt bei Riegel und Wießner) 1819.

Nopitsch, Christian Conrad: Wegweiser für Fremde in Nürnberg oder topographische Beschreibung der Reichsstadt Nürnberg nach ihren Plätzen, Märkten, Gassen, Gäßchen, Höfen, geist- und weltlichen offentlichen Gebäuden rc., Nürnberg 1801. Unveränderter Nachdruck mit einem Nachwort von Peter Fleischmann. Neustadt an der Aisch.

Rauers, Friedrich: Kulturgeschichte der Gaststätte. Berlin 1942.

Schödel, Hanns: Nürnberger Sehenswürdigkeiten. Bissige Plaudereien über Nürnberg und die Nürnberger. Nürnberg o. J. (um 1923).

Schultheiß, Werner: Brauwesen und Braurechte in Nürnberg bis zum Beginn des 19. Jahrhunderts. Nürnberger Werkstücke zur Stadt- und Landesgeschichte, Bd. 23. Nürnberg 1978.

Verzeichnis der Wirtschaften Nürnbergs vom 16. Jahrhundert bis zum Jahre 1811. Maschinenschriftliche Zusammenstellung des Stadtarchivs Nürnberg, bearbeitet von Eduard Koller (o. J.). Sign.: Av 3213. 4°.

Vom „Essigbrätlein" zum „Predigtstüblein". Alte Nürnberger Wirtshausnamen, in: Nürnberger Zeitung vom 16. 10. 1965.

Waldau, Bruno: Nürnbergs Spaziergänge, Erholungsplätze und Ausflugsorte. Ein praktischer Führer durch Nürnberg und seine Umgebung, mit Aufführung der Sehenswürdigkeiten und empfehlenswerten Restaurants. Nürnberg o. J. (um 1890).

Zschörnig, Margarete: Servus Heiner oder: Etz nervns mi net mit Ihrn Bier! Vom Leben in Nürnberger Wirtschaften. Masch.schriftl. Text einer Sendung des Bayerischen Rundfunks vom 16. 5. 1982.

Abb. 330: Die schöne Lithokarte der Jahrhundertwende überliefert exklusiv das Ende eines Kneipenbummels in der Karolinenstraße. Was danach kam, zeigt die Abb. 332 auf der Außenseite des Schutzumschlags.

Verzeichnis der aufgeführten Wirtshäuser:

Bei den älteren Wirtshausbezeichnungen sind in der Regel wegen häufiger Änderung der Beifügung die Hauptnamen vorangestellt (z. B. Adler, schwarzer). Auf die überwiegend übliche Verbindung des Namens mit „Zum, zur etc." wurde verzichtet, doch wurde, wenn es zur rascheren Identifizierung ratsam erschien, die entsprechende grammatikalische Form gewählt.

Wirtschaften und Lokale aller Art:

Hotels:

Cafés:

LEDERERBRÄU NÜRNBERG
C. SCHMIDTNER jr. NBG.
Zeltner
Brauerei
Joh. Gg. Zeltner
NÜRNBERG.
CAFÉ GISELA
NÜRNBERG
BESITZER: LUDWIG ERDLE.
Zerreiss & Co Nbg.
SPEYER'S
WÖHRDBRÄU
BOCK BIER
LEDERERBRÄU
NÜRNBERG
CAFÉ-KERZINGER
NÜRNBERG
C. SCHMIDTNER JR. NBG.
BRAUHAUS
Schutz-Marke
NÜRNBERG
FRIEDR. BÖHM - NUERNBERG -
WEINRESTAURANT z. HERRENKELLER
& WEINGROSSHANDLUNG.
CAFÉ U. TEE-SALON
„CENTRAL"
NÜRNBERG
AUGUST MARR
Karolinenstrasse 23
Brunnengasse 16/18
TELEFON No 1432
LEDERER-B